天津规划年鉴

TIANJIN PLANNING YEARBOOK 2012

（总第4卷）

天津市规划局　编著

天津科学技术出版社

图书在版编目（CIP）数据

天津规划年鉴. 2012 / 天津市规划局编著. -- 天津：
天津科学技术出版社，2012. 6
ISBN 978-7-5308-7138-6

Ⅰ. ①天… Ⅱ. ①天… Ⅲ. ①城市规划-天津市-
2012-年鉴 Ⅳ. ①TU984. 221-54

中国版本图书馆 CIP 数据核字(2012)第145080号

责任编辑：张　跃
助理编辑：张建锋
责任印制：兰　毅

天津科学技术出版社出版
出版人：蔡　颢
天津市西康路 35 号　邮编：300051
电话：（022）23332695（编辑室）　23332393（发行部）
网址：www.tjkjcbs.com.cn
新华书店经销
天津市方正汇智彩色印刷技术有限公司印刷

开本：889×1194　1/16　印张：24.5　字数：550 000
2012 年 6 月第 1 版第 1 次印刷
定价：180.00 元

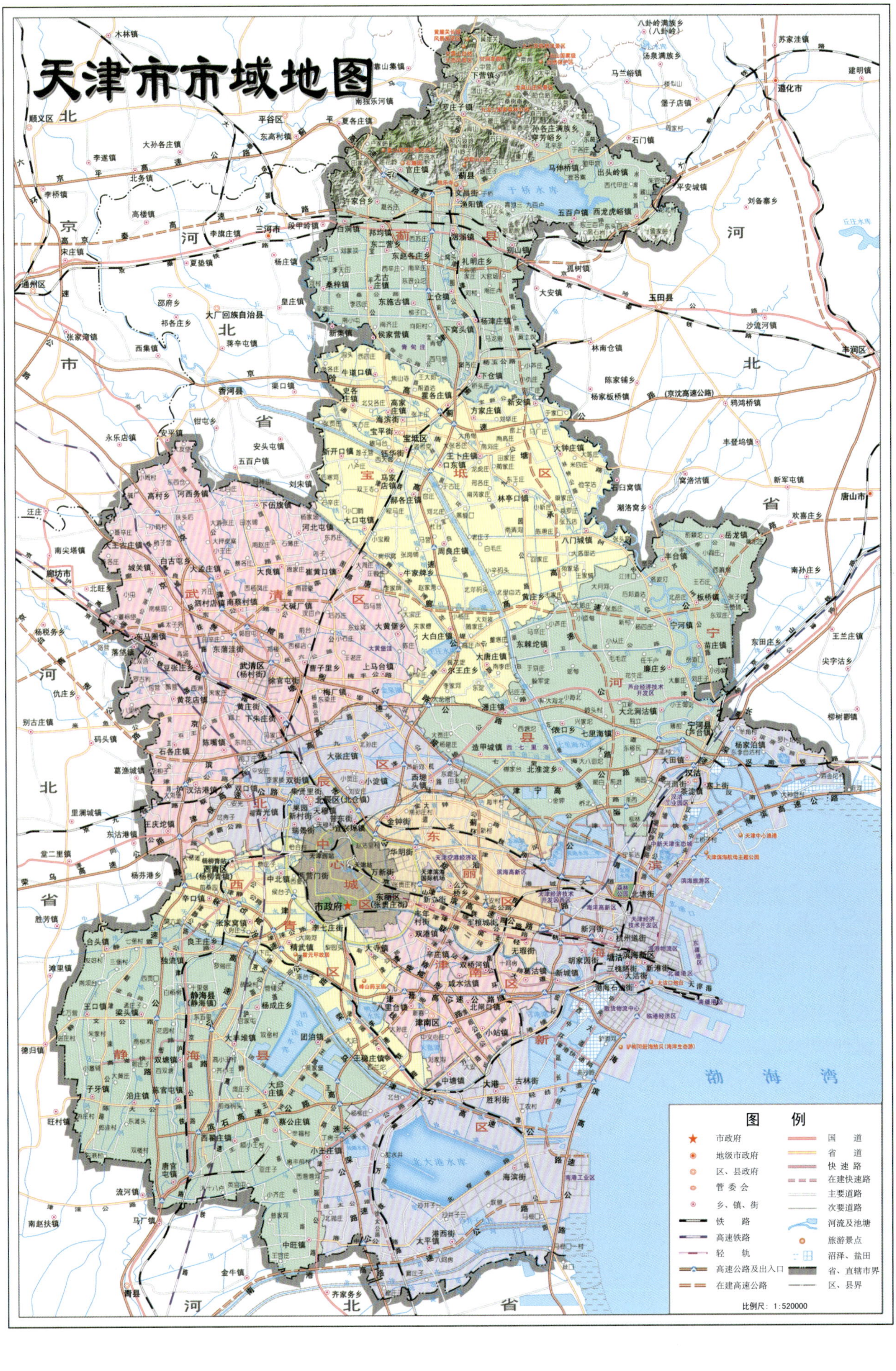

天津市市域地图
图 例
市政府
地级市政府
区、县政府
管委会
乡、镇、街
铁 路
高速铁路
轻 轨
高速公路及出入口
在建高速公路
国 道
省 道
快速路
在建快速路
主要道路
次要道路
河流及池塘
旅游景点
沼泽、盐田
省、直辖市界
区、县界
比例尺：1:520000
蓟县
宝坻区
武清区
宁河县
北辰区
东丽区
西青区
中心城区
津南区
滨海新区
静海县
市政府
于桥水库
北大港水库
渤海湾
北京市
河北省
唐山市
廊坊市
三河市
玉田县
遵化市
香河县
大厂回族自治县
平谷区
顺义区
通州区
丰润区

天津市中心城区地图
图例
市、区人民政府
镇、街道办事处
高速编号及出入口
环线道路
一级街区
二级街区
立交桥
一般街道
铁路及车站
高速铁路
地铁及车站
在建地铁及车站
轻轨及车站
河流及池塘
医院、学校
图书馆、展览馆
纪念馆、博物馆
区界
比例尺：1:83000
北辰区
红桥区
河北区
河东区
南开区
和平区
河西区
西青区
东丽区
津南区

天津市滨海新区地图
图 例
市、区、县政府驻地
管委会驻地
乡、镇、街政府驻地
农 场
行政村、自然村
铁路及车站
高速铁路
津滨轻轨
高速公路
在建高速公路
国道及国道号
省、市级道路
快 速 路
在建快速路
主要道路
次要道路
乡 村 路
主 要 堤
河流及池塘
省、市界
区、县界
比例尺：1:357000
渤 海 湾
滨 海 新 区
河 北 省
宁 河 县
宝 坻 区
武 清 区
北 辰 区
东 丽 区
中 心 城 区
西 青 区
津 南 区
静 海 县

天津市空间发展战略规划
总体战略示意图

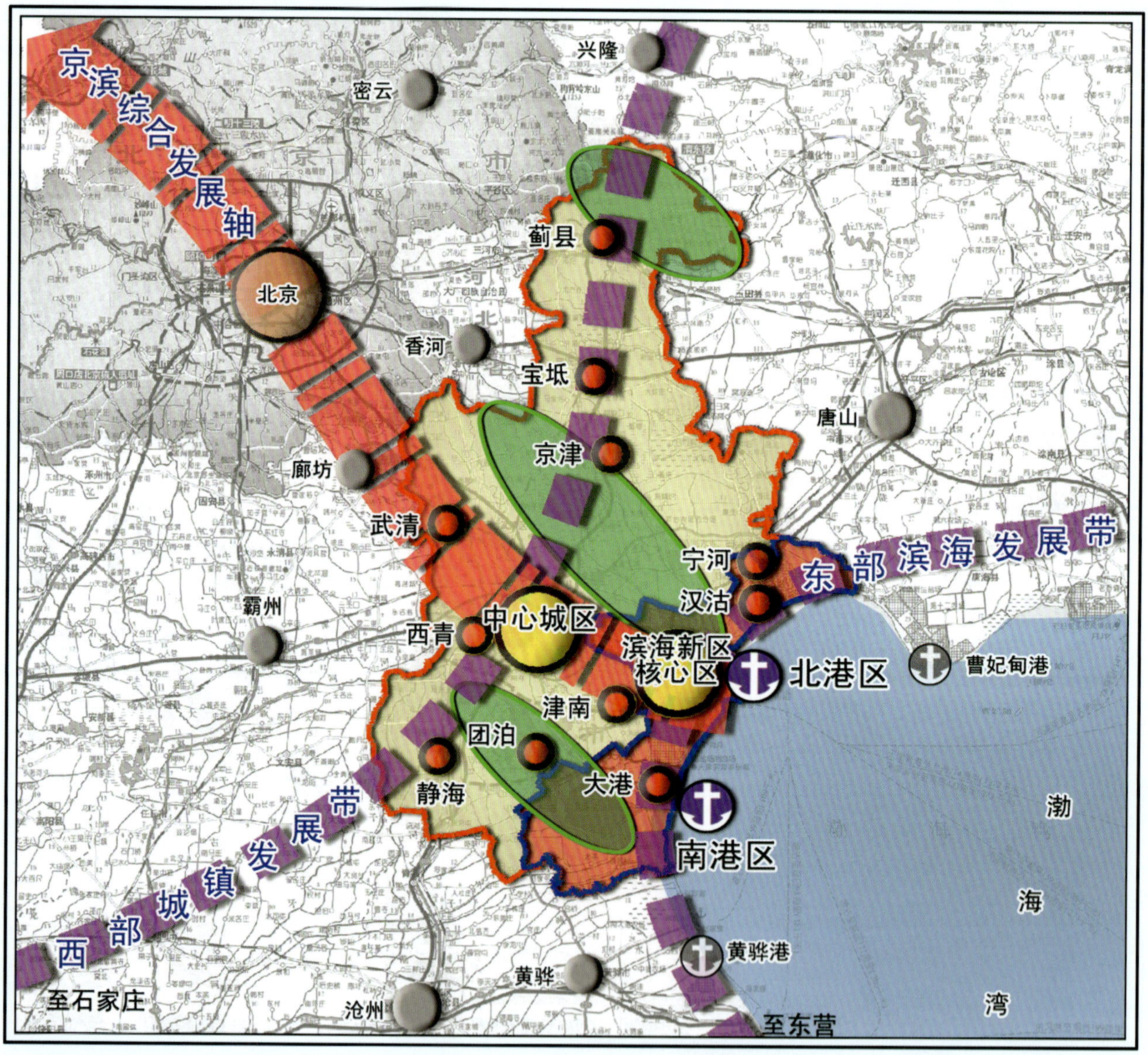

2011年1月13日，市委书记张高丽（左4）到市规划局听取重点地区规划设计方案汇报。市委副书记、市长黄兴国（右3），市人大常委会主任刘胜玉（左3），市政协主席邢元敏（右2），市委副书记、滨海新区区委书记何立峰（左2），市委常委、教育工委书记苟利军（右1），市委常委、秘书长段春华（左1）等市领导出席。

2011年5月25日，市委书记张高丽（前左2）陪同全国政协原副主席、中国工程院原院长徐匡迪（前右3）一行参观市规划展览馆，市政协副主席何荣林（2排左1）参加，市规划局局长尹海林（前右2）接待。

2011年9月19日，市委副书记、市长黄兴国（前左2）陪同浙江省委原书记、省人大常委会原主任李泽民（前右2）一行参观市规划展览馆，市规划局常务副局长李春梅（后排左2）、副巡视员诸铭（前左1）接待。

2011年1月31日，市委副书记、市长黄兴国(左6)到市规划局主持审查第四批示范小城镇、蓟县新城库区移民安置区规划方案、解放南路地区起步区城市设计深化方案。副市长熊建平（右5）、李文喜（左5），市政府副秘书长于忠诚（右4）、刘剑刚（左4）,市规划局局长尹海林（左3）等领导参加。

2011年1月20日，副市长熊建平（左7）到市规划局听取城乡规划工作汇报。市政府巡视员董迎科（右7）和市规划局局长尹海林（左6）等局领导参加。

2011年6月11日，中国城市规划学会城市生态规划学术委员会2011年会在天津召开。中国城市规划学会名誉理事长、两院院士周干峙（左5），中国城市规划学会名誉理事长、中科院院士邹德慈（右4），住建部规划司司长孙安军（左4），市规划局局长尹海林（右3），中国城市规划学会副理事长、城市生态规划学术委员会主任委员张泉（左2），中国城市规划学会常务理事、重庆市规划局局长扈万泰（右2），同济大学教授、博士生导师沈清基（左3）、市规划局总建筑师秦川（右1）、副巡视员侯学钢（左1）参加。

2011年4月7日，天津——墨尔本现代城市规划理念与实践论坛在市规划展览馆召开。市规划局局长尹海林（左6），墨尔本市市长罗伯特·道尔（右9），市规划局副巡视员诸铭（左5）等参加。

2011年4月2日，天津市第四次综合交通调查领导小组第一次会议召开。市规划局局长尹海林（左排左4）主持，副巡视员刘荣（左排左3）和领导小组成员单位领导参加。

2011年3月17日，天津大学 天津市规划局城乡规划战略合作框架协议签字仪式在市规划局报告厅举行。天津大学校长李家俊（前左1）及校领导，天津市规划局局长尹海林（前右1）及局领导参加。

2011年12月18日，首届天津规划师沙龙启动仪式在天津建筑设计院举行，市规划局局长尹海林（右排左2），副巡视员侯学钢（右排左1）参加。

2011年6月28日，天津市规划局纪念中国共产党成立90周年大会在中华剧院召开。市规划局党组副书记战秋艳（右2）主持，市委规划建设工委副书记任树梅（左3），局党组书记、局长尹海林（右3），常务副局长李春梅（左2），局纪检书记曹慧泉（右1），副局长郭凤平（左1）参加。

2011年1月9日，天津市规划系统2011年工作会议在南开大学礼堂召开。市规划局局长尹海林（左4）作报告，局党组副书记战秋艳（右3），常务副局长李春梅（左3），局纪检书记曹慧泉（右2），副局长鲁承斌（左2）、郭凤平（右1）、郑嘉轩（左1）参加。

2011年11月30日，市规划局举办主题为“服务企业 推动发展”的局长服务日活动，市规划局局长尹海林主持，局领导参加。

2011年10月19日，市规划局召开为企业单位服务座谈会。市规划局局长尹海林（左2）、常务副局长李春梅（右2）参加。

2011年3月21日，市规划局局长尹海林接受人民网“天津视窗”采访。

2011年11月5日，中国城市规划学会国外城市规划学术委员会《国际城市规划》编委会2011年会协调联动——天津城市规划座谈会在天津宾馆召开。中规院院长李晓江（右2）、市规划局常务副局长李春梅（左2）、副局长沈磊（右1）、局总建筑师秦川（左1）参加。

2011年11月25日，天津市规划志鉴工作会议暨培训召开。《天津规划年鉴》编委会办公室主任李蓓（左2）主持，市规划局副局长、天津市规划局志鉴编委会常务副主任鲁承斌（左3）、编辑部总编赵友华（右2）、副总编赵元平（右3）、天津市地方志编修委员会办公室副处长张月光（右1）、副调研员唐旗（左1）参加。

2011年10月21日，市规划局召开三维数字城市建设与成果发布会。天津市三维数字城市建设系统荣获2011年度天津市科技进步一等奖，市勘察院院长李文春在会议上讲话。

2011年6月22日，市规划展览馆参观人数过200万庆祝仪式。

城市新亮点　泰安道“五大院”

泰安道“五大院”俯瞰

一号院

三号院

泰安道“五大院”沿海河夜景

城市新亮点　海河教育园区

建设中的海河教育园区天津职业技能公共实训中心

天津电子信息职业技术学院

天津市机电工艺学院

现代职业技术学院

城市新亮点　文化中心

文化中心

图书馆　美术馆　博物馆

天津大剧院

银河购物中心

阳光乐园

民心工程　住宅

获“2011中国首届保障性住房设计竞赛”综合设计三等奖的秋怡家园（该奖系全国唯一最佳经济适用房设计奖）

真理道经济适用房

民心工程　医疗卫生

坐落在南开三马路的天津市中心妇产科医院

坐落在柳林路的天津市安定医院

民心工程　商业服务业

①天津宾馆
②新南马路五金城
③鹏欣水游城
④大悦城
⑤南京路商业街

民心工程　园林绿化

坐落在宾水西道的南翠屏公园

坐落在南开三马路的翔宇公园

坐落在新开路的如意园

海河两岸功能提升

悦榕庄大酒店

津湾广场

奥式风情区

德式风情区

意式风情区

天津金融环球中心

海河中心广场公园

交通工程

天津西站主站房北广场

河北大街立交桥

天津港

天津港南疆港区

天津东疆保税港区

滨海新区空港经济区

投资服务中心

海关大楼

中科院工业生物研究所

空客A320总装线

国际商务园

万顺融合广场

滨海新区临港经济区

临港经济区鸟瞰

中船重工码头

天津碱厂拆迁改造项目

华能绿色煤电项目

滨海新区响螺湾商务区和于家堡金融区

连接响螺湾和于家堡的海河开启桥

建设中的于家堡金融区

建设中的响螺湾商务区

滨海新区北塘古镇

城楼

凤凰街

观澜书院

滨海新区市政生态环境建设

滨海森林公园

丹拉大桥

海滨大道立交

武清区意风广场

河畔商业街

河畔商业街北侧

广场

剧场

宁河七里海湿地国家级自然保护区

兴海湖鸟类保护区

兴坨水库鸟岛

西海湿地走廊

编 辑 说 明

一、《天津规划年鉴》是天津市规划局主办、局志鉴编委会组织、编辑部编辑的专业性年刊。2009年创刊，逐年出版，公开发行。本卷是第四卷。

二、本年鉴坚持以邓小平理论和“三个代表”重要思想为指导，深入贯彻落实科学发展观；坚持执行城乡规划的法规政策；坚持“存真求实，确保质量”，全面、系统、客观、准确；坚持突出专业特点和地方特色。

三、《天津规划年鉴2012》力求全面记述2011年全市城乡规划系统的主要工作，突出新思路、新举措、新成绩、新特点。

四、本年鉴记述的时限，以上一年度为主。考虑到事项的完整性和年鉴的时效性，个别记述适当上溯或下延。

五、本年鉴采用分类编辑法，以篇目为纲，篇目下设栏目，栏目下设条目，条目是主要信息载体。《天津规划年鉴2012》设18个篇目。

六、《天津规划年鉴2012》在保持基本框架相对稳定的前提下，对部分内容进行调整。“文献”篇更名为“文献 专文”篇。“新闻媒体关注天津规划”篇前移至“文献 专文”篇后。“规划设计”篇更名为“城乡规划 城市设计”篇。“滨海新区规划设计”篇更名为“滨海新区城乡规划 城市设计”篇。“科技调研与信息化建设”篇更名为“科技 调研 信息化”篇。“派出机构和区县规划工作机构”篇分为“市局派出机构”篇、“滨海新区规划工作机构”篇和“市郊区县规划局”篇。增设“综合统计”篇。“规划管理”篇增设“证后管理”栏目，相应取消“法制建设”篇的“证后管理与服务”栏目。

七、本年鉴资料由规划系统各部门各单位提供。稿件由各部门各单位指定联系人汇总和撰写，各部门各单位主要负责人审核把关，编辑部修改校对，局编委会审定，最后交付出版。

八、本年鉴编印过程中，得到市地志办、局系统各级领导、各部门各单位、各联系人以及有关单位的大力支持和积极参与，在此一并深表谢意。

九、限于水平，本年鉴难免存在缺点和不足，欢迎批评指正。

二〇一二年六月

《天津规划年鉴 2012》编委会

主　任　尹海林

副主任　战秋艳　李春梅　曹慧泉　鲁承斌（常务）
郭凤平　郑嘉轩　沈　磊　霍　兵　秦　川
诸　铭　刘　荣　侯学钢

成　员　（以姓氏笔画为序）
于振祥　才　睿　马华山　王　瑛　王　超
王　樾　王子升　王克勤　王秋岩　石　英
白艳霞　邢广民　师武军　朱映水　刘　军
刘　芳　刘伯伟　孙　银　李　东　李　征
李　蓓　李文春　李迎春　李咸群　李津莉
李振军　杨　凯　杨爱华　吴军江　张占佳
张仕儒　张翰清　陈　跃　陈进红　陈继顺
范鸿印　周　健　庞　浩　单国雁　段立凯
贺高潮　郭力君　郭新天　涂　强　黄跃红
章培新　阎　安　阎　港　葛　龙　翟国强

《天津规划年鉴 2012》编委会办公室

主　任　李　蓓

副主任　朱映水　刘伯伟

《天津规划年鉴 2012》编辑部

总　编　赵友华

副总编　赵元平

编　辑　陈灿文　姚胜利　王润萍　房志国　魏　悌
　　　　魏　和　魏　斌　郭　希　张丽燕

《天津规划年鉴 2012》撰稿、摄影、照片提供人员

(以姓氏笔画为序)

于文龙　王　欣　王东海　王永刚　王丽颖　王学斌
王宗树　王星骅　王蓓蓓　毛偲迪　毛燕菲　尹玉波
白　宇　冯海超　吕国华　刘　东　刘　军　刘　薇
刘长怀　刘庆文　刘寿江　刘茂国　刘鸿森　刘鹏飞
安　萍　孙秀敏　苏　萌　苏文强　苏振涛　李　丹
李　刚　李冲芝　李丽婷　李学刚　杨　锴　杨仲义
杨佳锟　杨学彬　杨荣军　杨树泽　吴　平　吴　莹
吴　瑕　吴昊天　何力军　辛　悦　汪　勇　宋文菊
张　洁　张　菡　张　焯　张　婷　张长健　张志邦
张利平　张良红　张燕荣　陆慧冰　陈　涛　陈可轶
赵晶晶　胡　源　侯　怡　侯志刚　柴朝文　徐金胜
黄伟民　曹　明　曹金煊　常　欣　谢静荣　窦伟通
蔡海莹　翟　盈　滕人瑶　穆　静

目 录

特 载

文献 专文

新闻媒体关注天津规划

概 况

城乡规划 城市设计

滨海新区城乡规划　城市设计

规划管理

法制建设

科技　调研　信息化

党群行政工作

市局派出机构

滨海新区规划工作机构

市郊区县规划局

局属单位

社团组织

交流　合作

综合统计

附　录

索　引

特 载

在天津市委九届十二次全会上的讲话

中共天津市委书记　张高丽

（2011 年 12 月 27 日）

这次全会的主要任务是，全面贯彻党的十七大和十七届三中、四中、五中、六中全会精神，认真落实中央经济工作会议部署，总结今年工作，部署明年任务，团结动员全市广大党员干部群众，解放思想，干事创业，开拓创新，推动天津科学发展和谐发展率先发展。

下面，我受市委常委会委托，向全会报告今年工作，并就做好明年工作讲几点意见。

一、“十二五”时期实现良好开局

今年是“十二五”开局之年。一年来，在以胡锦涛同志为总书记的党中央正确领导下，市委常委会团结带领全市广大党员干部群众，高举中国特色社会主义伟大旗帜，以邓小平理论和“三个代表”重要思想为指导，深入贯彻落实科学发展观，坚决贯彻中央的决策部署和国家宏观调控政策措施，认真落实胡锦涛总书记对天津工作的一系列重要要求，在历届市领导班子打下的基础上，加快实施市委“一二三四五六”的奋斗目标和工作思路，着力构筑“三个高地”，全力打好“五个攻坚战”，经济建设、政治建设、文化建设、社会建设以及生态文明建设和党的建设取得了新的成绩，“十二五”规划实现良好开局。

发展方式加快转变，质量效益水平进一步提高。出台了促进经济发展的 30 条政策措施，广泛开展“调结构、增活力、上水平”活动，4329 名机关干部深入 9100 多家企业和基层单位，帮助解决困难和问题。从 2007 年起我市大力发展实体经济，今年又新推出 340 项高水平大项目好项目，累计达到 1280 项，总投资 2.2 万亿元，700 多项已建成投产，新投产项目对工业增长贡献率达到 60%。新增设施农业 11.58 万亩，累计达到 60 万亩。八大优势支柱产业占全市工业比重超过 90%，工业总产值突破 2 万亿元。服务业增加值增长 14.8%，占全市生产总值的比重达到 46%。建成 10 大产业技术研发平台，国家级企业技术中心达到 29 家，科技型中小企业新增 8500 家，累计达到 2.1 万家，全社会研发支出占生产总值比重达到 2.6%。万元生产总值能耗在“十一五”下降 21%的基础上，今年预计下降 4%以上，主要污染物排放量均下降 2%。

滨海新区龙头带动，三个层面作用进一步发挥。启动综合配套改革第二个三年实施计划，《天津北方国际航运中心核心功能区建设方案》获国务院批复，重点领域改革不断深化，全国社会管理创新综合试点扎实推进。功能区开发建设加快，南港港区正式开港试通航，中新生态城南部片区全面开工，东疆港岛造陆工程全部完工，响螺湾 48 栋商务楼宇加快推进，一批高端产业基地和企业总部正在形成。天津港 30 万吨级深水航道一期开工建设，南疆中航油石化码头、中化仓储等一批工程竣工，港口吞吐量达到4.5亿吨，集装箱吞吐量达到1150万标准箱，内陆无水港增至21个。中心城区大力发展高端服务业、楼宇经济和都市型工业，大悦城、水游城、红星国际广场等建成开业，梅江会展中心二期主体封顶，泰安道地区综合开发1、2、3号院投入使用，意式风情区被评为中国特色商业街区，税收超亿元楼宇达到67个，服务业比重达到81.5%。郊区县加快推进“三区”联动建设，31个示范工业园区起步区基础设施建设基本完成，20个现代农业示范园区、155个养殖示范园区基本建成，47个示范小城镇建设全面提速，40万农民迁入新居，全市城镇化率超过80%。

规划建设管理提升，生态宜居面貌进一步展现。完成文化中心周边地区、解放南路周边地区和北部新区等重点规划。西站综合交通枢纽投入使用，南站与京沪高铁天津段同步建成，地铁9号线试运行，2、3号线装修调试，5、6号线加快建设，津宁、塘承一期、国道112高速公路和团泊快速路建成，滨海国际机场二期工程和地下交通中心建设顺利实施。启动“十二五”十大重点水利工程，更新改造11万户老住宅供水供气管道。我市被确定为数字化城市管理试点城市。继续奋战300天综合整治市容环境，实施生态市建设新三年行动计划，149个公园全部改造完成并免费开放，绿化造林效果明显，城镇污水处理率达到87.5%，城镇生活垃圾无害化处理率达到93%，全市空气质量二级以上天数达到315天。

民计民生不断改善，民心民气民力进一步凝聚。实施第五个20项民心工程，全市财政用于民生领域的支出占财政总支出的70%以上。预计全年新增就业47万人，城镇登记失业率控制在3.6%。开工建设保障性住房1600万平方米、23.87万套，新增住房补贴1万户。企业单位从业人员人均劳动报酬增长18%，最低工资标准提高到1160元，人均养老金发放标准提高到1720元。加大了基本生活必需品的储备，完善了其价格上涨与困难群众生活补助联动机制，城市居民消费价格涨幅处于全国较低水平。养老保险覆盖人数达到523.8万人，基本医疗保险参保率超过90%，提前完成国家医改方案提出的目标。提高重点优抚对象抚恤补助、城乡低保特困救助和农村五保供养标准。新建、扩建和改造提升485所幼儿园，中小学校舍安全工程全面完成，义务教育学校现代化标准建设整体达标率达到90%，中小学、幼儿园安全防范能力显著增强。和谐校园建设十项举措深入推进，校园综治考核位居全国第一。高等院校内涵发展取得明显成效，引进一批海内外高层次人才，新增19个博士学位授权一级学科，91个硕士学位授权一级学科，建成大学软件学院，高校服务经济社会发展能力进一步增强。成功举办全国职业院校技能大赛，海河教育园区一期工程高水平完成、二期建设加快实施，新增劳动者平均受教育年限接近15年。改扩建医大总医院、肿瘤医院、人民医院等并投入运营。深入开展环境年建设、大医院支持区县医院、无假日医院三项重点工作，公共卫生服务水平进一步提升。竞技体育、群众体育和体育产业全面推进，积极筹备第九届全国大学生运动会和第六届东亚运动会，获得第十三届全国运动会承办权。

文化改革发展加快，繁荣发展态势进一步形成。制定了贯彻落实《中共中央关于深化文化体制改革、推动社会主义文化大发展大繁荣若干重大问题的决定》的意见。深入推进社会主义核心价值体系建设，牢牢把握正确导向，精心组织庆祝中国共产党成立90周年和纪念辛亥革命100周年活动。全面实施市民素质提升行动计划，深入开展爱国主义教育和“同在一方热土、共建美好家园”等群众性精神文明创建活动，总结提炼“天津精神”。推出第二批60个重点文化项目，第一批40个重点项目基本完成，市文化中心主体工程完工，数字广播大厦开工建设，天津与中央部委合作的8个国家级重大文化产业项目进展顺利，中国国际新闻出版装备博览会落户天津，成立了天津文化产权交易所和天津文化产业股权投资基金。实现全市3706个行政村农家书屋全覆盖，建成首批公共电子阅览室。创作生产《辛亥革命》、《幸福来敲门》等一批精品力作。组建天津广播电视台、天津广播电视传媒集团有限公司，开辟北方移动电视、北方手机报等新的传播阵地，我市被评为全国文化体制改革先进地区。

社会管理切实加强，和谐稳定局面进一步巩固。坚持党的领导、人民当家做主、依法治国有机统一，支持市人大及其常委会依法行使职权，支持人民政协积极履行政治协商、民主监督、参政议政职能，支持工会、共青团、妇联等人民团体依照法律和各自章程开展工作。

深化厂务、政务、村务公开和公共企事业单位办事公开。认真做好民族、宗教、侨务和对台工作。深入开展双拥共建活动，军政军民团结进一步巩固。出台《关于进一步加强和创新社会管理的实施意见》，积极推进68个社会管理创新项目，建立健全社会风险防范、突发事件应急处置等机制。加强法治天津建设，我市社会治安综合治理全国考评升至第6位，没有发生大规模群体性和重大治安事件，安全生产形势总体稳定。

改革开放继续深化，体制机制创新进一步突破。率先统一规范区县行政审批，综合审批效率累计提高80%。完善金融机构服务体系，规范股权投资基金和创新型交易市场发展，推进保险改革试验区及产品创新试点，加强政府性融资平台整合治理，有效防范和化解金融风险。推进轻工、外贸、商业、旅游等行业企业重组，市属国企改制面达到96.8%。出台了《关于进一步促进我市中小企业发展的若干意见》，民营经济实现增加值占全市生产总值的40%。成功举办中国企业国际融资洽谈会、中国旅游产业博览会、中国国际直升机博览会、中国国际矿业大会、津台投资合作洽谈会等重大会议活动。在津投资的世界500强企业达到150家，国内500强企业达到187家。新一轮援疆工作开局良好，对口支援西藏昌都、甘肃、重庆万州、青海黄南州工作进展顺利。

党的建设全面推进，科学执政能力进一步增强。认真学习贯彻胡锦涛总书记“七一”重要讲话，深入开展创先争优活动，举办两期市委理论学习中心组读书班和9次集体学习，组织部委办、区县局主要负责同志到安徽、江西等地学习考察，开展16个区县互看互比互学，对局处级干部普遍进行了轮训。坚持在干中培养选拔干部，多岗位交流锻炼干部，采取竞争性选拔方式提拔任用局处级干部1861名，分别占同级新选拔干部的34.4%和33.7%。统筹推进各类人才队伍建设，全市人才总量达到191万人。支持各民主党派、工商联和无党派人士参政议政、民主监督，党领导的多党合作事业不断发展。

营造风清气正的环境，圆满完成区县乡镇换届。进一步改进工作作风，大力精简会议文件和活动。严格执行党风廉政建设责任制，加大巡视工作力度，深入开展食品药品安全、环境保护、工程建设等领域专项治理，集中开展厉行节约、制止奢侈浪费专项整治，严厉查处腐败案件，群众对党风廉政建设和反腐败工作认可度逐年提高。

这些成绩的取得，是以胡锦涛同志为总书记的党中央正确领导、科学决策的结果，是各级领导班子和全市各方面团结一心、开拓创新的结果，是广大党员干部群众顽强拼搏、苦干实干的结果。我代表市委常委会向同志们表示衷心感谢、亲切问候和崇高敬意！

在肯定成绩的同时，必须清醒地看到，与中央的要求、群众的愿望和先进的地区相比，我们的工作还存在不少问题和差距。主要表现在：科学发展观要进一步学习领会，创新意识要不断增强，解放思想的任务仍然繁重艰巨；综合实力不强，经济结构要进一步调整优化，服务业比重偏低，民营经济发展不够快，中小企业融资难、负担重，节能减排需要下更大力气；群众生活水平不够高，部分群众生活还比较困难；社会还存在不稳定的因素，社会管理和创新需要加强；体制机制尚不完善，改革创新有待于深化；形式主义、官僚主义仍然存在，腐败现象时有发生。我们一定要采取有力措施，认真加以解决。

二、准确把握严峻复杂的国内外经济形势

明年是具有重要意义的一年，我们党将召开十八大，我市将召开第十次党代会。做好明年的工作，保持经济社会又好又快发展，对营造良好的环境至关重要。

展望明年，经济形势总体上仍将十分严峻复杂，存在许多可以预料和难以预料的困难。

从国际看，国际金融危机的深层次矛盾进一步显现，欧洲主权债务危机短期内难以有效解决，发达经济体失业率居高不下，新兴经济体面临经济增速放缓和通货膨胀的双重压力，世界经济下行风险增加，经济复苏的不确定性不稳定性上升，国际市场需求低迷可能成为常态，国际经济环境难以明显好转。全球产能过剩矛盾更加突出，资源能源竞争更加激烈，针对我国的贸易和投资保护主义更加明显，外部环境对我国的不利影响加大。从国内看，我国经济发展中不平衡、不协调、不可持续的矛盾仍然突出，又面临一些新问题。主要表现在：三大需求拉动乏力，经济增长存在下行压力。

推动物价上涨因素仍然较多，劳动力、土地、能源资源等要素价格上涨呈长期化趋势。部分企业特别是一些中小企业经营困难加重，财政金融领域存在潜在风险，节能减排形势更趋严峻，宏观调控面临更多“两难”选择。从天津看，汽车、钢材等产品产量下降，建设资金趋紧，消费增速趋缓，外贸出口增长回落。总之，国际问题与国内问题相互交织，短期问题与长期问题相互作用，明年我们面临的冲击会增多，挑战会增加，难度会增大，对此必须予以高度重视。

困难是客观存在的，关键是要把困难分析透，找到克服困难的办法。全市上下一定要牢固树立忧患意识、机遇意识、创新意识，加强战略谋划，增强应对能力，把握发展的主动权。

要时刻居安思危，对经济环境的复杂性和多变性有足够的认识，对不利影响有足够的估计，对防范和化解各种风险有足够的准备，敏锐观察和科学分析苗头性、倾向性问题，未雨绸缪，主动应对，趋利避害，攻坚克难，提高驾驭复杂局面的能力。要深刻认识到我国仍处于重要的战略机遇期，有较大的发展空间和回旋余地；天津经过艰苦奋斗，构筑了实体经济优势，增强了发展的稳定性、持续性和抗风险能力，具备在较长时期内实现更大发展的有利条件。只要我们坚定信心，坚信事在人为，就一定能够夺取新的更大的胜利。要从实施国家重大发展战略的高度出发，从落实中央对天津城市定位的战略任务出发，坚持天津行之有效的思路、做法和举措，力度要加大，水平要提高，努力做到稳中求进、稳中求好、稳中求快，推动经济社会发展再上新水平。

明年全市工作总的要求是：全面贯彻党的十七大和十七届三中、四中、五中、六中全会精神，以邓小平理论和“三个代表”重要思想为指导，深入贯彻落实科学发展观，认真落实中央经济工作会议部署，按照胡锦涛总书记对天津工作的一系列重要要求，紧紧围绕主题主线主攻方向，加快实施市委“一二三四五六”的奋斗目标和工作思路，着力构筑“三个高地”，全力打好“五个攻坚战”，深入开展“调结构、惠民生、上水平”活动，在率先转变经济发展方式、调整优化经济结构上取得新进展，在深化改革开放、创新体制机制上取得新突破，在保障和改善民计民生、提高群众生活质量上取得新成效，在加强和创新社会管理、维护社会和谐稳定上取得新进步，全面推进社会主义经济建设、政治建设、文化建设、社会建设以及生态文明建设和党的建设，以优异成绩迎接党的十八大和市第十次党代会胜利召开。

明年全市经济社会发展的主要预期目标是：生产总值增长12%；节能减排指标完成国家下达任务；地方财政收入增长15%；城乡居民人均收入分别增长10%；居民消费价格总水平涨幅控制在4%左右；城镇登记失业率控制在3.8%以内。

实现上述目标，必须坚决贯彻中央宏观调控政策措施，牢牢把握扩大内需这一战略基点，牢牢把握发展实体经济这一坚实基础，牢牢把握加快改革创新这一强大动力，牢牢把握保障和改善民生这一根本目的，进一步增强发展的全面性、协调性和可持续性。市委决定，明年在全市深入开展“调结构、惠民生、上水平”活动。这是近年来上水平活动的延续，是对行之有效做法的坚持，是确保完成全年目标任务的重大举措。调结构，就是要全力打好结构调整优化升级攻坚战，不断优化产业结构、投资结构、消费结构、出口结构、经济布局结构和所有制结构，发展实体经济，更好地解决制约科学发展的结构性矛盾，尽快形成与天津城市地位和作用相适应的现代经济结构。惠民生，就是要正确处理经济发展和改善民生的关系，把保障和改善民计民生放在更加突出的位置，把更多的公共资源投入民生领域，切实办好涉及群众切身利益的大事要事，切实解决群众反映强烈的急事难事，让人民群众及时得到更多实惠。上水平，就是要坚定不移地走科学发展道路，正确处理好与快、质量与速度的关系，把解决当前问题与破除深层次矛盾结合起来，决不盲目追求攀比低水平的速度，决不搞劳民伤财的形象工程，决不给后人留下包袱负担，使经济发展建立在高质量、高效益、高水平的基础之上。各级领导干部要带头深入下去，调查研究，靠前指挥，摸实情，解难题，办实事，形成干事创业的强大合力。

三、推动经济发展方式转变取得更大进展

加快经济转型，注重创新驱动，促进内生增长，这是经济工作必须切实抓好的战略任务。

全市上下要突出主题，贯穿主线，瞄准主攻方向，构筑持久的战略优势，抢占新一轮产业和科技竞争的制高点。充分发挥滨海新区的龙头带动作用。滨海新区肩负着带动全市发展、服务区域经济的重大责任。要以强烈的使命感，全力打好开发开放攻坚战，注重产业带动、技术引领、功能辐射、创新示范，努力成为贯彻落实科学发展观的排头兵。要培育发展具有国际竞争力的产业集群，全面加快各功能区的开发建设，大力发展战略性新兴产业，加快服务业大项目建设，增强高新技术研发转化能力，努力形成高端产业聚集、具有核心竞争力的国家重大产业基地。要着力激发创新创造活力，勇于探索，先行先试，拓展改革领域，加大改革步伐，加快实施综合配套改革第二个三年计划，扎实推进金融创新、土地管理、涉外经济等10大领域的改革，进一步理顺新区各管委会、街镇之间的权责关系，坚持新区的事在新区办，形成科学高效的管理机制、运行机制和发展机制。要大力提高载体功能和服务能力，加快滨海国际机场二期航站楼扩建工程、天津港30万吨级深水航道、国际邮轮码头二期等新区重大基础设施建设，积极发展电子口岸和无水港，健全大通关体系，进一步完善现代综合交通体系，在建设北方国际航运中心和国际物流中心上见到更大成效。要构建低碳绿色发展模式，加快中新天津生态城建设，加快循环经济示范区建设，加快生态功能区、生态廊道和生态组团建设，增强能源资源保障能力，使滨海新区成为全国转变经济发展方式的综合性示范区。

下更大力量抓好大项目好项目建设。发展实体经济是市第九次党代会以来的重大战略和成功经验，而大项目好项目即是发展实体经济的重要抓手。我们任何时候都要把项目建设摆在重要位置，毫不放松地抓，坚持不懈地抓，把“三个一批”的要求贯穿始终，更好地促进结构调整，培育更多的增长点，不断增强发展后劲。各区县、各有关部门的主要负责同志，要拿出更大的精力研究项目，洽谈项目，建设项目，保持投资的合理增长，充分发挥投资对经济增长的重要拉动作用。对已经开工的项目，要全力推进，在保安全保质量的基础上，加快施工建设进度，力争早日竣工投产，早日产出效益。全市已经确定的1280项重大项目，明年一季度要全部开工，全年竣工项目要达到80%。同时，还要积极准备再推出一批新项目。要进一步密切与国家部委、国内外大企业、大集团、大院所的战略合作，推动已经签署的合作协议的落实，千方百计争取项目，促进已有项目增资扩产，使更多技术水平高、带动作用强的大项目好项目落户天津。要进一步优化投资环境，围绕重大项目和重点工程提供全方位、全过程的服务。要狠抓资金筹措，用足用好国家扶持产业发展的有关政策，加强与金融机构的密切合作，鼓励和引导民间资本参与项目建设，积极利用境内外资本市场、企业债券、股权投资、金融租赁等方式多渠道进行融资，提高投融资能力，确保重点在建续建项目资金需要，提高资金使用效益。

大力增强区县综合实力和发展活力。区县是全市发展的重要战略支撑，具有很大的发展空间和发展潜力。中心城区要更加注重内涵式发展，进一步整合资源，加快海河两岸综合开发和西站、解放南路、天钢柳林等重点地区建设，建成泰安道地区综合开发等项目，着力提高经济发展的创新含量，着力提高单位面积的创造价值。要深入推进国家和市级服务业综合改革试点，大力发展金融保险、中介咨询等现代服务业，打造提升旅游品牌，积极开拓旅游市场，推动旅游业跨越式发展。

开工建设国家级大型会展中心，加快培育一批亿元楼宇，打造一批现代商业集聚区，促进服务业发展提速、比重提高、水平提升。要统筹城乡发展，扎实推进农村示范工业园区、农业产业园区和农民居住社区联动建设，新开工建设农民还迁住宅1100万平方米，深化农改非、村改居、集体经济改股份制经济、促进城乡一体化发展“三改一化”试点，全面落实强农惠农富农政策，促进农民增收、农业增效、农村增实力。

切实加快科技进步和自主创新步伐。科技水平决定着发展水平，自主创新能力决定着竞争能力。要大力推进科教兴市战略，抓住科技与经济紧密结合这个根本问题，强化企业技术创新主体地位，引导创新要素向企业集聚，引导企业增加研发投入，引导各方面协同创新，使经济发展更多地依靠科技进步和创新。

要加快实施自主创新能力提升工程，促进产学研结合，加强与国内外科研机构、高等院校的合作，建设和提升国家超级计算天津中心、英特尔中国物联网研究院等一批重点实验室和重大创新平台，建设天津未来科技城和一批高水平科技园区、科技企业孵化器、生产力促进中心，掌握一批核心技术和关键技术。要加快实施科技成果产业化提速工程，重点推进国家863计划伙伴城市试点建设，抓好国际生物医药联合研究院、中科院天津产业创新与育成中心等高新技术产业化基地建设，使更多科研成果转化为现实生产力。要加快实施科技小巨人助推工程，落实各项政策措施，推进国家科技金融结合试点城市建设，促进科技型中小企业专业化聚集、规模化发展。要加快实施创新型人才培养工程，全面贯彻中长期人才发展规划纲要，依托大企业、大项目，引进更多的领军人才和团队，培养和造就一大批高素质技能型人才，促进我市科技人才整体实力达到国内领先和国际先进水平。

推动改革开放取得更大进展。改革开放是推动经济社会发展的根本动力，是解决各种矛盾和问题的根本途径。要坚持社会主义市场经济的改革方向，积极推进重点领域和关键环节的改革，实施更加积极主动的开放战略，力争在体制机制创新上取得新突破，全面提升开放型经济水平。要加大国有企业改革力度，推进行业资源整合和企业调整重组，提高资源配置效率、融资能力和资本运作水平，培育一批大型企业和企业集团，增强我市国有企业的活力、实力和竞争力。要加大金融改革创新力度，加快私募基金运行服务体系、金融机构服务体系、产业金融发展服务体系、交易所市场体系、外汇改革创新体系和金融发展环境体系建设，积极开展意愿结汇、离岸金融业务试点，争取地方债试点，培育一批现代金融产业和优质金融企业，加强政府性债务管理和风险防范，推动金融业持续健康安全发展。要加大行政审批制度改革力度，加强各级行政许可服务中心建设，继续清理、减少和调整行政审批事项，提高审批效率和服务水平。要加大对中小企业特别是小型微型企业扶持力度，完善民间投资体制，完善市、区县两级中小企业服务体系，促进中小企业和民营经济做优做大做强。要加大对外经济工作力度，加快转变外贸发展方式，开拓新兴市场，保持进出口稳定增长，高标准办好夏季达沃斯论坛、中国国际矿业大会、中国旅游产业博览会、津台投资合作洽谈会等重大活动，积极有效利用外资，全面加强国际和地区交流合作。要加大实施“走出去”战略力度，抓住当前有利时机，扩大对外投资合作，积极参股发达国家企业，提高国际化经营水平。要加大对内开放力度，继续组织天津市党政代表团赴外地学习考察，加强与各省区市特别是京冀和环渤海地区的交流合作，高标准做好对口支援和帮扶工作，促进优势互补、共同发展。

全面提升生态宜居城市建设水平。加快建设独具特色的国际性、现代化宜居城市，是胡锦涛总书记的重要要求，对于保护生态环境、突出城市品位、促进人与自然相和谐具有重要意义。要巩固和发展奋战900天市容环境综合整治成果，提高规划建设管理水平，充分展现大气洋气、清新亮丽、中西合璧、古今交融的大都市风貌。要全面落实城市空间发展战略，完成城市总体规划修改和区县空间管制区规划，编制南北生态保护规划，深化重点地区、重点项目规划，通过立法，保证规划的长期有效实施，充分体现规划的科学性、稳定性和权威性。要进一步增强城市载体功能，实现地铁3、9号线全线试运营，全力加快津沽污水处理厂、南水北调配套工程和铁路、机场、港口、高速公路、地铁等重大基础设施建设，新建一批城市主干道，打通一批卡口瓶颈，改造一批积水路段，使群众出行更方便。要重点搞好京津城际铁路沿线、中心城区次支里巷道路和社区、区县建成区的环境综合整治，着重治理盲点薄弱点，着重解决影响群众生活的环境问题，着重推进精细化长效管理，进一步展现整洁、优美、有序的城乡面貌。要加快实施生态市建设新的三年行动计划，加强对重金属、大气、土壤污染的集中治理，保护城市水源地，建设好清水工程，继续做好绿化造林工作，努力创建国家园林城市和卫生城市。要下力量抓好节能减排工作，严格落实责任制，通过多种途径，降低资源能源消耗，减少污染物排放，确保完成国家下达的目标任务。

四、坚持不懈惠民生促和谐保稳定

和谐的根本在民生，稳定的基础在群众。保障和改善民计民生，既是满足人民日益增长的物质文化需要的必然要求，也是加快转变经济发展方式、扩大消费的必然要求。越是在困难的时候，越是要关心群众的生产生活，大力推进以改善民生为重点的社会建设，维护好最广大人民的根本利益，充分调动人民群众的积极性，保持社会长期和谐稳定。

继续实施民心工程，不断提高群众生活水平。要坚持就业优先战略，多渠道开发就业岗位，加强就业扶助，完善鼓励政策，促进自主创业和自谋职业，重点做好高校毕业生、城镇就业困难人员、农村转移劳动力和退役军人就业工作，积极构建和谐劳动关系，明年新增就业47万人。要不断增加群众收入，建立健全最低工资标准、职工工资、退休人员基本养老金、城乡低保标准的正常调整机制，大力推进工资集体协商，提高一线职工工资水平，促进职工收入与企业效益同步增长，全面实施事业单位绩效工资制度，拓宽农民增收空间和渠道。要按照“人人享有基本社会保障”目标要求，完善养老、医疗、工伤、失业、生育保险制度，稳步提高保障水平。落实社会救助和保障标准与物价上涨挂钩联动机制，提高补助标准，保障困难群众基本生活。要加快保障性住房建设，完善分配、退出和监管制度，扩大受益范围，新建保障性住房 10.5 万套，新增住房补贴受益家庭 1.5 万户。加快推进城中村改造，实施旧楼区三年改造行动，健全个人住房信息系统，规范房地产市场秩序，进一步改善群众住房条件。

加快文化改革发展，不断满足群众精神需求。要扎实推进社会主义核心价值体系建设，大力弘扬天津精神，深化“同在一方热土、共建美好家园”活动，加强诚信建设，提升文明素质和文明程度。要大力发展公益性文化事业，举办更多特色文化活动，创作生产一批优秀文化作品，加强城乡文化基础设施建设，完善公共文化服务网络，确保天津文化中心明年“五一”前投入使用。要加快文化产业发展，推进国家动漫产业综合示范园、中国天津 3D 影视创意园区、国家数字出版基地和团泊文化产业示范园区等重点项目建设，培育一批文化产业创新、示范和孵化基地，精心办好中国国际新闻出版装备博览会、中国国际广告节。鼓励和引导非公有制文化企业发展。

要深化文化体制改革，全面完成国有文艺院团和经营性文化单位改制，组建北方演艺集团和文化产业集团，推进公益性文化事业单位改革，扩大对外文化交流合作，增强天津的文化实力和影响力。

大力发展社会事业，不断完善公共服务体系。要坚持优先发展教育，全面完成学前教育三年行动计划，推进基础教育质量提升工程，办好特色高中，规划建设国际青少年交流中心，加快建设国家职业教育改革创新示范区和全国高校科技创新成果转化中心，加快海河教育园区二期工程暨南开大学、天津大学新校区和健康产业园区建设，高水平举办全国职业院校技能大赛，加强高校重点学科和专业建设，造就高素质师资队伍，深化和谐校园建设，高标准完成校园环境提升工程，推进全民终身教育体系建设，办好人民满意的教育。要深化医药卫生体制改革，继续实施基本和重大公共卫生服务项目，加强区县公共卫生服务机构能力建设，完善基本药物制度，完成村卫生室标准化建设任务，高质量建设天津医院、胸科医院、中医一附院、市第二儿童医院等一批三级甲等医院。推进公立医院改革试点，鼓励和引导发展非公立医疗机构，大力培养医学人才和全科医生，深入开展岗位练兵、技术比武，评选人民满意的好医院、好医生、好护士，构建和谐医患关系，为群众提供满意的基本医疗卫生服务。

要广泛开展全民健身运动，办好第九届全国大学生运动会，全力备战 2012 年伦敦奥运会和 2013 年全运会，做好第六届东亚运动会、第十三届全运会筹备工作。要继续做好人口和计划生育工作，积极发展妇女儿童、老龄、慈善、残疾人事业。

着力建设法治天津，不断推进社会管理创新。要健全社会管理格局，加强法律、体制、能力建设，推进滨海新区全国社会管理创新综合试点，不断提高社会管理科学化、规范化、法治化水平。要健全群众利益协调、诉求表达、矛盾调处、权益保障机制，完善公共决策事项公示公开制度和社会矛盾多元调解体系，坚持重大项目和重大决策的社会稳定风险评估，推进领导干部下访、走访和接访制度化，深入开展“大排查”，千方百计把安全漏洞堵塞住，千方百计把基础工作搞扎实，千方百计把矛盾纠纷化解好，坚决防止发生影响安全稳定的重大事件。要加强社会治安综合治理，严密防范和依法打击各种违法犯罪活动，完善突发事件应急管理机制，提高预防预警和处置能力。要全面落实和完善安全生产制度，加强对重大工程、重点企业、重要场所的安全检查，加大食品、药品安全监管和校园、校车安全管理力度，深入排查和消除安全隐患，有效防范重特大安全生产事故发生。要大力弘扬社会主义法治精神，坚持依法行政，推进科学立法、严格执法、公正司法、全民守法，提高法治天津建设水平。要深入开展“双拥”活动，支持部队和国防后备力量建设，加强军政军民团结。

五、进一步提高科学执政能力和领导水平

战胜严重困难，完成繁重任务，迫切需要全面加强党的建设，加强和改进党对经济工作的领导。各级领导班子和领导干部要主动适应新形势，大力提高学习能力、创新能力、执行能力和掌控能力，为经济社会又好又快发展提供有力保证。

保持与时俱进的精神状态，推动各项工作再上新水平。在这次区县换届中，我们调整充实了大批领导班子，交流提拔了一大批干部。新班子要有新气象、新作风、新面貌。要大力加强领导班子思想政治建设，强化党的基本理论学习，强化能力培训和实践锻炼，强化宗旨教育和群众路线教育，强化党风廉政教育，提高领导干部思想政治素质。各级领导干部要加强理论和科学文化知识的学习，自觉用马克思主义中国化最新成果武装头脑，进一步解放思想、更新观念，创造性地开展工作，不断增强贯彻落实科学发展观的自觉性和坚定性。要大力改进工作作风，树立更高标准，追求更高水平，永远不自满不松懈不畏难，以更大的决心和更大的魄力，抓难点、攻难关、破难题，重在落实、重在效果、重在水平，不说大话空话假话，不摆花架子，不搞形式主义，不做表面文章，把自己的全部心血、智慧和汗水用在推动发展、造福百姓上，努力创造无愧于时代、无愧于人民的业绩。

严格遵守党的各项纪律，巩固发展安定团结的大好局面。严守党的纪律，是对领导干部的基本要求，也是保证党的路线方针政策贯彻执行的前提条件。要切实增强纪律观念，特别是要把严明党的政治纪律摆在首位，坚定正确的政治立场和政治方向，增强政治敏锐性和政治鉴别力，在事关方向、事关原则的问题上头脑清醒，坚持党的基本理论、基本路线、基本纲领、基本经验不动摇，始终同以胡锦涛同志为总书记的党中央保持高度一致，坚决维护中央权威，确保中央政令畅通。明年，我市将召开第十次党代会，这是全市人民政治生活中的一件大事，对于保证各项事业承前启后、继往开来具有重要意义。要以高度的政治责任感，切实加强组织领导，周密安排部署，精心做好筹备工作，努力形成一个好报告，选出一个好班子，确保大会取得圆满成功。市委换届后，市人大、市政府、市政协换届工作也将全面展开。要坚持五湖四海、任人唯贤，坚持德才兼备、以德为先的用人标准，坚持民主公开竞争择优，深化干部人事制度改革，注重提拔那些原则性强、对群众感情深、一身正气、敢抓善管和工作中有思路、有激情、有韧劲、贡献大的干部，进一步树立正确用人导向。要严明组织人事工作纪律，加强对换届工作的监督，严肃查处各种违反纪律的行为，把风清气正体现到换届工作的方方面面和全过程。要讲政治、顾大局、守纪律，以党的事业和人民的利益为重，有追求没要求，正确对待个人得失，淡泊名利，克己奉公，以高尚品德和模范行动保证换届工作顺利进行，保持工作的稳定性和连续性。要坚持抓基层打基础不放松，深化创先争优活动，不断提高基层党组织和党员队伍建设水平。

发扬艰苦奋斗的优良作风，密切与人民群众的血肉联系。我们都是来自于人民，全心全意为人民服务是我们义不容辞的责任。每一位领导干部都不要忘记，脱离群众是我们党执政后的最大危险，人民群众是改革发展稳定的力量源泉。

任何时候我们都要把人民放在心中的最高位置，把群众利益作为最大利益，经常深入群众，主动融入群众，热情服务群众，善于做新形势下的群众工作，不断增进与人民群众的感情，尽心竭力为群众办更多的实事好事，努力成为一名知民情、解民忧、暖民心的领导干部。要深入开展党风廉政建设和反腐败斗争，坚持标本兼治、综合治理、惩防并举、注重预防的方针，严格执行党风廉政建设责任制，建立健全惩治和预防腐败体系，强化对中央和市委重大决策部署贯彻落实情况的监督检查，深入开展反腐倡廉教育，强化对权力运行的制约和监督，加强和改进巡视工作，集中开展专项治理，坚决查处各种违纪违法案件，坚决纠正损害群众利益的不正之风，以党风廉政建设的实际成果取信于民。要大兴艰苦奋斗、勤俭节约之风，反对讲排场、比阔气、铺张浪费。各级领导干部要自重、自省、自警、自励，为人民掌好权、用好权，真正做到为民务实清廉。

同志们，万分珍惜和不断发展天津来之不易的好形势，是全市人民的共同愿望。让我们更加紧密地团结在以胡锦涛同志为总书记的党中央周围，全面贯彻党的十七大和十七届三中、四中、五中、六中全会精神，高举中国特色社会主义伟大旗帜，以邓小平理论和“三个代表”重要思想为指导，深入贯彻落实科学发展观，按照胡锦涛总书记对天津工作的一系列重要要求，加快实施市委“一二三四五六”的奋斗目标和工作思路，着力构筑“三个高地”，全力打好“五个攻坚战”，团结奋斗，开拓进取，扎实工作，努力开创天津发展的新局面，以优异成绩迎接党的十八大和市第十次党代会胜利召开！

（《天津日报》2011年12月29日第1版）

政府工作报告

——2012年1月9日在天津市第十五届人民代表大会第五次会议上

天津市市长 黄兴国

现在，我代表市人民政府，向大会作政府工作报告，请予审议，并请市政协委员和其他列席人员提出意见。

一、2011年工作回顾

2011年，是实施“十二五”规划第一年。在党中央、国务院和中共天津市委的领导下，我们深入贯彻落实科学发展观，按照胡锦涛总书记对天津工作的一系列重要要求，坚持以科学发展为主题，以加快转变经济发展方式为主线，以调整优化经济结构为主攻方向，坚决贯彻落实国家宏观调控政策措施，大力实施市委“一二三四五六”的奋斗目标和工作思路，着力构筑“三个高地”，全力打好“五个攻坚战”，巩固和扩大应对国际金融危机成果，统筹三个层面联动协调发展，克服各种困难，锐意进取，奋力拼搏，推动各项工作站在高起点，抢占制高点，达到高水平，圆满完成了市十五届人大四次会议确定的年度目标任务。经济总量跨上万亿台阶，经济结构继续优化升级，城乡面貌更加整洁有序，群众生活得到新的改善，实现了“十二五”发展的良好开局。

预计全市生产总值1.1万亿元，增长16.5%左右；地方财政收入1455亿元，增长36.1%；全社会固定资产投资增长31%；社会消费品零售总额增长18%；外贸进出口增长25%；实际利用外资增长20%；实际利用内资增长27.7%；城镇登记失业率控制在3.6%；城市居民人均可支配收入增长10.8%，农村居民人均纯收入增长12%以上；居民消费价格涨幅4.9%；万元生产总值能耗下降4%以上，主要污染物排放量均下降2%，节能减排完成年度任务。

一年来，主要做了以下工作：

（一）努力转变经济发展方式，产业结构调整取得新进展

我们紧紧围绕构筑高端化高质化高新化现代产业体系，进一步加大结构调整力度，以大项目建设为支撑，以科技创新为动力，努力促进三次产业优化升级，不断提高经济发展的质量和水平。

坚持把大项目、小巨人、楼宇经济，作为转方式调结构的重要战略举措，下大力量抓紧抓好。继续推进大项目好项目建设，按照“三个一批”要求，新推出重大项目340项，累计达到1280项，总投资超过2.2万亿元，累计建成700项，优化了产业结构，积蓄了发展后劲，进一步带动了经济增长。大力推动科技型中小企业发展，在全社会营造创新创业氛围，不断加大财政、金融等支持力度，新增科技型中小企业8500家，累计达到2.1万家，小巨人企业超过1000家，成为新的经济增长点。积极发展楼宇经济，出台了促进中心城区发展楼宇经济政策，确定了128个重点支持项目，税收超亿元楼宇由27个增加到67个，提升了载体功能，拓展了发展空间，带动现代服务业加快发展。

工业对经济的支撑作用明显。总产值达到2.1万亿元，拉动全市经济增长近10个百分点。产业聚集效应进一步显现，八大优势支柱产业对工业增长的贡献率达到90%，新能源、新材料、生物技术与健康、新一代信息技术等战略性新兴产业迅速发展，航空航天、装备制造、石油化工等产业聚集区形成规模，国家级高新技术产业化基地达到19个。积极推进信息化与工业化深度融合，全社会信息化水平进一步提高。实施重点节能工程，坚决淘汰落后产能，严格控制污染物增量，积极推行循环经济发展模式，节能减排工作取得明显成效。

自主创新能力不断增强。全社会研发经费支出占生产总值比重提高到2.6%，综合科技进步水平继续位居全国前列。部市合作、院市合作不断深化，承担国家重大科技项目近700项，滨海新区成为国家863计划首个产业化伙伴城区。新增国家重点实验室2个，建成一批企业技术中心、工程技术研究中心，新建高水平创新创业载体15个，风电主控系统、冠脉载药支架等一批重大创新成果填补国内空白。科技人才队伍不断壮大。全市专利申请3.6万件，授权1.4万件，分别增长43%、30%。国家驰名商标达到76件。

服务业发展提速。增加值占全市经济比重达到46%。金融业健康发展，对经济增长的贡献率提高。消费市场繁荣活跃，商品销售总额超过2万亿元，大悦城、水游城、佛罗伦萨小镇、红星国际广场等建成开业。旅游业快速发展，泰安道综合开发项目1、2、3号院投入使用，海河风光游等旅游线路持续升温，成为展示城市形象和魅力的重要窗口。邮轮母港接待出入境游客7.2万人次。会展经济发展势头强劲，梅江会展中心二期工程主体完工，成功举办了“津洽会”、“融洽会”、中国科协年会、中国旅游产业博览会、国际石化大会、国际矿业大会等大型展会，服务接待能力进一步提高。总部经济、服务外包、中介咨询、文化创意、科技服务等新兴服务业取得新进展。

（二）大力实施国家发展战略，滨海新区开发开放实现新突破

我们全力推进滨海新区开发建设，不断深化综合配套改革，全面提升对外开放水平，龙头带动作用和服务辐射功能明显增强。

功能区建设步伐加快。东疆保税港区二期具备封关条件。中新天津生态城起步区基础设施基本建成。中心商务区加快建设，铁狮门和罗斯洛克金融中心等项目启动，五矿大厦投入运营。南港工业区、临港经济区建港造陆23平方千米，北方重装基地、中石油原油储备库、中粮油生物化工等项目建成投产，中船重工造修船基地建设加快推进。空港经济区、开发区西区、滨海高新区、滨海旅游区开发建设取得新进展，中航直升机、长城汽车一期、软件及服务外包产业基地一期建成，新一代运载火箭等项目顺利实施。全年重点项目建成180个，启动实施330个。

基础设施建设进展顺利。天津港30万吨级深水航道一期开工建设，临港港区10万吨级航道、南港港区5000吨级航道开港通航，内陆“无水港”发展到21个，港口货物吞吐量达到4.5亿吨，集装箱吞吐量1150万标准箱。滨海国际机场二期开工建设，旅客吞吐量达到750万人次。海滨大道、津滨高速拓宽等项目投入使用，京津城际铁路延长线、于家堡铁路中心站等项目加快建设。生态环境和市容面貌发生明显变化。

综合配套改革取得重要进展。启动第二个三年实施计划。金融改革创新实现新突破。股权投资基金企业及管理机构达到2400家，启动外资股权投资基金试点。融资租赁企业51家，业务总量占全国四分之一。实行外汇资本金意愿结汇企业16家，创新型交易市场11家。继续加强政府性融资平台管理，风险防控能力明显增强。涉外经济体制改革迈出新步伐。北方国际航运中心核心功能区建设方案获国务院批复，国际船舶登记、国际航运税收、航运金融和租赁业务等试点启动实施。国有企业改革取得新进展，集团调整重组迈出新步伐，国资监管体系进一步完善。民营经济实力不断增强，占全市经济的比重达到40%。土地管理体制改革专项方案获国土资源部批复，计划指标动态管理、征转分离、城乡建设用地增减挂钩试点取得新成效。其他各项改革扎实推进。

对外开放进一步扩大。全市实际利用外资130亿美元，引进1000万美元以上大项目170个，累计在津投资世界500强企业150家。利用内资超过2000亿元，引进亿元以上大项目347个。全市进出口总额突破千亿美元大关，中小企业、自主品牌产品出口比重提高，外贸结构得到优化。“走出去”步伐加快，境外投资18亿美元。国际交流继续扩大，与兄弟省区市合作不断加强。

（三）继续推进城乡统筹发展，区县经济迈上新台阶

我们认真落实统筹城乡发展战略，大力推进示范工业园区、农业产业园区、农村居住社区“三区”联动建设，郊区县综合实力不断增强。

经济发展水平进一步提升。31个示范工业园区建设全面提速，招商引资富有成效，投资强度和产出效益明显提高。区县800个重大项目全部开工，竣工投产率达到55%，成为区县经济发展的重要支撑。建成20个现代农业示范园区、155个养殖示范园区，全市设施农业面积60万亩，丰富了市民“菜篮子”，促进了农业增效、农民增收。启动实施10项农村水利工程。粮食生产连续八年丰收。新增农民专业合作社423户，90%以上的农户进入产业化体系。

城镇化进程进一步加快。以宅基地换房建设示范小城镇试点工作在41个乡镇展开，新开工农民住房1000万平方米，累计竣工1800万平方米，40万农民迁入新居，实现安居乐业有保障。“三改一化”试点基本完成。创建文明生态村139个。新建改造了一批农村公路、污水和垃圾处理设施，农村基础设施不断完善。

（四）进一步加强规划建设管理，城乡面貌发生新变化

我们认真落实城市空间发展战略，以科学规划指导城乡建设与发展，扎实推进精细化管理，不断提升城市综合承载能力，努力营造生态宜居环境。

城市规划和基础设施建设取得新进展。高水平完成区县土地利用规划修编、中心城区控制性详规修编，完善规划设计导则，规划管理进一步加强。全力推进重大交通设施建设。西站综合交通枢纽、铁路南站投入运营，京沪高铁天津段建成通车，津保铁路、津秦客运专线、地下直径线加快建设。津宁、国道112等高速公路和团泊快速路竣工，全市高速公路通车里程达到1100千米。工程质量安全得到有效监控。

生态城市建设步伐明显加快。启动第二个三年行动计划。高标准实施清水工程，综合治理卫津河、复兴河等38条河道，新建污水处理厂14座，完成张贵庄污水处理厂一期工程，中心城区、滨海新区河道实现水清岸绿。深入推进绿色天津建设，造林27万亩。第一热电厂关停，供热转换顺利完成。全市环境空气质量二级以上良好天数达到320天。

城乡环境面貌发生更大变化。继续奋战300天，高标准实施市容环境综合整治，整修建筑5239栋，整治道路571条、社区350个，新建和改造公园22个，新建和提升绿地2427万平方米，建成区绿化覆盖率提高到32%。经过全市人民连续4年900天的奋战，城市绿化净化美化水平显著提升，发展环境、生活环境明显改善，广大群众为自己的家园成为一座干净整洁、清新靓丽、富有魅力的城市而充满自豪！

（五）积极发展社会事业，人民群众生活得到新改善

我们坚持以人为本，积极发展各项社会事业，全力实施20项民心工程，把75%以上政府财力用于改善民生，着力解决群众最关心最直接最现实的利益问题。

教育事业协调发展。在全国率先实施学前教育三年行动计划，新建、扩建和改造提升幼儿园485所，入园难得到缓解。义务教育学校现代化标准建设继续加快，90%的学校通过验收，校舍加固改造三年任务全面完成。实施普通高中特色建设工程，推出首批实验学校。扎实推进国家职业教育改革创新示范区建设，完成海河教育园区一期工程，7所职业院校6.5万名师生进入新校园，成功举办第四届全国职业院校技能大赛，启动海河教育园区二期暨南开大学、天津大学新校区建设工程。高等院校博士、硕士学位授权一级学科分别增加19个和91个，大学软件学院投入运行，启动建设全国高校科技创新成果转化中心。成立中国国际青少年交流中心。和谐校园建设取得新成效。

卫生事业健康发展。卫生资源进一步优化，医大总医院、肿瘤医院、人民医院等改扩建项目投入运营，中医一附院、胸科医院等建设进展顺利。基层医疗卫生服务体系进一步完善，完成6个区县医院和中医院、11个社区卫生服务中心和乡镇卫生院、657个村卫生室标准化建设，完成首批全科医生临床规范化培训。18项基本公共卫生服务政府补助标准由人均20元提高到30元，实施妇女儿童健康行动计划，270万人次受益。公办基层医疗机构实行基本药物零差率销售，累计减少群众药费支出3亿元。第五中心医院、泰达国际心血管病医院等公立医院体制机制改革取得新进展。建成人口和家庭公共服务中心，低生育水平保持稳定。

文化体育事业繁荣发展。市文化中心主体工程完工。举办了纪念建党90周年系列文化活动，创作了电视剧《辛亥革命》等一批优秀作品。文化惠民工程扎实推进，农家书屋、村文化室、农村电影放映工程完成。文化产业快速发展，建成国家动漫产业综合示范园、国家数字出版基地，成功举办2011中国天津演艺产业博览会。组建天津广播电视台、天津广播电视传媒集团。哲学社会科学、新闻出版、文物保护、图书档案等事业全面发展。妇女儿童、老龄、残疾人、社会福利、慈善等事业取得新进步。精神文明创建活动扎实推进，市民素质不断提高。体育事业成果丰硕，举办了第二届全民健身运动会、第七届农民运动会，新建改造一批市民健身园和体育公园，承办了世界女子水球总决赛等大型赛事，女子排球九年八次取得联赛冠军，男子足球问鼎足协杯，天津获得了2017年第十三届全国运动会的举办权。

群众生活继续改善。实施更加积极的就业政策，统筹推进高校毕业生、失业人员、农村富余劳动力就业，加快创业带动就业实验区建设，启动百万技能人才培训计划，全年新增就业47万人，应届高校毕业生就业率达到90%。最低工资标准提高26%，颁布新的工资指导线，推进工资集体协商，企业单位从业人员人均劳动报酬增长16.5%。优抚对象抚恤、城乡低保、特困救助、农村五保供养、老年人生活补贴标准有新的提高。推动社会保险由制度全覆盖向人员全覆盖延伸，养老保险参保人数明显增加，医疗保险参保率达到90%以上。在全国率先实施全民医疗保险和意外伤害附加保险制度。提高城乡居民基础养老金、医疗保险水平，增加企业退休人员养老金。完善价格补助联动机制，受益群众由18.4万人增加到33.7万人。开工建设保障性住房1600万平方米、23.9万套，发放租房补贴8.5万户，超额完成国家下达任务。“城中村”改造全面推进。建成社区养老服务设施180个，更新改造老住宅供水、供气管道11万户，新建一批菜市场、农村消费品连锁店。优化公交线路，更新公交车1200辆，建成人行天桥20座，新增停车泊位2万个。下大力量狠抓食品安全，落实监管责任，启动放心馒头工程，开展瘦肉精、地沟油和非法添加剂等专项整治行动。交通、消防、生产安全管理进一步加强。

（六）扎实推进依法行政，政府自身建设取得新成效

我们认真执行市人大及其常委会决议，自觉接受监督，及时听取人大代表、政协委员的意见和建议，各类建议和提案全部办复。提请市人大常委会审议地方性法规草案10件，制定政府规章17件。在全市开展“调结构、增活力、上水平”活动，4000多名机关干部深入近万家企业，解决了5600多个实际问题。行政审批服务效能进一步提高，在全国率先实现区县行政审批统一规范。公共资源交易统一监管不断加强。“8890”服务网络为群众办理服务事项累计超过1000万件。积极推进政务公开，落实重大事项公示和听证制度，完善新闻发言人制度。强化政府督查工作。加强和创新社会管理，社会风险防范、突发事件应急机制进一步健全，妥善解决了一批信访突出问题和行政争议案件，平安天津建设继续推进，保持了社会和谐稳定。廉政建设、行政监察、审计工作成效明显。“六五”普法顺利推进。支持工会、共青团、妇联等群众组织发挥作用。民族、宗教、侨务、港澳、对台工作取得新成绩。援疆、援藏等对口支援帮扶工作富有成效。双拥共建活动深入开展，国防教育、国防后备力量建设继续加强，军政军民团结的局面进一步巩固。

在报告成绩的同时，我们也清醒看到存在的矛盾和问题。主要是：综合实力不强，经济结构需要进一步调整优化，服务业比重偏低；自主创新能力有待提高，自主品牌不够多；民营经济发展不够快，中小企业融资难、负担重；资源环境约束强化，节能减排任务艰巨；体制机制尚不完善，重点领域改革有待深化；群众生活水平不够高，部分群众生活还比较困难，一些群众关心的热点难点问题还需下大力气解决；城市管理中的一些顽症尚未消除，社会管理还有薄弱环节；政府职能转变还需加快，有的政府部门及其工作人员服务意识不强，形式主义、官僚主义仍然存在，一些领域的腐败现象时有发生。对于存在的问题，我们一定高度重视，切实加以解决。

各位代表，过去的一年，面对复杂严峻的经济形势，天津发展向前迈出了坚实一步。成绩来之不易，彰显了天津精神、天津速度、天津效益。这是党中央、国务院和市委正确领导的结果，是市人大、市政协和社会各界监督支持、共同努力的结果，是全市人民同心协力、一起奋斗的结果。在这里，我代表市人民政府，向全市各族人民，向各位人大代表、政协委员，向各民主党派、工商联、人民团体和社会各界人士，向中央各部门、兄弟省区市、人民解放军和武警驻津部队，向所有关心支持天津发展的港澳同胞、台湾同胞、海外侨胞、国际友人，表示诚挚的感谢！

二、2012年工作

目标和主要任务

2012年，是全面实施“十二五”规划的重要一年，也是天津向更高目标迈进非常关键的一年。经济发展环境仍然比较复杂。国际金融市场剧烈动荡，贸易保护主义明显抬头，世界经济不稳定不确定因素增多，复苏面临重大挑战。我国经济运行态势总体良好，但不平衡、不协调、不可持续的矛盾和问题仍然突出。我们必须保持清醒头脑，充分认识形势的复杂性、严峻性，增强忧患意识，牢牢把握经济工作的主动权，努力做到稳中求进、稳中求好、稳中求快，不断巩固发展来之不易的好形势，攻坚克难，顽强拼搏，推动天津经济社会发展再上新水平！

政府工作总的要求是：全面贯彻党的十七大和十七届三中、四中、五中、六中全会精神，以邓小平理论和"三个代表"重要思想为指导，深入贯彻落实科学发展观，认真落实中央经济工作会议部署，按照胡锦涛总书记对天津工作的一系列重要要求，紧紧围绕主题主线主攻方向，加快实施市委"一二三四五六"的奋斗目标和工作思路，着力构筑"三个高地"，全力打好"五个攻坚战"，全面落实市委九届十二次全会提出的各项任务，深入开展"调结构、惠民生、上水平"活动，在率先转变经济发展方式、调整优化经济结构上取得新进展，在深化改革开放、创新体制机制上取得新突破，在保障和改善民计民生、提高群众生活质量上取得新成效，在加强和创新社会管理、维护社会和谐稳定上取得新进步，全面推进社会主义经济建设、政治建设、文化建设、社会建设以及生态文明建设，以优异成绩迎接党的十八大和市第十次党代会胜利召开。

全市经济和社会发展的主要预期目标是：生产总值增长12%，地方财政收入增长15%，全社会固定资产投资增长15%，社会消费品零售总额增长16%，外贸进出口增长13%，城镇登记失业率控制在3.8%以内，城乡居民人均收入分别增长10%，居民消费价格总水平涨幅控制在4%左右，万元生产总值能耗下降4%，二氧化硫、氮氧化物、化学需氧量、氨氮排放总量分别下降2%。

重点抓好八个方面工作：

（一）加快推进滨海新区开发开放

按照努力成为贯彻落实科学发展观排头兵的要求，着力培育产业国际竞争力，建设科技创新高地，提升开放型经济水平，增强可持续发展能力，深化体制改革，全力打好滨海新区开发开放攻坚战。

进一步推进功能区开发建设。东疆保税港区加快建设北方国际航运中心核心功能区。中新天津生态城全面加快基础设施和产业园区建设，实现首批居民入住。临港经济区建成双向10万吨级航道。中心商务区加快商务楼宇建设，起步区一期工程全面开工。滨海高新区启动建设未来科技城。继续推进南港工业区、滨海旅游区、开发区西区、空港经济区开发建设。积极发展海洋经济。

进一步加快重点项目建设。围绕发展高端制造业、高端服务业，组织实施200个重大项目，构建一流水平的产业体系，努力抢占产业竞争制高点。建成新一代运载火箭、太原重工等项目，推进中船重工造修船基地、友达光电二期、117组团等工程建设，促进中俄大炼油、北疆电厂二期、长城汽车二期等项目开工建设。

进一步搞好基础设施建设。建成南港万吨级航道，推进天津港30万吨级深水航道、国际邮轮码头二期、神华煤码头二期等项目建设，启动30万吨级矿石码头建设，完善"无水港"布局，港口货物吞吐量达到4.7亿吨，集装箱吞吐量达到1200万标准箱。加快推进滨海国际机场二期扩建工程，旅客吞吐量达到900万人次，货邮吞吐量超过20万吨。于家堡铁路中心站主体完工，中央大道全线贯通，加快建设京津城际铁路延长线、滨石高速、西外环高速等工程。继续发展海水淡化。加强生态建设和环境保护，提高生态宜居城区建设水平。

（二）加快调整优化经济结构

全力打好结构调整优化升级攻坚战，加大大项目、小巨人、楼宇经济推动力度，促进产业集成集约集群发展，不断壮大实体经济，努力构筑高端产业高地、自主创新高地。

着力提高现代制造业发展水平。坚定不移抓大项目好项目建设，推出新一批工业重大项目，狠抓项目投达产，新投产项目产值2700亿元。培育壮大战略性新兴产业，建设一批新兴产业聚集区，尽快形成先导性、支柱性产业。重点推进云计算、物联网关键设备和核心技术等示范工程，建设胰岛素生产基地、英利等一批重点项目，扩大风电设备、光伏电池、锂离子动力电池等生产能力。加快轻纺等传统产业的改造升级。推进"智慧天津"建设，全面启动"三网融合"试点。高度重视和强化节能减排工作，全面推进清洁生产，严格落实目标责任，加强重点用能行业和企业节能管理，继续实施十大节能工程，加速淘汰落后产能，进一步优化能源结构。加快建设子牙等国家级循环经济示范区，促进资源综合利用。

加快提升自主创新能力。组织实施新能源汽车、抗癌药等12个重大科技专项，攻克一批关键、核心技术，实施节能等8项科技示范工程。更好发挥国际生物医药联合研究院、工业生物技术研究所等创新平台作用，新建纳米技术、新能源新材料等6个科技创新平台，组建20个产业技术创新联盟，新建一批孵化器、生产力促进中心和科技园区，推动科技资源整合，实现优化共享。全面启动国家科技金融试点。全社会研发经费支出占生产总值比重提高到2.7%。继续加快人才队伍建设，加强知识产权创造、运用、保护和管理，支持具有自主知识产权的品牌做强做大，搞好科普工作。加快实施科技小巨人成长计划，全年新增科技型中小企业1万家，累计超过3万家，小巨人企业达到1200家，20家企业具备上市条件。

大力发展服务业。加大楼宇经济推动力度，引入更多高端服务业，年内税收超亿元楼宇增加50个。做强做大金融机构，创新金融业务，拓宽融资渠道。积极发展现代物流业，推进国家电子商务示范城市建设。加快建设津湾广场二期工程，银河购物中心等一批大型商业综合体开业。不断提升“近代中国看天津”旅游品牌影响力，加快凯旋王国、华侨城欢乐岛、米立方水世界等10个重点旅游项目建设，建成丽兹卡尔顿、帝旺凯悦等10家五星级酒店，加快建设中国旅游产业园。建成梅江会展中心二期，开工建设国家级大型会展中心，精心办好2012夏季达沃斯论坛等大型会展活动。积极发展信息咨询、研发设计、服务外包、文化创意、总部经济等现代服务业。

（三）加快发展壮大区县经济

实施“三区”联动发展战略，推进城乡一体化发展，加大强农惠农富农政策力度，因地制宜，发挥优势，进一步壮大区县经济实力。

提高农村工业化水平。充分发挥各区县优势，突出主导产业，实现错位发展。高水平建设示范工业园区，全面启动拓展区基础设施建设，着力引进一批带动力强的龙头项目，培育发展优势特色产业。加快区县重大项目建设进度，竣工投产率达到70%。

提高农业现代化水平。启动设施农业提升工程，增加科技含量，提高装备水平和组织化程度。大力推进农业科技创新，完善科技服务体系，推广一批科技成果转化项目。强化农产品全程质量安全管理，落实检测和追溯制度，确保农产品安全，无公害种植面积达到300万亩。加强农田水利基础设施建设，稳定粮食生产，新增节水灌溉面积19万亩。积极发展农民专业合作组织，支持龙头企业做强做大。

提高农村城镇化水平。扎实推进示范小城镇建设，新开工农民住房1100万平方米，竣工500万平方米，10万农民迁入新居。提升小城镇管理水平，扩大“三改一化”试点，完成土地复垦任务。积极推进基础设施和公共服务设施向农村延伸，搞好生活垃圾处理和清洁工程试点，继续改善农村生态环境。全市城镇化率达到84%。

推动中心城区全面提升。进一步突出功能定位，优化空间布局和产业结构。加大海河两岸综合开发力度，启动地铁站周边商业开发项目，建设都市型产业园区。保持房地产业平稳健康发展，积极发展文化旅游和创意产业，推动现代商业集聚发展，建设改造一批特色商业街，促进中心城区繁荣繁华。

（四）加快深化改革扩大开放

保持先行先试的勇气和锐气，全力推进体制机制改革创新，实施更加积极的开放战略，为经济社会发展提供新动力，注入新活力。

推动综合配套改革向纵深发展。深化金融改革创新。引导股权投资基金扩大在本市投资，继续办好“融洽会”。加快发展融资租赁业务，创新模式，扩大规模。构建具有天津特色的中小企业融资服务体系。积极发展产业金融，扩大跨境贸易人民币结算业务，搞好外汇资本金意愿结汇、离岸金融业务试点。规范发展创新型交易市场，继续推进碳排放权交易试点。完善金融风险防范机制。深化涉外经济体制改革。落实北方国际航运中心核心功能区建设方案，推动国际船舶登记、国际航运税收、航运金融、租赁业务等试点取得实质性进展。继续扩大区域通关、直通放行范围，提升航运服务中心和电子口岸功能，推进口岸和保税功能向腹地延伸。深化土地管理体制改革。健全土地整理储备和开发利用机制，继续搞好土地征转分离、增减挂钩试点。深化国有企业改革。加强国有资产监管，加大重组整合力度，提高国有企业资本运作水平，突出企业效益，加快培育大企业大集团。加大民营企业扶持力度，促进民营经济做大做强。继续深化科技体制、城乡统筹、行政管理、社会管理等领域改革。

提升对外开放质量和水平。加大招商引资力度，实际利用外资、引进内资到位额分别增长12%、20%，重点吸引优势支柱产业、战略性新兴产业、现代服务业等领域的龙头项目，鼓励在津设立地区总部、研发中心、结算中心、营销中心等机构。加快对外贸易转型升级，创新加工贸易模式，提高一般贸易比重，大力发展服务贸易，积极开拓新兴市场，鼓励中小企业、民营企业扩大出口，支持自主品牌出口，保持出口平稳较快增长。积极扩大进口。加快“走出去”步伐，扩大境外资源合作开发规模，建设营销网络平台。积极参与京津冀都市圈建设，扎实推进环渤海地区务实合作，不断扩大国际交流。继续搞好新疆和田地区东三县、西藏昌都地区、青海黄南州等对口支援和新阶段扶贫开发工作。

（五）加快提升城乡规划建设管理水平

坚持高起点规划、高水平建设、高效能管理，努力提高城市可持续发展水平，加快建设独具特色的国际性、现代化宜居城市。

继续发挥规划的方向盘、指南针作用。全面落实城市空间发展战略，完成城市总体规划修编工作，高水平编制综合交通、南北生态、地下空间、公共设施布局等专项规划，确保规划与建设有机衔接，提高规划的科学性、稳定性、权威性。

扎实推进城市基础设施建设。津秦客运专线建成通车，地下直径线竣工，实现地铁3、9号线全线试运营，2号线区间试运营。推进津保铁路、京秦高速天津段、塘承高速二期、地铁5、6号线和2号线机场延长线建设。新建志成道延长线等一批城市道路。加快解放南路地区综合开发建设。完成南水北调滨海新区一期供水工程，继续实施独流减河、潮白新河、蓟运河综合治理工程。注重建筑细节，确保工程质量，加强安全监管，严防重大事故发生。

着力提升城市管理水平。巩固发展奋战900天市容环境综合整治成果，全面落实城市管理规定，形成城市管理长效机制。高标准整治京津城际铁路沿线环境，大力度推进建成区次支道路、社区、村镇环境综合整治，加强动态监控，消除卫生死角。加快推进精细化管理，实现市区两级数字化管理平台联网互动，完善市容环境标准体系，保持城市环境整洁优美、规范有序。

优化修复生态环境。全面实施生态城市建设三年行动计划。继续实施清水工程、净化工程、绿化工程，综合治理河道15条，修建截污管道60千米，新建扩建污水处理厂5座，实施纪庄子污水处理厂迁建工程，年内环城四区河道实现水清岸绿。完成于桥水库周边污染源治理工程。建成大港、贯庄垃圾焚烧发电厂，生活垃圾无害化处理率达到93%以上。新建绿地1700万平方米，建成区绿化覆盖率达到33%，植树造林17万亩。完成“两河三堤”改造工程，建设北辰郊野公园。加快推进陈塘庄热电厂搬迁改造。从今年开始，实行财政补贴与限行结合，四年内淘汰车龄长、污染重的“黄标车”11.3万辆；五年内投入资金100亿元，全面淘汰中心城区、滨海新区核心区燃煤供热锅炉，由热电联产和燃气供热替代，进一步改善大气环境质量，让人民群众呼吸到更加清新的空气。

（六）加快发展各项社会事业

更加注重统筹经济社会协调发展，加大投入力度，增加公共产品供给，促进公共服务均等化，不断满足人民群众需求。

加快建设文化强市。深入贯彻落实党的十七届六中全会精神，打好文化大发展大繁荣攻坚战，努力建设富有独特魅力和创造活力的文化强市。扎实推进社会主义核心价值体系建设，开展理想信念教育，弘扬民族精神和时代精神，大力宣传天津精神。繁荣文化创作，加快文化艺术人才培养，不断推出精品力作，扩大文化品牌效应。完善公共文化服务体系，发展公益性文化事业，全面建成文化中心工程，高水平做好布展工作，确保五月份向市民开放。积极推进文化惠民工程，公共图书馆、美术馆、文化馆全部免费开放，加快建设公共电子阅览室等项目，推进农村有线电视提升改造，办好社区优秀文艺汇演、外来务工人员艺术节等活动。加快发展文化产业，促进科技和文化深度融合，培育文化创新、示范和孵化基地，建立完善文化产业市场，加快建设国家动漫产业综合示范园二期、3D影视创意园等重点工程。进一步搞好国有文艺院团和经营性文化单位转制。保护历史文化遗产，扩大文化对外交流。继续做好哲学社会科学、新闻出版、广播影视、图书档案等工作。

坚持优先发展教育。新建和改扩建50所公办幼儿园，提升改造55所乡镇中心幼儿园、160所村办标准化幼儿园，规范发展民办幼儿园，提前完成学前教育三年行动计划，基本解决入园难问题。全面完成义务教育学校和特殊教育学校现代化达标建设任务，实现义务教育较高水平均衡发展。促进普通高中教育特色发展。采取有力措施，加强中小学、幼儿园安全防范和校车安全管理，确保孩子们的安全。加快建设国家职业教育改革创新示范区，建设南开大学、天津大学新校区，推进海河教育园区二期工程建设，办好第五届全国职业院校技能大赛，大力发展职业教育社会培训。促进高等教育内涵发展、质量提升，建设84个市级重点学科和一批品牌专业。推进全国高校科技创新成果转化中心和健康产业园区建设，完成校园环境提升工程。培养高素质师资队伍，不断完善全民终身教育体系。

提高医疗卫生服务水平。继续推进卫生资源调整，加快推进天津医院、胸科医院、中医一附院、第二儿童医院等工程建设。鼓励引导社会资本举办医疗机构，开展医生多点执业试点。强化基层医疗卫生服务体系，提升区县公共卫生服务机构能力，全面完成村卫生室标准化建设。进一步提高基本公共卫生服务均等化水平，为全市城乡居民建立健康档案，做好妇女儿童保健管理工作。继续完善基本药物制度，构建基层医疗机构运行新机制和药品保障供应新体系。大力发展中医药事业。深化公立医院体制机制改革。稳定低生育水平，提高人口素质。

促进体育事业发展。举办第三届全民健身运动会及其系列活动，新建改造1500个健身园、30个体育公园，办好第九届全国大学生运动会，做好第六届东亚运动会、第十三届全运会筹备工作。

（七）加快提高群众生活水平

怀着对人民群众的深厚感情和满腔热情，把民生工作进一步做实做细做好，继续实施20项民心工程，将更多财力向民生倾斜，让群众得到更多实惠。

多渠道促进就业增长。千方百计开发就业岗位，扩大就业总量，落实创业扶持政策，全面完成创业带动就业四年规划。开发技能“培训包”，搞好职业技能培训，提高劳动者就业能力。继续把高校毕业生就业放在就业工作首位。确保零就业家庭动态为零。启动建设中国（天津）人力资源中心。完善劳动关系协调机制，促进劳动关系和谐。全年新增就业47万人。

继续增加群众收入。确保城乡居民人均收入两位数增长。落实好增加群众收入的政策措施，提高最低工资标准，颁布企业工资指导线，大力推行工资集体协商，促进职工收入与企业效益同步增长，企业单位从业人员劳动报酬总额增长15%。继续实施农村低收入农户增收工程，提高优抚对象抚恤、城乡低保、特困救助、农村五保供养标准。

进一步提升社会保障水平。完善各类从业人员养老、医疗、工伤、失业、生育保险制度，扩大城乡居民养老和医疗保险覆盖面，将未参保的集体企业退休人员纳入职工养老保险范围，在人人享受社会保障方面迈出新步伐。大力发展企业年金。加强社会保险基金征缴管理，扩大基金规模。建立医疗保险实时监控中心，规范医疗保险运行秩序。城乡居民医疗保险补助标准从人均210元提高到300元。

下大力量改善群众生活。精心做好住房保障工作，保证工程质量，扩大准入范围，提高补贴标准，建立健全制度体系，确保公开、公平、公正。开工建设保障性住房905万平方米、10.5万套，帮助更多中低收入群众解决住房困难。完成“城中村”拆迁150万平方米，安置房全面开工建设。启动中心城区旧楼区居住功能三年提升工程，重点改造提升供水供热供气旧管道、楼栋门、屋面防水、电梯、楼道照明、消防等设施，年内完成300个小区改造任务，80万群众直接受益。新增养老机构床位4000张，在中心城区新建6所老年配餐服务中心，新建100个日间照料服务站，60多万老年人受益，为4万多名患病困难老年人大幅度提高护理补贴，让他们得到较好照顾。关心残疾人事业发展，继续搞好基本生活、康复、教育、就业、维权等方面的保障服务。精心做好保供应、稳物价工作，确保价补联动资金及时发放到位。优先发展公共交通，继续开设公交专用道，优化公交线路50条，实施公交服务标准化，投入10亿元新增环保公交车2000辆，打通一批道路卡口和断头路，新建一批过街设施和停车场，加强交通管理，缓解交通拥堵，治理中小学、医院等地区拥堵问题，使群众出行条件明显改善。以更大的决心和力度，抓好食品安全工作，全面建立食品安全监管网络，提升检测检验能力，完成信息平台建设。扎实推进放心馒头、放心肉、放心菜、放心奶、放心餐馆等系列工程，构建比较完善的食品安全保障体系，让放心食品走进千家万户，让广大市民吃得放心、用得安心。

（八）加快建设服务型政府

今年是本届政府任期最后一年。我们一定忠实履行向人民代表和全市人民做出的庄严承诺，以更加昂扬的精神状态，恪尽职守，积极进取，毫不懈怠，全面推进法治政府、廉洁政府和服务型政府建设，努力把工作做得更好，向人民群众交上一份满意的答卷！

加快转变政府职能。综合运用规划、产业政策、财税、价格等手段，发挥行业协会、商会、市场中介组织作用，充分利用信息化技术，进一步增强经济调节和市场监管能力，提高标准化、规范化、系统化水平。强化公共服务职能，为社会提供优质公共产品和服务。继续加强和创新社会管理，加快建设社会信用体系，大力推进政务、商务、社会诚信建设，完善公共安全应急机制，健全安全生产监管体制，认真做好信访、仲裁、人民调解和行政复议等工作，妥善化解社会矛盾，推进法治天津、平安天津建设，维护社会和谐稳定。

坚持依法行政。加强政府立法工作，积极配合市人大及其常委会做好地方立法工作。深化行政执法体制改革，整合执法资源，强化执法责任，规范执法行为。坚持科学民主决策，完善风险评估机制，强化跟踪反馈和责任追究，提高决策质量和执行能力。扩大政务公开，保障市民的知情权、参与权、监督权。

提高政府服务水平。政府工作人员要牢固树立执政为民理念，满腔热情为群众服务，尽职尽责，做人民满意的公务员。在全市开展“调结构、惠民生、上水平”活动，继续组织机关干部深入基层搞好服务。进一步深化行政审批制度改革，整合部门内部行政审批职能，提高审批效率和服务水平。加强社区建设，办好三级行政服务中心，为群众提供高效服务。完善公共财政体系，调整财政收支结构，把更多财力用于公共服务和民生领域。继续精简会议和文件，严格控制各类评比和庆典活动。加强审计监督，强化经济责任审计、绩效审计。推进反腐倡廉制度建设，完善“5+1”公共资源交易监管平台，把“制度加科技”惩防腐败机制，广泛运用到行政审批、行政执法、资金监管、项目招投标等领域，规范权力运行，做到有权就有责、用权受监督、侵权要赔偿、违法必追究。

自觉接受市人大及其常委会的法律监督、工作监督，主动接受市政协的民主监督，认真听取各民主党派、工商联、无党派人士和人民团体的意见。坚持与人大代表、政协委员联系制度，认真办理建议和提案。加强基层民主政治建设。积极支持工会、共青团、妇联等群众组织开展工作。认真贯彻党的民族、宗教和侨务政策。做好新时期港澳和对台工作。深入开展双拥共建活动，积极支持国防和军队建设。

各位代表，新的一年，天津发展的任务非常繁重，我们深感责任重大。全市人民的信任，是我们做好工作的强大动力。让我们紧密团结在以胡锦涛同志为总书记的党中央周围，在市委的领导下，齐心协力，奋力拼搏，实现天津科学发展和谐发展率先发展，以实际行动迎接党的十八大和市第十次党代会胜利召开！

（《天津日报》2012 年 1 月 15 日第 1 版）

文献 专文

天津市规划局年度工作报告

天津市规划局局长 尹海林

今天，我们在这里召开全系统工作会议，主要任务是认真学习贯彻市委九届十二次全会决策部署，总结2011年城乡规划工作，安排布置2012年工作目标和主要任务。下面，我讲两方面意见。

一、2011年城乡规划工作回顾

2011年，是实施“十二五”规划的开局之年。一年来，在市委、市政府的领导下，以科学发展观为指导，深入贯彻落实胡锦涛总书记“四个注重”的要求，坚持把城市发展的重点和百姓关注的焦点，作为规划工作的出发点和落脚点，努力提高规划编制和管理水平，进一步优化城市空间发展布局，增强城市载体功能，提升城市特色品位，推动城市发展与经济社会发展相适应，城乡规划工作迈上一个新台阶。

（一）规划编制和成果转化并重，统筹引领作用进一步增强

2011年，为促进经济社会又好又快发展，我们加大规划编制和成果转化力度，组织编制城市总体规划修改方案、近期建设规划等45项各类规划，进一步完善了城乡规划编制体系。在具体规划编制过程中，我们积极邀请国内外知名设计公司、国内知名院士、专家参与规划编制，与有关部门、区县政府沟通协调，严格规划审查审批，确保规划设计的高水平。

1.全面落实空间发展战略

城市空间发展战略已经立法并成为天津城市建设的基本依据。按照空间战略规划的要求，去年全面开展城市总体规划修改工作，通过7个专题研究，合理确定人口和建设用地规模，优化了城镇体系、生态体系、交通体系和城市总体布局，进一步强化了城市发展定位和主要发展方向。为促进全市国民经济社会“十二五”规划的有效实施，发挥规划先导和统筹作用，组织完成近期建设规划，确保近期各类建设任务的空间落位。

2.重点规划设计促进了城乡统筹发展

去年以来，我们坚持科学规划，注重规划与建设管理的有效衔接，进一步深化提升了一批重点地区规划设计，有效推动了三个层面联动协调发展。

在滨海新区层面，我们对于家堡、响螺湾的城市设计进行了多次提升，使得这个地区能够真正建设成为国际级新区。同时在滨海新区方方面面的配合下，完成了盐田利用规划、中部新城规划，提升了各大功能区的规划；在中心城区层面，编制完成文化中心周边地区、解放南路周边地区等重点规划，基本完成北部新区规划编制。另外，我们还对海河两岸的规划进行提升，修编完成了中心城区控制性详细规划，优化了中心城区空间布局和用地结构。在区县层面，完成了第四批29个示范小城镇规划编制和31个示范工业园起步区规划深化工作，突出了区域特色、产业特色、建筑特色和文化特色，增强了区县的竞争力。

3.积极推进生态宜居城市建设

为进一步提高城市环境品质、促进资源合理配置，2011年我们着力开展了生态保护、城市交通

规划编制工作，形成了一批规划成果。一是围绕生态城市建设，深化了七里海、盘山地区规划，完成了造林绿化规划、侯台城市公园规划设计，为建设生态城市打下了良好的基础，组织编制了3个郊野公园规划，现在北郊公园设计已经编制完成而且正在组织实施，将明年后年为市民提供非常好的郊野公园休闲的场所。二是完成了全市第四次交通调查，形成了居民出行、公交客流出行等7项调查研究成果，为科学制定交通规划，提供了基础数据和有力支撑；研究出台了缓解津汉公路等6个城市交通拥堵点措施，启动了建设项目交通影响评价工作，加大服务保障力度，确保了地铁5、6号线一期、第一热电厂关停、陈塘庄热电厂和纪庄子污水处理厂迁建等重点项目实施建设，优化了中心城区的环境。

4.引领促进社会事业均衡发展

2011年，我们紧紧围绕百姓关心的住房、教育、医疗和养老设施等问题，组织编制完成了“十二五”住房建设规划，在空间上把保障性房全部落实到位，为实施建设提供了依据。完成了大寺、双青新家园规划方案设计，完成了城中村改造安置规划方案，促进32个城中村改造项目的实施建设。另外，配合有关部门，完成了民政、消防、气象、环卫、商业布局等规划编制，开展了天南大新校区、海河教育园二期、梅江会展中心二期、第二儿童医院、代谢病医院、天津电台数字大厦、网球中心等规划设计，开展了天津市居住区公共服务设施配置研究，提高了居住区公共服务设施设置标准，促进了公共设施的均衡发展和广大群众生活品质提升。

5.规划引领城市文化特色更加突出

为进一步彰显天津独特的城市魅力，我们进一步加大历史文化名城保护规划编制力度，从总体、分区、控规、建筑四个层面，建立了具有天津特色的历史文化街区保护规划体系，完成了五大道、海河、杨柳青、葛沽、西井峪等30余项各类保护规划，是历年来保护规划编制最多的一年。

（二）完善规划管理体制机制，规划管理服务水平进一步提升

2011年，我们进一步完善规划管理体制机制，健全法规规章制度，重细节、重落实、重成效，在规划管理和服务方面取得了新的进展。主要表现在：

1.“两级政府、三级管理”体制进一步完善

去年，我们调整下放了测绘、地名管理事权，组建了环城四区15个乡镇规划管理所。2011年，全市受理各类规划业务案件20396件次，市局业务办理量仅占3%，市内六区及环城四区占38%，五区县局占32%，滨海新区占27%。市局重点履行宏观管理和监督检查职能，各区县规划（分）、乡镇规划管理机构局重点履行实施性规划管理职能的格局基本形成。

2.规划法规体系进一步健全

2011年，我们着力推动地方性法规、政府规章和管理规定三位一体的法规体系建设。《天津市空间发展战略规划条例》通过市人大立法审议，在全国率先确立了空间发展战略规划的法律地位。《天津市地下空间信息管理办法》颁布实施，以立法的形式，进一步加强对城市地下空间的管理。经过几年的努力，目前，全市规划管理形成了由5个地方性法规、6个政府规章、80余个规范性文件和10余个管理标准构成的规划法规体系，奠定了城乡规划法制化、规范化管理的基础。

3.精细化管理取得明显效果

2011年，我们深入开展精细化管理，分析查找关键问题和薄弱环节，组织实施了一系列措施，取得了很大的成效。

（1）进一步完善业务管理系统，“一网通”作业平台实现了全市域覆盖，实现了全系统、全事项、全过程管理目标，同时开发建成e图管理系统，规划综合信息管理和应用基本实现集成化、智能化；推动实施三类数据工程建设，基本实现了“基础数据准、规划数据全、管理数据实”的工作目标。

（2）进一步强化控规管理，加大“一控规两导则”编制力度，中心城区全面实现了“一控规两导则”全覆盖，区县重点建设地区实现了控规编制全覆盖。

（3）进一步细化建设项目管理，深化规划设计导则，坚持外檐和功能并重、单体和区域并重，编制完成了《居住建筑风格及色彩组合导则》，加强督导督查，累计对全市1552个项目进行了审查，塑造了靓丽的城市风格。

（4）进一步规范执法监督检查，完善了网格化、信息化、全覆盖管理机制，修订了证后管理办法，细化了违法行为处理标准，限制了执法自由裁

量权。

(5) 进一步加强规划服务，组织开展了全系统“调增上”活动，出台了新十六条服务措施，建立了市局与区县（分）局联动机制，全系统共组织24个服务组，先后出动2250人次，深入到文化中心、泰安道五大院等430余个重点项目现场服务，确保了规划与建设的有机衔接。

4.基础管理工作有了长足进步

测绘管理取得了三个新进展。数字天津地理空间框架建设工程深入推进，天地图·天津分节点完成了升级改造，地理国情监测在全国率先取得初步成果，延伸扩大了测绘地理信息的服务领域，提升了测绘地理信息服务经济社会发展的能力。

地名管理实现了新突破。圆满完成滨海新区地名普查，为开展全市地名普查积累了经验；开发建成了地名信息系统，实现了地名管理带图作业和动态更新，在全国达到了领先水平；开展地名公共服务工程，河北、南开、蓟县获得了“全国地名公共服务示范区县”称号。

城建档案管理着力推进了三项重点工作。加强城建档案体制建设，五区县城建档案管理机构组建工作取得重要进展；加强城建档案信息化建设，十分局业务档案数字化工作完成了年度预定目标；加强城建档案法规体系建设，主编的国家级行业标准《城市轨道交通工程档案整理标准》通过了建设部专家评审。

规划公示公开充分发挥了三个平台作用。充分运用规划展览馆平台，重点对规划编制成果进行公示公开。截至目前，累计接待参观群众230余万人次，市民满意度高达98.4%，名列全市第一；充分发挥局政务网信息公开平台，实时公开各类审理案件37000余件，公开数据150余万条；充分运用市政府指定的“两馆一中心”和信息公开专网平台，累计公开各类文件类信息400余件，居于全市前列。我局连续两年被评为市政府信息公开先进单位，连续二年无信息公开复议、诉讼案件。

科技研究工作取得历史性突破。2011年局系统获市级以上奖励60余项，其中，由勘察院承担的《三维数字城市系统研建关键技术与特大城市信息化》项目获市科技进步一等奖，由规划院承担的《滨海新区生态绿地系统布局及生态策略研究》获中国科协优秀调研报告二等奖，由地名处、信息中心承担的《天津市地名管理信息系统》获中国GIS优秀工程银奖，由管网中心承担的《天津市地下管线信息动态管理决策支持平台建设》项目获住建部科技计划示范项目。另外，全市城乡规划行业发表各类研究论文310篇，比2010年增长了一倍。

同时，我们积极争取资金，确保了局各项任务顺利实施，局财务管理工作十年九次获得市级综合评比一等奖。局信息中心综合楼建成投入使用，规划院科研楼正在积极筹建，建院科技档案综合楼正在加紧建设，测绘院新办公楼基本建成，勘察院宝坻生态园建成并投入使用。局系统各单位的办公条件和办公环境得到了改善。局系统稳定和综合治理工作在工委系统名列前茅。《天津通志·规划志》已编印初稿，《天津规划年鉴》已出版了三卷，虽然我局年鉴工作起步较晚，但起点高，影响大，得到了社会各界的好评。老干部工作取得了新进展，为老干部改善了活动场所，得到市委组织部的表扬。

（三）大力加强宏观协调指导，局系统综合实力显著增强

2011年，我们加大对局系统各单位的工作力度，进一步健全完善管理体制机制，指导督查开展精细管理，加强制度化规范化建设，加强技术创新和整合运用，加强人才培养和选拔，各单位在综合管理和生产经营方面取得了新成果，创造了新佳绩，局系统整体能力迈上了新台阶。

1.区县规划工作有了很大提高。各分局和区县局紧紧围绕局的工作部署，创造性地开展工作，确定自己的具体奋斗目标，业务建设不断加强，服务水平、办件质量和效率明显提高。特别是新四区分局在人员少，业务量大的情况下，团结拼搏，圆满完成了各项工作，发挥了桥梁纽带作用，为区县经济建设和社会发展做出了积极贡献。

2.局属各单位工作取得可喜成绩。各单位紧紧围绕局中心工作，抢抓机遇，积极开拓市场，夯实基础工作，服务保障水平进一步提高，综合实力迈上了一个新台阶。

规划院高质量完成近期建设规划等市级重点规划49项，总产值比2010年增长20%。科研能力明显提升，在国内外学术会议上交流论文90篇，获詹天佑金奖等省部以上奖项45个。建筑设计院出色完成了解放南路地区等20余项重大工程项目设计，合同签订额比2010增长了近30%。科技创新能力明显增强，获省部级以上优秀设计奖48个，荣获“全国五一劳动奖状先进单位”。测绘院加大全市基础测绘更新维护力度，在全国率先完成2011年度市情监测。完成各类项目1844项，经济效益比2010年增长16.4%，荣获省部级以上优秀工程奖14项。勘察院加强经营管理，完成各类项目4306项，经济效益比2010年增长42%。强化技术支撑服务，三维数字城市建设项目获得全国金奖。

规划展览馆圆满完成了党和国家领导人胡锦涛、习近平、贺国强等重要接待任务，为展示天津城市形象做出了贡献。城建档案馆加强对文化中心、西站、地铁2、3号线等重点工程服务力度，确保了全市重点建设项目及时归档建档。

信息中心、培训中心、管网中心、服务中心、执法总队围绕全局工作，积极发挥技术支撑、服务保障作用，高质量完成了局赋予的各项任务。

在过去的一年里，我们还充分发挥规委会、学会、协会的作用，进一步规范行业资质管理、拓宽应用服务领域，为城市建设、经济发展和社会进步提供了可靠保障。

（四）大力加强党的建设，思想政治保证能力显著增强

我们以庆祝建党90周年为契机，以创建“学习型领导班子”、“创先争优”活动为载体，努力加强各级党组织建设，着力为全局重点工作和重大任务搭班子、建队伍、鼓士气，各级领导班子和领导干部的政治意识、大局意识和责任意识进一步增强，精神面貌有了新的变化，决策能力和领导水平有了新的提高。

1.创建学习型领导班子活动取得了新成效。健全完善中心组学习制度，确立了“四位一体”的学习机制，总结了“六步”学习法。全局系统两级中心组共组织集中学习167次，局中心组先后深入到9个基层单位开展学习并现场解决问题，有效破解了学用结合的难题。局党组的学习情况连续两年在工委做经验介绍，一大批科研和政研成果在全国、全市获奖。

2.创先争优活动取得了新进展。紧紧围绕落实“调增上”工作任务，注重在“争”与“创”的实践中提升基层党组织的能力，规划院“我是党员，向我看齐”活动、建院“五好党支部”活动、测绘院“解放思想、工作提速”大讨论、勘察院“四创四做”主题实践活动，有效促进了经济工作与党建工作的双赢。工委创先争优巡视组先后3次来我局进行现场观摩，评价我局活动有特色、有载体、有亮点、有创新。

3.干部队伍建设取得了新成绩。完善公开选拔、竞争上岗、挂职轮岗制度，全年选拔任用干部9人，组织公开竞聘副处级岗位5个。选派35名干部到区县挂职锻炼，选派10名干部到市“调增上”活动服务组工作，选派5名干部到工委、建交委和城投集团挂职锻炼。发现了一批优秀人才，拓宽了用人视野，为各项工作全面上水平积攒了后劲。

4.人才队伍建设取得了新进步。进一步巩固和提升我局人才优势，发挥人才带动作用，制定了局“十二五”人才发展规划，细化了人才培养使用的措施，逐一落实了局系统144名专业技术带头人、38名专业管理领衔人培养对象的培养计划，5名同志被列为市“131”创新型人才培养工程第一层次人选，3名同志获得享受国务院特殊津贴专家称号。硕士研究生以上的比例提高了20%，重点院校重点专业的比例提高了7%。建立了局系统公务员考核指标评价体系，明确了岗位职责，公务员队伍的整体素质有了明显提高。

5.反腐倡廉工作取得了新突破。廉政建设与规划管理水平的提升紧密结合，规划监督“一网保廉”系统开通运行，制定出台了《加强重点部门关键岗位廉政风险防控和监管的意见》、《规划审批廉政风险防控的实施办法》等7项制度。狠抓岗位廉政风险防控体系建设，局系统重点岗位关键部门全部制定了廉政防控措施，开展了“面对面、全覆盖”的岗位廉政警示教育，积极推进廉政文化建设，逐步形成了规划系统廉政工作“教育+科技+制度”的特色模式。

6.精神文明创建活动取得了新成果。去年，以社会主义核心价值体系为核心，开展了职业道德教育活动，局精神文明创建工作取得了突破性的成绩，是历年来获得各级荣誉最多的一年。据不完全统计，全局系统各单位荣获部委级荣誉7个，市级荣誉21个，委级荣誉8个，区级荣誉23个。规划院荣获全国文明单位称号，建院、测绘院、勘察院、红桥分局荣获市文明单位称号，我局被评选为全国住建系统企业文化示范单位。

我们还特别重视发挥政治优势，不断改进工作方法，组织开展了丰富多彩的文娱活动，关心职工生活，搞好文化建设，激发了全局干部职工的热情，创造了和谐的内部环境。

回顾一年的工作，2011 年我们在城乡规划、测绘、地名、城建档案等各个方面均取得了较好的成绩。这些成绩的取得，一是得益于市委、市政府对规划工作的高度重视，各区县、各部门的大力支持，使我们能够始终站在高起点，抢占制高点，达到高水平。二是得益于我们坚持解放思想、开拓创新，用高水平规划保障和服务经济社会发展，用高效能的管理促进了城乡面貌显著提升。三是得益于各级领导班子和全体干部职工团结协作、顽强拼搏、苦干实干。在这里，我代表局党组、代表局领导班子，向各位老领导、老专家，向局系统全体同志表示衷心的感谢和崇高的敬意！

在看到成绩的同时，我们也应清醒地看到，与党中央和市委市政府的要求、群众的期待相比，我们还存在一些不足和差距。主要表现在：

一是规划研究能力和水平还不高，缺乏一批在全国“叫得响”的研究成果和编制成果。二是规划引导区县发展能力还不够强，在处理建设发展与生态环境保护、土地集约节约利用关系方面，还缺乏得力措施。三是精细化管理水平还需要提高，特别是制度执行不够细致到位，落实质量不够高，规划审批效率和质量还需要提高。四是人才队伍建设与天津经济社会发展的需要还有不少差距，缺乏一批专业型、领军型人才，特别是区县规划部门在人员结构、专业结构方面，还不能满足快速发展的要求。

同志们，总结查找不足是不断提高、不断进步的有效手段。刚才，我们总结归纳的四个问题，是制约我们进一步发展的关键性问题。面对新的形势，我们不能固步自封，一定要深刻认识到这些问题的严重性和迫切性，积极研究对策措施，认真逐一解决，促进我们的工作更好发展。

二、2012 年城乡规划工作部署

2012 年是实施“十二五”规划承上启下的重要一年，是天津迈向更高发展目标的关键一年。从宏观形势来看，经济发展的环境仍然比较复杂，世界经济不确定因素增多，复苏面临重大挑战，我国经济运行态势总体良好，但不平衡、不协调、不可持续的矛盾和问题仍然突出。从我市发展形势看，大项目好项目带动效应凸显，经济社会将继续保持又好又快发展势头，但综合实力还不够强，经济结构还不尽合理，城市活力还不足，服务业比重还比较低，民营经济发展不够快，节能减排仍然十分艰巨。从我局情况来看，经过几代规划人的共同努力，特别是经过这几年的积累，我们已经具备了争创国内一流局的条件和实力，但在规划编制、规划实施和规划监督方面，还存在着一些制约发展的因素和问题。所以，我们必须保持清醒头脑，增强机遇意识、责任意识和忧患意识，在市委市政府的领导下，以对城市负责、对历史负责、对人民群众负责的态度，进一步提高规划工作水平，发挥好规划的统筹引领作用，不断巩固发展天津来之不易的好形势，推动天津实现更大发展，城乡面貌发生更大变化！

（一）2012 年城乡规划工作的总体要求和基本思路

2012 年全局工作总的要求是：深入贯彻落实科学发展观，牢固树立以人为本、集约节约、生态优先、城市特色的规划理念，进一步提高规划编制和管理水平，推出一批重点规划编制和设计成果，在推动全市经济发展方式转变、经济结构调整优化上取得新突破，在推动保障和改善民计民生、提高群众的生活质量上取得新成效，在推动加强和创新社会管理、维护社会和谐稳定上取得新进步。

2012 年全局工作的基本思路是：紧紧围绕“一个目标”，坚持“三项工作原则”，重点抓好“七个方面工作”，促进天津经济社会又好又快发展。

围绕“一个目标”：创建国内一流规划局。要实现这个目标，我们必须贯彻落实市委九届十二次会议精神，坚持高起点规划，在规划研究、城市可持续发展、提升城市功能活力等方面取得一批重要成果。

坚持“三个工作原则”：坚持精品、创新、高效三个原则，即规划编制设计要体现精品、规划管理要体现创新、规划服务要体现高效。

做好“七个方面工作”：努力在规划研究、规划编制、规划管理、规划服务、基础工作、基层工作、党的建设方面取得新成效。

（二）2012 年城乡规划工作的主要任务

1.规划研究再上新水平

规划研究是城乡规划工作的一项非常重要内容，是我们制定政策、确定目标的参考和依据。经济社会越发展，就越需要加强规划的研究工作，完善好各层次规划，解决好当前城市建设过程中的瓶颈问题，防止出现新的矛盾和难题。在规划研究方面，今年，我们要重点做好三项任务。

（1）深入开展区域规划研究

在目前区域一体化发展的背景下，要重点结合空间发展战略规划、综合交通规划、产业布局规划等成果，深入开展京津共建世界城市战略、区域重大事件（如北京新机场建设）对区域发展的影响等研究工作，充分发挥天津和北京在区域发展中的“双核”作用。同时，有针对性地选择一些国内外先进城市，开展城市发展模式比较研究，借鉴成功经验，避免遗憾教训，促进天津更好更快发展。

（2）深入开展城市可持续发展研究

面对城市快速发展的形势，要重点开展城市交通规划研究，完善城市交通规划体系，优化城市规划布局，引导土地开发和重大项目建设，实现交通和用地协调发展。另外，要加强生态环境保护和城市公共安全的相关规划研究，开展重点生态敏感区规划研究，开展海平面升高、地质灾害、工业灾害等公共安全问题研究，合理确定人口规模与建设用地规模，合理安排项目布局，加强城市安全体系建设；要研究社区公共服务设施建设、验收、交付使用的有效措施，切实改善和提高百姓的生活环境品质。

（3）深入开展提升城市活力研究

围绕建设富有独特魅力和创造活力城市的目标，开展承接大项目和大事件空间储备规划研究，开展促进城市繁荣繁华、提升天津的对外影响力和吸引力的研究，开展重点成熟产业园区（天津经济技术开发区、保税区）用地更新调整规划研究，进一步提升用地的效率，增强城市的活力。

要在以上三项研究工作中取得新成效，我们必须做好两方面工作：

一是要用心思考。各级领导干部都要带头亲自参加研究工作，各个层面的研究人员要沉下心来，带着一种热情和责任，深入开展调查研究，要找准、找对工作中的薄弱环节和关键问题，要善于消化吸收再创新，提高研究成果的超前性、科学性、实用性。

二是要用心投入。各单位要把研究工作当作中心任务抓紧抓好，加强组织领导，搭建平台，大力提倡民主的学术气氛，积极营造良好的工作环境，要完善管理办法，加大科研投入，落实各项保障措施，严格过程管理，保证研究成果的质量。

2.规划编制再上新水平

通过这几年来的艰苦努力，城乡规划的统筹引领作用显著增强。这主要得益于我们这几年在规划编制上下了很大的功夫，特别是119项规划的编制，为我们的规划管理和成果转化打下了良好的基础。今后，我们仍然要在规划编制上下更大的功夫。

（1）着力提升城市功能和活力

全力抓好一批重点规划设计。在滨海新区层面，要打造彰显新区沿河沿海景观特色的城市形象标志区，重点推进文化、教育、卫生、体育、住房等专项规划水平，提升新区的服务功能，改善民生，增强吸引力；深化落实综合交通、市政基础设施、生态绿化等专项规划，进一步增强新区载体功能，促进滨海新区全面开发开放。在中心城区，以海河为轴线，做好沿河两岸重点项目的规划设计，使海河成为天津更加亮丽的名片；结合地铁沿线的开发建设，做好地铁上盖物业规划设计，提升地铁沿线的城市载体功能和土地价值，同时，要进一步完成好北部新区城市设计，为北部新区开发建设提供保障；要搞好城市主干道路和入市城市道路两侧的城市设计，提升主要道路两侧景观，促进城市繁荣繁华。在各区县层面，要统筹推进示范工业园区、设施农业园区、示范小城镇规划建设，深化优化31个示范工业园起步区规划，开展第五批示范小城镇规划设计，挖掘天津乡村历史文化内涵，使天津的小城镇特色更加突出、品位更加高雅。

（2）着力改善城市交通环境

深化市域综合交通规划，在第四次综合交通调查的基础上，深入分析天津交通存在的问题，进一步完善交通发展战略研究。在港口建设方面，要进一步研究疏港交通问题，彻底解决港城矛盾，不断提高铁路在疏港运输中的比重；在铁路建设方面，要加快津秦、津保、大北环和铁路西南环路建设，提供优质的服务，促进这些项目早开工、早建设、早见效；在机场方面，要加快第二航站楼建设，推进机场与铁路、地铁的无缝衔接，同时开展杨村机场的搬迁选址，为机场提供充足的空域条件；在高速公路方面，要加快绕城高速、唐承二期等高速公路建设，使天津的高速公路系统更加完善快捷；在城市交通方面，要研究打通一批卡口路、拥堵道路的治理，研究如何加快公共交通的建设，开展慢行交通系统研究，形成天津特色的交通体系。

⑶ 着力改善和保障民计民生

要继续完善医疗卫生、教育、体育、文化设施的布局规划，使公共设施的布局更加均衡合理；要切实关注群众身边的设施建设，特别是社区文化站、医疗站、养老站、小超市、早点铺、小型活动产地的配套，使群众的生活更加舒适、便利。

⑷ 着力加强生态环境保护

编制南北生态区保护规划，启动生态廊道规划，编制完成7个郊野公园规划，充分利用湿地、河道等现有生态资源，体现绿色成片、郁郁葱葱、生态宜人的郊野韵味，发挥综合生态效应，满足群众需求，引导城市建设与生态环境协调发展。

⑸ 着力挖掘和彰显城市特色

完成中心花园、赤峰道地区、民园体育场、鞍山道等地区保护利用规划，推进大运河、工业遗产等历史建筑的保护利用，打造展现城市文化魅力的新亮点。另外，要进一步对市域的历史文化名镇名村进行普查，保护更多的历史文化名镇名村。

⑹ 着力促进文化繁荣发展

高水平规划一批覆盖城乡、结构合理、功能健全、实用高效的公共文化服务设施。加强文化产业园区和文化基地规划，充分发挥国家级、市级文化产业示范园区的引领作用，实现文化产业振兴。加强专业文化设施规划，高水平高质量完成文化中心建设，规划新建一批专业文化设施，促进城市文化多样化发展；加强面向妇女、未成年人、老年人、残疾人的文化设施规划，保障人民群众基本文化权益，丰富人民群众日常文化生活。

实现规划编制再上水平，我们要继续贯彻“抓两头”的工作思路：

一是要抓好宏观指导。要站在国家战略和区域发展的高度，结合学习贯彻中央十七届六中全会精神和市委九届十二次全会精神，结合区县换届，注重实际，把握趋势，创新规划编制理念，把市委工作部署落实到具体的规划编制中，把新一届领导班子的发展思路体现在规划编制中。

二是要抓好精雕细刻。要坚持国际一流标准，强化精品意识，把规划编制的每一个细节、每一个环节都做深、做细、做成精品，使规划覆盖到每一块土地、每一个街道、每一个新的建筑，使城市发展建立在高水平的规划基础上。

3.规划管理工作再上新水平

随着全市统一的规划监管平台的搭建和城乡规划实施体系的建立，全市整体规划管理工作已经站在了一个比较高的起点上。今年，规划管理工作要重点在深化、细化和强化上见成效。

⑴ 继续深化综合业务管理

深化“一网通”应用水平，推进带图作业，实现全系统业务管理、政务管理、行政管理的一体化应用。深化“三类数据”建设工程，健全数据管理机制，实现全系统数据共建、资源共享。深化业务管理标准化进程，调整业务办理表格，完善业务管理综合调控与督导督查机制，实现全系统业务管理高度统一、规范一致。深化综合业务统计分析水平，健全运行机制，加强成果推广应用，在辅助规划管理决策方面发挥更大作用。

⑵ 继续强化规划编制计划管理

规划编制计划管理是我市的一大特色。今年，我们按照“层次分明、科学合理、衔接有序、指导有力”的目标和要求，认真梳理已编和在编规划，分析查找当前规划编制体系中的缺项、漏项，抓紧制定好2012年规划编制计划，突出重点，明确规划编制的内容、深度要求，加强综合平衡，不断完善城乡规划编制体系，指导城市建设发展。

⑶ 继续完善“一控规两导则”管理

加强控规编制和审批力度，实现市域城镇建设用地控规编制和审批全覆盖，今年上半年必须实现全市建设用地控规的全覆盖，否则将暂停建设项目的审批。要充分发挥城市设计导则对城市空间的引导控制作用，加快中心城区重点区域城市设计方案的审查，提升城市主要入市口规划设计，整合区县现有城市设计，形成城市设计导则。编制中心城区地下空间控制性详细规划，有效指导土地资源开发利用。

⑷ 继续加强建设项目管理

完善居住建筑风格色彩组合导则，加强建筑形态与色彩的管理，坚持统一中有变化，变化中有统一的原则，充分展现天津城市特色。完善建设项目审批管理，针对当前社区管理中存在问题，实现“两个延伸”：一是向前延伸，将有关社区管理要求纳入项目规划设计条件，在设计方案中予以落实；二是向后延伸，在项目竣工验收后，要将公益性公共服务设施与相关部门进行验收、移交，确保公共设施启用到位，并加强后续的监督检查，创造和谐宜居的生活环境。

(5) 继续加强市政工程管理

加强基础性工作，出台市政建设工程规划管理办法，完善市政管线规划管理信息系统，做好重要管廊带、重要场站点和危险品管线的普查，充分利用各种手段，确保各种地下管线资料归档。

(6) 加强历史名城保护规划管理

加强保护规划法规体系建设，制定历史文化街区、名镇、名村的规划建设管理规定；完善与市国土房管局、市文物局联审监察机制，贯彻实施保护范围内各项建设的分类保护与管理细则，保护和利用好天津市历史文化名城资源。

(7) 继续加强规划法规体系建设

做实、做细法制工作，组织完成好2012年立法计划，加强与市人大、市法制办的沟通联系，重点完成《天津市历史文化名城和历史风貌建筑保护条例》审议、《天津市控制性详细规划管理条例》起草上报，争取将《天津市交通影响评价管理规定》列入市政府立法计划。组织抓好局“六五”普法，不断提高全局依法行政工作水平。

(8) 加强城乡规划监督检查

完善规划执法监督检查管理机制，对于城市建设的重点地区，老百姓关注的问题，要积极做好预案，监督到位，管理到位，把违法案件控制、解决在萌芽状态。要加大对在建项目的跟踪查验，特别要加强对市政工程施工过程检查，落实好“24小时动态验槽”机制。加强测绘、地名和城建档案监督执法。创新方式方法，提高执法力度和实效性，维护规划权威性。

完成以上工作，我们要坚持做好“三个并重”：

一是要坚持严格把关与提高效率并重。严格把关与提高效率两者并不矛盾，不能只严格管理不讲效率，也不能只讲效率而不严格把关，一定要处理好二者的关系，把严格管理、严格执行制度作为提高效率的有效手段。

二是要坚持宏观管理与精细化管理并重。抓管理，必须大处着眼、小处着手。各处室、各区县规划（分）局，既要善于抓宏观管理，又要善于抓精细化管理，重细节、重过程、重具体、重落实、重质量、重效果，特别要建立和实施一套严格的制度体系，认真执行规范标准和责任追究制度，落实目标考核要求，把精细化管理贯穿到规划工作的方方面面。

三是要坚持提高水平和打牢基础并重。要强化各项基础工作，特别是要着力解决信息沟通不畅、业务办理不够规范等问题，用基础工作的高水平带动管理工作的高效能。

4.规划服务再上新水平

服务工作是近几年我局力度最大、成效最明显的工作之一。经过几年的努力，我们的服务机制不断完善，服务方式不断创新，服务水平和质量不断提高。今年，围绕全市经济社会发展重点，要突出抓好三方面工作。

(1) 做好对全市大项目好项目的服务

按照市委、市政府的要求，深入开展“调结构、惠民生、上水平”活动，特别是要做好20项民心工程的服务保障工作。要创新思路，研究出台便捷高效优质的服务措施，深化细化分层、分类管理，在依法的前提下，坚持效率优先，研究确定可以走简易程序的项目种类，加以规范，形成制度。对有利于经济结构调整的金融、会展、创意、旅游等现代服务业和具有拉动带动作用的新兴产业，对有利于增强天津发展后劲的大项目好项目，要做到主动服务，及时服务，务求实效。

(2) 做好对区县规划工作的指导服务

现在各区县的换届工作已经完成，要认真了解各区县对发展的新要求，要引导区县按照城市空间发展战略和总体规划的要求开展工作，要主动服务，在服务中宣传规划，坚持规划，维护规划的科学性、严肃性、连续性和权威性，用全市的整体规划，指导各区县的发展。

(3) 做好对建设单位的服务。坚持“寓管理于服务”的理念，要拓展服务渠道，通过网络媒体等途径，及时了解企业的规划需求，帮助企业解决实际问题；要丰富服务方式，通过开展有针对性的培训、印发服务手册等形式，及时宣传规划法规和政策；要延伸服务内容，通过公布规划信息，及时让企业了解城市建设发展的热点和重点，引领和鼓励企业开发建设，促进经济社会更好发展。

做好服务工作，今后各单位、各部门要着力抓好“三个重点”：

一是要做到“常态化”。局领导、机关各处室要制定年度服务工作计划，定期深入区县和建设单位，做到有针对性。各区县规划（分）局要坚持每周深入重点项目、重点企业，了解需求，倾听呼声，做好服务。

二是要做到“高效化”。目前在服务上有一个明显的问题，就是对各区县、建设单位的规划需求，或者说需要及时解决的规划问题，反映比较慢，发现不及时，上报不迅速，这不仅影响了问题的有效解决，也影响了规划局的对外形象。这就要求我们必须及时深入、第一时间反馈和解决问题。

三是要做到“优质化”。一些开发建设单位反映，我们区县（分）局在服务态度上很好，但就是回答不了问题，解决不了难题。这说明我们管理人员的业务素养和能力还有待进一步提高，要敢于负责，敢于担当，熟悉掌握和运用规划法律法规，用业务的高素质带动服务质量的高水平。

5.基础工作再上新水平

测绘、地名、城建档案、规划公开等基础工作，是我们近几年来致力加强的工作。实践证明，这些基础性工作抓好了，对于规划上水平起到了非常重要的支撑和保障作用。因此，我们要继续对基础工作给予高度的关注，下大力量抓到位，抓出成效。

（1）扎实推进测绘地理信息管理

1月5日，我市和国家测绘地理信息局签署了“部市共建”协议。我们要以此为契机，加大工作力度，做好基础测绘更新维护，完善基础地理信息数据库建设。完成“天地图”和“数字天津”地理空间框架建设，搭建地理信息综合服务平台，积极培育测绘地理信息市场，打造测绘地理信息品牌，实现地理信息服务网络化和应用社会化，提升天津测绘地理信息的影响力。

（2）扎实推进地名管理

要及时总结滨海新区地名普查经验，组织做好全市地名普查工作。要进一步更新地名规划理念，建立地名规划体系，做好地名命名规划导则编制。地名规划与城乡规划要同步编制、审查、审批、调整，尽快实现全市地名全覆盖。要加强地名管理，健全完善地名分级分类审批管理机制。加强历史地名文化保护，制定历史地名保护管理办法，逐步恢复和启用一批传统地名。健全完善区县地名工作机构，做好地名信息系统的动态更新维护，建立健全地名标志管理机制，进一步提高地名管理和服务水平。

（3）扎实推进城建档案管理

今年，我们要加大工作力度，积极推进区县城建档案机构建设，健全城建档案管理工作体制机制；要进一步加大城建档案资源建设，做到档案完整齐全、集中保管、综合利用。要进一步加强城建档案信息化建设，完成好十分局业务档案数字化和电子文件自动归档系统建设工作，探索建立城建档案信息资源共享体系，努力实现管理模式集成化、信息内容多媒体化、储存介质多样化和库存管理可视化，全面提高档案管理信息化水平。

（4）扎实推进规划公开公示。各区县（分）局是今后规划公示公开的主体，必须充分认识这一角色转变，适应形势发展需求，积极主动履行职责，依政策、依规则、依标准、依程序，深入推行规划公开公示，保障公众的知情权、参与权和监督权。要充分借助规划展览馆、局政务网和市政府指定的公开平台，加大主动公开力度，方便公众获取信息。要坚持服务理念，依法热情接待，妥善处理群众依申请公开诉求，打造全市规划管理部门阳光规划和亲民便民形象。

6.基层建设再上新水平

各基层单位构成了全市规划系统的重要环节，哪一个单位掉队，都将影响全局的整体水平。在前面提到的各项工作中，涉及区县（分）局、院馆等大量工作，今天回去以后要认真分析研究、细化落实。

各区县（分）局，要进一步提高执行力，严格执行市局制定的各项管理规定，结合实际进行深化细化。要切实加强干部队伍建设，采取有力措施，进一步提高业务能力，提高审批审查工作水平和工作效率。要切实加强研究能力，提高政策水平，提高谋划水平，积极主动地为本地区经济社会发展出策献力，进一步发挥好桥梁纽带作用。要加强乡镇规划管理工作，五区县局年内组建完成乡镇规划管理机构，环城四区要发挥好乡镇规划管理所的作用，切实把乡镇规划管好、管到位，管出成效。

各院馆、各中心，一方面要确保高质量地完成好市局交派的各项指令性任务，在辅助管理方面做出更大的贡献，另一方面要积极开拓市场，加强自主创新能力，努力实现发展方式转变，在经济效益、社会效益方面取得新成果。同时，要进一步加强人才队伍建设，根据局人才发展规划，结合本单位实际，制定并落实好各项保障措施，培养和造就一批高素质的人才队伍，增强发展后劲。

抓好基层建设，局领导、局机关责无旁贷。局领导要带头为基层服务，采取中心组集体下基层和现场踏勘、座谈调研、召开现场协调会等有效形式，着力为基层各单位的科学发展把握方向、出主意，着力提高为基层干部职工服务的水平，及时掌握干部职工各方面的需求，解决好他们在思想、工作、待遇、健康等方面的问题。局机关各处室要深入基层，想基层所想、急基层所急，办事、办文、办会要充分运用网络、可视会商等现代化媒介，减少市、区（县）往返的次数，提高工作质量和效率。

7.党的建设再上新水平

（1）大力加强领导班子建设

经过几年的调整、充实、培训和实践锻炼，各级领导班子解决自身问题的能力和完成重大任务的能力有了很大提高。今年，我们要不断强化学习，充分运用“四位一体”的学习机制，保证把中央、市委和局党组的各项方针政策和要求自觉落实在思想上、工作上。要努力做到科学决策，在繁重的任务面前、复杂的矛盾面前，充分发挥班子集体的智慧和力量，超前谋划、破解难题，科学发展。要进一步完善领导班子考核机制，学习先进地区和部门绩效考核的经验，修改完善《局基层处级领导班子和领导干部绩效考核工作暂行规定》，强化经常性考核，做到全面准确评价领导班子和领导干部。要以抓实基层领导班子民主生活会为突破口，对基层领导班子落实制度情况进行检查督促，进一步加强党内基层民主建设。通过加强自身建设，我们各级领导班子要在思想上、组织上、作风上达到一个新水平，切实成为领导科学发展的核心。

（2）大力加强基层党组织建设

要抓实创先争优活动。坚持把创先争优活动同完成重点任务结合起来，深入开展“强堡垒、提素质、优服务、促发展”的主题实践活动。在局机关和窗口单位党员干部中开展“比学风、比作风、比业务，争创职业道德模范、争创一流工作业绩”的“三比两争”活动。要抓实党支部书记队伍建设。在各级党组织中确立创建“学习型、实干型、服务型、创新型”支部书记队伍建设目标，举办基层党支部书记培训班，选定1个基层党建工作示范点，进一步健全和规范基层党支部书记工作职责，提高基层党支部书记队伍抓党建、懂管理、带队伍的能力。通过加强支部建设和党员队伍建设，保证我们的基层党组织都能做到组织健全、制度落实、领导坚强，成为促进重大任务完成的战斗堡垒。

（3）大力加强干部队伍和人才队伍建设

规划事业的繁荣发展，说到底是要有一支高素质的干部队伍和人才队伍。从这个着眼点出发，我们要创新干部教育培训工作。继续举办处级干部研讨班。选送处级干部到党校、行政学院和国内著名高校、境外学习培训。建立自主选学与组织培训相结合的干部参训机制和干部教育培训实效考核评估制度，保证我们的干部不断树立先进理念，开拓眼界视野，增长工作才干。要不断建立干部挂职锻炼的长效机制。制定《选派到局机关及区县规划管理部门挂职锻炼干部管理规定》，进一步规范挂职锻炼工作。局机关要安排好基层工作经历不满2年的干部到局系统单位锻炼。要加强年轻干部的培养选拔。制定《局加强培养选拔年轻干部实施意见》，加大对35岁以下年轻干部的培养选拔力度，建立从基层选拔优秀年轻干部担任机关处级领导干部的措施，加强干部交流。落实“党建带团建”，拓展年轻干部成长成才渠道，积极做好年轻干部的服务工作。要加大竞争性选拔干部工作的力度，把竞争性选拔干部作为选拔干部的重要渠道，除规定不宜公开竞争的职位外，机关副处级领导岗位和基层班子副职，一般应以竞争性选拔方式为主，提拔科级领导干部一般实行竞争上岗。要不断强化人才队伍建设。落实局“十二五”人才发展规划，做好人才引进、人才梯队建设，加大领军人才培养。局机关公务员研究生学历提升到30%，各派出机构公务员本科学历提高到80%，事业单位专业技术人员硕士研究生学历比例达到18%以上。加强公务员队伍职业道德教育，促进公务员队伍综合素质的整体提高。探索建立公务员岗位交流机制，实现人才的合理配置。

（4）大力加强党风廉政建设

规划事业要发展，我们的党风廉政建设不仅不能出任何问题，而且要做到标准更高，形象更好。我们要继续贯彻“三个求严”的要求，重点防范依法行政不到位、失职渎职的廉政风险，提高依法行政效率；重点防范乱用自由裁量权、以权谋私的廉政风险，实现阳光规划；重点防范违规使用资金、权钱交易的廉政风险，确保干部廉政优秀。要围绕落实“三项监督”，抓好岗位廉政教育，增强廉洁自律自觉性；抓好政风行风建设，提高依法行政素质能力；抓好“一网保廉”完善深化，提高科技反腐的应用水平；抓好信访举报和查办案件工作，发挥惩处的治本功能。要进一步落实党风廉政建设责任制，切实提高廉政制度的执行效果。各级党政一把手在党风廉政上要切实做出表率，负起第一责任人的责任，在思想上严格要求，在行动上严格约束，经得起权力的考验，守得住做人做事的底线，从而在全局营造风清气正、干事创业的浓厚氛围。

新的一年已经开始。我们要更加紧密地团结在以胡锦涛同志为总书记的党中央周围，高举中国特色社会主义伟大旗帜，以邓小平理论和“三个代表”重要思想为指导，深入贯彻落实科学发展观，进一步解放思想，锐意进取，开拓创新，努力推动天津城乡规划工作再上新台阶、各项工作再上新水平，以优异成绩迎接党的十八大和市第十次党代会胜利召开！

充分发挥规划的龙头作用　为天津又好又快发展提供有力保障

天津市规划局党组书记、局长　尹海林

市第九次党代会以来，全市规划系统认真落实胡锦涛总书记对天津工作“一个排头兵”、“两个走在全国前列”和“四个着力”、“五个下功夫、见成效”的重要要求，紧紧围绕市委提出的“一二三四五六”的奋斗目标和工作思路，立足于体现天津的特色和优势，着眼于增强城市竞争力，充分发挥规划的龙头作用、先导作用和统筹作用，为我市实现又好又快发展提供了规划保障。

一、把建设“独具特色的国际性、现代化宜居城市”作为重要要求，规划实现了高起点

1、始终体现科学发展观的要求。坚持以科学发展观为指导，紧紧围绕经济社会全面协调可持续发展来研究确定城市的性质、功能和取向，组织编制了《天津市空间发展战略规划》，确定了“双城双港、相向拓展、一轴两带、南北生态”的总体战略，强化了中心城区和滨海新区双核发展，优化拓展了城市发展空间。为进一步提升充实天津空间发展战略，组织了城市总体规划修改工作，开展了全市近期建设规划编制，完善了环城四区总体规划，深化了港口集疏运和南港区疏港交通体系，为天津跨越式发展打开了巨大承载空间，为城市面貌的根本性改变奠定了基础。

2、始终坚持以人为本。从提高群众生活质量出发，把规划与改善民计民生紧密结合起来，着眼城市生态建设，组织开展了市域生态体系规划的编制和深化，高标准完成了市容环境综合整治“135”工程规划设计，城市面貌焕然一新；着眼扩大公共服务，完成了地下空间总体规划、空间管制区划和电力空间布局规划、排水规划等一大批专项规划，开展了全市住房建设规划的深化完善工作，编制了中心城区3年停车场行动计划。着眼增强规划透明度，高水平建设了天津市规划展览馆，累计接待参观群众已突破166万人次，市民对规划展览馆的满意度高达98.4%。同时，《天津市空间发展战略规划》、文化中心等8个规划设计方案分两批进行公示，提高了规划的透明度和公众的参与度。

3、始终追求一流水平。以站在高起点，抢占制高点、达到高水平为目标，将国际一流标准和要求体现在规划编制中，坚持“人无我有、人有我精”，敢于突破传统模式，在组织方式、编制模式、部门和专家参与等方面大胆创新尝试，高水平编制完成了包括城市空间发展战略、总体城市设计在内的119项规划。为了提高控制性详细规划编制水平，我们创新了编制方法，既强调规划的刚性，又注重规划的弹性，突出规划的可实施性，率先在全国开展了城市设计导则、导引体系的探索与实践，形成了由控规、土地细分导则和城市设计导则组成的规划管理体系。中心城区编制完成控规和土地细分导则，滨海新区完成2270平方千米控规全覆盖，环城四区控规方案已编制完成。“一控规、两导则”的编制方法，打破了传统的规划观念，得到了建设部领导的充分认可，在全国规划行业起到了示范作用。

4、始终注重突出天津特色。注重把握城市个性和特质，挖掘城市内涵和精髓，体现城市品位和风格，展现时代精神和城市活力，并注重把文化注入到规划的各个领域，渗透设计建设的各个环节。津湾广场一期工程完工，以恢宏大气的古典欧式风情，承接了海河两岸历史建筑的格调，成为富有高雅时尚气息的国际化商业聚集区；提升改造后的滨江道商业步行街，突出了地域性、文化性特点，充分体现了百年商业街的历史品位和创新的时代风貌，进一步增强了中心商业区的辐射功能。同时，从建筑、环境、天际线等方面进一步做好梅江会展中心、泰安道五大院、西站地区、文化中心、海河教育园区、于家堡、响螺湾等重点地区的规划提升和建设设计，组织开展了海河上游后五千米、中心城区、北部新区、解放南路两侧、卫国道两侧等重点地区的规划策划。这些项目的规划建设展现了天津深厚的历史文化底蕴，塑造了现代化大都市大气、洋气、清新、靓丽的风貌与活力。

5、始终着眼提升城市功能。围绕“三个层面”联动协调发展，在继续深化完善中心城区总体规划的基础上，集中力量全面整合提升滨海新区规划。编制完成了新区城市空间发展战略、新区城市总体规划、分区规划、控制性详细规划、九大功能区规划等多项重大规划，其中基础设施和环境近期（3年）建设规划、滨海新区供热专项规划已批准实施。中新生态城、东疆保税港生活区、中心渔港、渤龙湖总部经济区等重点项目的规划编制取得了阶段性成果。为服务区县经济，编制完成了新农村布局规划、区县总体规划、总体城市设计、乡镇工业布局规划以及武清等7个新城规划，开展了4批41个示范小城镇规划，将过去的106个工业小区整合规划了31个区县示范工业园区规划，在全市范围内形成一批规模适度、特色鲜明、环境优美、实力雄厚的高水平产业园，有力带动了区县加快发展。中心城区、滨海新区、各区县的规划实施，带动了三个层面联动协调发展，形成了优势互补、多极增长、共同支撑的区域发展新格局。同时，现代服务业布局规划的编制完成，市域综合交通规划的不断深化和完善，大大提升了城市载体功能，对于促进城市发展方式的转变、增强城市的辐射和服务功能提供了保障。

二、把建立“有效的管理体制、顺畅的工作机制、精细化的管理方式”作为重要目标，管理实现了高效能

1、努力构建充满活力富有效率的规划管理体制。为了进一步强化规划宏观管理职能，按照市委、市政府的总体部署，有计划、有步骤地开展了规划管理体制改革工作。以职能转变为核心，以职能调整和事权划分为重点，科学调整规划管理职能，合理划分规划管理事权，通过推动重心下移、事权下放，充分调动和发挥区县及有关部门的积极性，完成了机构设置、职能调整、人员配备、资产划转等一系列体制改革工作，形成了“两级政府、三级管理”的管理体制，并建立起具有我局特色的业务管理模式，即“一个平台、一套标准、三级会审、二级监督”体系。

2、努力完善权责统一执行顺畅的规划工作机制。在充分发挥规划委员会重要作用的基础上，进一步完善了专家领衔的规划编制机制，建立了专家库，充分发挥专家在规划编制、审查工作中的作用。进一步开放规划设计市场，引入竞争机制，完善社会参与和方案征集比选机制。在文化中心规划设计中，我们引进了国内外三十多家知名设计单位，进行设计方案招标、征集和多方案比选，好中选好，优中选优，全面提高了规划和建筑设计水平。制订实施了《天津市城市规划条例》、《天津市规划管理技术规定》、《天津市地下空间规划管理条例》、《天津市控制线管理规定》、《天津市城市雕塑管理规定》等法律规定，促进了各方面自觉遵守规划，全力维护规划，较好地做到了先规划、后建设。建立了市、区（县）两级规划管理联动机制，全市规划审批联网、统一标准、全程监控、平台共用、信息共享、审批实时公开。从而实现了规划管理的规范化、法制化、制度化。

3、努力加强规划的宏观管理和精细化管理。2009年首次制定实施了城乡规划编制年度计划。年度计划的实施，有效地统筹了全市城乡规划，使各类专项规划相互协调，将城乡建设涉及的各类规划衔接和规范起来，推进了城市总体规划的实施，加快了市委、市政府整体工作战略的实施。注重精细化管理在“一控规、两导则”的框架下，进一步加强对建筑及景观设施的控制和引导，制定了城市特色、建筑特色、建筑高度、建筑顶部、玻璃幕墙、围墙、街道家具、店招牌匾等几十个方面的设计导则，形成《天津市规划建筑控制导则汇编》，整体提升了城市景观水平。加大历史文化名城规划保护，专门设立规划保护处，对历史文化名城名镇名村进行专业化、集中化、精细化、特色化管理；加强市政工程规划管理，完善审查规程，加大对区县的指导督导力度；完善城乡规划监督检查机制，实现了网格化区域全覆盖监管。

三、把保证“大项目好项目早开工、早落地、早见效”作为重大责任，服务实现了高水平

1、在提高审批效率上下功夫。2009年，我局取消了三个行政审批事项，合并办理五类行政审批事项，简化了32条行政审批许可申报条件，将办结时限由平均14个工作日缩减为9个工作日（提高了36%）。2010年，按照市政府的部署，进一步优化业务流程，简化程序，变串联审批为并联审批，取消审批事项2项，合并2项，缩减许可审批要件48件，缩减率达27%；将办件承诺时限明确为48个工作日，比法定的105个工作日提高54%。

2、在制定保障措施上下功夫。为了向重点帮扶企业提供优质服务，协助企业及早开工建设，建立了重大项目服务机制，推动例会制度、责任落实制度、信息沟通制度和专项督办制度。做到了特事特办、急事急办，“承办一路绿灯、衔接一线贯通、审批一个会议、结果一次告知”。围绕促进区县经济发展、保障重大规划项目落地，采取事前指导、提前介入、跟踪服务等举措，以走访、座谈等形式，建立健全了区县沟通协调机制。从突出重点促落位、深入基层抓落实、组织人员搞帮扶、多样服务保发展方面，制定了16条服务保障措施，在全市规划系统建立起一体化的服务工作机制，确保了一批条件成熟的规划建设项目能开工，积极创造条件推出一批项目早开工，策划储备一批项目早落地。

3、在解决实际问题上下功夫。在全市组织开展的“保增长、渡难关、上水平”和“解难题、促转变、上水平”活动中，积极开展以“六个一”为主要内容的服务活动，全系统共组织24个服务组，出动1950人次，深入到327个项目现场服务。连续举办10届“局长服务日”活动，局领导带队走访18个区县达7轮次，组织现场协调会34次，召开各类服务协调会100余次，对180多个规划问题予以协调落实，有效地促进了各区县经济社会发展和重点项目开工建设。

（《天津工作》2011增刊）

在天津市城乡规划科技大会上的讲话

天津市规划局局长 尹海林

(2010年12月30日)

今天，我们在这里召开大会，总结部署局系统科技工作，隆重表彰科技进步先进集体、先进个人和2010年度科技论文竞赛优秀论文获得者。首先，我代表局党组向受表彰的集体和个人表示热烈的祝贺!

近年来，我局的各项工作，特别是科技工作，一直得到市科委的指导和帮助。今天，市科委的领导在百忙之中专程来参加我们的会议。一会儿，市科委的领导还要做重要讲话，我们要深入学习领会。

下面，我就我局的科技工作讲两方面意见。

一、近两年科技工作回顾

近两年来，我局坚决贯彻市委市政府的战略部署，认真落实科学发展观，科技工作取得了明显的进步。

一是科技兴局的思路得到进一步落实。局系统各单位，认真总结前些年的经验教训，积极谋求以科技求发展、以科技提高行业地位、以领先技术占领市场的思路得到进一步落实和提高。

二是科技管理规范化工作取得较大成绩。今年年初，局制定下发《关于改革科技工作管理机制提升科研水平的实施意见》，为科技管理工作改革奠定了基础。局系统各单位制定了一系列的管理办法和奖励措施，较好地处理了生产与科研的关系，使科技工作逐步走上了科学化、规范化的道路。

三是创新城乡规划研究工作。近两年来我局承担了建设部和市科委的重大课题研究，其中，已经有七项课题取得了成果，有两项成果取得显著的社会效益。今年我局有五大类三十四个项目面向全社会公开招标，这在我局还是第一次，在社会中产生积极影响。同时，各分局也在逐步加大科研力度，尤其是园区处、河西分局等基层管理部门针对管理中的疑难问题通过科研寻求突破，取得了良好的成效。

四是学术氛围日趋浓厚。近几年来，局党组对加强科技研究工作提出了明确的要求，在各单位引起了高度重视，尤其是去年中国城市规划学会年会在天津举办，极大地促进了规划科研水平的提高，全市规划行业的学术空气日趋浓厚。今年，全市规划行业系统提交科技论文的数量340篇，比去年增长了57%。其中不少论文具有较高的学术水平，特别是各分局及机关党群部门也积极参与，党群部门一位处长的专业学术论文还获得了一等奖。

五是科技投入明显加大，成果显著。由于思想认识的提高，各单位在科研工作上越来越舍得投入，据不完全统计，近两年建院投入了2150万元；规划院640万元；测绘院510万元；勘察院：500万元；地下空间规划管理信息中心360万元；城建档案馆150万元；高新区处64.5万元；信息中心46.1万元；局机关科研经费今年投资额度达到350万，比往年增长近10倍。为科研工作提供了强有力的保障和支撑。

六是坚持开门办科研的思路已经打开。近两年来，我局改变了关门搞科研的工作方式，走与大专院校、国家科研单位联合办科研的道路，与清华大学、中规院、同济大学等单位进行了多项合作。在科研院所的带动下，我局的科研质量和水平不断提升。为进一步借助高等院校的力量，我们与天津大学协商，拟签订科技进步战略合作框架协议。

七是科技工作为人才建设搭建了高层次的平台。近两年来我局不少中青年骨干，通过参与科技项目研究开拓了眼界，锻炼了才干。同时，中青年技术人员专业能力的提升也促进了科研质量和水平的提升，形成了良好的互动机制。

八是规划学会、协会的作用明显提高。规划学会秘书班子换届后，紧紧围绕全局的中心工作，开展了形式多样的学术活动，先后邀请和接待了世界著名的英国规划设计大师特里·法雷尔和澳大利亚墨尔本市政府规划代表团、德国工商会规划代表团和上海世博会总设计师来津进行学术交流和举办学术讲座，为拓宽眼界，提升规划理念提供了良好的平台。

总之，近两年，全局的科技工作硕果累累，取得了可喜的成绩。但是，我们要清醒地认识到，目前我局科技工作与天津快速发展的形势与市委市政府的要求，与兄弟省市科技工作相比仍存在较大差距。主要是：对科技工作的重视程度，从全局来说不够均衡；各项工作没有一个较为长远的工作思路，存在头痛医头、脚痛医脚的现象；技术优势、专利数量、专家的名气在同行业中已不在领先之列；学术水平与天津直辖市的地位不相称，亟需大幅提升；科研工作招法创新不够，缺乏与国内泰斗级专家的合作项目，缺乏承担国家级科研项目的勇气和能力；科技成果的转化未得到足够重视，一些重要的成果还没有投入到实际工作中；如何把科研经费投入资金用好、用活、用到位的研究不够，经费的管理、审计、检查、效益评估等方面需要进一步完善提高；不注意总结经验，不会从工作中归纳整理出标准规范，形成我们出图纸，人家出论文、出标准、出经验的被动局面。

二、夯实科技工作地位，加大科技工作力度

（一）提高认识，适应形势发展需要

当前，我市经济建设的速度越来越快，城市规划建设的任务越来越重，市委市政府对规划工作的要求越来越高。我们肩上的担子越来越重，如何完成好市委市政府交给我们的任务，不断提高规划设计管理水平，我们必须依靠科技进步，进一步加大科技研究力度，把规划、建筑、测绘、地质、勘察和交通等等和规划有关的基础性学科连接起来，充分体现出规划的综合性、科学性。要牢固树立科技工作的创新意识，用创新的思维去研究科技工作，要树立科技工作的改革意识，形成领导重视科技、群众关注科技、发展依靠科技的局面，把科技兴局战略方针真正落到实处。

（二）加强管理，加大科技投入力度

今年初，我们在总结历年来科技工作经验的基础上，就科技工作未来发展，制定了《关于改革科技工作管理机制提升科研水平的实施意见》，该《意见》对改革科技工作管理机制，提出了具体的要求，从一年来的执行情况看，已收到明显成效，因此要求各单位继续抓好该《意见》的贯彻落实，结合“十二五”科技发展规划的编制，把我局科技工作推向一个新阶段。

科研工作要紧贴实际，紧紧围绕规划编制、规划管理和规划行业的发展这个中心，坚持创新的工作思路，要力争在较短的时间内，使局系统各单位在各自的行业中走在全国前列。要瞄准国内外先进水平和前沿领域，大力提倡“开门办科研”，积极创造条件，通过“知名专家领衔、同大专院校科研院所相结合”的方式，积极参与国家重点课题的研究，在实践中总结经验、锻炼人才，以此带动我局科技工作水平上台阶。

要加快建立规划系统科技投入的稳定增长机制。每年科研经费投入要按专项经费的15%提取，增强调动和优化科技资源的配置能力。各单位要把科技投入列入预算，保证每年科技投入的增长幅度不低于经常性收入的年增长幅度。

坚持集中财力有效引导项目资金更多地向科技开发和科技成果转化方面集中。加强对各类科技计划成果的跟踪管理，统筹安排科技成果转化资金，以项目资助等方式，支持技术好、市场前景广、产业关联度大、带动性强的重大科技成果转化项目。加强科技投入资金的统筹管理，规范科技投入行为，部门的专项资金要更多地投向科技创新及其相关领域。优化资源配置，防止项目重复安排，提高资金使用效益，增强科技投入的引导带动作用。

（三）营造氛围，进一步提升规划研究水平

目前，天津市在全国来说经济发展、城市建设已进入了快速发展阶段，我市的规划管理工作水平与全国兄弟省市相比也处在优先的位置。但我们规划学术研究工作还需要加强和提高，要创造与我市地位相称的学术氛围。要大力提倡民主的学术气氛，积极营造学技术、钻技术的环境，要采取形式多样的措施，在短时间内把我局的学术研究工作提升一个新水平。

一是要继续坚持搞好科技论文竞赛活动，我们要总结近几年来科技论文竞赛活动的成功经验，加

大奖励力度，调动广大科技人员参与科技论文竞赛活动的积极性，各有关部门加强指导、传授经验，提升科技论文的质量和水平，争取更多的论文在国内中文核心期刊和科技核心期刊上发表。同时，要改革竞赛的方式方法，把行业论文和局系统论文竞赛合并进行，还要积极探索扩大参与范围，将与规划相关的各行业吸纳进来，扩大覆盖面和影响。

二是要坚持走科研工作带动学术研究，用规划项目促进学术研究的道路。学术研究要和科技项目研究、规划的编制紧密结合起来，今后，我们委托的每一项科技项目和编制的每一项规划承担单位在完成研究、编制成果的同时，必须拿出能够公开发表、具有一定水平的研究文章。促使各设计单位在完成工作的同时，注意经验的积累，改变目前我们出图纸，别人出论文、出标准、出经验的被动局面。

三是要创办我市独具特色的学术刊物，要充分发挥规划学会和规划协会的作用，克服困难，想方设法，尽快建立起具有我市特色的学术刊物，为科技人员的培养营造浓厚的学术氛围，搭建高层次的平台。通过几年的努力，把我们自办的刊物列入中文核心期刊的行列。

四是要加强国际学术交流，要认真总结今年规划学会举办学术交流活动的经验，积极采取请进来，走出去的方式，学习研究国际先进理论、先进方法。明年要更多地举办高层次的学术讲座和不定期的学术沙龙，为科技研究人员学习国外经验、增强研究兴趣、提升研究水平提供良好的环境。

（四）健全机制，加强基础建设

各单位要把科技工作当作中心工作抓紧抓好，建立健全工作机构、完善工作机制，做到大单位有专门机构、小单位有专人负责，要深入研究、认真探索面向我市城乡规划领域的科技项目管理的新路子。建立专群结合的科研机构，各单位应结合本单位实际情况，可采取建立专门的研究机构，专家工作室、实验室，松散的科研队伍等形式的专群结合科研机构，通过几年的实践，逐步建立能够承担国家重点课题的研究队伍，建成以专家领衔，以高端技术人员为主的专业科研机构。

在此基础上，制定相应的科技项目计划管理办法，在立项申请、经费管理、成果验收、成果转化等方面建立相关指标，要改革实际工作中存在的前期研究和科技研究相脱节的现象，把所有研究工作都纳入科技研究管理范围，用科技项目合同文书的形式规范研究目的、工作时限、成果标准。只有这样，才能使有限的资源、有限的资金创造出更高的效益。要根据本单位实际研究制定科技工作中长期规划和发展战略。完善申报、评审、执行、验收、奖励等一整套科技工作制度。

（五）搭建平台，大力培育科技人才

各单位要把科技项目研究和“学术带头人”的培养有机结合起来，发挥学术带头人的特长，结合重大科研任务为其设计更多的科研项目，通过科技研究促其尽快成才，使其尽快成为在国内有影响的领衔人物。科技工作要和资质管理、奖金分配、职称晋升挂钩，调动广大技术人员进行科技研究工作的积极性。要建立以规划市场为导向、社会组织奖励和用人单位奖励为主体的科技奖励制度，制定相应的科技奖励办法，设立专项奖励资金，通过以奖代补的方式鼓励自主创新，主要用于对获得市级以上奖励的科技人员和企业自主创新，包括对引进重大装备及技术再创新作出突出贡献者。

（六）抢抓机遇，编好“十二五”科技发展规划

各单位要深刻领会十七届五中全会和市委九届八次会议精神，认真总结“十一五”期间科技工作的基本经验，深入查找思想上、工作上存在的差距，尽快编制好“十二五”科技发展规划。在编制规划中要把握以下几个原则：一是要认真贯彻落实十七届五中全会精神，坚持把科技进步和创新作为加快转变经济发展方式的重要支撑；二是要把解决城乡规划发展中的重大问题作为首要任务；三是要深化科技体制改革；四是要坚持走与科研院所、大专院校相结合的道路；五是要坚持长远目标和近期目标相结合；六是创造人尽其才、人才辈出的社会环境；七是要积极开展国际学术交流，聘请外国专家、学者来我局参加合作研究；八是要扩大城乡规划科学技术图书刊物的引进，及时把握世界城乡规划新理念。

（七）加强领导，保障科技工作全面上水平

要切实加强对科技工作的领导，各单位要把科技工作摆上位置、提上议程，列入目标。作为一把手的主要责任，定期检查推动，确保工作落实。为加强科技工作的领导，经局党组研究决定，成立局科技工作领导小组，由我任组长，李春梅常务副局长、侯学钢副局巡任副组长，成员为席位制，由四院、两馆、地下空间规划信息管理中心、信息中心、机关有关处室主要负责人为成员，办事机构设在秘书处。

要切实加强对科技工作管理，认真落实各项制度，严格履行程序。加强和改善对科技项目计划的管理和跟踪检查，及时了解项目的进展情况和科技投入的使用情况。对招标的项目要严格履行合同，按合同约定事项，定期检查，做好中期验收和成果鉴定工作，发现问题及时调整。对列入局科技项目计划管理的项目，每半年组织一次检查推动。建立规范的管理制度，在加强对科技项目及经费的申报、评审、立项、执行和结果的全过程监管的同时，建立科技项目的绩效评价体系，设立科技计划绩效目标，建立面向结果的追踪问效机制。争取每年度全局系统获市级以上科技奖两项以上。

要切实加强对科技工作的服务力度，今年科技计划项目的招标工作进展顺利，其中确定的局领导挂帅、处室负责确保项目质量的工作思路，是一条不可忽视的成功经验。各单位要认真借鉴，确保中标项目顺利完成。要整合局系统科研资源，挖掘潜力，发挥各自优势，做到优势互补，资源共享。今年立项的科技项目在研究实施过程中涉及到已有成果借用的，如调查统计数据和图纸资料等，各单位及机关各处室要给与积极的帮助和支持。

要切实加强与市科委、住建部科技司等上级科技机关的沟通，加强与我市其它委、办、局科技主管部门的横向联系，随时掌握科技动态、热点和方向。确保不同层级科研项目成果和质量，树立我局在科技领域的信誉，提升我局在科技方面的发言权和分量。

当前城乡规划事业已经步入一个新的阶段，我们要响应党中央以及市委市政府的号召“坚持把科技进步和创新作为加快转变经济发展方式的重要支撑。”深入实施科技兴局和人才强局战略，充分发挥科技第一生产力和人才第一资源作用，增强自主创新能力，壮大创新人才队伍，依靠科技进步、管理创新，推进规划理念创新，为促进天津经济社会又好又快发展做出新贡献！

深入开展精细化管理
全面提升天津城市规划工作水平

——天津市规划局开展精细化管理的实践与探索

天津市规划局局长　尹海林

（2011 年 8 月）

按照胡锦涛总书记关于把天津建设成独具特色的国际性、现代化宜居城市的总体要求，近年来，我们坚持高起点规划、高水平建设、高效能管理，确定了“双城双港、相向拓展、一轴两带、南北生态”的总体战略和“大气洋气、清新靓丽、中西合璧、古今交融”的城市格调，坚持重点突破，一大批重点规划建设项目相继实施，城市载体功能明显提高，城市面貌发生了巨大变化。这些成绩的取得，主要得益于市委市政府高度重视规划工作，也得益于我们坚持科学发展观，深入开展精细化管理，着力提升城市规划工作水平。

下面，我把天津深入开展精细化管理的一些做法向大家做简要介绍。

一、开展精细化管理是提升天津城市规划工作水平的需要

精细化管理是社会分工以及服务质量的精细化对现代管理的必然要求，其最基本的特征就是重细节、重过程、重具体、重落实、重质量、重效果，讲究专注地做好每一件事，在每一个细节上精益求精、力争最佳。

当前天津正处于快速发展的关键时期，城乡规划工作必须着眼城市定位，想大事、办大事，统筹引领城市发展。想大事、办大事的关键是落实。要落实的好、落实的快，必须依靠精细化管理，强化城乡规划的宏观管理职能，促进城市又好又快发展。

（一）开展精细化管理是进一步优化提升城市产业结构需要。规划是经济社会发展的龙头。通过深入开展精细化管理，进一步完善提升各层次规划，加强规划研究储备，积极参与京津冀区域发展，集约节约利用土地，积极做好大项目、好项目规划策划，提高第三产业发展比重，调整优化经济结构，加快转变发展方式，促进天津科学发展、率先发展。

（二）开展精细化管理是进一步挖掘和彰显城市特色的需要。规划是城乡建设和管理的依据。通过深入开展精细化管理，完善提升规划设计导则，加强控规编制和管理，深化历史文化名城保护规划，完善规划法规和技术标准体系，加强规划执法监督，塑造城市风格特色，着力建设独具魅力城市。

（三）开展精细化管理是进一步改善和保障民计民生的需要。规划与人民群众的生产生活密切相关。通过深入开展精细化管理，充分发挥规划的公共政策属性，完善城市基础设施和公共服务设施规划，维护公共利益，提升城市品质，加强城市公共安全，加强对社区文化、医疗、养老、菜市场、公厕等公共服务设施的规划审批管理，确保配套公建按规划实施到位，促进天津和谐发展。

二、开展精细化管理的具体实践及其成效

精细化管理是对宏观管理目标进行具体分解、细化和落实，使之能有效贯彻并发挥作用的过程。实施精细化管理是有效提升整体执行能力的一个重要途径。

近年来，为全面提升城乡规划工作水平，我们按照精细化管理的思路，在规划编制和规划管理工作中，找准关键问题和薄弱环节，相继组织实施了一系列精细化管理措施并取得了一定的成效。

（一）实施编制计划管理，加强规划协调统筹

自2009年起，我们开始实行城乡规划编制计划，并经市政府正式批转执行，三年来，共有104项规划纳入编制计划。通过实施规划编制计划管理，梳理汇总全市规划编制项目，有利于全盘把握、突出重点、协调统筹，有利于进一步加强全市城乡规划宏观管理，避免规划编制的重复和无序。2011年，在总结已有工作基础上，通过规范规划编制项目任务书，我们进一步加强了对规划编制的协调推动、跟踪服务和组织审查，有效促进了全市规划编制水平的不断提高和规划体系的不断完善。

（二）创建控规管理体系，确保规划科学严谨

近年来，我们积极开展控规编制与实施的探索与实践，通过将控制性详细规划、土地细分导则、城市设计导则有机结合、协同运作，既体现对建设用地等强制性内容的控制要求，又对城市空间形象的塑造提出了引导性要求，提高了控规的弹性和兼容性，保障了规划的严肃性和科学性，形成具有天津特色的“一控规两导则”的控规编制和实施管理体系。同时，为保障管理体系的有效运行，在各区县编制完成“一控规两导则”的基础上，我们通过搭建系统平台，实现专项规划编制、重点地区城市设计提升、重大基础设施项目有效结合，构建了全市“一控规两导则”编制与维护机制，进一步加强了控规编制和管理的完整性和科学性。目前，中心城区实现“一控规两导则”全覆盖，环外地区新城、示范小城镇、示范工业园区控规已编制完成并履行审查审批程序。

（三）编制规划设计导则，引领提升城市形象

从2009年开始，我们以各层次城市设计为依托，开展了专项控制导则的探索与实践，编制了《天津市规划建筑导则汇编》，经过深化完善，形成了《天津市规划设计导则》。规划设计导则从建筑特色、建筑色彩、建筑高度、建筑顶部等方面，对居住、商业、办公等各类建筑设计提出控制要求，在选址、规划方案、建筑方案、建设工程规划许可证、外檐材料审查、过程查验和规划验收等七个阶段，坚持依法依规审批，规范和引导建筑项目的规划建设。特别是对于主要河流、公园周边的规划建设项目，我们制定了建筑高度控制导则，通过有机衔接过渡，塑造宜人的空间尺度。三年来，我们先后对已批在建和已批待建的1500多栋建筑进行了整改提升和控制引导，展现了天津以风貌建筑为精华、以现代建筑为主导、整体多元融合、分区特色凸显的城市面貌，创造了宜居舒适的城市生活环境。

（四）实施三维动态审查，加强建设项目审批管理

为保证规划实施到位，我们将规划方案转化成三维数字模型，从城市三维空间研究审查建设项目。目前，中心城区实现了建筑体块模型100%全覆盖，重点地区实现了精细化模型全覆盖。

在规划方案和建筑方案审查过程中，我们将待审批的设计策划方案放入三维数字模型，从区域城市设计中推敲策划方案的空间尺度、建筑形体、风格及色彩；从不同角度分析具体建设项目的规划布局和建筑方案是否符合规划要求，是否体现城市特色；从整体天际轮廓线把握建筑方案是否合理。力求将每一个建设项目都做成精品，以点带面，全面提升整个区域的城市功能和环境品质。

（五）统一业务管理平台，确保行政许可审批规范化

近年来，我们建立完善了城乡规划管理业务系统，实现了全市所有城乡规划许可审批事项网上实时在线运转、管控和监督。“一个平台”建设强化了市局对各区县（分）局的业务领导，实现了网上实时监管、跟踪监控和业务督办，有效规范了全系统规划许可审批行为。同时，围绕“一个平台”，我们积极开展城乡规划数字化管理，推行业务管理系统带图作业，启动建设项目e图管理，大力加强基础数据建设，确保基础数据准、规划数据全、管理数据实，推动审批成果数字化和业务档案电子化，提高业务管理的规范化水平。

（六）统一业务管理标准，确保规划管理行为制度化

为推进全局系统规划管理工作的标准化、规范化，近年来我们加大了规划管理规定、制度和标准的工作力度，相继出台了80余个规范性文件，制定10余项管理标准，并组织编印了《天津市城乡规划管理业务手册》、《天津市城乡规划业务管理指导手册》、《天津市城乡规划管理服务手册》、《天津市城乡规划管理系统用户手册》，确保每一个事项、每一个环节、每一个层级都有制度约束。

（七）实施三级管理，确保城乡规划管理高效有序

按照天津市城乡规划管理体制机制改革的统一要求，我们建立并实行城乡规划市、区（县）、镇（乡）三级管理，市局重点履行宏观管理和监督检查职能，各区县规划（分）局履行实施性规划管理职能，乡镇设派出机构负责相应工作。三级管理体制的确立，实现了城乡规划管理事权的分层级划分，确保了规划管理的效率和水平。2009 年以来，区县规划（分）局承担了全系统 96%以上的业务案件审批工作，市规划局将管理重心调整到宏观管理和全局性、综合性的政策研究制定上来，实现了规划管理水平的全面提升。

（八）实施两级监督，确保城乡规划依法依规实施

在规划实施监管方面，市局和区县规划（分）局均设有执法监察机构和执法监察队伍，并建立了全市域、网格化监管机制，落实以街区为单位的网格化区域巡查责任制，固定区域、固定人员、落实责任，分级负责，区县规划（分）局负责本区域规划实施监督，对重点建设项目实行市局和区县（分）局两级共同监督。特别是针对市政基础设施建设项目，实行 24 小时专人监管和动态巡查机制，确保巡查工作做到“全覆盖、不漏项”，有效遏制了违法建设行为。

三、开展精细化管理的几点工作体会

通过这几年的探索和实践，我们觉得，规划管理落实精细化要求，主要应当把握好四个方面。

一是，建立和实施一套严格的制度体系是搞好精细化管理的重要前提。

二是，执行规范标准，做到每个事项、每个流程、每个环节都有规范可循，是搞好精细化管理的重要措施。

三是，严格责任追究制，做到事事有责任、人人有责任、每一层级都有责任，是搞好精细化管理的重要环节。

四是，落实目标考核，执行严格的奖惩机制，是搞好精细化管理的重要保障。

新闻媒体关注天津规划

概　况

2011年1月24日，天津日报头版头条刊登《天津之“窗”汇聚世界目光》，报道了市规划展览馆开馆两周年接待169万人次，成为宣传展示城市形象重要窗口。同日，天津日报在理论创新·前沿专版整版刊登天津市规划局党组书记、局长尹海林的文章《建立务实高效学习机制促进城市规划全面提升》。

2011年3月21日，应人民日报社天津分社的邀请，尹海林局长做客人民网天津视窗接受电视访谈，围绕天津市“十二五”规划纲要提出的“坚持用高水平规划引领发展”的要求，结合“十二五”期间天津城乡规划工作的发展进行了深度解读。访谈内容包括规划工作如何贯彻落实胡总书记重要讲话要求提升城市载体功能，从规划引领城市发展谈总体规划的完善修改，历史文化名城保护体系的构建和完善，规划如何关注生态保护和民计民生，区域规划研究的深化以及规划管理全过程的数字化智能化等。

2011年5月9日，人民网天津视窗共话天津市“十二五”系列隆重推出市规划局局长尹海林专访，播出了尹海林局长的视频专访，根据采访内容制作了22个专题报道。

2011年5月23日，人民网天津视窗“政务访谈”专题报道专访市规划局局长尹海林，就十二五时期天津市规划事业的发展进行了深度解读。

2011年6月3日，《人民日报》头版头条刊发通讯《天津迈向新高地》，报道本市着力转变发展方式，调整经济结构，展现了强劲的发展活力。其中，对规划工作发挥的先行引领作用进行了报道。摘录如下：

“近年来，天津以规划先行引领。首次确定了‘双城双港、相向拓展、一轴两带、南北生态’的城市总体发展战略，统筹滨海新区、中心城区、各区县三个层面联动协调发展。

市规划局局长尹海林介绍说，涉及区县总体规划和城市设计、重点地区和重点产业空间布局的规划有119项，全面推动一、二、三产业向着高端化高质化高新化协同发展，明确各区县功能定位和产业重点，引导各区县发挥优势，错位竞合。”

2011年6月9日，海林局长接受英国广播公司BBC记者的采访，围绕着天津城市发展规划，城市发展需要克服的瓶颈，天津的发展经验对全国的借鉴意义等回答了记者提问。

2011年10月16日，天津日报在头版头条刊登《凝固音符讲述智慧的故事》，长篇报道天津市建筑设计院创新发展调查。

2011年11月1日，每日新报用两版篇幅刊登尹海林局长专访《科学规划引领城市发展方向》，《精细化管理提升城市规划水平》。

2011年11月18日，今晚报在庆祝该报出版一万期而推出的专版中，以《绘宜居宏图定城市气度》为题，报道市九次党代会以来，本市高起点制定空间发展战略规划，高标准打造城市未来总体战略，高水平规划引领城市建设，规划设计导则塑造城市特色。

2011年11月29日，新华社播发通讯《天津在崛起》报道本市在"十二五"新起点上扬鞭跃马，朝着更高目标迈进。《新华每日电讯》以及本市新闻媒体相继进行了报道。通讯对尹海林局长进行了采访报道。报道如下：

海河北岸，天津市规划展览馆内人头攒动。从规划馆二楼俯视，相当于5000米高空俯瞰效果的未来城市规划蓝图尽收眼底。不远处，海河对岸的天津市人大常委会会议楼里，《天津市空间发展战略规划条例》不久前刚刚在这里通过。

"没有科学的规划不许建设，没有精心的设计不许开工，已经成为天津发展的铁律。"天津市规划局局长尹海林说，结合经济结构调整，规划先行，为天津科学发展提供了强有力的保障。

2011年12月11日，天津日报在头版头条刊登长篇报道《航拍背后的故事——规划引领城市发展方向》，记者通过对尹海林局长的专访，从"以人为本关注民计民生"、"科学统筹合理产业布局"、"精细化管理提升规划水平"三个部分对规划工作进行了全面宣传报道。

（杨仲义）

科学规划引领城市发展方向

——对话市规划局局长尹海林

城市规划是什么，每个人心中都有着自己的答案。普通百姓会说那是我家不远处正在建设的地铁线，以后上班乘地铁不必再为堵车着急了。或者那是小区旁新建的社区医院，发烧感冒不必再跑到大医院去排队挂号。他们心中的规划就是眼前看到的变化。站在天津规划展览馆内巨大的沙盘前，规划是图纸上一个个鲜艳的色块和一个个具体的数字，在设计院的办公区内，规划是规划师们电脑中的一条条线和桌上一摞摞的图纸。关注城市规划就是关注城市发展未来。

在与这位热情健谈的天津市规划局尹海林局长的访谈期间，我们也逐渐更清晰地了解了城市规划工作，它很宏观，关乎整个社会生活，却同样很细小，影响着每个人的生活。于是他们永远要站在更高的起点上，放眼世界，引领着城市建设前进的方向。

关注点　民计民生

新报：通过这些年的城市建设，我们感觉到规划工作始终将关注民计民生作为重中之重，那么在专项规划编制中是如何体现呢?

不出社区就能满足基本生活需求

局长尹海林：市规划局始终坚持以人为本，注重围绕保障和改善民生来谋划发展，通过改善民生促进发展方式转变，推动经济社会协调发展。从城市总体规划到详细规划，从整体布局到单体建筑，从建筑设计到环境设计，市规划局在每一个环节、每一个细节，都要求充分体现以人为本的原则。

从普通百姓关心的住房建设规划到医疗、教育、文化、体育等公共设施建设规划，再到社区设施以及社区文化、医疗、养老、菜市场、公厕、绿地广场等公共服务设施的规划管理，严格执行配套标准，确保配套公建按规划实施到位，规划工作在满足广大群众生活需要的同时，也促进了公共设施均衡发展和广大群众生活品质的提升。

按照市委市政府的决策部署，为有效缓解全市人民就医看病难问题，市规划局会同市卫生局按照“统筹规划、合理布局、立足当前实际、放眼未来发展”的原则，综合考虑医疗卫生机构设置布局、交通配套设施、周边环境条件、现状医疗服务资源分布等因素，经过多方面征求意见，科学组织论证，市规划局完成了市第二儿童医院、天津市代谢病医院选址北辰区的工作。项目建成后，将成为我市中心城区西北部新的医疗集聚区，既可方便红桥区、河北区、北辰区等地区群众就医，又可辐射武清区、宝坻区、蓟县等周边区县，缓解本市西北部地区就医看病难问题。

关注点　精细化管理

新报：城市规划看起来非常繁琐复杂，每一项规划都可能涉及多领域，多部门，如何在规划编制过程中少走弯路，准确无误呢?

三维数字模型“立体”研究项目

局长尹海林：我们坚持高起点规划、高水平建设、高效能管理，确定了“双城双港、相向拓展、一轴两带、南北生态”的总体战略和“大气洋气、清新靓丽、中西合璧、古今交融”的城市格调，坚持重点突破，一大批重点规划建设项目相继实施，城市载体功能明显提高，城市面貌发生了巨大变化。这些成绩的取得，主要得益于市委市政府高度重视规划工作，也得益于我们坚持科学发展观，深入开展精细化管理，着力提升城市规划工作水平。

近年来，为全面提升城乡规划工作水平，我们按照精细化管理的思路，在规划编制和规划管理工作中，找准关键问题和薄弱环节，相继组织实施了一系列精细化管理措施并取得了一定的成效。

自2009年起，我们开始实行城乡规划编制计划，并经市政府正式批转执行，三年来，共有104项规划纳入编制计划。通过此项管理，梳理汇总全市规划编制项目，有利于全盘把握、突出重点、协调统筹，有利于进一步加强全市城乡规划宏观管理，避免规划编制的重复和无序。2011年，在总结已有工作基础上，通过规范规划编制项目任务书，进一步加强了对规划编制的协调推动、跟踪服务和组织审查，有效促进了全市规划编制水平的不断提高和规划体系的不断完善。

形成具有天津特色的“一控规两导则”的控规编制和实施管理体系。在各区县编制完成“一控规两导则”的基础上，我们通过搭建系统平台，实现专项规划编制、重点地区城市设计提升、重大基础设施项目有效结合，构建了全市“一控规两导则”编制与维护机制。目前，中心城区实现“一控规两导则”全覆盖，环外地区新城、示范小城镇、示范工业园区控规已编制完成并履行审查审批程序。

编制了《天津市规划建筑导则汇编》，经过深化完善，形成了《天津市规划设计导则》。规划设计导则从建筑特色、建筑色彩、建筑高度、建筑顶部等方面，对居住、商业、办公等各类建筑设计提出控制要求，在选址、规划方案、建筑方案、建设工程规划许可证、外檐材料审查、过程查验和规划验收等七个阶段，坚持依法依规审批，规范和引导建筑项目的规划建设。

为保证规划实施到位，我们将规划方案转化成三维数字模型，从城市三维空间研究审查建设项目。目前，中心城区实现了建筑体块模型100%全覆盖，重点地区实现了精细化模型全覆盖。

我们建立完善了城乡规划管理业务系统，实现了全市所有城乡规划许可审批事项网上实时在线运转、管控和监督。“一个平台”建设实现了网上实时监管、跟踪监控和业务督办，有效规范了全系统规划许可审批行为。围绕“一个平台”，我们开展城乡规划数字化管理，推行业务管理系统带图作业，启动建设项目e图管理，大力加强基础数据建设，确保基础数据准、规划数据全、管理数据实，推动审批成果数字化和业务档案电子化。

近几年，我们相继出台了80余个规范性文件，制定10余项管理标准，并组织编印了《天津市城乡规划管理业务手册》、《天津市城乡规划业务管理指导手册》、《天津市城乡规划管理服务手册》、《天津市城乡规划管理系统用户手册》，确保每一个事项、每一个环节、每一个层级都有制度约束。

按照天津市城乡规划管理体制机制改革的统一要求，我们建立并实行城乡规划市、区（县）、镇（乡）三级管理，市局重点履行宏观管理和监督检查职能，各区县规划（分）局履行实施性规划管理职能，乡镇设派出机构负责相应工作。

在规划实施监管方面，市局和区县规划（分）局均设有执法监察机构和执法监察队伍，并建立了全市域、网格化监管机制，特别是针对市政基础设施建设项目，实行24小时专人监管和动态巡查机制，确保巡查工作做到“全覆盖、不漏项”，有效遏制了违法建设行为。

今年，我们进一步深化细化城市设计导则，组织编制了《建筑外檐色彩提升导引》、《坡屋顶设计导则》、《高层住宅写字楼建筑形态导则》、《居住建筑风格及色彩组合导则》。研究建立了在建项目监管系统，对全市343个项目、4428幢建筑进行了点位分布、图文信息归类、实施空间定位。充分利用城市三维规划管理系统和已编制完成的城市设计成果，加强城市空间关系的规划管理。与天津大学合作开展了《天津城市特色研究》、《天津城市建筑色彩研究与运用》、《天津市绿色居住小区规划标准》三项课题研究工作，提高规划建设管理工作水平。

关注点　规划引领

新报：规划工作中如何彰显规划统筹的引领作用？

31个示范工业园区重点发展

局长尹海林：今年以来，滨海新区按照市委、市政府进一步提升新区规划设计水平的要求，把核心区城市设计、新区总体规划以及涉及民计民生的专项规划作为重点提升内容。为了提高规划水平，我们邀请了国内外知名设计公司、顶尖专家参与编制。开展了城市设计方案国际征集，重点抓好方案研究和评审，邀请国内知名院士、专家进行研讨，重点区域的规划设计达到了高水平。

在编制区县总体规划中，市规划局积极与区县政府沟通协调，反复论证，通过准确定位指导环外四区未来发展方向，使之发挥优势，联动互补。东丽区以“航空航天产业基地”等作为龙头产业，津南区发展“高职高教基地”等新兴产业，西青区强调“电子、汽车产业基地”的产业特色，而北辰区则发挥“科技创新基地，商贸流通基地”的本地产业优势，环外四区形成了鲜明突出的发展特色。外围区县，则通过大力推进社会主义新农村建设，进一步加快城市化步伐。

通过开展示范小城镇规划建设，加强区县城镇体系规划，推进农民居住社区、区县工业园区、设施农业产业园区“三区”统筹联动发展，实现因地制宜，体现聚集效益，突出区域特色、产业特色、建筑特色和文化特色，改善群众生产生活质量，增强竞争力。

在示范工业园区规划编制中，针对现有乡镇工业园区规模小、布局散、档次低、污染点多的现状，市规划局结合城乡总体规划和土地利用总体规划、产业发展规划等要求，按照“三区”统筹的原则，在全市 108 个乡镇工业区中确定了 31 个示范工业园区重点发展，并科学确定了每一个示范工园区的规划范围和起步区的用地面积。规划方案全部按照《天津市区县示范工业园区规划设计导则》的要求，结合区县的自身条件，依照工业园区产业发展规划定位，突出园区与区域协调发展，注重园区与小城镇等周边功能区衔接，注重园区用地布局因地制宜，与产业发展结合紧密。这些示范工业园区规划的编制实施，对在全市范围内形成一批规模适度、特色鲜明、环境优美、实力雄厚的高水平工业园区，加快本市区县经济的发展打下了坚实的基础。

关注点　交通拥堵

新报：交通跟大城市的发展始终是一对矛盾。现在几乎所有的城市的早晚高峰都会出现堵车现象，我们通过对交通的专项规划，可不可以缓解这个问题呢？

十几处拥堵节点改善方案完成

局长尹海林：交通拥堵问题已经成为国内外大城市的一大病症，针对目前本市已经出现的交通拥堵问题，市规划局积极组织市建交委、市政公路局、公安交管局、城投集团、规划院、市政院等部门，开展重点地区及主要节点专题研究，通过组织现场踏勘、交通调查、多方案比选、深化论证等，提出交通改善措施，先后完成了津汉、海津大桥、金钟公路、大沽南路-微山路路口、河东万达广场等十几处交通拥堵节点的改善方案。目前，部分方案已开始实施，有效缓解了一些地区的拥堵，提高了道路交通通行能力。

目前，这只是改善方案。除此我认为还是需要提醒人们，不是说所有的人都能开车，任何地方都可以停车。作为一个大城市来讲，提供给私人开车的空间是有限的，大量的还是需要公共交通。一个城市，解决交通问题首先把公共交通解决好，然后采取一些措施，来控制私人汽车的发展，只有这样才能缓解这种矛盾。

从城市的布局来讲，一方面，把我们过于集中的城市资源让它有计划向外疏散。比如在调整医院布局的时候，有意识往外围走一点，不能所有的好医院都在中心城区。这样就会引来大量往市里的交通流向。

另一方面，我们也在尝试土地混合使用。这块地不一定完全做住宅，也不能完全都做工业，更不能完全做商业，把商业、居住、文化、娱乐的功能适当混合，将来老百姓在步行距离之内就能享受到这些设施，这样的话就不必要开很远的车到另外的地方去，减少了交通的流量。

过去城市规划特别强调功能分区，工业区就是工业区，住宅区就是住宅区，商业区就是商业区。现在来看，这样的严格功能分区带来了很大的问题。现在很多的城市都在搞开发区，甚至是有的出现几百个平方千米的开发区。这些工厂得需要人来工作，如果都从外面人到工业区来就业的话，那么将来大量的人流，会造成大量的交通问题。我们的很多开发区现在逐渐里面都配备了生活服务设施。我们也鼓励这种行为，这样就能达到职住平衡，来减少居民的出行。

（《每日新报》2011 年 11 月 1 日第 B03、B04 版）

航拍背后的故事

——规划引领城市发展方向

对于多数人而言，或许难得有机会从高空俯瞰自己每天生活的这个城市。近来，《天津日报》“金秋瞰津城”一幅幅精美大气的航拍照片为读者带来了一种全新的视角，并引发热议。

当老城厢、南京路、五大道这一幕幕熟悉的场景从镜头前滑过，让从事多年的老摄影记者也按捺不住兴奋起来。近年来，本市规划部门通过对建筑风格的协调统一，对建筑顶部造型的简化整合，对建筑色彩的准确把握，以及对建筑材料的有效控制，突出和强化城市建筑的和谐统一，已经形成了层次分明、错落有致、富有韵律的城市天际线，梅江会展中心、人民公园、水上天塔、海河沿岸等地区的天际线景观节点不禁让人眼前一亮。

“不论是各类关乎民计民生的设施建设，或是区域产业规划布局方面，规划发挥着至关重要的引领作用。”市规划局局长尹海林向记者介绍说，近年来天津经济社会、城市建设进入了快速发展阶段，城市景观不断美化的同时，其载体功能也在不断提升和完善，市委、市政府更明确提出“高起点规划、高水平建设、高效能管理”的要求。“十二五”期间，本市规划工作将更加注重以人为本，更加注重土地的节约集约利用，更加注重挖掘和突出城市特色，更加注重生态环境保护，增强与城市地位相适应的载体功能、服务功能和综合保障功能。

以人为本　关注民计民生

伴随着城市建设的深化，城市变得更为亮丽的同时，其功能也不断提升，并趋于完备。

如何体现“以人为本”，建设现代化宜居城市？对于居民而言，无外乎良好的生活质量和环境、完善的商业服务配套设施以及发达、完备的基础设施，这是最基础的内容。

最近市规划局正在和有关部门一起编制相应的规划，包括教育布局调整规划、医疗设施布局规划、体育设施的规划、养老设施的规划等等，这些都将在“十二五”期间完成。

市规划局明确提出，注重围绕保障和改善民生来谋划发展，通过改善民生促进发展方式转变，推动经济社会协调发展。从城市总体规划到详细规划，从整体布局到单体建筑，从建筑设计到环境设计，市规划局在每一个环节、每一个细节，都要求充分体现以人为本的原则，从普通百姓关心的住房建设规划到医疗、教育、文化、体育等公共设施建设规划，再到社区设施以及社区文化、医疗、养老、菜市场、公厕、绿地广场等公共服务设施的规划管理，严格执行配套标准，确保配套公建按规划实施到位，均衡发展。这一系列规划，将进一步提升城市载体功能，大幅提高居民的生活品质。

科学统筹　合理产业布局

天津要成为北方经济中心，需要完善与之相匹配的城市功能，这对规划部门提出了更高的要求和新的考验。市规划局深入贯彻落实科学发展观，充分发挥规划统筹引领作用，明确了积极推动滨海新区的龙头带动、中心城区功能提升和各区县的全面发展。

天津滨海新区被寄望成为继珠三角、长三角之后新的增长极，一大批重点项目进驻落户这一区域。为全面提升滨海新区总体规划和功能区规划，规划部门先后编制完成了滨海新区盐田利用和中部新城规划，加快促进于家堡金融区、响螺湾商务区、渤龙湖总部经济区等功能区、现代服务业聚集区和重大项目建设，为战略性新兴产业落户滨海新区、形成新的经济增长点提供强有力的规划服务和保障。

从空中俯瞰，津湾广场、文化中心、泰安道地区综合开发等一大批项目在中心城区“遍地开花”，天津的城市影响力、竞争力显著增强。规划部门针对重点地区、重点项目精心规划，使得本市涌现出一批现代服务业聚集区，会展经济得到长足的发展，城市文化基础设施建设不断完善，地下空间规划利用更为合理。城市风格更为明确，城市品位逐步提升，向着生态宜居城市的目标不断前行。

在编制区县总体规划中，市规划局积极与区县政府沟通协调，通过准确定位指导环外四区未来发展方向，使之发挥优势，联动互补。东丽区以“航空航天产业基地”等作为龙头产业，津南区发展“高职高教基地”等新兴产业，西青区强调“电子、汽车产业基地”的产业特色，而北辰区则发挥“科技创新基地，商贸流通基地”的本地产业优势，环外四区形成了鲜明突出的发展特色。外围区县通过大力推进社会主义新农村建设，城市化步伐进一步加快。不论是示范小城镇的规划，或是示范工业园区建设，都为加快区县经济的发展打下了坚实的基础。

精细化管理　提升规划水平

面对天津快速发展和变迁的节奏，如何把握并准确进行规划布局，无疑是一道巨大难题。近几年来，本市规划部门卓有成效的工作，充分发挥了规划的服务引领作用，更前所未有地引来了众多国内兄弟城市前来“取经”。其中的秘诀，尹海林将其归功于精细化管理，在每一个细节上精益求精、力争最佳。

为全面提升城乡规划工作水平，按照精细化管理的思路，在规划编制和规划管理工作中，找准关键问题和薄弱环节，市规划局相继组织实施了一系列精细化管理措施并取得了一定的成效。例如，通过实施规划编制计划管理，梳理汇总全市规划编制项目，全盘把握、突出重点、协调统筹，避免规划编制的重复和无序；通过将控制性详细规划、土地细分导则、城市设计导则有机结合、协同运作，形成具有天津特色的“一控规两导则”的控规编制和实施管理体系；编制规划设计导则，引领提升城市形象；实施三维动态审查，加强建设项目审批管理；通过建立完善城乡规划管理业务系统，实现了全市所有城乡规划许可审批事项网上实时在线运转、管控和监督；统一业务管理标准，确保规划管理行为制度化。此外，实行了城乡规划市、区（县）、镇（乡）三级管理、市局和区县（分）局两级监督，确保城乡规划管理高效有序、依法依规实施。

在对内实现精细化管理的同时，市规划局还不断提升工作效率，加大对外服务保障能力。据了解，2011 年，市规划局出台了新 16 条服务保障措施，建立了市局与区县（分）局联动服务机制，实行每周项目审查例会制度、每月专项活动通报制度以及现场审批制度和同步审查等机制，实行“开门”审查和“面对面”一次性技术交底，切实帮助企业解决难题，促进全市 180 项重大项目早开工早建设。

（《天津日报》2011 年 12 月 11 日第 1 版）

“双城”驱动尽显良性循环 中心城区和滨海新区功能定位互补 空间组团发展主导产业错位

随着城市化进度的加快，城市规模也迅速扩张，如何协调新区开发与旧区更新成为国内外众多城市面临的共同问题。记者从日前召开的中国城市规划学会国外城市规划学术委员会、《国际城市规划》编委会2011年年会上了解到，天津在中心城区和滨海新区联动发展中，形成了自己所特有的发展模式，成效显著。

随着滨海新区纳入国家发展战略，本市制定了相应的新旧区联动发展战略，明确了“双城”的可持续发展空间结构，并确定了不同的发展路径。目前，中心城区和滨海新区的主导产业发展形成了错位分工、良性互动的发展格局。未来，中心城区通过有机更新，优化空间结构，发展现代服务业，传承历史文脉，全面提升城市功能；滨海新区构筑高端化高质化高新化的产业结构，不断完善城市功能，发挥龙头带动作用。

专家介绍，为实现城市整体发展目标，协调联动发展必须遵循四条基本原则，即整体性原则、可持续发展原则、以人为本原则和平衡发展原则，其中关键在实现新旧区的功能定位互补，空间组团发展，主导产业错位，注重历史传承以及交通快速通达。

中心城区　保护与更新并重

在中心城区的更新过程中，保护修复与改造更新并重。首先，中心城区在保留城市历史底蕴与发展机理的基础上，重点实施了“一主两副、沿河拓展、功能提升”的发展策略。重点提升完善小白楼主中心，并规划新建西站地区和天钢柳林地区两个城市副中心，实现中心城区向多中心的转变。其次，重视对历史的保护和开发。按照建设历史文化名城的要求，完成了古文化街历史文化街区等14片历史街区的保护、修缮工作，并逐步完成其功能的有机更新，保持历史街区的活力。再次，新建改造一批重点项目全面提升城市功能和品质。先后改造滨江道、和平路地区，提升商业环境和商业层次。

在主导产业定位上，中心城区以知识密集型产业为主，以都市工业园区（楼宇）为载体，大力发展都市工业、创意产业、总部经济，调整提升产业业态，发展研发设计营销等产业链高端环节，促进二三产业融合发展，全面提升中心城区产业发展水平。

滨海新区　向综合型城区转变

如今，滨海新区步入了新的发展阶段，全面向综合型城区转变。首先，滨海新区在承接中心城区工业转移的同时，注重技术更新，实现了产业升级转型，特别是滨海高新区、临海经济区、空港经济区等重点经济功能区的建设，促进了产业集聚发展，支撑了新区经济发展。其次，加快服务业的发展，于家堡金融商务区等一批重点服务业项目的建设，双港战略的实施，为滨海新区金融商务、高端商业、现代物流等现代服务业的快速发展提供了空间支撑。最后，滨海新区城区综合服务功能全面提升。为优化核心区的环境，斥巨资实施了临港工业区石化产业搬迁工程；创新发展模式，规划建设了生态城，发挥了示范带动作用。

在产业发展上，滨海新区大力发展高新技术产业和先进制造业，率先构建高端化高质化高新化产业结构，建成了一批充分体现工业发展水平和实力的产业聚集区，发挥出龙头带动作用。

交通建设　“双城”直接通道增至6条

新旧区发展过程中，天津一直强调加强二者之间的交通联系，特别是快速交通和公共交通的建设。近年来，本市先后拓宽改造了津滨高速、新建了天津大道等一系列工程，目前，已有京津塘高速、津滨高速和天津大道等 5 条贯通通道以及 5 条非贯通通道。此外，还将继续打通津塘二线，形成海河北侧快速通道，将“双城”之间直接贯通通道提升至 6 条。

轨道交通方面，自 2004 年津滨轻轨通车后，分别又在滨海新区和中心城区段进行延伸，成为津滨之间重要的交通通道。“十二五”期间，天津还将对津滨轻轨车辆进行改造，使轻轨客运能力由现在的 18 万人次/日提高至 27 万人次/日。此外，还将京津城际延伸至滨海新区核心区，并适时启动市域 Z1 线文化中心至开发区段，充分发挥轨道交通对“双城”客运的服务和支撑作用，实现“双城”半小时通达。

同时，本市还将着力于优化“双城”之间的公共交通组织，包括公交车线路的制定、公交站点的选择等，结合“双城”通勤特点，进行合理规划安排。

海河两岸　连接“双城”的重要轴线

本市将全长 70 多千米的海河进行整体规划，不断推进海河两岸的综合开发。海河连接着中心城区和滨海新区，是“双城”联系的纽带，也是实施新区开发与旧区更新、展现历史文化底蕴与现代化大都市气息的重要轴线。

海河上下游的保护利用体现了历史文化的传承和保护，在海河上游中心城区段，如三岔河口地区、引滦入津纪念碑、古文化街等历史文化节点和泰安道英式风情街、奥式风情区、海河中心广场等新节点，都体现出这一点；海河上下游的综合开发展现出天津大都市的气息，海河上游津湾广场、南站商务区、津门津塔等重点项目纷纷建成，海河下游于家堡、响螺湾商务区和天碱地区项目如火如荼建设，上下遥相呼应。同时，海河沿线整治极大地改善了人居化境和城市景观。通过公共建筑工程、绿化广场工程、道路桥梁工程、水体治理、灯光夜景等十余项基础工程，将海河打造成为一条亮丽的景观带。

（《天津日报》2011 年 11 月 13 日第 2 版）

站在城市一个地方，天地相交有风景

——天际线在哪里

站在津城的某一个地方，向四周远眺，在天地相交的地方你能看到什么?

天地相交的那条轮廓线，人们称之为天际线。记者日前从市容环境综合整治指挥部获悉，本市已经形成梅江会展中心地区、人民公园地区、水上天塔地区、海河沿岸地区等十余个天际线景观节点。

本市形成十余个天际线景观

天际线又称城市轮廓或全景，就是你站在城市中的某个地方向四周远眺，天地相交的那一条轮廓线。建筑的色彩、高度、形态等都与城市天际线密切相关。天津是中国北方经济中心、著名的历史文化名城，近年来随着城市建设加快，高层建筑数量不断增多。据不完全统计，截至2009年年底，本市中心城区百米以上的高层建筑已达205栋，已批在建的超高层建筑超过700栋，这一方面反映了天津迈向国际化大都市的进程日益加快，另一方面对原有城市的空间形态、环境格局、景观品质等也产生重大影响。

记者从市容环境综合整治指挥部获悉，作为四年市容环境综合整治的重要内容之一，天际线整治已经取得显著成果。通过对高层建筑建筑风格、色彩、顶部、材料四方面的整体提升，彰显建筑风格的整体性和局部建筑风格的景观性，津城错落有致、富有韵律的城市天际线轮廓已经基本形成。影响城市天际线形成最主要的因素是高层建筑，针对高层建筑现状，设计施工人员在考虑建筑特点、功能与区域风格的基础上，突出和强化建筑形式、色彩、质感的统一，实现建筑色彩与周边协调，天际线轮廓错落衔接、层次分明。四年来，本市累计形成梅江会展中心地区、人民公园地区、水上天塔地区、海河沿岸地区等十余个天际线景观节点。

“三边”地区建筑高度有要求

记者近日还了解到，本市根据“一控规两导则”规划编制体系，对历史街区等周边建筑高度进行控制，使得城市天际线越来越美丽。

所谓“一控制两导则”是指结合天津实际，在不影响城市建设的前提下，建立由控制性详细规划、土地细分导则、城市设计导则共同作为土地批租及建设用地管理依据的规划编制和实施管理体系。根据“一控规两导则”规划编制体系，对本市历史街区等周边建筑高度进行控制。目前，本市已经完成《城市设计编制规程》《天津市公园、绿地、历史街区周边建筑高度控制指引》《天津市规划管理技术规定》等中心城区相关建筑高度控制管理规定，规定了城市形态和建筑高度、体量、材质色彩等编制规定。例如，在今年4月出台的本市13处历史文化街区保护规划公示中规定，解放南路历史文化街区核心保护范围内新建、改建、扩建街坊建筑檐口高度不得高于24米，紧邻核心保护区的街区建筑高度控制在24米至50米，街区外围沿城市道路的地块建筑高度不超过现状高度。

(《城市快报》2011年11月9日第2版)

透视五年城建新蓝图

——新建枢纽30处　实现交通零换乘

■中心城区与外围地区之间的联系通道数量翻倍，“两环十四射”骨架路网全部建成，路网实现率提高到70%以上

■全市轨道交通运营里程增加至230千米

■双城区公交站点周边300米范围全覆盖，外围区公交站点周边

500米范围全覆盖

随着经济社会的不断发展，以及生活水平的日益提高，人们的出行方式呈现出多样化的趋势，对城市的道路网络和体系都有了更高的要求。与此相对应，《天津市近期建设规划（2011-2015年）》提出了城市道路、轨道交通、常规公交的建设目标和引导思路，同时要求加大停车场、人行天桥等便民公共设施的建设力度；加快建设西站、滨海东站等大型对外综合交通枢纽，新建城市综合交通枢纽30处，实现各种交通方式零距离换乘和城市内外交通体系的有效衔接。

城市道路建设目标

北部新区与中心城区实现无缝对接发展，中心城区与外围地区之间的联系通道数量翻倍，“两环十四射”骨架路网全部建成，路网实现率提高到70%以上；滨海新区路网主骨架全部建成，在沿海走廊上，形成中央大道、汉北路等客运专用通道，区间客货交通组织更加合理；滨海核心区路网实现率提高到60%以上；双城之间形成4条客运通道和7条货运通道，总通行能力达到8.3万标准车/小时。

城市道路建设引导

1.中心城区：完善道路网络，加快建设平行快速路的疏解道路（如吉兆路、雪莲路等），提高转换交通能力，提高路网密度，缓解出入城交通压力；完善城区北部网络，促进北部新区的发展，包括京津塘环内段改造为高架，建设外环线东北部调整线等北部新区内骨架道路；支撑重点地区发展，建设文化中心、会展中心、解放南路地区、海河后5千米等项目周边道路；疏导结合，重点治理海津大桥、津汉快速路与外环线交叉路口等拥堵点，同时打通卡口路、断头路，配套建设人行天桥，优化微循环系统。

2.滨海新区：加快推进中央大道南延线等在建工程进度，强化区间骨架路网体系；取消新北路疏港功能，减少货运穿城干扰；结合于家堡中心区、滨海高铁站、南部新城等重点发展地区，完善滨海核心区西、南部路网。

3.津滨走廊：实施东金路等双城内部南北向通道，提高区间交通的转换能力；明确道路功能，合理组织客货交通。在海河南北两岸形成津滨高速、天津大道2条客运专用通道，确保双城快速通勤。

轨道交通建设目标

到2015年，全市轨道交通运营里程增加至230千米，轨道网络客流提高到200万人次/日以上，轨道交通出行量占整个公交出行总量的比例提高到30%以上，基本确立轨道交通在客运体系中的骨干地位。

轨道交通建设引导

1.中心城区：建设地铁5、6号线，形成环放式网络；建设2号线东延线，方便东丽湖等东部地区与中心城区的联系；启动4、7、10号线建设，促进西站、文化中心等重点地区的建设发展，强化核心地区对外交通联系。

2.滨海新区：启动建设市域Z4线南部新城至汉沽段，与津滨轻轨形成换乘，强化沿海发展带；建设Z2线滨海西站至中新生态城段，支撑和带动中新生态城建设；启动建设B2线黄港欣嘉园至临

港经济区段，连接滨海西站和于家堡。

3.津滨走廊：对现有津滨轻轨车辆进行改造，使轻轨客运能力提高至27万人次/日，充分发挥轻轨对双城客运的服务和支撑作用；适时启动市域Z1线文化中心至开发区段，实现双城半小时通达。

常规公交建设目标

到2015年，地面公交线网极大完善，形成中心区、外围新城、中心镇三级运营网络；消灭公交服务盲区，双城区公交站点周边300米范围全覆盖，外围区公交站点周边500米范围全覆盖；地面公交的客流提高到400万人次/日以上。

常规公交建设引导

实现线网优化，协调常规公交与轨道交通的关系，将公交线网服务覆盖扩展到全市域，实现城乡公交一体化发展；实现公交提速，建设公交专用车道；完善场站设施，建设公交停车场7处，公交首末站70处；落实公交优先政策。

《规划》还提出，将规范停车秩序，制定鼓励建设停车场的相关政策；要在严格执行配建停车标准基础上，加快重点地区路外公共停车场建设。规划期内，将在中心城区建设45处路外公共停车场，新增公共停车泊位约1.7万个，其中与轨道交通车站结合8处，引导车辆停车换乘进入中心区。在滨海新区核心区新增公共停车场39处，新增停车泊位0.87万个。同时，通过行人过街设施的合理建设，减少其他交通与行人交通之间的相互干扰，创造一个安全、便捷的城市交通环境。中心城区以完善快速路、交通性主干路为重点，年均投入建设人行立体过街设施约10座；其他地区结合骨架路网建设，及时配套完善沿线过街设施，尤其对于快速路及6车道以上交通性干道，把沿线立体过街设施系统作为道路工程的配套部分一并实施。

到“十二五”末，建设城市智能交通综合信息集成平台初步形成覆盖全市域范围的智能化中央管理系统，提高系统运行效率。城市交通管理实现从现状局部交通监控到功能较为完善的智能交通管理系统的转变，实现控制区域内主干道路通行能力提高10%，平均车速提高15%，停车延误减少15%，停车率减少20%，有效减少尾气排放，降低油耗，提高城市运转效率。

（《天津日报》2011年8月8日第2版）

概 况

2011年天津市城乡规划大事记

1月

5日 市规划局局长尹海林听取中心城区城市设计导则成果汇报。会议原则同意中心城区城市设计导则成果并要求，进一步完善导则成果，与建筑设计导则相衔接。常务副局长李春梅、副局长沈磊，市规划院，市局机关相关处室负责人参加。

7日 市长黄兴国主持召开天津市第十五届人民政府第三次全体大会。市规划局局长尹海林参加。

同日 市规划局与市人大代表、政协委员座谈。局长尹海林汇报“十二五”期间城乡规划主要任务和2011年重点工作安排。代表和委员们针对交通、执法监察和涉及民计民生等方面的规划提出意见和建议。尹海林感谢代表和委员对规划工作的关心、理解和支持，表示一定认真梳理意见和建议，转化运用城乡规划编制和管理工作中。局党组副书记战秋艳、常务副局长李春梅、副局长鲁承斌参加。

8日 副市长熊建平听取蓟汕高速公路规划方案汇报。市规划局局长尹海林、副巡视员刘荣参加。

12日 副市长熊建平主持研究规划设计导则编制情况和天津大学、南开大学新址建设规划方案。会议要求，深化完善导则；抓紧完善天津大学、南开大学新址建设规划方案。市规划局局长尹海林、副局长郑嘉轩参加。

同日 副市长李文喜主持召开天津市造林绿化规划会议。会议要求，完善造林绿化规划方案，并与林业规划（2008–2012）相衔接；做好郊野公园调研，明确功能定位，市规划局总建筑师秦川参加。

13日 市委书记张高丽听取重点地区规划设计方案汇报。市委副书记、市长黄兴国，市人大常委会主任刘胜玉，市政协主席邢元敏，市委副书记何立峰，市委常委、市委教育工委书记苟利军，市委常委、市委秘书长段春华，副市长张俊芳、熊建平，市政府秘书长李泉山出席。张高丽做重要讲话。市规划局局长尹海林、常务副局长李春梅、副局长郑嘉轩、沈磊参加。

15日 市政府组织召开“两会”咨询服务。现场展示2011年城乡规划管理工作思路和“十二五”规划。市规划局局领导参加。

同日 市规划局局长尹海林听取七里海地区规划方案汇报。会议听取市规划院关于七里海地区保护与建设总体规划方案的汇报。会议要求，深化完善规划方案，分析现状情况，找准七里海地区保护与建设存在的问题，明确规划布局结构，确定发展目标和定位。局总建筑师秦川，市规划院、市局机关相关处室负责人参加。

20日 副市长熊建平在市规划局听取城乡规划工作情况汇报。局长尹海林汇报城乡规划“十一五”工作回顾和“十二五”目标任务、2011年工作思路和重点工作任务。熊建平强调，2011年城乡规划工作重点是：开展城市总体规划修改工作，全力做好绿化风景区和生态湿地规划；深化重点专项规划，全面提升重点地区规划；全力做好前瞻性研究，提高建设项目管理水平。

21日　市规划局局长尹海林陪同市领导到广州学习考察。

28日　市委书记张高丽主持研究解放南路地区、海河上游后五公里地区规划。市长黄兴国，副市长只升华、熊建平出席。会议强调，规划要与旧区、海河下游相衔接；还迁房规划设计、绿化系统要体现高水平、绿色、环保、低碳；要加快建设进度。市规划局局长尹海林、副局长沈磊参加。

同日　副市长熊建平主持审查大寺、双青新家园规划方案、公租房选址方案。熊建平强调，深化大寺新家园规划方案，增加绿化面积；解决双青新家园交通问题；公租房选址应与各区政府做好沟通，满足规划要求，合理布局、均衡完备。市规划局常务副局长李春梅、副局长郑嘉轩参加。3月9日，熊建平再次听取上述规划方案汇报。会议要求，优化大寺新家园组团布局；原则通过双青新家园规划方案；原则同意公租住房选址规划方案。市规划局局长尹海林、副局长郑嘉轩参加。

29日　市长黄兴国视察泰安道五大院施工现场。市规划局局长尹海林、常务副局长李春梅陪同。

31日　市长黄兴国主持审查第四批示范小城镇、蓟县新城库区移民安置区规划方案、解放南路地区起步区城市设计深化方案。副市长熊建平、李文喜出席。会议要求，要深化示范小城镇挂钩试点规划方案；蓟县新城库区移民安置区规划方案要重点突出地域文化特色，进一步完善交通布局；深化解放南路地区起步区城市设计方案，上报市政府审批。市规划局局长尹海林、局总建筑师秦川，市发改委等有关部门相关人员参加。

2月

10日　市政府召开“调结构、增活力、上水平”动员大会暨新一批重大项目建设推动会。市规划局局长尹海林、常务副局长李春梅、副巡视员刘荣参加。

11日　市规划局局长尹海林主持研究《天津市近期建设规划（2011-2015）》。会议听取市规划院关于近期建设规划方案的汇报。会议要求，认真核对各项数据，确保数据准确；明确规划思路，突出重点内容；增加规划保障和实施措施。常务副局长李春梅、局总建筑师秦川，市规划院、市局机关相关处室负责人参加。

12日　市政府召开2011年城建工作会议，副市长熊建平出席并讲话。市规划局局长尹海林、副局长鲁承斌参加。

同日　副市长熊建平主持召开市政府审查规划建设项目会议。审查通过河西区梅江居住区规划方案等12个项目。会议要求，深化完善河北区狮子林大街嘉海地块规划方案。局长尹海林，常务副局长李春梅，副局长郭凤平、郑嘉轩，局总建筑师秦川参加。

16日　市长黄兴国听取滨海新区盐田利用和中部新城规划汇报。市委副书记、滨海新区区委书记何立峰、副市长熊建平出席。会议要求，从国家战略角度，制定滨海新区盐田利用总体规划，分期实施；塘沽盐田规划要与北部旧城区、于家堡商务区统筹考虑，并做好向市政府常务会议汇报的准备。市规划局局长尹海林、局总规划师霍兵、总建筑师秦川参加。4月8日，黄兴国再次听取上述规划方案汇报，强调，按照“打造核心、营造生态、梳理交通、促进发展”的原则开发利用盐田，建设滨海新区中部新城。

18日　市长黄兴国主持召开第66次市政府常务会议，听取第四批示范小城镇挂钩试点13个项目规划方案汇报。原则通过规划方案。会议要求，示范小城镇建设要注意节能环保，突出地域特色，切实提高居民生活水平。市规划局局长尹海林、局总建筑师秦川参加。

22日　副市长熊建平听取天津市第四次综合交通调查工作方案汇报。会议要求，抓紧细化方案，做好向市长办公会汇报的准备工作。市规划局局长尹海林、副巡视员刘荣参加。

3月

1日　市长黄兴国主持召开第67次政府常务会。审议并原则通过市文化中心和解放南路周边地区规划设计方案。市规划局局长尹海林参加。

同日 市规划局局长尹海林、常务副局长李春梅、副局长郑嘉轩、沈磊带队到北辰区政府现场服务。会议要求，加快北部新区、城中村改造、小城镇建设、示范工业园区建设；要在提升城市功能上下功夫；要重视城市环境改善，形成特色地区；抓紧完善北辰区重要节点的城市设计。北辰区政府、市规划院、市局机关相关处室负责人参加。

2日 市规划局局长尹海林、常务副局长李春梅、副局长郑嘉轩、沈磊带队到市人力资源和社会保障局服务。就静海团泊地块、河东扎努西、龙凤酒店地块相关问题进行沟通。会议要求，按照土地政策抓紧研究，按程序报审规划设计方案。市规划院、市局机关相关处室负责人参加。

8日 常务副市长杨栋梁主持召开天津市地方志工作会议。副局长鲁承斌参加。

9日 市规划局局长尹海林听取住房建设规划方案汇报。会议要求，细化滨海新区相关内容；深入分析住房建设存在问题，提出相应的保障措施。常务副局长李春梅，市规划院、市局机关相关处室负责人参加。

15日 市长黄兴国到“调结构、增活力、上水平”活动联系点泰安道五大院现场调研。副市长熊建平、任学锋陪同。黄兴国强调，五大院项目要按照计划按时完成各项任务。市规划局局长尹海林参加。

17日 市规划局召开局长办公会，局长尹海林主持。会议审议《五大道历史文化街区规划建设管理规定》、《杨柳青历史文化名镇保护规划》、《古文化街历史文化街区保护规划》、《老城厢历史文化街区保护规划》、《承德道历史文化街区保护规划》、《劝业场历史文化街区规划》，《关于进一步加强本市地下空间规划建设管理工作的通知》，《天津市规划局2011年立法工作计划》，《天津市规划局2011年度教育培训计划》；听取临时建筑清理工作情况、保障性住房配套项目规划实施情况专项检查工作汇报。局领导出席，局系统各单位、机关处室主要负责人列席。

同日 市规划局与天津大学举行《城乡规划战略合作框架协议书》签字仪式。市规划局局长尹海林，常务副局长李春梅，副局长鲁承斌、郭凤平，局总建筑师秦川，副巡视员刘荣、侯学钢，天津大学党委书记刘建平、校长李家俊出席。根据协议，市规划局将与天大共同促进科技成果转化，共建科技创新平台。局属单位党政负责人、机关处室主要负责人参加。

19日 副市长熊建平主持召开市政府审查规划建设项目会议。市规划局局长尹海林，常务副局长李春梅，副局长郑嘉轩、沈磊参加。

21日 副市长熊建平主持召开天津市保障性住房建设和城中村改造领导小组会议。会议听取2010年城中村改造建设进展情况及2011年安排意见。会议要求，细化2011年工作计划，要落实具体部门和责任人，并明确环城四区的区长为第一责任人；要通力合作，保进度、保质量；加大工作协调力度，及时解决重点、难点问题。市规划局局长尹海林、副局长郑嘉轩参加。

同日 市规划局局长尹海林做客人民网天津视窗接受电视采访，尹海林围绕天津市“十二五”规划纲要要求，解读“十二五”期间天津城乡规划工作的发展，涉及贯彻落实胡锦涛总书记讲话精神，提升城市载体功能，规划引领城市发展、城市总体规划修改、历史文化名城保护、生态环保和民计民生、区域规划研究等方面。

22日 副市长熊建平主持听取市文化中心主题雕塑国际征集方案汇报。市规划局局长尹海林、副局长沈磊，市文化中心指挥部、文广局负责人参加。

22~23日 市规划局局长尹海林赴广州参加城市规划与科学发展研讨会。尹海林做题为《天津运用城市设计加强城乡规划管理的实践》的发言。市规划院、市局机关相关处室负责人参加。

28日 市长黄兴国到西站地区调研。市规划局局长尹海林，市建设交通委员会、市铁路局相关负责人参加。

4月

1日 市长黄兴国主持召开天津市人民政府第69次常务会议。会议要求，市规划局会同国家安全局编制国家安全控制区规划。市规划局局长尹海林参加。

2日 市委书记张高丽主持召开海河教育园区

建设座谈会。会议要求，上半年高标准编制好海河教育园区二期工程规划。市规划局局长尹海林参加。

同日 天津市第四次综合交通调查领导小组召开第一次会议，市规划局局长尹海林主持。市规划院汇报调查实施初步方案，领导小组成员单位分别发言。会议要求，各成员单位要统一思想、高度重视，高标准、高质量、高水平做好交通调查工作，做到“五个”到位（机构人员、宣传、培训、调查访问、质量控制）。市规划局副巡视员刘荣，市第四次综合交通调查领导小组成员单位有关人员参加。

6日 市规划局局长尹海林、常务副局长李春梅、副局长郑嘉轩、沈磊带队到国资委服务。就做好有关规划布局，盘活国有土地资源相关问题进行交流。尹海林表示，城乡规划各部门、各单位将一如既往支持市国资委的工作，加强沟通协调，为促进天津市经济社会繁荣发展做出贡献。市局机关相关处室负责人参加。

7日 市委书记张高丽主持召开滨海新区经济运行情况座谈会。市规划局局长尹海林参加。

同日 市规划局举办天津—墨尔本现代城市规划理论与实践论坛。墨尔本市议员、市规划委员会主席彼得·柯拉克先生出席。天津市建院与墨尔本市相关机构签署战略合作框架协议。局长尹海林出席。

9日 市委书记张高丽、市长黄兴国、副市长熊建平到解放南路地区调研。市规划局局长尹海林、副局长沈磊陪同。

13日 市委书记张高丽、市长黄兴国到泰安道五大院施工现场调研。市规划局常务副局长李春梅参加。

14日 市规划局召开局长办公会，局长尹海林主持。传达国务院第四次廉政工作会议和市政府第四次廉政工作会议、第二次全国地名普查试点工作会精神；审议通过《海河历史文化街区保护规划》、《解放北路历史文化街区保护规划》、《中心公园历史文化街区保护规划》、《鞍山道历史文化街区保护规划》、《赤峰道历史文化街区保护规划》、《解放南路历史文化街区保护规划》、《西井峪历史文化名村保护规划》7项规划成果；审议通过《天津市2011年城乡规划编制计划》、《天津市规划局2011年指令性任务计划》、《天津市建设工程规划许可证管理规定》。会议要求，尽快建立完善全市数字规划信息平台；每季度召开全市规划建设运行分析会，主动服务，提高审批效率。局领导出席，局属各单位、区县局主要负责人列席。

18日 市长黄兴国在市规划局听取市内六区政府大项目情况汇报。副市长熊建平、任学锋出席。会议要求，做好大项目的策划和落实工作。市规划局局长尹海林，市内六区政府、市发改委、市建设交通委员会、市商务委主要负责人参加。

19日 市长黄兴国视察市容环境整治工作。市规划局局长尹海林陪同。

21日 市长黄兴国，市委常委、市委教育工委书记苟利军，副市长张俊芳到海河教育园区调研。市规划局局长尹海林陪同。

22日 市长黄兴国、市委副书记何立锋、常务副市长杨栋梁、副市长熊建平到南港工业区调研。市规划局常务副局长李春梅陪同。

26日 市规划局局长尹海林、副局长郭凤平与青岛市规划局局长马晋彪一行座谈。双方就历史文化名城保护、旧城区改造等问题进行交流。市规划院、和平规划分局负责人参加。

同日 市规划局总建筑师秦川接受天津广播电台《天津新闻》记者采访。介绍天津市空间发展战略“一轴两带”、“双城双港”和海河教育园功能定位。

29日 市规划局局长尹海林接受《中国经济时报》记者采访。围绕城市规划工作如何在转变经济发展方式中发挥作用回答记者提问。

30日 市规划局局长尹海林、副局长郭凤平、沈磊带队到和平区政府服务。与和平区政府就华胜村、金融城、金街停车楼、天河城、鞍山道地块、紫阳里停车楼、南市四号地、信达广场二期、中心公园、津湾广场二期等项目进行研究，提出明确意见。和平区政府、市局机关相关处室负责人参加。

5月

1日 中共中央总书记、国家主席胡锦涛参观市规划展览馆，市长黄兴国陪同。市规划局局长尹海林接待。

3日 市规划局局长尹海林、副巡视员诸铭接受天津电视台《天津新闻》记者采访。围绕贯彻落实胡锦涛总书记在天津视察时的重要讲话精神回答记者提问。

5日　市规划局局长尹海林、常务副局长李春梅、副局长沈磊、局总建筑师秦川带队到北辰区调研服务。会议要求，要明确发展定位；加快实施综合交通建设；北部新区规划要与空间发展战略相结合。北辰区政府、市规划院、市局机关相关处室负责人参加。

6日　市长黄兴国到西青区、东丽区调研，现场考察张家窝示范镇、凌奥创意产业园、天津瑞能电气有限公司、滨海国际花卉科技园区、恒大国际会议中心、低碳产业园、华明示范镇。市规划局局长尹海林参加。

13日　市规划局举办“规划杯”交通专题辩论赛决赛及颁奖大会。局长尹海林，局党组副书记战秋艳，纪检组组长曹慧泉，副局长郭凤平、郑嘉轩，局总建筑师秦川，副巡视员诸铭出席。

19日　副市长熊建平主持召开于家堡、响螺湾天际线优化方案工作会议。市规划局局长尹海林，副局长郑嘉轩、局总规划师霍兵，滨海规国局、中心商务区管委会有关负责人参加。

22日　市长黄兴国蓟县调研服务。市规划局局长尹海林陪同。

25日　市规划局总建筑师秦川接受“全国卫视看天津”大型采访活动组、北京卫视、湖北卫视记者采访。就天津市空间发展战略规划、天津在区域发展中如何实现与北京的战略对接以及天津西站交通枢纽功能定位和“高铁经济”在区域规划中的作用等回答记者提问。

31日　市委书记张高丽、市长黄兴国出席天津滨海国际机场二期扩建工程开工仪式。市规划局局长尹海林陪同。

同日　市委副书记、滨海新区区委书记何立峰主持召开滨海新区区委理论中心专题报告会，市规划局局长尹海林在会上作《进一步提高规划编制和管理水平把滨海新区建设成为国际一流的现代化宜居城区》的专题讲座。

同日　副市长熊建平听取东丽区中心城区环内部分改造整体城市设计方案汇报。会议要求，继续深化城市设计方案。规划要整体考虑，分期实施；做好资金平衡测算；打造重点道路景观。市规划局副局长沈磊，市建设交通委员会、市规划院有关人员参加。

6月

3日　副市长熊建平主持召开市政府审查规划建设项目会议。原则通过市检察院建筑方案等19个项目。会议要求，深化完善河东区昆仑路海河公司月牙河地块规划方案等11个项目。市规划局局长尹海林，常务副局长李春梅，副局长郭凤平、郑嘉轩，副巡视员刘荣参加。

8日　市委书记张高丽、副市长熊建平市文化中心调研。市规划局局长尹海林、副局长沈磊参加。

同日　市长黄兴国到静海县调研。市规划局局长尹海林陪同。

9日　市规划局召开局长办公会，局长尹海林主持。审议通过《天津市测绘发展“十二五”规划》、《天津市国家安全控制区域控制范围规划》、《天津市土地细分导则管理暂行办法》、《天津市城市设计导则管理暂行办法》、《天津市五大道历史文化街区规划管理规定》、《关于进一步加强业务综合信息协调沟通工作有关问题的通知》、《天津市规划局2011年开展加快开放型经济发展服务月活动的方案》。会议强调，局系统各单位、各部门要进一步加强对市重大项目的服务保障力度，切实提高服务水平和工作质量。局领导出席，局系统各单位和部门负责人列席。

同日　市规划局局长尹海林接受英国广播公司BBC记者采访。围绕天津城市发展规划、天津的发展经验对全国的借鉴意义回答记者提问。

11日　中国城市生态规划学术委员会2011年年会暨“绿色中国、生态天津”高峰论坛在天津举行。论坛由中国城市规划学会城市生态规划学术委员会、天津市规划局主办。中国城市生态规划学术委员会主任委员、江苏省住房和城乡建设厅副厅长张泉主持，天津市规划局局长尹海林致辞，中国科学院院士周干峙、邹德慈讲话。全国各省市城市生态规划方面的专家学者150余人参加。

13日　市长黄兴国视察天津西站、天津南站工程建设进展情况。市规划局局长尹海林陪同。

14日　副市长熊建平视察中新生态城住宅规

划情况。市规划局局长尹海林、副局长沈磊陪同。

16日　市长黄兴国听取汽车园策划方案汇报，副市长熊建平出席。会议要求，要统筹考虑，平衡测算，增加公共绿化，进一步修改完善策划方案。市规划局局长尹海林，副局长郑嘉轩、沈磊，局总规划师霍兵参加。

同日　市长黄兴国主持召开市政府第72次常务会议。审议并原则通过《滨海新区盐田利用和中部新城规划》。会议要求，抓紧编制专项规划、控制性详细规划和近期实施计划，制定污染企业搬迁方案。市规划局局长尹海林，局总规划师霍兵参加。

同日　市规划局总建筑师秦川接受《天津日报》记者采访。围绕规划在海河两岸发展变迁中的重要作用回答记者提问。

17日　副市长熊建平听取天津市近期建设规划方案汇报。会议要求，方案要突出重点、明确目标，留有余地。市规划局局长尹海林，局总建筑师秦川参加。

20日　市委书记张高丽、市长黄兴国主持召开天津市市文化中心工程现场推动会。市规划局局长尹海林、副局长沈磊参加。

22日　副市长熊建平听取东丽区中心城区环内部分改造整体城市设计汇报。会议原则通过设计方案。会议要求，深化完善规划方案并上报市政府审批。市规划局局长尹海林，副局长沈磊参加。

23日　市规划局志鉴编委会召开志鉴编委会2011年第1次会议，编委会主任、局长尹海林主持。会议审议通过《天津规划年鉴2011》，听取《天津通志·规划志》（第二册）编纂工作情况汇报。会议强调，志鉴工作成绩卓著，成果来之不易。志鉴全面记录、总结和展示了天津规划及城市发展的历程与成果，是规划局一项重要的基础性工作。志鉴编委会成员及编委会办公室、编辑部负责人参加。

24日　副市长熊建平听取北辰区小淀等示范小城镇规划方案汇报，副市长李文喜出席。会议要求，调整、深化规划方案；抓紧编制完成北部新区规划方案。市规划局局长尹海林、局总建筑师秦川参加。

27日　市长黄兴国主持召开示范小城镇现场推动会。副市长熊建平、李文喜出席。会议要求，严把质量关；做好土地和资金平衡工作；高度重视环保、绿化工作；落实责任制，确保每一寸土地有人管。市规划局常务副局长李春梅参加。

30日　副市长李文喜听取天津市绿化造林规划（2011–2015年）方案汇报。会议要求，抓紧修改完善规划方案，上报市政府审批。市规划局总建筑师秦川，市农委、市林业局负责人参加。

本月　《天津规划年鉴2011》出版。

7月

6日　副市长熊建平到和平区、红桥区、南开区部分重点项目建设现场考察。熊建平要求，严格精细化管理，建立分管市领导定期巡查制度，管好每一栋楼，确保高水平、出精品。市规划局局长尹海林、常务副局长李春梅、副局长郑嘉轩，相关区负责人参加。

7日　市规划局局长尹海林、副局长郑嘉轩带队到河东区政府调研服务。会议研究营门口地块项目核发规划条件、东达商城总平面调整、中粮地块项目和万达棉一地块项目等问题。河东区政府、市局机关相关处室负责人参加。

9日　市规划局召开局长办公会，局长尹海林主持。听取到新加坡学习考察培训情况汇报；审议通过《关于测绘管理行政许可事项事权调整意见》、《天津市规划局2011年依法行政工作方案》、《关于机关非领导职务考核方式的意见》。会议强调，要系统总结上半年业务、行政工作，深入剖析工作中存在的问题，提出解决的措施办法。局领导出席，局系统各单位、部门负责人列席。

19日　副市长熊建平听取中心城区控制性详细规划汇报。会议要求，要明确控制性详细规划的基本要素和控制内容；明确控制性详细规划与空间发展战略规划、总体规划、专项规划的关系；完善审查程序，专家评审后上报市政府审批。市规划局局长尹海林、副局长沈磊，有关单位部门负责人参加。

同日　副市长熊建平听取七里海地区规划方案汇报。会议要求，深化保护区管理要求，制定重大项目近远期计划，并做好向市政府汇报准备。市规划局局长尹海林、局总建筑师秦川，市发改委、宁河县政府负责人参加。

23日 市长黄兴国到海河教育园区调研。市规划局副局长郑嘉轩陪同。

27日 市委书记张高丽泰安道五大院现场调研。市规划局局长尹海林陪同。

同日 副市长熊建平听取北部新区规划深化方案汇报。中国城市规划设计研究院和市规划院汇报规划方案和北辰区空间发展战略规划思路、功能定位。会议要求，完善规划方案，明确功能定位，研究细化产业基地、现代服务中心、生态宜居社区。做好向市政府汇报的准备。市规划局局长尹海林、副局长沈磊、局总建筑师秦川，市发改委、中国城市规划设计研究院、市规划院有关人员参加。

同日 市规划局总建筑师秦川接受天津电视台《天津新闻》记者采访。介绍近年来规划工作按照市委、市政府的要求，充分发挥规划先导和统筹作用，坚持高起点规划、高水平建设、高效能管理，城市面貌焕然一新，形成独具特色的城市风格的情况。

8月

2日 市规划局局长尹海林、常务副局长李春梅、局总建筑师秦川带队到宝坻区政府调研服务。会议要求，梳理拟建设项目，完善相关审批手续，确保项目顺利进展；加快控规编制和审批；研究完善绿化系统，优化投资环境，预留发展空间。宝坻区政府、市局机关相关处室负责人参加。

同日 市规划局局长尹海林、常务副局长李春梅、副局巡刘荣带队到武清区政府调研服务。会议要求，抓紧梳理近期拟建项目，并按程序报批；加快控规编制和审批，控规调整必须依法依规，严格履行程序；积极支持和服务武清区经济发展。武清区政府、市局机关相关处室负责人参加。

5日 市规划局局长尹海林、常务副局长李春梅、副局巡刘荣带队到蓟县政府调研服务。市规划院、市建院、市测绘院、市勘察院、市局机关相关处室负责人参加。

同日 市规划局局长尹海林、常务副局长李春梅、局总建筑师秦川、副局巡刘荣带队到宁河县政府调研服务。会议要求，积极支持推进宁河现代产业区城市设计，统筹考虑；要超前考虑宁河路网规划，整体提升；宁河县总规修改要与天津市总规相衔接；加快控规编制和审批，控规调整依法依规，严格履行程序。宁河县政府、市规划院、市局机关相关处室负责人参加。

8日 副市长熊建平主持召开天津市国家历史文化名城、名镇、名村保护工作会议，国家文物局局长单霁翔出席。市规划局、市文物局、市国土房管局汇报天津市历史文化名城、名镇、名村保护情况。会议要求，明确历史文化名城整体保护思路，挖掘历史文化资源；保护工作要惠及民众，使民众参与保护工作；理顺历史文化名城保护管理机制，加强部门之间的联系与协作。市规划局局长尹海林、副局长郭凤平、市文物局负责人参加。

9日 市规划局局长尹海林、常务副局长李春梅、副局长郑嘉轩带队到河西区政府服务。河西区政府、市局机关相关处室负责人参加。

12日 市规划局召开局长办公会，局长尹海林主持。听取意大利等国考察汇报；审议通过《天津市规划局政府信息公开规定》、《天津市规划局行政公文处理办法》。局领导出席，局系统各单位、部门负责人列席。

13日 副市长熊建平深入津南区、东丽区、红桥区、南开区部分重点项目建设现场考察。现场审定河畔星城8个项目外檐设计。熊建平强调，要强化建筑外檐管理机制，切实做好建筑外檐把关工作。市规划局局长尹海林、常务副局长李春梅、副局长郑嘉轩，相关区政府、区规划分局负责人参加。

同日 副市长熊建平听取2012年中心城区及外围地区市政交通建设项目初步安排汇报。会议要求，进一步深化方案后，上报市政府审批。市规划局局长尹海林、副巡视员刘荣，市发改委、市政公路局负责人参加。

26日 市规划局局长尹海林到兰州主持中国城市规划协会规划管理专业委员会三届三次年会暨大城市规划局局长座谈会。

30日 市委书记张高丽听取天津网球中心比赛场设计方案汇报。市委副书记、市长黄兴国，市人大常委会主任肖怀远，市政协主席邢元敏，市委副书记、滨海新区区委书记何立峰，市委常委、市委秘书长段春华，副市长张俊芳、熊建平，市政府秘书长袁桐利出席。会议强调，进一步提高设计水平，抓紧优化调整建筑立面，力求精致典雅，古今交融，中西合璧，做好景观环境设计。市规划局局长尹海林、副局长郑嘉轩，市建设交通委员会、市体育局、市建院负责人参加。

31日　副市长熊建平听取北辰小淀示范镇、武清梅厂示范镇规划方案汇报，副市长李文喜出席。原则同意北辰区小淀镇规划方案和北部新城总体空间结构布局。会议要求，继续深化武清区梅厂镇规划方案，并做好向市政府汇报准备。市规划局副局长沈磊、局总建筑师秦川参加。

9月

3日　市长黄兴国滨海新区调研。市规划局局长尹海林陪同。

7日　市规划局局长尹海林、副局长沈磊、局总建筑师秦川带队到东丽区政府调研服务。会议要求，集约节约利用土地，通过转变经济发展模式来提高城市发展品质；超前研究老城区、老园区的更新改造。东丽区政府、市局机关相关处室负责人参加。

同日　市规划局局长尹海林、副局长沈磊、局总建筑师秦川带队到津南区政府调研服务。会议要求，集约节约利用土地，进一步提升产业结构、转变经济发展模式；高度重视交通问题，加强津南区与市区、滨海新区及外围地区的交通联系。津南区政府、市局机关相关处室负责人参加。

14日　市十五届人大常委会第二十六次会议，听取并审议市政府关于天津市空间发展战略规划的报告，表决通过关于批准天津市空间发展战略规划的决议。

17日　第十三届中国科协年会“特大型沿海城市群发展模式论坛”在天津宾馆举行。市政协副主席陈质枫、国家住房和城乡建设部总规划师唐凯、规划司司长孙安军、中国科学院院士彭一刚出席会议并讲话。市规划局常务副局长李春梅主持。珠三角、长三角和环渤海地区的城市领导和专家学者160余人参加。

26日　市长黄兴国主持召开市政府第76次常务会议。审议通过《天津市地下空间信息管理办法(草案)》。市规划局局长尹海林参加。

28日　市规划局召开“六五”普法启动会议，局长尹海林主持。局领导，市委规划建设交通工作委员会副书记王忠武出席。会议要求，充分认识开展“六五”普法工作的重要意义，将“六五”普法工作与全局中心工作紧密结合，确保“普法”工作取得实效；制定实施方案，明确目标、任务和责任。局属各单位、机关各处室主要负责人参加。

10月

11日　市委、市政府在天津礼堂举行全市“调结构、增活力、上水平”总结会暨新一批重大项目建设推动会。市委书记张高丽出席会议并讲话。市委副书记、市长黄兴国总结“调结构、增活力、上水平”活动开展情况，部署新一批重大项目。市委常委、常务副市长杨栋梁主持会议。市委副书记、滨海新区区委书记何立峰，市委常委、市委政法委书记散襄军，市委常委、市委组织部部长史莲喜，市委常委、市委教育工委书记苟利军，市人大常委会副主任邢明军，副市长李文喜、王治平，市政协副主席王文华，市政府秘书长袁桐利出席。相关委办局、各区县及市级活动服务组负责人参加。市规划局局长尹海林、副巡视员刘荣参加。

12日　市规划局局长尹海林、常务副局长李春梅、副局巡刘荣带队到北辰区政府调研服务。会议要求，有关项目由各分管领导和责任处室抓紧研究落实。北辰区政府、市局机关相关处室负责人参加。

同日　市规划局局长尹海林、常务副局长李春梅、副局巡刘荣到西青区政府调研服务。会议要求，集约节约利用土地，提升产业结构、转变经济发展模式；有关项目由各分管领导、责任处室抓紧研究落实。西青区政府、市局机关相关处室负责人参加。

19日　市规划局召开为企业单位服务座谈会，局长尹海林主持。与会企业充分肯定市规划局近年来对企业发展的支持和帮助，并提出项目选址、规划审批等近30个需协调解决事项。会议要求，局系统各单位、各部门要深入企业单位，主动服务，进一步提高审批效率，建立长效沟通协调机制，为企业发展提供规划服务。常务副局长李春梅，局系统相关单位、局机关相关处室负责人参加。

21日　市规划局召开三维数字城市建设与成果发布会。天津市三维数字城市建设系统荣获2011年度天津市科技进步一等奖。

25日　市规划局召开局长办公会，局长尹海林主持。审议《2011年度天津市优秀规划设计评选结果》、2011年上半年拨付指令性任务经费情况。会议要求，加强建设项目管理，做好建筑色彩、顶部处理，小区楼层高低错落，加强重点地区监管，落实项目责任制。局领导出席，局系统各单位行政主要负责人、局机关处室主要负责人列席。

28日　市规划局与天津日报社举行座谈。局长、党组书记尹海林、局党组副书记战秋艳、常务副局长李春梅、局总建筑师秦川，天津日报社党委书记、社长杨桂华及领导班子成员、编辑记者参加。尹海林介绍近年来规划工作情况，杨桂华对市规划局在天津经济建设发展中所做出的突出贡献表示肯定，表示要站在全市高度加大规划工作的新闻宣传报道力度。局机关相关处室负责人参加。

29日~30日　市规划局举办局系统处级以上干部培训班。局长尹海林作“加强职业道德教育，提升职业道德素质，为规划事业繁荣发展提供精神动力”专题辅导讲座。局领导，局属各单位、派出机构主要负责人、局机关各处室处以上干部参加。

11月

4日　市规划局局长尹海林随天津市党政代表团赴新疆维吾尔自治区考察。

4~6日　国外城市规划学术委员会、《国际城市规划》编委会2011年年会在津召开，年会的主题是“新旧联动，协同发展”。由中国城市规划学会国外城市规划学术委员会、《国际城市规划》杂志主办，中国城市规划设计研究院、天津市城市规划学会、天津市城市规划设计研究院、天津市建筑设计院承办。国内外城市规划知名专家学者共同总结国内外城市的经验和教训，交流和研讨如何更好地实现城市的协调规划和发展，并对天津的城市规划与发展提出意见和建议。《国际城市规划》杂志主编、国务院参事工静霞，国外城市规划学术委员会主任委员、中国城市规划设计研究院院长李晓江，加拿大英属哥伦比亚大学（UBC）荣誉教授、国际著名规划学者约翰·弗里德曼（John Friedmann）等国内外知名专家学者，有关规划建筑方面的人士300余人参加。天津市规划局常务副局长李春梅、副局长沈磊参加。

13日　市规划局召开局长办公会，局长尹海林主持。会议审议通过《环城四区规划管理所工作细则》、《关于进一步规范重点规划公示有关工作的意见》。局领导出席，局系统各单位行政主要负责人，局机关处室主要负责人列席。

18日　市十五届人大常委会第二十八次会议审议通过《天津市空间发展战略规划条例》，以地方性法规的形式，对战略规划的编制、审批、实施和监督做出明确规定。

同日　市规划局局长尹海林、常务副局长李春梅、副局巡刘荣到南开区政府调研服务。会议要求，要立足挖潜，集约节约利用土地，转变经济发展模式，提高城市发展品质。南开区政府、市局机关相关处室负责人参加。

22日　市长黄兴国主持研究北部新区规划方案。副市长熊建平、李文喜、任学锋、市政府秘书长袁桐利出席。会议强调，要进一步明确功能定位、城市布局。市规划局局长尹海林、副局长沈磊、局总建筑师秦川，市规划院有关人员参加。

同日　市长黄兴国听取北郊生态公园规划设计方案汇报。副市长熊建平、李文喜出席。会议要求，北郊公园要形成“大绿”。市规划局局长尹海林、局总建筑师秦川，市规划院相关人员参加。

同日　市长黄兴国听取地铁5、6号线策划方案汇报。会议要求，进一步深化完善规划方案，抓紧招商工作，并与重点指挥部紧密配合确保顺利完成动迁，如期竣工。市规划局局长尹海林参加。

25~26日　市规划局举行天津市规划志鉴工作会议暨培训班，局志鉴编委会常务副主任、副局长鲁承斌主持。局志鉴编辑部主编赵友华、副主编赵元平出席。赵友华总结2011年志鉴工作，部署2012年志鉴工作；市地志办年鉴处、市志处负责人对局志鉴工作进行点评，并作专题讲座。会议强调，要提高认识，充分认识志鉴工作在城乡规划工作中的重要作用，倍加珍惜来之不易的工作局面；精心安排，确保按计划高质量完成志鉴工作任务。局系统各单位、各部门撰稿人、编辑部全体人员参加。

30日 市规划局举办2011年局长“服务日”活动，局长尹海林主持。服务日的主题是“服务企业，推动发展”。现场为有关委办局、集团公司、投资开发企业、建设单位协调解决有关规划方面的问题，听取社会各界对规划工作的意见、建议和需求。当天共接待单位224个，260人，现场受理答复65个问题。有关委办局、集团公司、工业企业、开发企业、合资企业、市各重点工程在建项目单位、预备项目单位和有关媒体参加。局领导，局系统有关单位、局机关相关处室负责人参加。

同日 市规划局召开新闻媒体记者座谈会，局党组副书记战秋艳主持。会议强调，加强联系沟通，深入挖掘报道题材，推出一批有影响的新闻优秀作品，扩大城乡规划的社会影响力，为规划工作创造良好的舆论氛围；及时反馈广大群众、社会各界对规划工作的意见和建议，不断提升规划工作水平。副局长鲁承斌，相关新闻媒体记者参加。

12月

3日 副市长熊建平召开外环东北部调整线规划设计方案汇报会议。会议明确工作分工，并提出具体要求。市规划局局长尹海林、副巡视员刘荣，北辰区政府、东丽区政府负责人等参加。

13日 市纪委在市规划局召开全市反腐倡廉建设观摩会，市委常委、市纪委书记臧献甫主持。臧献甫充分肯定市规划局反腐倡廉工作成效，强调“一网保廉”系统紧密结合业务工作，强化三个方面的监督；运用计算机固化权利流程，有效限制自由裁量权；坚持制度、机制、教育三位一体；坚持运用现代信息手段开展工作，实现反腐倡廉工作的创新。市纪委、市委巡视组有关负责人，市规划局局长尹海林、常务副局长李春梅、副局长鲁承斌，市各委办局纪检组组长，市规划局机关相关处室负责人参加。

15日 市委组织部、市委规划建设交通工作委员会在市规划局组织召开会议宣布李春梅任市规划局巡视员会议。市委规划建设交通工作委员会书记沈东海出席会议并讲话。市委规划建设交通工作委员会副书记任树梅出席。市规划局领导，局属单位党政主要负责人、局机关处室负责人参加。

18日 由天津市城市规划学会主办，天津市建筑设计院承办的天津规划师沙龙启动，并举办主题为“城市设计的应用和实践”首届天津规划师沙龙活动，市规划方面的专家出席沙龙启动仪式和沙龙活动。

19日 市长黄兴国主持召开市政府第81次常务会议。审议《天津市中心城区控制性详细规划修编方案》，市规划局汇报规划编制工作情况和规划方案。会议要求，要严格控制中心城区控制性详细规划容积率；尽快完善北部新区规划方案，与中心城区控制性详细规划整体衔接；完善滨海新区控规编制审批。市规划局局长尹海林参加。

23日 市委规划建设交通工作委员会举行理论学习中心组扩大会。市规划局党组书记、局长尹海林作专题报告，总结回顾“十一五”期间全市规划建设成就，重点介绍全市近期建设规划和2012年重点规划建设任务。市规划局领导，局属单位党政主要负责人、局机关相关处室主要负责人参加。

同日 全国住房城乡建设工作会议在北京召开。会议总结2011年全国住房城乡建设工作，研究部署2012年全国住房城乡建设工作。市规划局副局长鲁承斌参加。

27日 中共天津市委九届十二次全体会议召开。市规划局党组书记、局长尹海林参加。

29日 市政府召开天津市奋战900天市容环境综合整治总结表彰大会。市规划局局长尹海林，局巡、常务副局长李春梅，副局长郑嘉轩参加。

同日 市规划局举行与市人大代表、政协委员座谈会。局长尹海林介绍城乡规划2011年工作情况以及2012年工作思路和主要任务。市人大代表、政协委员对市规划局工作给予充分肯定和高度评价，并在规划管理、规划编制等方面提出意见和建议。市人大城建环保委副主任委员马连勇，市政协常委、人口资源环境和城市建设委员会主任张云鹏出席并讲话。局党组副书记战秋艳，局巡、常务副局长李春梅，副局长鲁承斌，局机关相关处室负责人参加。

31日 市规划局召开局长办公会，局长尹海林主持。会议审议通过《天津市规划局机关工作人员日常行为规范》、《天津市历史文化名镇名村保护规划编制技术标准》、局标设计和局核心价值理念体系；听取全国住房城乡建设系统“六五”普法工作会议情况、2011年度教育培训和后勤服务管理等工作汇报。局领导出席，局系统各单位行政主要负责人，机关处室主要负责人列席。

是年　市规划展览馆累计接待260万余人次，讲解3万余场次。其中，接待中央领导和部委领导618场次，1.24万人次；接待市领导和有关单位2062场次，约4.72万人次；接待当地团体23782场次，153万人次。中共中央总书记、国家主席胡锦涛、中共中央政治局常委、国家副主席习近平先后参观市规划展览馆。

天津市规划委员会

【概况】 天津市规划委员会于2001年9月24日经市政府批准成立，是市政府议事机构。主要负责审议全市性、战略性的重要规划方案，审议对城市形象和城市特色具有重大影响的标志性建筑设计方案，审议规划管理方面的重大政策等。市规划委员会包括全委会、执委会、专业委员会（规划设计委员会、历史文化名城保护和建筑艺术委员会）及办公室。

【全委会】 实行席位制。由市长任主任，常务副市长和分管副市长任副主任，其他各位副市长、市政府正副秘书长以及有关22个委、办、局（市政府办公厅、市政府研究室、市发改委、市经委、市建交委、市市容委、市外经贸委、市交委、市农委、市商委、市教委、市科委、市滨海委、市人防办、市公安局、市财政局、市规划局、市国土房管局、市水利局、市文化局、市卫生局、市环保局）和天津警备区后勤部的主要负责人为规划委员会成员。

【执委会】 是市规划委员会的常设机构，由市规委副主任主持，市政府分管副秘书长协助，市发改委、市建委、市市容委、市交委、市教委、市规划局、市国土房管局、市环保局、市市政局、市公安交管局、市电力公司、市公用事业办等12个部门的负责人为执行委员会成员，其他成员视会议需要，由副主任确定。执委会主要负责审议规划设计委员会、历史文化名城保护、建筑委员会提交的规划、建筑成果和有关技术规定等。

【规划设计委员会】 主要负责审查重要的专项规划、重要地区和路段的控制性详细规划、重要的规划管理技术规定等。规划设计委员主任委员谢世愣（中国工程院院士，交通部一航院正高级工程师），成员由10名公务人员、20名非公务人员组成。公务人员采用部门席位制，非公务人员包括市人大代表、市政协委员各1名，规划专业专家10名，经济、交通（市政工程）、土地、电力、园林、环保、法律、社会科学等方面专家8名。

【历史文化名城保护和建筑艺术委员会】 主要负责审查重点地区、重点路段及反映城市特色的重要建筑设计和街景设计、城市雕塑等。历史文化名城保护和建筑艺术委员会主任委员彭一刚（中国工程院院士，天津大学建筑学院教授），成员由10名公务人员、20名非公务人员组成。公务人员采用部门席位制，非公务人员包括市人大代表、市政协委员各1名，建筑设计、城市规划专家10名，园林、城市艺术、环保、民俗、文物、文化等方面专家8名。

【办公室】 与市规划局合署办公，为市规划委员会的日常办事机构。市规划局局长兼任办公室主任。

天津市规划局

天津市规划局于2005年8月组建，是负责全市城乡规划的市政府组成部门。主要职责是贯彻执行有关城乡规划的法律、法规和方针政策；拟订有关地方性法规、规章草案和政策，制定相关技术标准、规程、规范和办法，组织实施并监督检查；组织研究城市空间发展战略，研究城乡规划、测绘和地名管理工作等重大问题。组织编制城市总体规划、分区规划、近期建设规划、详细规划、区域规划、城镇体系规划及市政府其他指令性规划；组织指导、综合平衡其他专业和专项规划；指导区县编制相关各类规划；依法审查、审批各类规划。负责建设用地规划管理工作；根据城乡规划要求和建设项目的性质、规模提出规划设计条件；根据城乡规划和有关行政主管部门意见，认定建设用地定点申请，确定建设项目用地位置和界限；依法实行建设项目选址意见书和建设用地规划许可证管理制度。负责建设工程规划管理、市政基础设施规划管理及历史文化名城保护的规划管理工作；组织规划项目的实施；依法实行建设工程规划许可证管理制度。对城乡规划的实施进行监督检查，依法查处各类违法行为；负责有关行政复议受理和行政诉讼应诉工作；依法实行建设工程规划验收合格证管理制度。

负责城市雕塑、城市景观的规划管理工作；负责城乡规划设计单位的资质管理；负责城乡规划设计招投标管理；负责组织城乡规划成果公告、公示及展示的实施工作。负责测绘管理工作；制定测绘发展规划和计划，负责测绘成果的管理和运用；负责测绘单位的资质管理。依照有关规定，负责城市建设档案管理工作；拟订城市建设档案管理规章草案，制定城市建设档案管理规范、规程和办法；监督检查城市建设档案管理、开发和利用工作。负责城市规划地理信息系统的建设和管理工作；负责地下空间、地下管线规划信息管理工作。负责全市地名规划和管理工作。负责城乡规划队伍继续教育和业务培训工作；负责城乡规划专业技术人员执业资格注册管理工作；会同有关部门负责相关人员专业技术资格评审工作。对区县城乡规划行政主管部门实行业务领导。承办市委、市政府交办的其他事项。2009 年 12 月 11 日，中共天津市委办公厅印发《关于印发〈天津市规划局主要职责内设机构和人员编制规定〉的通知》（津党办发〔2009〕58 号），根据上述职责，市规划局设 17 个内设机构。办公室、政策法规研究处、业务处、总体规划处、详细规划处、保护规划处、建设用地处、建设项目处、市政基础设施处、执法监察处（信访办公室）、区县处、地名管理处（市地名委员会办公室）、测绘管理处、科技信息处、财务处（审计处）、人事处、组织干部处。此外老干部处、机关党委、纪检组、工会和市规划委员会办公室秘书处按照相关规定设置。

局长、党组书记	尹海林
党组副书记	战秋艳
局巡	李春梅（12 月起）
常务副局长	李春梅
纪检组长	曹慧泉
副局长	鲁承斌
副局长	郭凤平
副局长	郑嘉轩
副局长	沈　磊
总规划师	霍　兵
总建筑师	秦　川
副巡视员	诸　铭
副巡视员	刘　荣
副巡视员	侯学钢

天津市规划系统

2011 年，天津市规划系统由市局机关、派出机构、滨海新区规划工作机构、市郊区县规划局、局属单位组成。

市局派出机构：

1. 天津市规划局和平区规划分局
2. 天津市规划局河东区规划分局
3. 天津市规划局河西区规划分局
4. 天津市规划局河北区规划分局
5. 天津市规划局南开区规划分局
6. 天津市规划局红桥区规划分局
7. 天津市规划局东丽区规划分局
8. 天津市规划局西青区规划分局
9. 天津市规划局津南区规划分局
10. 天津市规划局北辰区规划分局
11. 天津滨海高新技术产业开发区规划处

滨海新区规划工作机构：

1. 天津市滨海新区规划和国土资源管理局
2. 天津经济技术开发区建设和交通局
3. 天津港保税区、空港经济区规划建设管理局
4. 天津东疆保税港区管委会建设发展局
5. 中新天津生态城建设交通和环境市容局
6.天津滨海旅游区建设交通和环境市容局
7. 天津临港经济区建设交通和环境市容局

市郊区县规划局：

1. 天津市武清区规划局
2. 天津市宝坻区规划局
3. 天津市宁河县规划局
4. 天津市静海县规划局
5. 天津市蓟县规划局

局属单位：

1. 天津市城市规划设计研究院
2. 天津市建筑设计院
3. 天津市测绘院
4. 天津市勘察院
5. 天津市城市建设档案馆（天津市城市建设档案管理处）
6. 天津市规划展览馆

7. 天津市规划执法监察总队

8. 天津市规划信息中心

9. 天津市地下空间规划管理信息中心

10. 天津市规划局教育培训中心（天津市规划局干部学校）

11. 天津市规划局机关服务中心

12. 天津市规划局人才开发交流服务中心

天津市规划工作机构沿革

天津市城市规划工作机构的设置，可以追溯到清咸丰十年（1860）。天津被迫开埠后，各国在租界设置“工部局”、“工程处”等类似机构。清光绪二十六年（1900）七月成立的“天津城临时政府委员会”，亦称“天津都统衙门”，下设公共工程局，负责天津城内外的市政工程。辛亥革命后，北洋军阀时期，1928年天津特别市政府下设工务局、土地局。1945年日本投降后，国民政府成立市政府，下设工务局、地政局。1949年1月15日天津解放，天津市人民政府成立。至1972年，城市规划工作机构先后设在市工务局、建设局、城建委、基建委。1973年6月18日，市革命委员会批准成立天津市规划设计管理局（以下简称市规划局）。1984年，市内六区和塘沽区组建规划管理处，作为市局的派出机构，负责所在区的规划管理工作。区处实行市局和区双重领导，市局为主的体制，人员编制、业务领导归市局，党团关系在区。这一体制改革随后为许多城市所仿效。1987年3月，市政府决定，在市政府征地办公室、市农村土地管理办公室和市房地产管理局地政部门、市规划局用地管理部门的基础上组建成立天津市土地管理局，与市规划局一套机构、两块牌子。各区县组建成立规划土地管理部门，业务受市局指导。市内6区区处增加土地管理职能，更名为规划土地管理处。天津创造的规划土地合一的管理体制，再次为许多城市仿效。2000年5月，市委、市政府决定由市规划局、市土地局、市地质矿产局合并组建天津市规划和国土资源局，作为市政府主管全市城乡规划、土地资源、矿产资源、海洋资源的职能部门。2005年8月，市委、市政府决定组建天津市规划局、天津市国土资源和房屋管理局，均为市政府组成部门。市规划局承担研究和编制城市规划、对规划实施进行管理和监督检查的职能。市内6区、滨海新区、新技术产业园区分别设立独立的规划处或规划分局。其他区县重组设立规划局。2001年9月，市规划委员会经市政府批准成立，是市政府的议事机构。2008年7月，市委、市政府印发《关于深化城乡规划管理体制改革的意见》，决定将市内6区和环城4区规划管理部门作为市局的派出机构，接受市局和所在区政府双重领导。2008年10月，市内6区规划处和环城4区规划局更名为区规划分局。2009年5月4日，中共天津市委印发《关于中共天津市规划局委员会改建为中共天津市规划局党组及尹海林等同志任免职的通知》（津党任〔2009〕80号），市委决定，中共天津市规划局委员会改建为中共天津市规划局党组。2009年12月，市委印发《关于印发〈天津市规划局主要职责内设机构和人员编制规定〉的通知》，明确市规划局主要职责、内设机构和人员编制。2009年12月13日，天津市规划局滨海新区分局整建制转至天津市滨海新区规划和国土资源管理局。2011年12月，按照滨海新区机构编制委员会《关于区规国局塘沽、汉沽、大港分局名称变更和内设机构设置事项的批复》，滨海规国局塘沽分局、汉沽分局、大港分局分别更名为天津市滨海新区规划和国土资源管理局第一分局、第二分局、第三分局。

1986版天津市城市总体规划

1986年8月4日，国务院印发《国务院关于天津市城市总体规划方案的批复》（国函〔1986〕92号）。这是天津市第一个经国家正式批准的城市总体规划，是在建国以来历次编制的21稿基础上的第22稿。在1986版天津市城市总体规划（以下简称1986年版总体规划）的指导下，天津实施引滦入津工程，建设3环14射路网结构，建设体院北、天拖南、王串场、万新村等14片居住区，工业东移战略促进滨海地区快速发展，成为全市经济新的增长点。通过总体规划的实施，天津从地震后的破败不堪一跃进入全国城市建设的前列。

1986版总体规划的规划期限为1985~2000年；城市性质为先进技术的综合性工业基地，开放型、多功能的经济中心和现代化的港口城市；城市规模为2000年人口规模610万人；市域空间布局为“一条扁担挑两头”，即“整个城市以海河为轴线，改造老市区，作为全市的中心；工业发展重点东移，大力发展滨海地区”；市区规划范围为外环线内330平方千米；市区道路网结构为“3环14射”，由主干道的3个环线、2个半环线和14条放射线构成环形放射路网骨架，联系各综合分区和功能区。

1999版天津市城市总体规划

1999年8月5日，国务院印发《国务院关于天津市城市总体规划的批复》（国函〔1999〕94号）这是天津市第二个经国家正式批准的城市总体规划。在1999版天津市城市总体规划（以下简称1999版总体规划）的指导下，天津实施市区成片危陋房改造、国有大中型企业嫁接改造调整，滨海新区开发建设、为建设成为环渤海地区经济中心、现代化港口城市和中国北方重要的经济中心发挥引导保障作用。

1999版总体规划的规划期限为1996–2010年；城市性质为环渤海地区的经济中心，努力建设成为现代化港口城市和中国北方重要的经济中心；城市规模为2010年常住人口1100万人，城镇人口840万人，市域城镇化水平75%以上；市域城镇体系为中心城区、县城、中心镇和一般建制镇构成的4级城镇体系；空间结构为继续深化完善“一条扁担挑两头”，形成以海河和京津塘高速公路为轴线，由中心城区、滨海城区及多个组团组成的中心城市，中心城区严格控制用地规模，调整用地结构，优化功能布局，外围规划建设军粮城、新立、杨柳青、大寺、咸水沽、双港、双街和小淀8个组团，滨海城区以塘沽区、天津港、经济技术开发区和保税区为重点，辐射汉沽、大港城区和海河下游工业区；综合交通体系为“两港两路”，即海港、空港，高速公路、高速铁路。

2006版天津市城市总体规划

2006年7月27日，国务院印发《国务院关于天津市城市总体规划的批复》（国函〔2006〕62号）。这是天津市第三个经国家正式批准的城市总体规划。2006版天津市城市总体规划（以下简称2006版总体规划）批复以来，天津的城市空间布局不断优化，对外交通体系不断完善，与京津冀、环渤海、“三北”以及东北亚等地区联系进一步加强，产业布局逐步调整优化，滨海新区快速发展，国家级大项目、好项目纷纷落户天津。

2006版总体规划的规划期限为2005~2020年；城市性质为环渤海地区经济中心，逐步建设成为国际港口城市、北方经济中心和生态城市；城市规模为2020年市域常住人口1350万人，城镇人口1210万人，市域城镇化水平90%，城镇建设用地规模控制在1450平方千米以内；市域空间结构为“一轴两带三区”，“一轴”是“武清新城—中心城区—滨海新区核心区”构成的城市发展主轴，“两带”是“宁河、汉沽新城—滨海新区核心区—大港新城”构成东部滨海发展带“蓟县新城—宝坻新城—中心城区—静海新城”构成的西部城镇发展带，“三区”是北部蓟县山地生态环境建设和保护区、中部七里海—大黄堡洼湿地生态环境建设和保护区、南部团泊洼水库—北大港水库湿地生态环境建设和保护区；规划中心城区和滨海新区核心区为城市主副中心，11个新城、30个中心镇和一般建制镇构成4级城镇体系；滨海新区的功能定位为，依托京津冀、服务环渤海、辐射“三北”、面向东北亚，努力建设成为中国北方对外开放的门户、高水平的现代制造业和研发转化基地、北方国际航运中心和国际物流中心，以及宜居生态型新城区；区域交通规划为依托海、空两港，构筑与周边省市及“三北”地区紧密联系的大交通体系，扩大与内地城市口岸直通，强化区域综合交通枢纽功能，成为联系南北方、沟通东西部的综合交通枢纽。

天津市空间发展战略规划

2011年9月14日，天津市十五届人大常委会第二十六次会议听取并审议市政府关于《天津市空间发展战略规划》（以下简称《战略规划》）的报告，通过关于批准《战略规划》的决议。《战略规划》主要由总体战略和发展策略两个部分组成。

一、总体战略

《战略规划》紧紧围绕市委"一二三四五六"的奋斗目标和工作思路，依托京津冀，服务环渤海，面向东北亚，用区域和国际视野，着眼天津未来长远发展，着力优化空间布局、提升城市功能，提出实施"双城双港、相向拓展、一轴两带、南北生态"的总体战略。

1.双城双港

双城是指中心城区和滨海新区核心区，是天津城市功能的核心载体。中心城区通过有机更新，优化空间结构，发展现代服务业，传承历史文脉，全面提升城市功能和品质。滨海新区核心区通过集聚先进生产要素，实现城市功能的跨越，成为服务和带动区域发展的新的经济增长极。

双港是指天津港的北港区和南港区，是城市发展的核心战略资源，是天津发展的独特优势。北港区包括北疆港区、南疆港区、东疆保税港区以及临港经济区，重点发展集装箱运输、旅游和客运等综合功能以及重型装备制造业。南港区主要是独流减河以南规划建设的新港区。近期主要依托石化、冶金等重化工业，建设工业港区，远期将建设成为现代化的综合性港区。

2.相向拓展

相向拓展是指双城及双港相向发展，是城市发展的主导方向。中心城区沿海河向下游区域主动对接，为滨海新区提供智力支持和服务保障。滨海新区核心区沿海河向上游区域扩展，放大对中心城区的辐射带动效应，实现优势互补，联动发展。重点开发双城之间的海河中游地区，逐步发展成为天津市的行政文化中心和我国北方重要国际交流中心。同时，统筹推进双港开发建设，相向发展，实现双港分工协作，临港产业集聚，南北功能互补，做大做强天津的港口优势。

3.一轴两带

一轴是指"京滨综合发展轴"，依次连接武清区、中心城区、海河中游地区和滨海新区核心区，有效集聚先进生产要素，承载高端生产和服务，强化国际职能，集中体现城市历史底蕴的科技文化带，是天津城市发展的主体脊梁。

两带是指贯穿区县的"东部滨海发展带"和"西部城镇发展带"。"东部滨海发展带"贯穿宁河、汉沽、滨海新区核心区和大港，向南辐射河北南部及山东半岛沿海地区，向北与曹妃甸和辽东半岛沿海地区遥相互动。"西部城镇发展带"贯穿蓟县、宝坻、中心城区、西青和静海，向北对接北京并向河北北部和内蒙延伸，向西南辐射河北中南部，并向中西部地区拓展。

4.南北生态

南生态是指以京滨综合发展轴以南的"团泊洼水库–北大港水库"湿地生态环境建设和保护区为核心，构建南部生态体系。

北生态是指以京滨综合发展轴以北的蓟县山地生态环境建设和保护区、"七里海—大黄堡洼"湿地生态环境建设和保护区为核心，构建北部生态体系。

二、发展策略

《战略规划》依据总体战略，统筹三个层面联动协调发展，调整完善空间结构和发展策略，进一步明确滨海新区、中心城区和各区县的功能定位和发展方向，优化要素资源配置，形成多点支撑、多元发展、多极增长的市域空间格局。

1.滨海新区发展策略

为充分发挥滨海新区的引擎、示范、服务、门户和带头作用，统筹空间布局，优化产业结构，提升综合功能，实现率先发展，滨海新区实施"一核双港、九区支撑、龙头带动"的发展策略。

一核是指滨海新区金融商务核心区，由于家堡金融商务区、响螺湾商务区、解放路及天碱商业区、蓝鲸岛及大沽炮台生态区等组成。重点发展金融服务、现代商务、高端商业，建设成滨海新区的标志区和国际化门户枢纽。**双港**是指总体战略中天津港的北港区和南港区，形成以南北港区为核心的港口布局体系。

九区是指滨海新区的九个功能区，包括：滨海新区中心商务区、临空产业区、滨海高新区、先进制造业产业区、中新天津生态城、滨海旅游区、海港物流区、临港经济区、南港工业区。**九区支撑**是指通过九个功能区的产业布局调整、空间整合，打造航空航天、石油化工、装备制造、电子信息、生物制药、新能源新材料、轻工纺织、国防科技等8大支柱产业，形成产业特色突出、要素高度集聚的功能区，成为高端化、高质化、高新化的产业发展载体，支撑新区发展，发挥对区域的产业引导、技术扩散、功能辐射作用。

龙头带动是指通过加快“一核双港九区”的开发建设，提升综合服务功能，营造一流发展环境，凸显滨海新区作为新的经济增长极的龙头带动作用，在加快天津发展，促进环渤海地区经济振兴，推动全国区域协调发展中发挥更大作用。

2.中心城区发展策略

为缓解城市功能过度集中，人口、交通和环境压力不断加大等问题，塑造中心城区现代化大都市形象，提高城市综合服务功能，实施“一主两副、沿河拓展、功能提升”发展策略。

一主两副是指“小白楼、解放南路、文化中心周边地区”城市主中心和“西站地区”、“天钢柳林地区”两个综合性城市副中心。通过构建“一主两副”的中心结构，实现中心城区由单中心向多中心转变，完善综合服务功能，塑造更加科学合理的城市空间形态。

沿河拓展是指以“一主两副”为重点，实施沿海河拓展策略，进一步加强海河两岸综合开发改造，把海河两岸打造成特色鲜明、独具魅力的现代服务业集聚区。

功能提升是指通过合理控制中心城区规模，调整优化用地布局和产业结构，重点发展金融、商贸、文化、教育、科研、旅游等现代服务业，提升城市载体功能、文化品位和宜居程度，实现中心城区功能全面提升。

3.外围区县发展策略

为提高外围区县综合实力，突出区县发展特色，加强城乡互动，实现各区县加快发展，规划提出外围区县实施“新城集聚、多点布局、特色发展”的策略。

新城集聚主要是指武清、宝坻、静海、宁河、蓟县、京津和团泊等新城，要按照其功能定位发展，形成合理规模，进一步完善载体功能，壮大经济实力，带动区县发展。

多点布局主要是通过构建中心镇–一般镇–中心村三级镇村体系，统筹城乡居民点、产业、基础设施布局，促进人口和产业合理聚集，提升城镇综合实力和服务带动能力，成为带动区县加快发展新的增长点。

特色发展主要是立足本地资源条件、产业基础和比较优势，明确功能定位和发展方向，彰显产业特色、环境特色、文化特色和建筑特色，推进农村居住社区、示范工业园区、农业产业园区“三区”统筹联动发展，促进各区县与滨海新区、中心城区的产业对接和互动。

城乡规划　城市设计

2011年度列入全市城乡规划编制计划的规划共34项，其中总体规划11项、分区（功能区）规划6项、专项（专业）规划9项、控制性详细规划6项、重点地区城市设计2项。截至2012年3月，天津市空间发展战略规划已经市人大常委会批准，天津市近期建设规划（2011–2015年）、天津市住房建设规划（2011–2015年）、天津市排涝总体规划（2011–2020年）、天津市民政服务设施布局规划（2010–2020年）、天津市造林绿化规划（2011–2015年）、天津市消防规划（2011–2020年）、天津市环卫设施布局规划（2011–2020年）、中心城区控制性详细规划、五大道等13个历史文化街区保护规划、杨柳青历史文化名镇保护规划、西井峪历史文化名村保护规划已经市政府批复实施或市政府常务会议审议通过。

天津市空间发展战略规划

【编制背景】 2006年7月国务院批复实施《天津市城市总体规划（2005–2020年）》（以下简称《总体规划》），特别是滨海新区纳入国家区域发展总体战略以来，天津的发展速度远超出规划预期。在国家有关部委的大力支持下，一批《总体规划》制定时尚未确定的重大项目先后落户滨海新区。全市现有的发展空间规模、交通组织、产业布局等难以适应发展新的要求。中新天津生态城、天津东疆保税港区、海河教育园区、子牙循环经济产业园区、空客A320系列飞机总装线及20多个配套项目、新一代运载火箭、无人飞机、国家超级计算天津中心、海水淡化循环经济项目、铁道部综合维修基地、中俄合资大炼油项目、300万吨造船等近100项高水平大项目加快建设。

为应对和解决城市发展中的新情况、新问题，加快推进滨海新区开发开放，深化和完善《总体规划》，促进中心城区、滨海新区、外围区县三个层面联动协调发展，加快实现天津城市定位，按照市委、市政府的总体安排，自2008年5月开始，按照“政府组织、专家领衔、部门合作、公众参与、科学决策”的工作模式，开展《天津市空间发展战略规划》（以下简称《战略规划》）的编制工作。

【制定过程】 市领导高度重视《战略规划》编制工作，多次听取汇报，提出重要的指导意见。市委、市政府有关部门和各区县政府积极参与，提出许多很好的意见和建议。先后组织召开40多次专题会议，征求有关部门的意见和建议，并邀请规划、经济、生态、港口、交通等领域的30多位专家学者进行反复研讨和论证。同时，还开展了区域关系、港口集疏运、盐田利用、生态体系等多项专题研究，与相关专项规划进行衔接。

2009年5月6日和5月27日，《战略规划》分别经市政府第28次常务会议和市委常委会第16次（扩大）会议审议并原则通过。6月3日–12日，《战略规划》通过新闻媒体、规划展览馆展示等方式公开向全市人民征求意见，产生强烈的社会反响。征求意见期间，参观市民达3万余人，整理形成意见2000余条，新闻媒体发布新闻稿件1000余篇（条）。随后对意见建议逐条研究，充分吸纳，对《战略规划》进一步深化完善。7月12日，第35次市长办公会议审议通过《关于〈天津市空间发展战略规划〉征求意见情况》的汇报。

2011年9月14日，市十五届人大常委会第二十六次会议听取并审议市政府关于天津市空间发展战略规划的报告，通过关于批准《天津市空间发展战略规划》的决议。会议指出，《战略规划》集中体现了全市人民的意志和愿望，是对今后天津城市发展方向、空间布局、城市功能等重大问题做出的战略性展望和安排，是编制城乡规划、土地利用总体规划、国民经济和社会发展规划、各项事业发展规划和进行各项建设活动、实施城市管理的依据。各级人民政府和有关部门应当严格遵守，不得擅自改变，保持《战略规划》的长期性和稳定性。

【主要部分】《战略规划》主要由总体战略和发展策略两个部分组成。

【总体战略】 围绕市委“一二三四五六”的奋斗目标和工作思路，依托京津冀，服务环渤海，面向东北亚，用区域和国际视野，着眼天津未来长远发展，着力优化空间布局、提升城市功能，提出实施“双城双港、相向拓展、一轴两带、南北生态”的总体战略。

【发展策略】 依据总体战略，统筹三个层面联动协调发展，调整完善空间结构和发展策略，进一步明确滨海新区、中心城区和各区县的功能定位和发展方向，优化要素资源配置，形成多点支撑、多元发展、多极增长的市域空间格局。

【滨海新区发展策略】 为充分发挥滨海新区的引擎、示范、服务、门户和带头作用，统筹空间布局，优化产业结构，提升综合功能，实现率先发展，滨海新区实施“一核双港、九区支撑、龙头带动”的发展策略。

【中心城区发展策略】 为缓解城市功能过度集中，人口、交通和环境压力不断加大等问题，塑造中心城区现代化大都市形象，提高城市综合服务功能，实施“一主两副、沿河拓展、功能提升”发展策略。

【外围区县发展策略】 为提高外围区县综合实力，突出区县发展特色，加强城乡互动，实现各区县加快发展，规划提出外围区县实施“新城集聚、多点布局、特色发展”的策略。

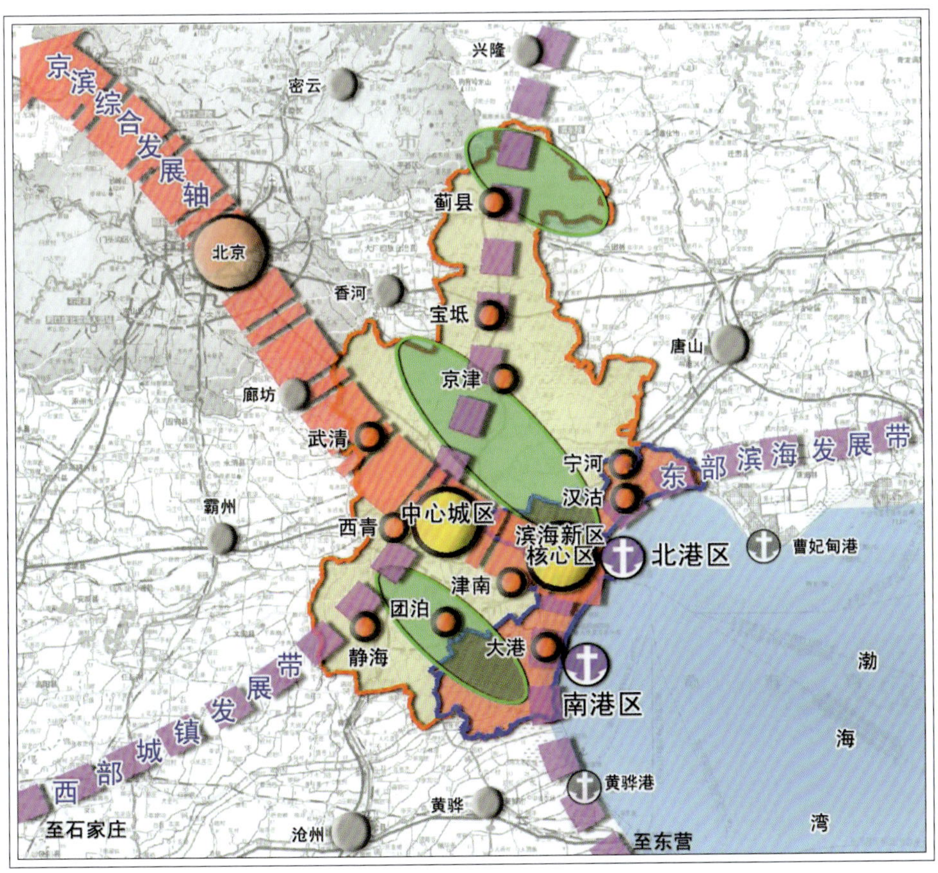

天津市空间发展战略规划：总体战略示意图

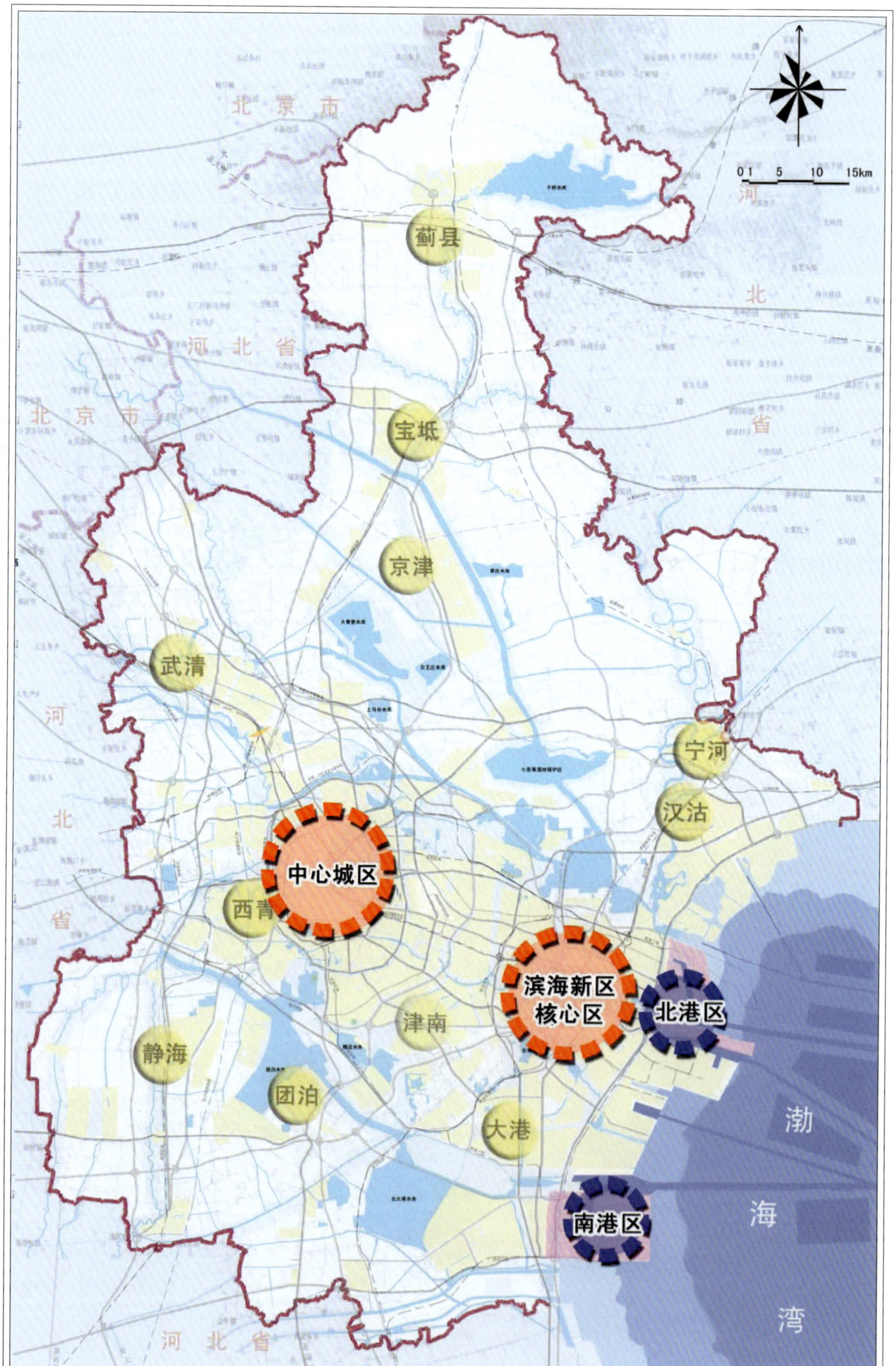

总体战略示意图：双城双港

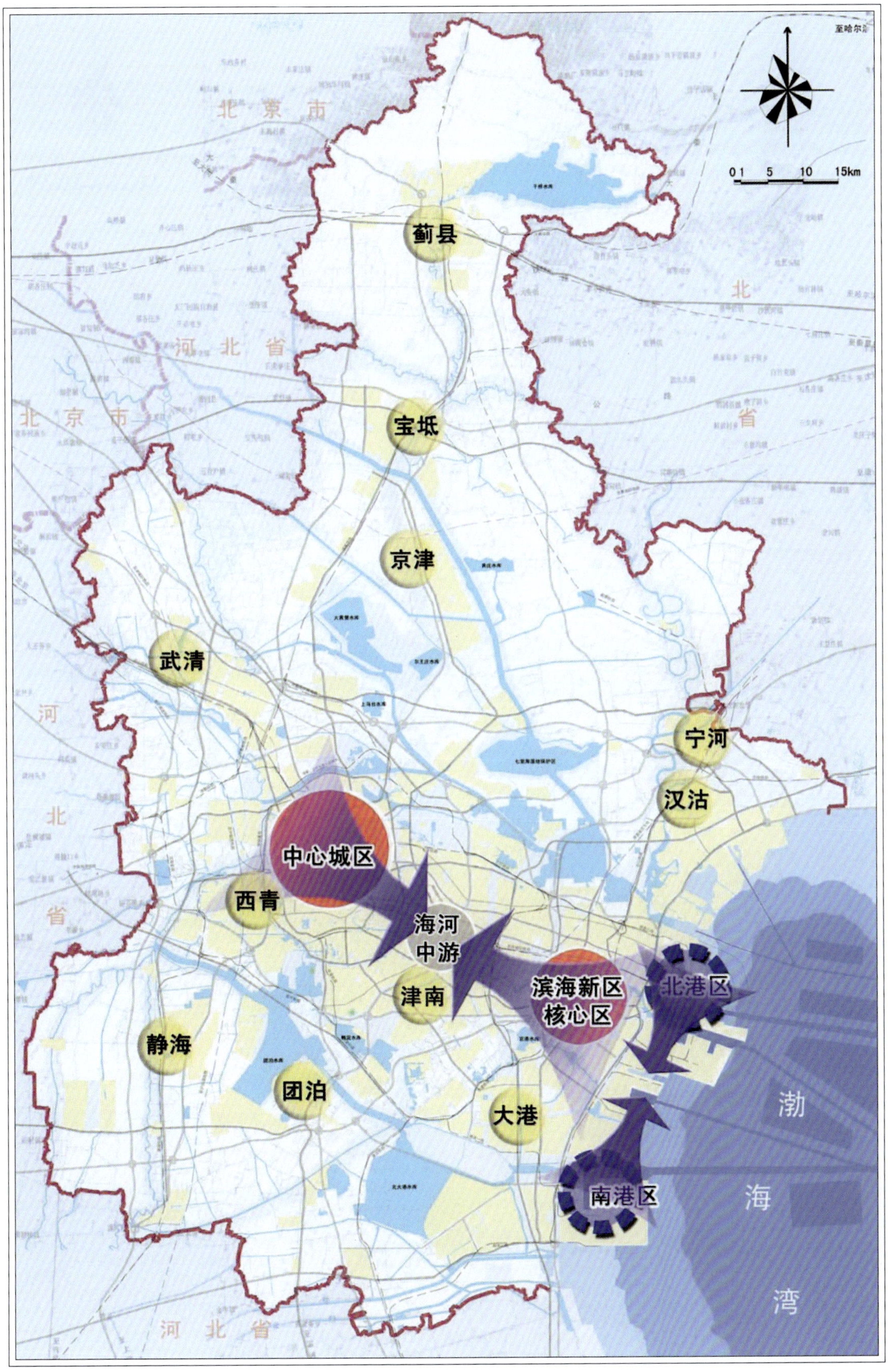

总体战略示意图：相向拓展

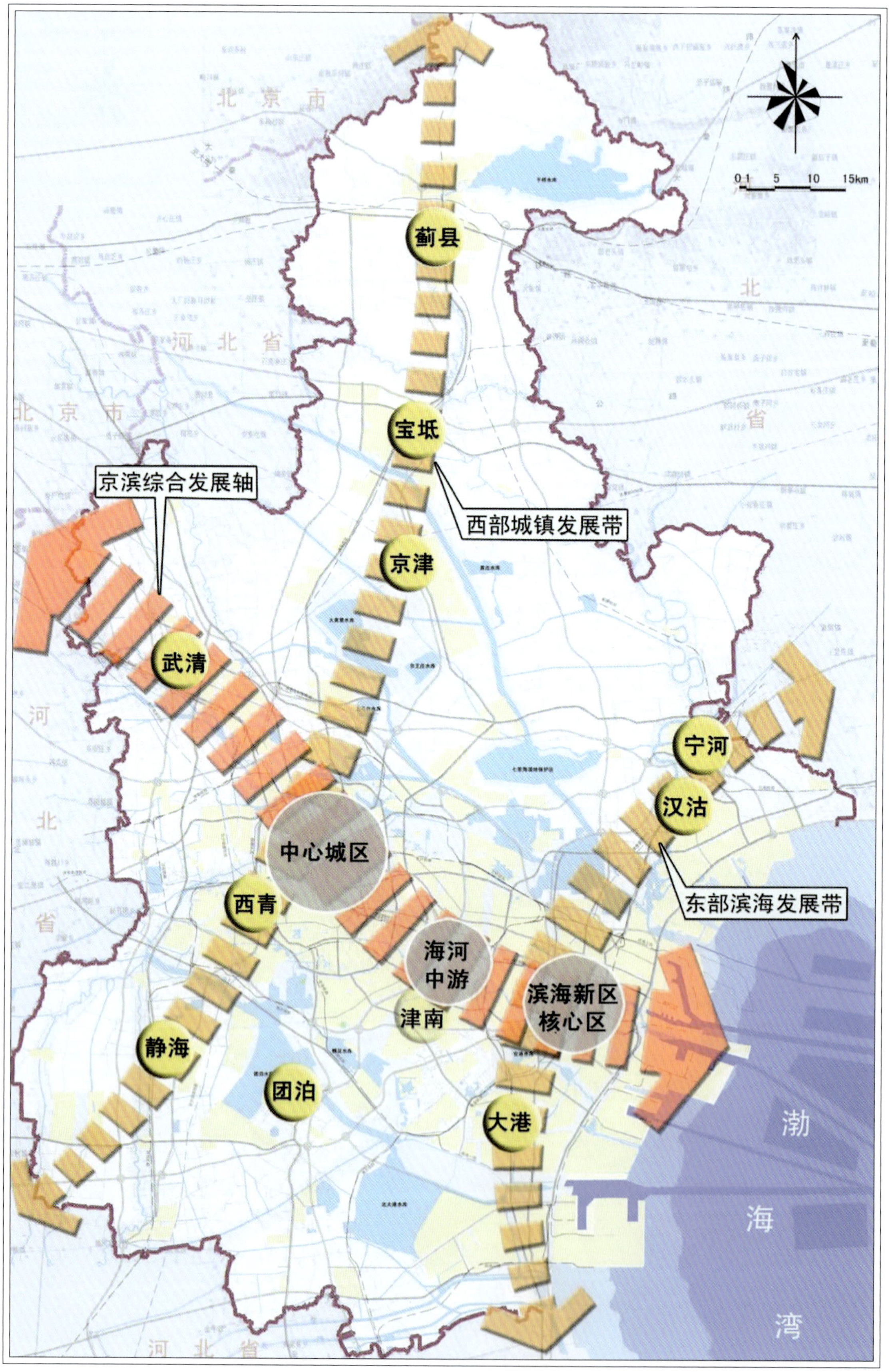

总体战略示意图：一轴两带

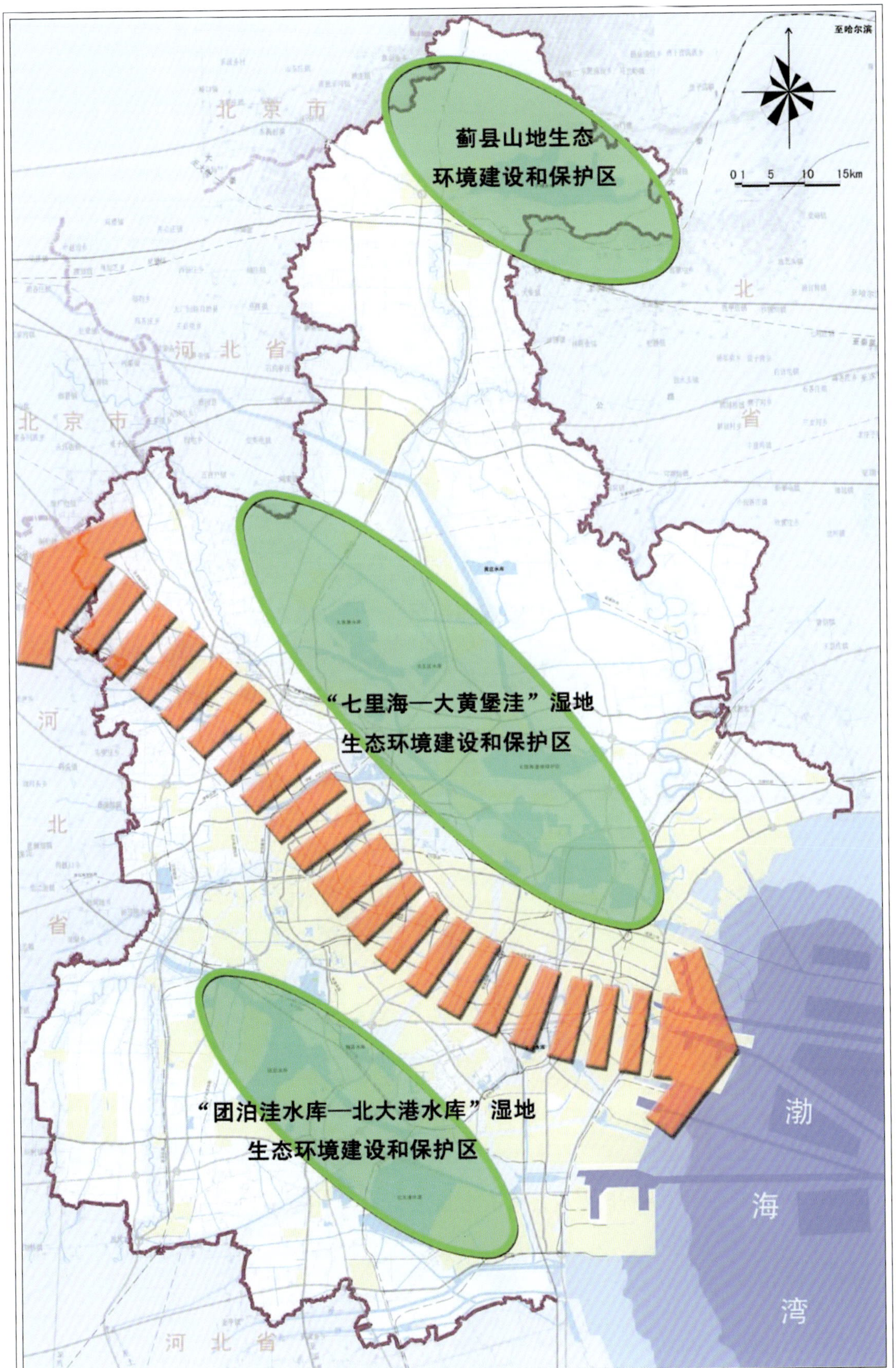

总体战略示意图：南北生态

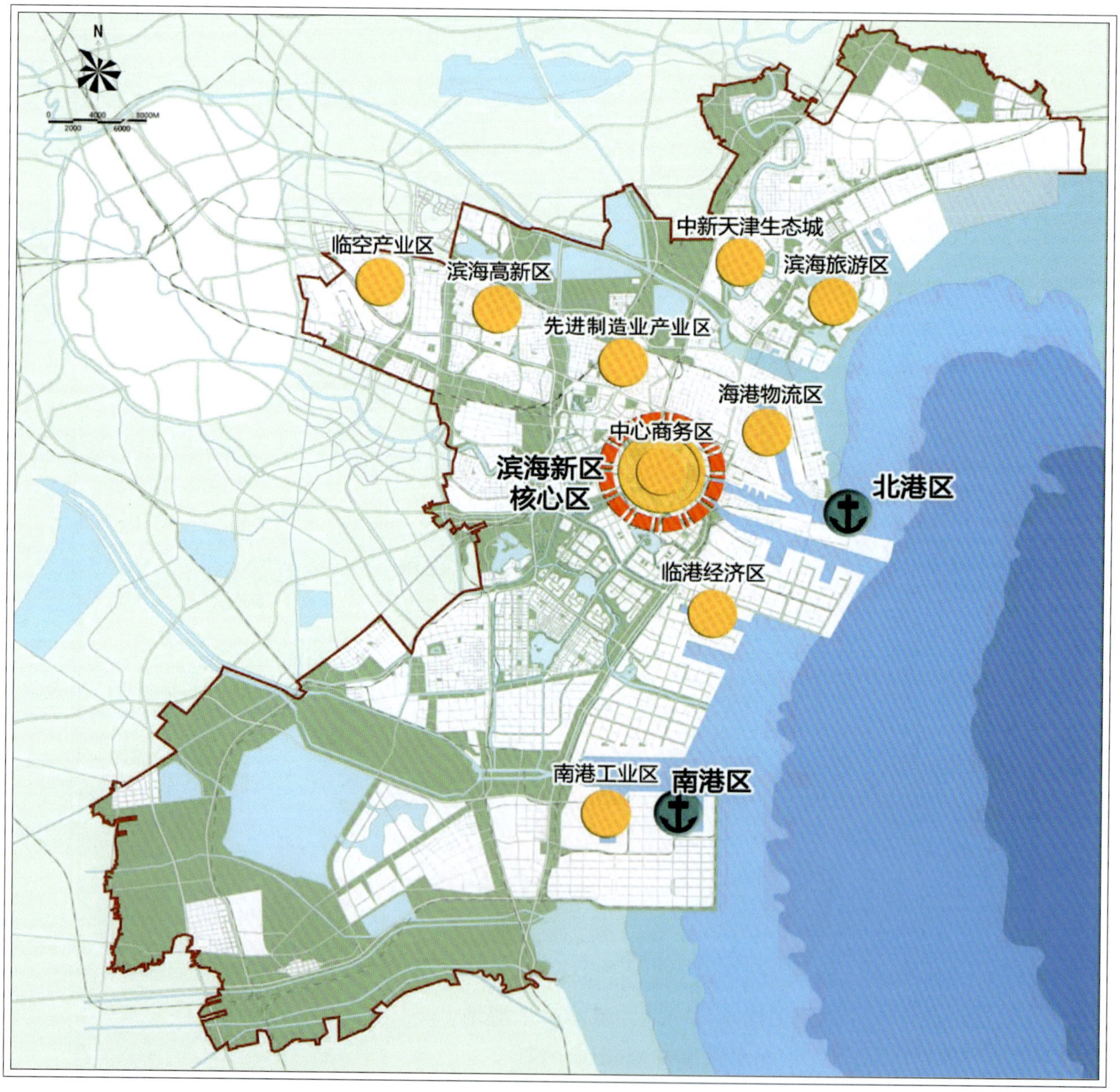

滨海新区发展策略示意图：一核双港、九区支撑

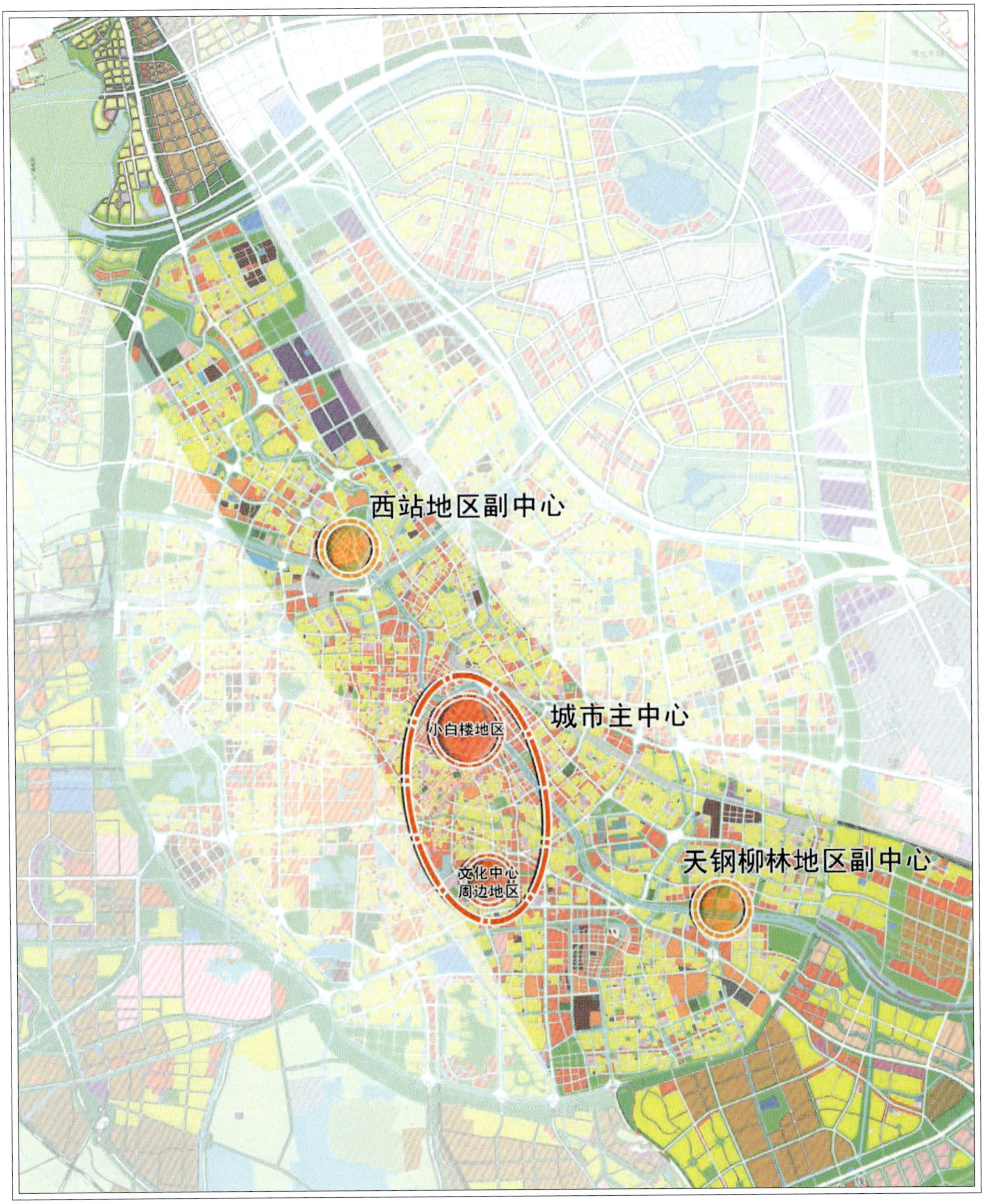

中心城区发展策略示意图：一主两副、沿河拓展

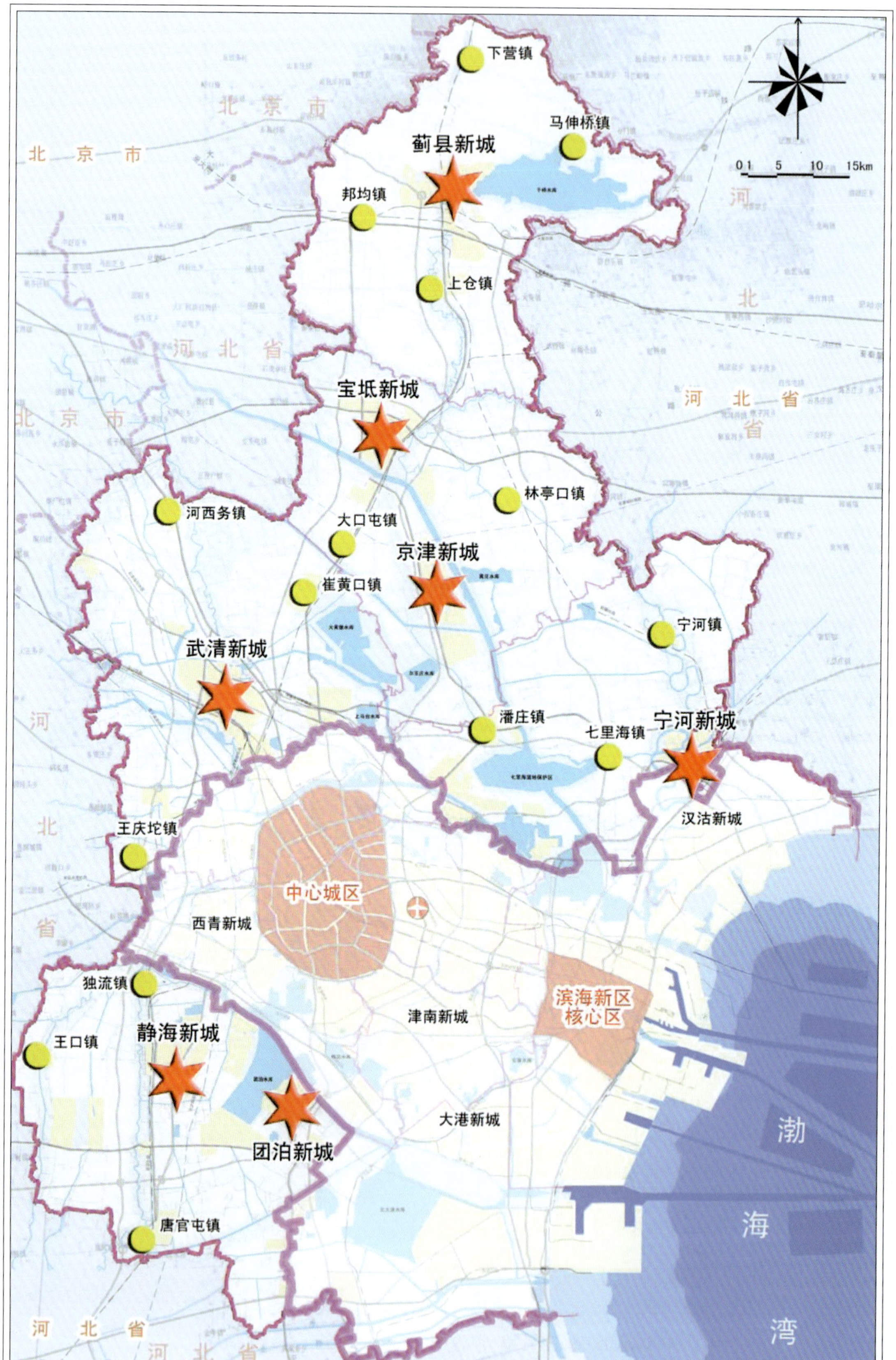

外围区县发展策略示意图：新城集聚、多点布局

（苏　萌）

天津市城市总体规划（2005–2020 年）修改

【概况】 经国务院同意，住房和城乡建设部 2010 年 12 月 17 日印发《关于天津市城市总体规划修改工作意见的函》（建规函〔2010〕329 号），原则同意天津市开展总体规划修改工作。2011 年，市规划局组织开展修改方案的编制，4 月底形成阶段性方案。5 月组织召开研讨会议，征求有关委局和各区县政府的意见和建议。同时结合全市造林绿化规划、郊野公园和国家会展中心选址等，从加强区域协作、优化产业布局、完善交通体系、加强生态环境保护等方面，对规划方案进行修改完善。至 2011 年底，完成规划修改文本和图集，完善总体规划实施评估报告以及人口规模修改论证报告等 7 个专题报告。

【规划要点】 （一）重新确定人口和用地规模。初步确定 2020 年市域常住人口约 2100 万人，城镇人口 1950 万人，城镇建设用地 2300 平方千米。重点保障滨海新区发展，支持新城和示范小城镇、示范工业区建设，强化用地预留，为长远发展奠定空间基础。（二）优化市域城镇体系。明确市域实施“双城双港，相向拓展，一轴两带，南北生态”的总体发展战略，以双城为引领，结合辅城区体系组织都市区空间；调整优化外围新城定位和规模，以新市镇体系优化乡村地域发展格局，支持三个层面联动发展。（三）合理确定中心城市空间布局。优化完善滨海新区核心区布局，拓展滨海南北两翼发展空间；将北部新区纳入中心城区，构建“一主两副”多级公共服务中心；完善双城之间的配套设施，调整海河下游冶金工业区发展定位，预留海河中游远期发展控制区，保障城市发展，提升服务水平。（四）完善支撑体系。深化细化市域综合交通体系，调整轨道线网规划，强化高速公路、轨道交通等与北京市、河北省的衔接，调整港口规模和布局，完善集疏港交通，优化城市发展框架；调整并细化空间管制分区，完善绿地系统，建设郊野公园；完善和提升公共服务设施体系和市政基础设施体系。（五）修改近期建设规划。结合《天津市近期建设规划（2011–2015 年）》的编制，对规划的近期建设部分进行修改。

（苏　萌）

天津市近期建设规划（2011–2015 年）

【概况】 按照住房和城乡建设部《关于加强“十二五”近期建设规划制定工作的通知》（建规〔2011〕31 号）的要求，为保障天津市国民经济和社会发展“十二五”规划目标的落实，市规划局会同市发改委和市建交委，自 2010 年 9 月开始，组织开展《天津市近期建设规划（2011~2015 年）》编制工作。完成阶段性成果后，市规划局于 2011 年 1 月和 8 月两次征求有关委局和各区县政府意见。5 月组织召开专家咨询会议，并按程序进行规划公示。根据各方面的意见和建议，组织规划编制单位进行修改完善。10 月 14 日上报市政府审批。2012 年 2 月 28 日市政府第 85 次常务会议审议并原则同意这个规划。

【规划要点】 （一）系统总结“十一五”时期城市建设和发展取得的主要成就，分析制约城市发展的问题。（二）确定全市未来五年的发展总体目标，明确近期的人口和用地规模。规划到 2015 年，全市常住人口规模约 1600 万人，城镇化率达到 90%，城镇建设用地规模约 1950 平方千米。（三）确定城市近期发展方向和空间布局，提出三个层面联动协调发展的空间指引，明确滨海新区、中心城区及环外地区、外围区县的重点建设地区和发展原则。（四）明确近期发展策略，主要包括提升城市实力、畅通城市交通、保障民计民生等方面，对保障性住房、交通设施、公共服务设施等项目进行具体安排，全面落实国家和市委市政府的各项要求。（五）提出实施保障措施，通过加强规划实施管理，严格规划审批程序，优先保障纳入近期建设规划的重点地区和建设项目实施。

（苏　萌　王丽颖）

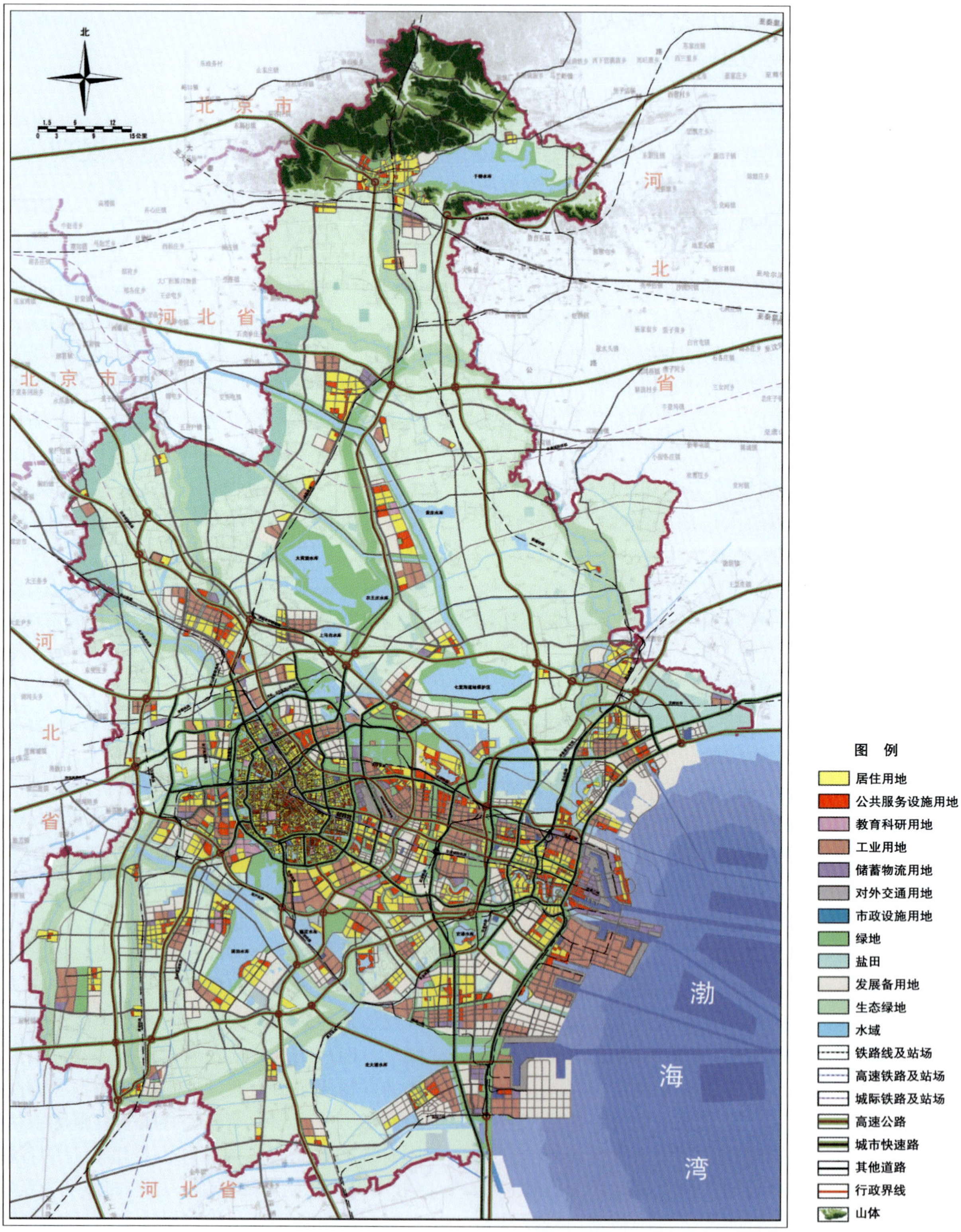

天津市近期建设规划：近期土地利用规划图

天津市住房建设规划
（2011–2015 年）

【概况】 为贯彻落实国务院关于进一步加强宏观调控、稳定住房价格、加快保障性住房建设的要求，按照市政府办公厅《关于促进我市房地产市场平稳健康发展的实施意见》（津政办发〔2010〕64号），自 2010 年 4 月起，市规划局会同市国土房管局和市建设交通委，组织开展《天津市住房建设规划（2011~2015 年）》的编制工作。2010 年底，编制完成规划初步方案，向市有关部门和各区县政府征求意见。2011 年 6 月，组织召开专家咨询会议，按照程序进行规划公示。根据各方面的意见和建议，组织规划编制单位进行修改完善。2011 年 10 月 21 日上报市政府审批。2012 年 2 月 28 日市政府第 85 次常务会议审议并原则同意这个规划。

【规划要点】 （一）对“十一五”期间住房建设规划实施情况进行回顾和评估。从总量指标、住房供应结构及空间布局总结“十一五”期间住房建设的成效及存在的问题。（二）细化经济适用房类别。结合全市开展的示范小城镇挂钩试点工作，将示范小城镇农民还迁安置经济适用房纳入全市经济适用房范畴。（三）科学预测全市“十二五”期间的住房总量。按照国家房地产调控政策要求和全市城镇人口增长对住房的需求，结合市建设交通委“十二五”住房建设计划和市国土房管局“十二五”住房保障规划，确定“十二五”期间全市住房建设总量 9500 万至 12000 万平方米，其中保障性住房建设总量 4875 万平方米。（四）明确住房用地布局引导的内容。按照空间均衡分布、配套条件良好、各类住房混合布局的原则，结合城市交通、产业布局、公共服务设施布局，对“十二五”住房建设提出分类、分区域布局引导方案，增强规划的弹性和可实施性。

（苏　萌）

天津市排涝总体规划
（2011–2020 年）

【概况】 规划由市水务局会同市规划局组织编制，对于科学合理调整排涝工程空间布局，满足城市基础设施建设需要，确保全市防汛排涝安全，具有重要意义。2011 年 8 月 1 日，市政府发出《关于天津市排涝总体规划（2011~2020 年）的批复》（津政函〔2011〕100 号），原则同意这个规划。

【规划要点】 规划范围为全市平原区，主要对河道及泵站等排涝设施进行合理布置，规范涝水排放出路，调整排涝工程布局。通过排涝体系的合理调整，处理好城市建设与区域排涝之间的关系，统筹协调城市排涝与水资源保护、河道水环境建设的关系，充分发挥现有河道、水库、洼淀的蓄水功能，实现雨洪水资源化。规划确定近期实施河道治理工程及泵站工程，计划治理河道共计 58 条，总长 1050.85 千米，安排泵站工程 192 座，规模 3095.77 立方米/秒。

（苏　萌）

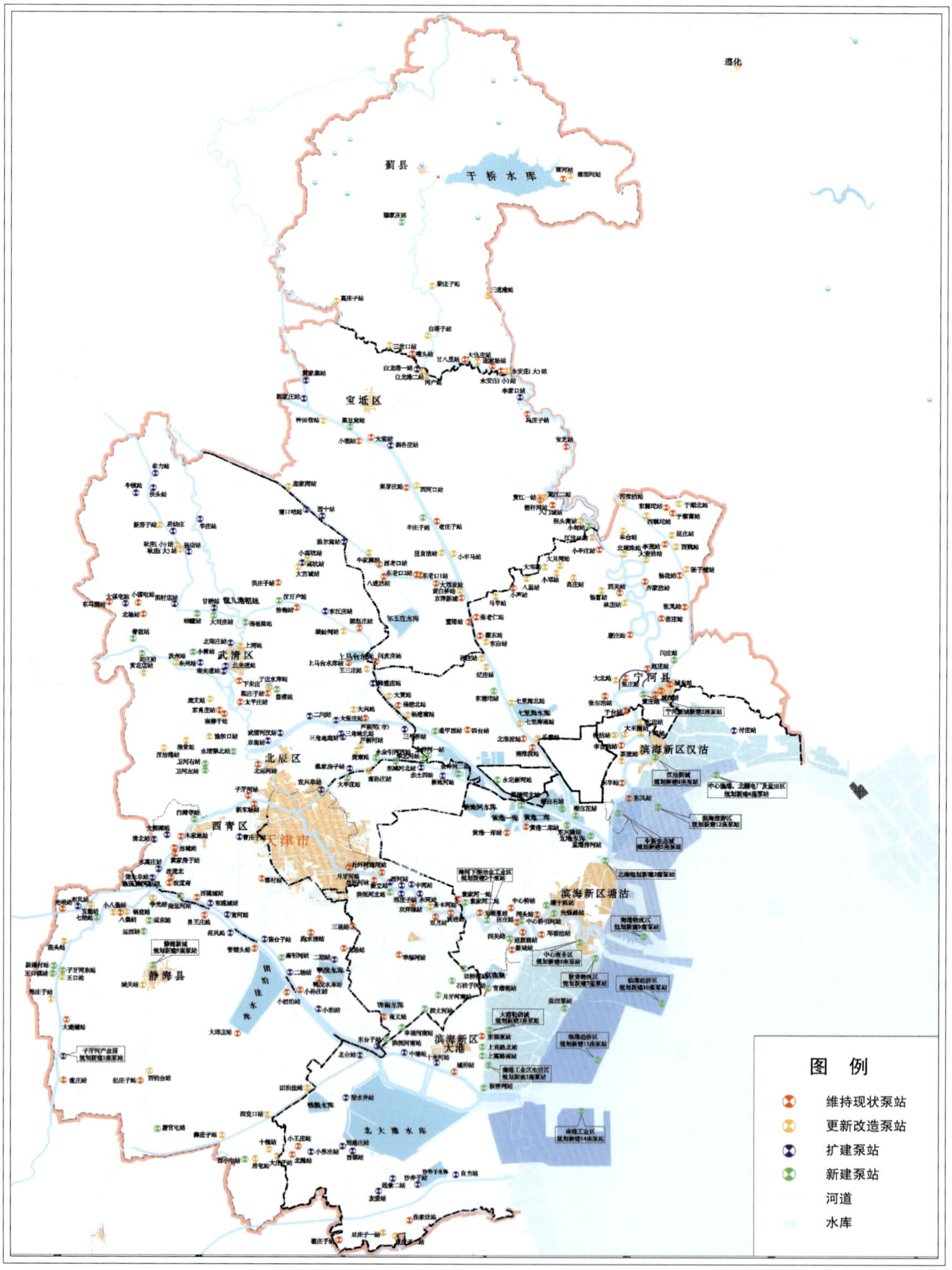

天津市排涝总体规划：泵站工程规划布置图

天津市民政服务设施布局规划（2010–2020年）

【概况】 规划由市民政局会同市规划局组织编制，对优化民政服务设施布局，改善民生，促进全市民政福利事业发展，建设和谐社会具有重要意义。2011年8月1日，市政府发出《关于天津市民政服务设施布局规划（2010~2020年）的批复》（津政函〔2011〕102号），原则同意这个规划。

【规划要点】 规划范围为天津市行政区域，近期规划年限为2010~2015年，远期规划年限为2016~2020年。规划确定“双心集聚、五区发展”的空间结构，即以中心城区、滨海新区为一级中心，辐射外围周边地区，以蓟县、宝坻、武清、宁河、静海新城为二级中心，辐射带动周边中心镇、一般镇，构建多层级民政服务设施体系，推进城乡公共服务均等化发展。规划确定老年福利服务设施、孤儿养育设施、殡葬服务设施和其他福利服务设施的规划布局。到2020年，规划机构养老设施达到437处，社区老年日间照料服务中心（含托老所）达到1260处，宜居老年社区达到27处。

（苏　萌）

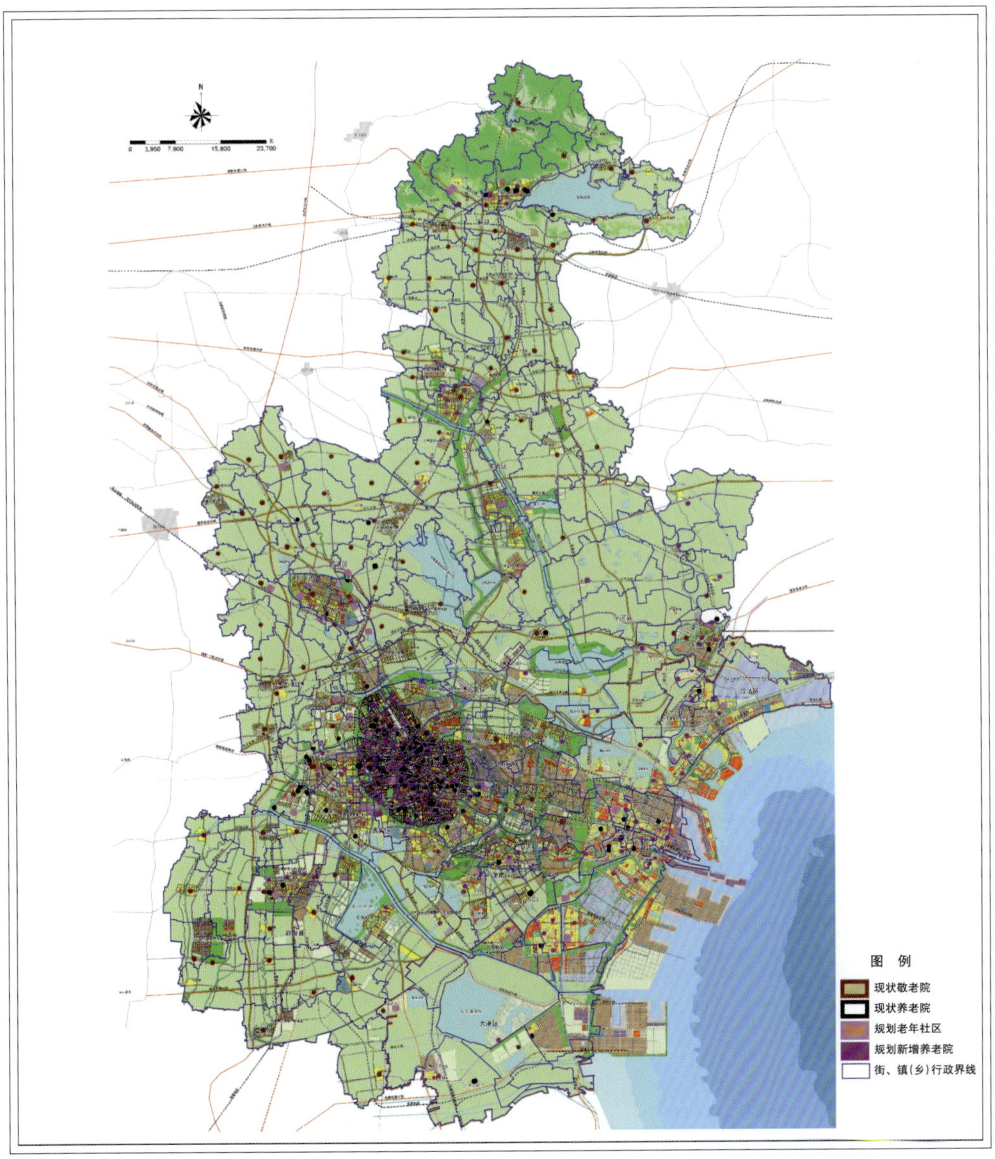

天津市民政服务设施布局规划：养老福利服务设施规划图

天津市造林绿化规划
（2011–2015 年）

【概况】 规划由市林业局会同市规划局组织编制，对促进林业发展和生态城市建设具有重要意义。确定的规划范围、期限、目标、原则和总体格局，是指导全市“十二五”期间造林绿化工作的重要依据。2011 年 12 月 19 日，市政府发出《关于同意 2011–2015 年天津市造林绿化规划的批复》（津政函〔2011〕181 号），原则同意这个规划。

【规划要点】 规划按照“均衡全域、强化滨海、突出环城”的原则，结合全市自然条件，提出“一带、两环、三网、五区”的市域林业总体格局，突出林网建设、环城四区及滨海新区片状林地建设的三个造林重点，全面提升全市、特别是中心城市的生态环境品质。规划要求结合近郊自然、地理特点和天津市城市总体规划保留的开敞空间，在进一步加强“三网”建设的同时，加大成片林地特别是郊野公园的建设力度。至 2011 年底，北辰区、东丽区和西青区已开展郊野公园的规划编制工作。

（苏　萌）

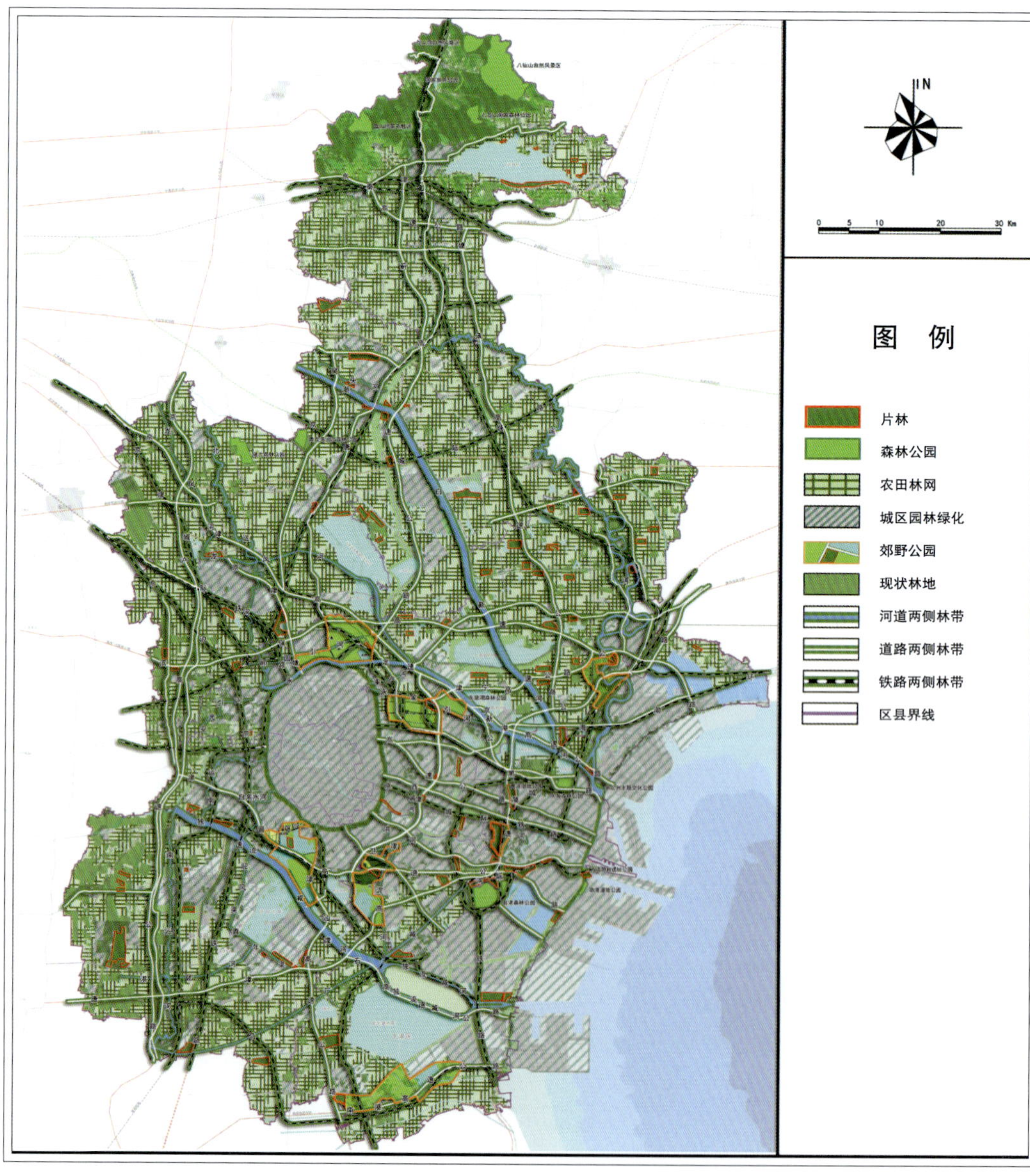

天津市造林绿化规划图

天津市消防规划
（2011–2020 年）

【概况】 规划由市公安消防局会同市规划局自 2010 年 9 月开始编制，对于构建全市消防安全体系，指导城市消防设施建设发展，增强抗御火灾和处置各种灾害事故的综合能力具有重要意义。规划以相关规划、规范、标准为依据。为提高规划的科学性和合理性，开展《天津市城市火灾风险评估》等 4 项专题研究。2012 年 2 月 7 日，市政府发出《关于天津市消防规划（2011–2020 年）的批复》（津政函〔2012〕11 号），原则同意这个规划。

【规划要点】 规划范围为天津市市域，重点范围为中心城区、环城四区、滨海新区及重点城镇。根据中心镇及建制镇的地理位置和特点，确定消防设施设置原则。规划期限为 2011–2020 年，近期规划期限为 2011–2015 年。规划明确近期新增的消防站、消防指挥中心、培训训练基地和战勤保障基地等各类设施，规划期末形成覆盖全市、分布合理、出警迅速、规模适中的消防站布局。

（苏　萌）

天津市消防规划：消防站规划图

天津市环卫设施布局规划
(2011–2020 年)

【概况】 规划由市市容园林委自 2009 年 9 月开始组织编制，对于不断完善环境卫生服务体系，规范和引导环境卫生设施建设，具有重要意义。2011 年 4 月会同市规划局审定规划方案。规划合理确定生活垃圾处理技术工艺和建设生活垃圾处理设施。2012 年 2 月 7 日，市政府发出《关于天津市环卫设施布局规划（2011–2020 年）的批复》（津政函〔2012〕12 号），原则同意这个规划。批复要求按照规划确定的总体目标、技术路线、布局原则、环卫设施设置和建设标准，会同有关部门和区县人民政府，认真做好组织推动和实施工作。

【规划要点】 规划范围为全市域。结合区县总体规划、控制性详细规划，对各类环卫设施在空间上进行配置；中心城区按照控制性详细规划确定的小型转运站、基层环卫机构、环卫车队、环卫工人作息场所布局进行设置；各新城、中心镇、一般镇按照人口规模进行配置，用服务半径进行校核。在远离人口密集区又不超过合理运输距离的范围内设置垃圾处理设施。在地理位置上考虑南北和东西方向的均衡布置；外围各区县垃圾处理设施分布构建属地管理机制，分区设置垃圾处理厂。

（苏　萌）

天津市环卫设施布局规划：天津市垃圾处理设施布局规划图

天津市第四次综合交通调查

【概况】 按照市政府第68次常务会议要求，为全面了解全市交通出行特征，科学制定缓解城市交通拥堵措施，促进交通资源合理配置和轨道交通建设规划的报批，自2011年5月16日开始，市规划局会同国家统计局天津调查总队、市市政公路局、市交通港口局、市公安交管局等组织开展第四次综合交通调查工作。至2011年底，顺利完成各项调查任务，取得预期成果。

【工作要点】 调查工作动用调查员2.2万名，约5万人次，完成居民出行调查、公路交通量及出行调查、对外枢纽出行调查等11项重点内容，形成天津市第四次综合交通调查主要结论和几点建议、综合报告和居民出行调查分析报告、流动人口及对外枢纽点出行调查分析报告等7项专项报告。综合分析交通调查成果表明，随着全市社会经济快速发展，城市交通发生巨大变化：一是交通需求大幅增长；二是需求分布变化显著，“双城”出行增长态势明显；三是机动化出行比例大幅增加；四是公路网交通流量不够均衡；五是港口吞吐量增长迅猛，港城交通矛盾凸显；六是双城局部地区高峰时段交通压力突出。全市交通基础设施建设形成以“双高”（高速铁路、高速公路）、“双快”（快速路、快速轨道）为骨架的现代综合交通运输体系，实现城市空间建设、城市功能提升与交通的互动发展。

（苏　萌）

天津市中心城区控制性详细规划修编

【概况】 中心城区控制性详细规划2001年经市政府批复实施以来，对于优化城市用地结构和空间布局，提升土地价值和城市载体功能，加强中心城区规划管理和建设发展发挥了重要作用。近年来，随着城市的快速发展和新一轮总体规划、空间发展战略规划的实施，中心城区的空间布局和用地结构发生很大变化。为适应形势发展，按照市政府的部署，市规划局组织开展中心城区控制性详细规划的修编工作。2011年12月19日，市政府常务会议审议并原则同意修编方案，要求市规划局等部门根据会议所提意见，与北部新区相关规划做好衔接，进一步优化完善后，由市政府批复实施。

【规划范围】 中心城区外环线以内334平方千米范围，涉及和平、河东、河西、河北、南开、红桥、东丽、津南、西青、北辰10个行政区，共176个控规单元。

【规划要点】 本版控规适度增加居住用地规模，满足居民住房条件改善需求。对“一主两副”地区、海河两岸和地铁沿线等重点地区用地结构进行调整，大幅增加商业金融业用地，支撑现代服务业发展。调整工业仓储用地，突出中心城区职能。完善道路交通体系，提高交通服务水平。优化市政设施用地布局，强化基础设施承载能力。规划形成“九河七园七景区”绿地系统，大幅增加绿地规模，实现生态城市建设目标。保护历史文化街区，凸显城市文化特色。优化文化、体育、医疗、社区配套等设施用地布局，保障民计民生。

（白　宇）

天津市中心城区控制性详细规划：用地规划图

西站城市副中心城市设计深化

【概况】 加强原有西站地区城市设计的可操作性，推动西站及周边地区项目落地，红桥区政府组织开展了西站城市副中心城市设计深化。

【规划范围】 东至北运河，南至南运河，西至天津西北半环快速路，北至河北工业大学，规划用地面积 6.17 平方千米。

【规划设计要点】 西站城市副中心定位：以城市综合交通枢纽为依托的区域型生产性服务业中心，是面向天津西北的商业商贸中心。规划形成“一轴三河，一体两翼”的布局结构。“一轴三河”即南北向中央绿轴，北运河、子牙河、南运河三条生态廊道。“一体两翼”即西站 CBD 核心区及核心区北翼的西沽公园为核心的生态休闲功能区与南翼的西站枢纽为核心的枢纽商贸区。规划构建紧凑街道网络，营造人性步行空间；建设中央绿带，打通地区生态廊道，以景为轴，创造丰富公共平台；构建连续连廊系统，营造立体步行空间；打造“一轴一带”的景观骨架和“双河八景”的景观节点。“一轴一带”即连接西站与西沽公园的中央绿化景观轴和北运河及子牙河的滨河景观带。“双河八景”即北运河和子牙河畔的西沽公园、规划的绿轴地标建筑、子牙河畔康体公园和文化广场、西站北广场、西站、三叉河口景点和改造的盐店街商业街。

（白　宇）

西站城市副中心城市设计总平面图

卫国道两侧城市设计、城市设计导则和土地细分导则

【概况】 为落实市委、市政府将卫国道打造成迎宾大道的要求，市规划局开展卫国道两侧城市设计及土地细分导则、城市设计导则编制工作，挖掘地区功能发展和景观塑造潜力，提升周边地区的城市活力和发展价值。2011 年 9 月 27 日，市规划局下发《关于天津市卫国道（昆仑路–外环东路）两侧城市设计、城市设计导则和土地细分导则的批复》（规详字〔2011〕644 号），原则同意城市设计和两个导则。

【规划范围】 卫国道沿线昆仑路至外环东路之间万东路、龙山道、外环东路、程新道、程发路和盘山道围合区域，用地面积约 7.04 平方千米。

【规划设计要点】 确定卫国道地区“天津市东进战略的重要节点，中心城区东部展现天津时代风貌的迎宾大道”的规划定位；明确区域“发展空港商务休闲配套、区级商业服务和居住”的主导功能；规划“两轴两片，双核驱动”的功能结构，两轴即卫国道航空商务商贸轴及博山路活力发展轴；两片即卫国道北的生活居住片区、以南的综合功能片区；双核即空港商务休闲核和东丽环内地区商业服务核。

城市设计导则对地区整体风格、空间意向、街道类型、开放空间、建筑控制、地下空间和灯光照明等进行控制说明。土地细分导则依据城市设计深化完善地区用地布局和土地使用控制指标，按规范要求配置公共服务设施及交通、市政基础设施。

（白　宇）

卫国道两侧城市设计：总平面布局图

侯台城市公园及周边地区城市设计

【概况】 侯台城市公园是全市“十二五”期间的重点工程之一，对推动生态宜居城市建设具有重要意义。为使公园建设独具特色，带动周边地区发展，组织开展侯台城市公园及周边地区约7平方千米的城市设计国际方案征集，并对方案进行深化完善。

【规划范围】 东至简阳路、剑川路、延安西路，南至复康路，西至外环西路，北至凯安路，规划面积约7平方千米（含侯台城市公园用地189公顷）。其中侯台城市公园南北两侧为重点规划设计区域。

【规划设计要点】 侯台城市公园及周边地区定位为集生态公园、高尚住宅、假日休闲、综合服务和创意展示五大功能的城市综合地区。功能分区为，一个公园：以水为主题的生态湿地公园；一条轴线：从公园引至复康路的城市绿轴；三个节点：保山西路站节点、侯台公园站节点、文化创意节点。两带三片：其中两带：保泽道形象带及复康路形象带。三片：公园片区、公园南片、公园北片。

侯台城市公园规划为以生态、休闲功能为主导的，集娱乐、健身、体验、科普为一体的中心城区城市公园。公园东西方向是最具特色的景观廊道，场地水域连贯，适合表达一个主题景观空间，其它区域依据公园周边环境及城市区域性功能，设计四个体验景区：沽水风情：津沽文化和生态体验；沽舞欢歌：青少年、儿童密林有氧活动情趣体验；沽育谐趣：创意展示、津沽工艺DIY体验及低碳艺术展览等；沽影留霞：老年人休闲、多感自然体验。

（白　宇）

侯台城市公园城市设计总平面图

天津市历史文化名城保护规划修改

【概况】 2011年，配合天津市城市总体规划修改，同步开展天津市历史文化名城保护规划修改工作，在市域范围内历史文化资源现状调研的基础上，建立四个层次的保护规划体系：市域总体、分区、控规、建筑四个层次，每个层次确定规划对象、规划内容、法规标准和保护策略。

【修改重点】

1.补充完善历史城区保护内容，突出体现天津近现代历史文化特色，反映“中西合璧、古今交融”的独特风貌。

2.挖掘京杭大运河的历史文化价值，展现天津漕运文化特色。

3.挖掘研究各具特色的历史文化资源，体现天津多元化的历史文化特色。

4.挖掘不同历史时期典型特征的历史文化资源，全面体现天津历史文化名城价值。

5.补充工业遗产、非物质文化遗产保护内容，加强文物古迹、历史（风貌）建筑保护。

（张燕荣）

天津市工业遗产保护利用规划

【概况】 2011年，编制完成《天津市工业遗产保护利用规划》。规划借鉴德国鲁尔工业区、英国伦敦工业区、上海世博、北京首钢等工业建筑改造利用的成功经验，对全市工业遗产提出保护、改造、再利用的规划建议。

【规划四要素】 工业遗产价值确定、保护与更新策略、保护与利用建议、相关规划调整建议。

【工作成果】 一份工业遗产名单，一份工业遗产名录图册，一个工业遗产保护与再利用规划，一个工业遗产保护利用管理办法。

（张燕荣）

中心城区历史文化街区整体保护规划

【规划范围】 《天津市历史文化名城保护规划（2005-2020年）》确定的历史城区（53平方千米）及14片历史文化街区（9.9平方千米）。

【编制目的】 振兴老城、保护与发展并举；整合14片历史文化街区，指导下一步保护规划编制。

【保护原则】 整体性保护的原则，真实性保护的原则，分层次、分类别保护的原则，改善人居环境促进和谐发展的原则。

【规划定位】 历史城区——适宜城市生活的核心区。历史文化街区——具有历史传统和文化功能的城市载体。

【主要功能】 以居住功能为主导兼具商业服务、商务办公、娱乐休闲、文化展示及旅游观光于一体的多功能综合区。

【保护策略】 从河湖水系、街巷格局、城市空间轮廓与建筑高度控制、街道对景、交通体系、市政基础设施等6个方面对历史城区提出整体保护策略。

（张燕荣）

老城厢历史文化街区保护规划

【规划范围】 老城厢历史文化街区位于天津市南开区，四至范围：北城街、东马路、东门内大街、城厢东路、南城街、城厢西路，总面积 66.81 公顷。

【规划目标】 挖掘历史文化脉络、重视非物质文化遗产传承和展示，阐述历史、体现对历史脉络的延续和融合。繁荣传统商业，通过文化挖掘、功能调整，增加休闲、文化功能，弘扬民族文化，增强地区活力。

【功能定位】 以中国北方传统城市格局为典型特征的商住综合街区。

（张燕荣）

老城厢历史文化街区范围图

赤峰道历史文化街区保护规划

【规划范围】 赤峰道历史文化街区位于天津市和平区的东部，南临南京路，是城市核心区的重要组成部分。新华路、营口道、南京路、哈尔滨道围合的区域，总面积 17.47 公顷。

【历史风貌特征】 规划布局窄路密网的格网式生活性街区尺度明显。以赤峰道为轴，院落式和里弄式建筑布局有序，各式居住建筑以及配套公共建筑构成的街巷空间连续并富有变化。整体环境幽雅，配套设施完善，是天津以督军和名医为代表的名人故居最为集中的历史文化街区。

【功能定位】 以历史名人故居为典型代表的天津近代生活街区。

（张燕荣）

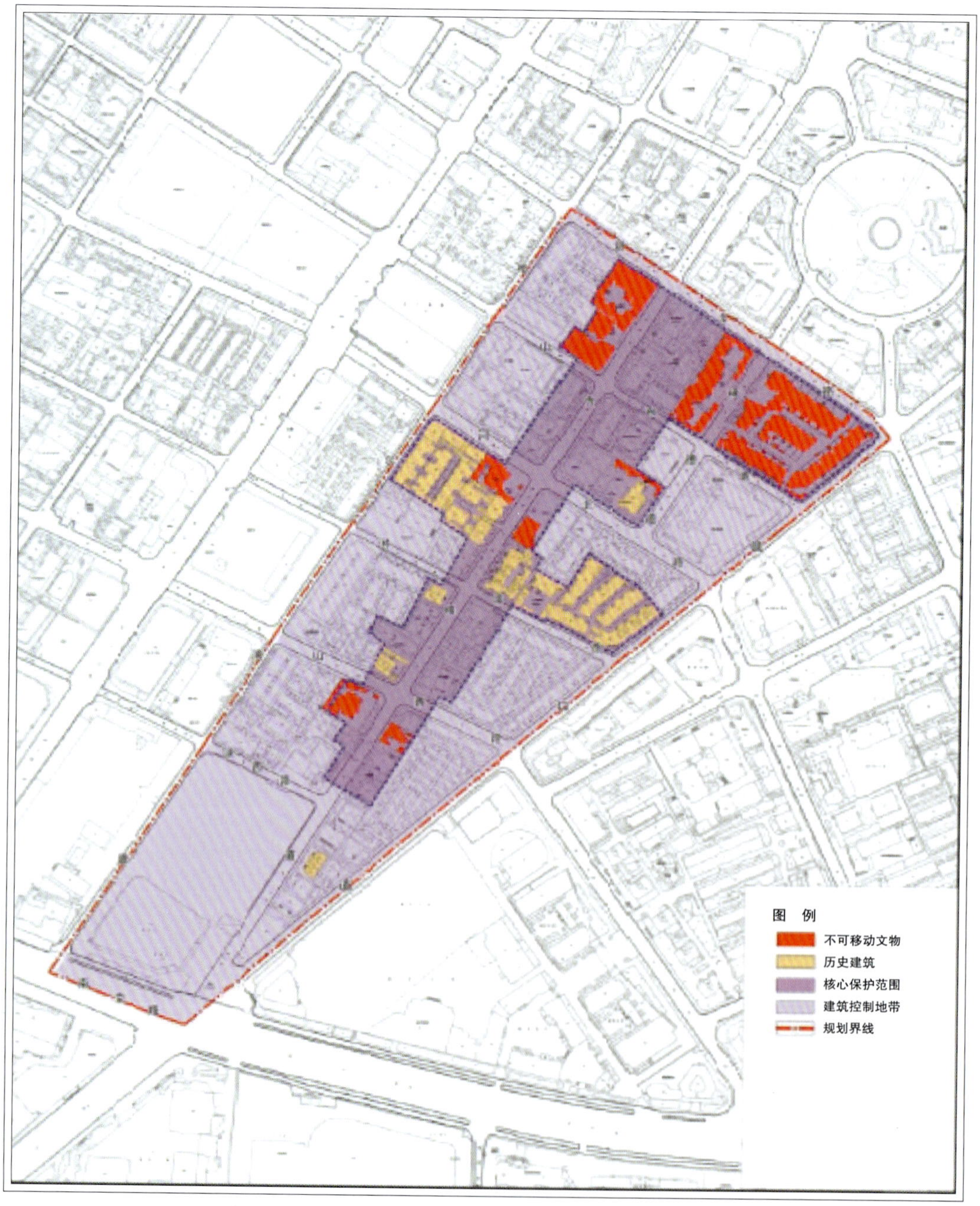

赤峰道历史文化街区保护范围图

承德道历史文化街区保护规划

【规划范围】 承德道历史文化街区位于天津市和平区，四至范围：哈尔滨道、吉林路、营口道、和平路，总面积 16 公顷。

【历史风貌特征】 本街区是原法租界的生活街区，存有大量形式各异的公共建筑和居住建筑。这些建筑由于受西方建筑的影响有其特点，在中国建筑史上占有一定地位。方格网型道路规划体现法国的规划特色。1911 年辛亥革命后，地区经济文化迅速发展，“西学为用”思想、民族资本主义，基督教、天主教得到发展，对天津城市特色的形成产生重要作用。

【功能定位】 以承德道为重要景观轴线，以法式公共建筑和住宅建筑为特色的多功能综合街区。

（张燕荣）

承德道历史文化街区保护范围图

中心花园历史文化街区保护规划

【规划范围】 中心花园历史文化街区位于天津市和平区核心地带，四至范围：和平路、营口道、新华路、哈尔滨道，总面积 9.9 公顷。

【历史风貌特征】 本街区位于原法租界的中心地带，区内街道格局以极具法国特色的中心放射式路网为主，居住建筑沿花园路环状布置，形式异彩纷呈，环境幽雅，是花园环境与居住空间协调最具特色的地区，也是代表天津法租界景观特色的精华之地，是反映天津近代发展的重要物质载体。

【功能定位】 以放射状路网格局及花园别墅为典型特征的、具有法式风貌特征的商业文化街区。

（张燕荣）

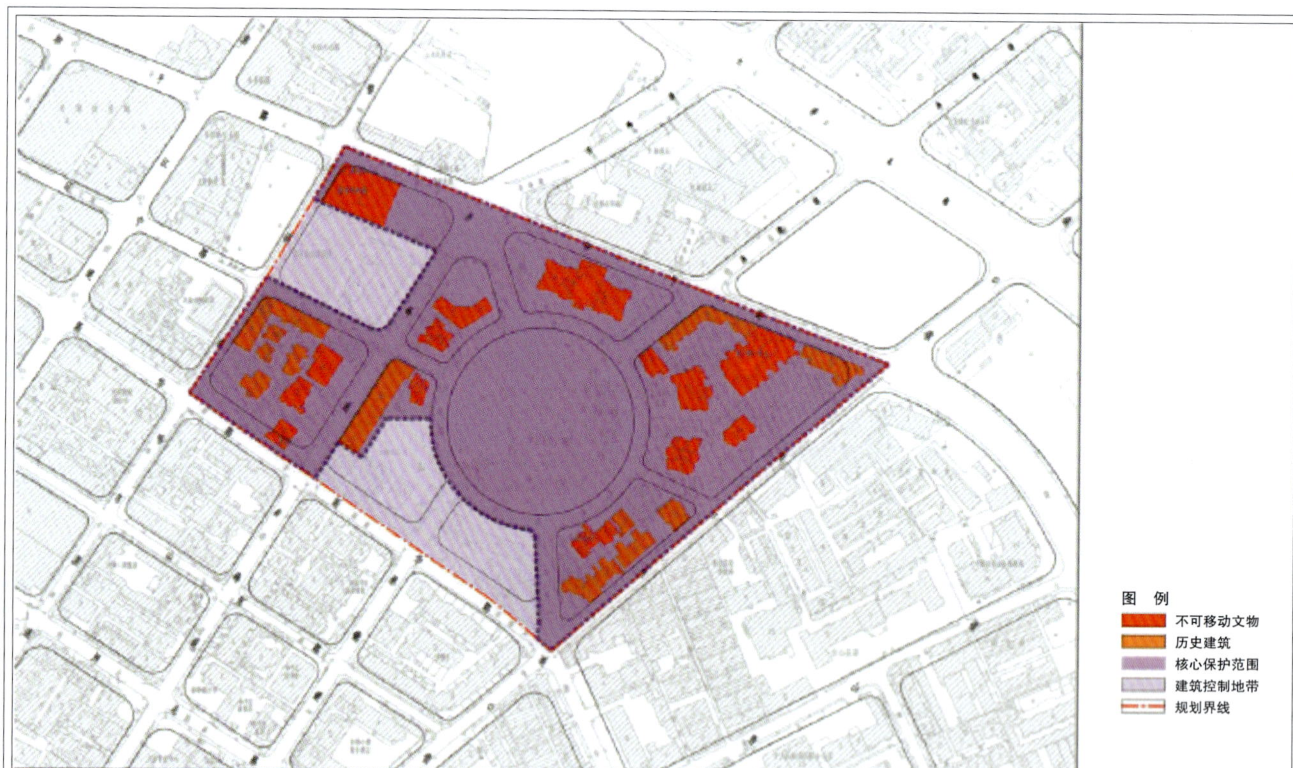

中心花园历史文化街区保护范围图

劝业场历史文化街区保护规划

【规划范围】 劝业场历史文化街区位于天津市和平区，四至范围：兴安路、哈尔滨道、辽宁路、长春道、和平路、原浙江兴业银行界线、滨江道，总面积3.67公顷。

【历史风貌特征】 本街区是19世纪末20世纪初形成的法租界商业区。随着法租界建设的日趋完善，街区逐步形成规整的方格路网格局，两条商业步行街和平路、滨江道十字相交，成为街区主要的道路骨架。路口四周建成的劝业场、惠中饭店、交通饭店及浙江兴业银行，四位一体，形成和平路、滨江道商业区的龙头和心脏。劝业场历史文化街区是天津近代商业建筑最集中的历史文化街区。

【功能定位】 以天津近代商业建筑群为特色的、城市中心商业文化街区。

（张燕荣　王丽颖）

劝业场历史文化街区保护范围图

鞍山道历史文化街区保护规划

【规划范围】 鞍山道历史文化街区位于天津市和平区，四至范围：新华路、四平东道、 南京路、万全道、陕西路、多伦道，总面积 40.8 公顷。

【历史风貌特征】 本街区是近代日租界的核心区域，是 19 世纪末 20 世纪初形成的日租界住宅区与行政中心。主要为欧式折衷主义建筑风格的住宅类建筑，类型有花园式别墅、联排式建筑、里弄式建筑等，主要分布于鞍山道沿街。主要道路网格局为井字形方格网，道路绿化保护较好，形成林荫道；道路宽度与两侧建筑高度比例适宜。日式建筑特色明显，街巷尺度宜人，环境优美。

【功能定位】 发展成为以“窄街巷、密路网”街巷格局及历史性居住建筑为典型特征的商住综合街区。

（张燕荣）

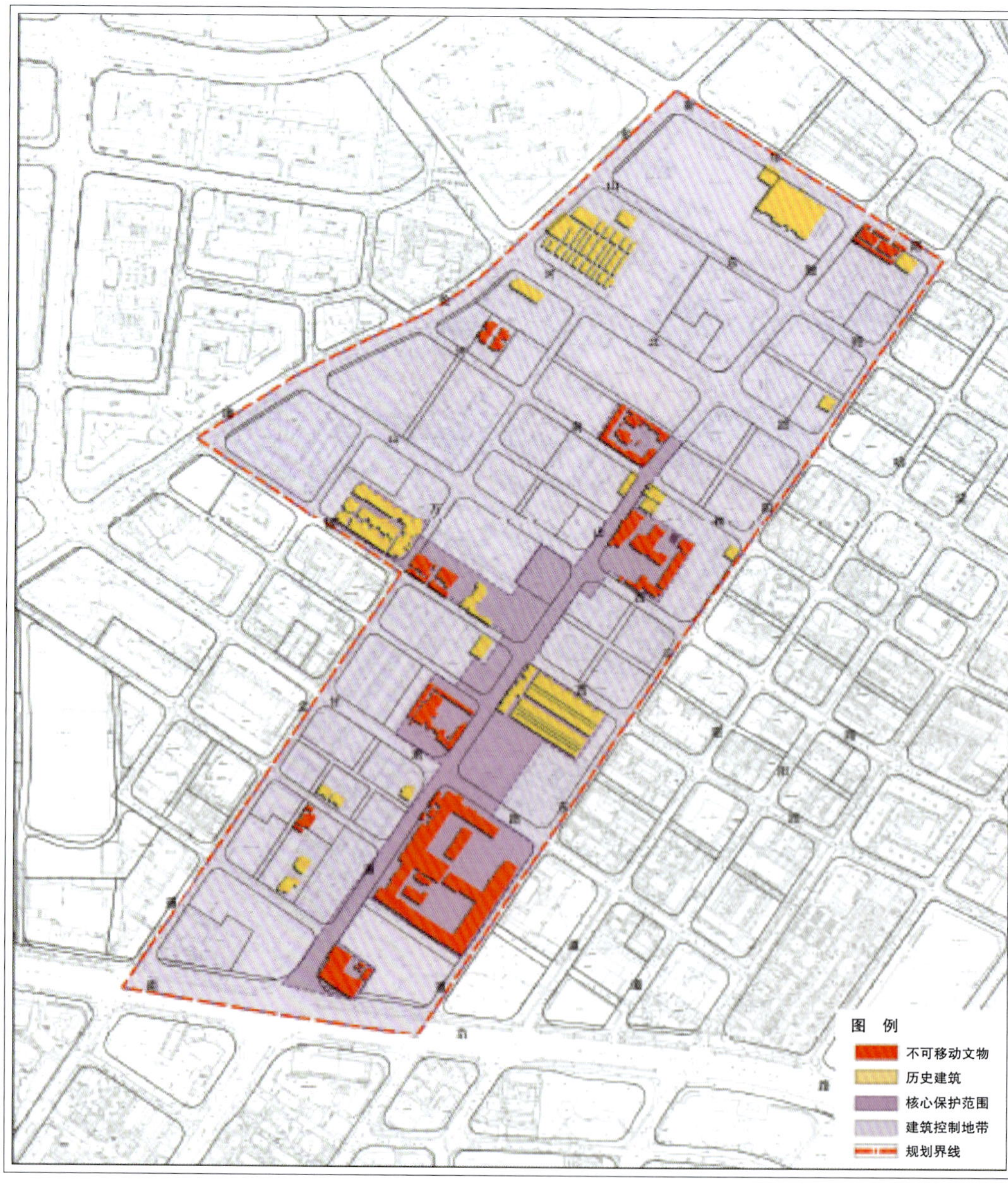

鞍山道历史文化街区保护范围图

解放北路历史文化街区保护规划

【规划范围】 解放北路历史文化街区位于天津市和平区，四至范围：张自忠路、台儿庄路、保定道、大沽北路、营口道、吉林路，总面积 44.8 公顷。

【历史风貌特征】 解放北路历史文化街区是 19 世纪末 20 世纪初形成的英法租界银行办公区，路两侧历史形成的西洋古典风格的金融办公建筑群体，以庄重典雅的建筑形象、品质精良的建筑细部著称，集中体现近代中国的金融业百年发展历程，是最具保护价值的城市特色资源；同时，沿大沽北路东侧和津湾广场地区，近年来建造的新古典主义风格的商业办公类建筑，亦形成独具特色的城市形象；历史形成通达海河、纵横交错、尺度适中的街道格局，界面完整、绿树成荫的街道空间，也是本街区具有保护价值的城市特色资源；沿海河自然弯曲形成的城市景观界面，从大沽北路步行抵达海河滨水景观带的 10 条横向道路，在浓郁的历史人文氛围中独特的步行体验，也是本街区尚待挖掘与保护的城市特色资源。

【功能定位】 以西洋古典风格为特色的、天津近代金融办公建筑集中区。

（张燕荣　王丽颖）

解放北路历史文化街区保护范围图

解放南路历史文化街区保护规划

【规划范围】 解放南路历史文化街区位于天津市河西区，四至范围：曲阜道、台儿庄路、琼州道、福建路、绍兴道、解放南路、解放北路，总面积50.66公顷。

【历史风貌特征】 本街区为德式特色的建筑文化，拥有张勋、王致隆、吴毓麟宅邸等多处德式历史建筑，均在德式风貌基础上增加大量的中式装饰，中西建筑文化在这一地区密集并和谐的融合在一起；街区内部拥有海河中学、台湾路小学、河西一幼、河西妇产医院等，在配套服务设施普遍缺乏的各历史街区中，解放南路生产、生活相关配套设施比较完善。

【功能定位】 以德式风情区为主要载体，结合海河沿线旅游开发，整合街区周边业态，打造海河旅游景观节点。

（张燕荣）

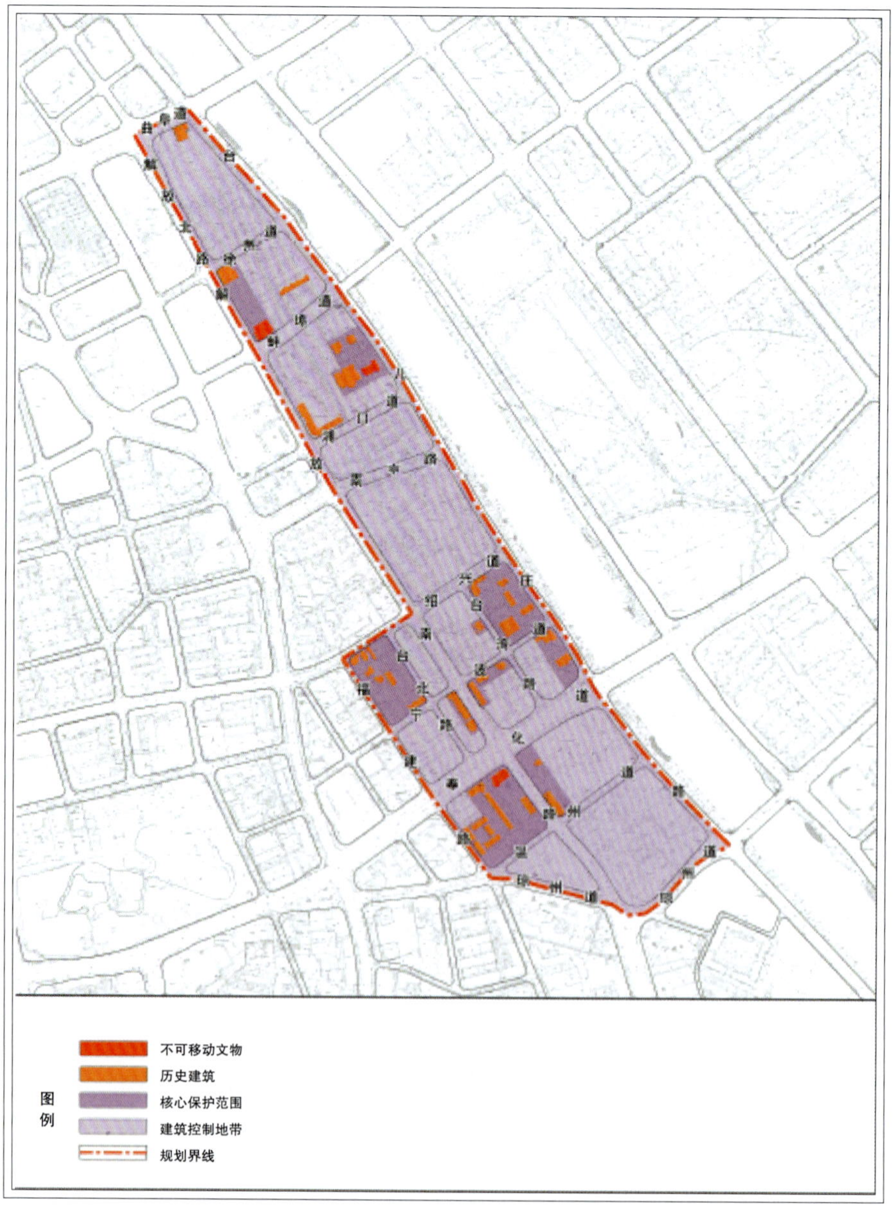

解放南路历史文化街区保护范围图

葛沽历史文化名镇保护规划

【规划范围】 东至规划十六纬路，南到规划二十三纬路，西至规划六十经路，北至海河南岸，保护范围面积 53.1 公顷，包括核心保护区 23.5 公顷，建设控制地带 29.6 公顷。

【规划原则】

1.古镇保护是一个整体性的过程，不仅关注人工造就的物质形态遗产保护，更应关注作为背景要素与环境必需的自然生态系统保护，关注非物质形态遗产源流的地方性历史文化传统保护。

2.古镇保护应反映真实历史信息，保护真实的历史载体。

3.合理利用、永续利用。历史文化遗产利用不能急功近利，不能过分追求经济效益，当前的利用方式应保证以后可以持续利用。

4.采取分层次、分区域、分级别的分类保护方法，制定相应的保护规定和整治措施，保持历史风貌的多样性，使规划具有可操作性。

5.加强对古镇非物质文化遗产（宝辇花会）的保护，同时梳理和强化古镇历史社会文化脉络，强化古镇独特性和可识别性。

【保护措施】 规划对古镇历史文化梳理、强化，适当引入部分与古镇文化相关的公共功能，如纪念馆、博物馆、餐厅和休闲会所等，实现历史文化古镇的公共参与和开放性，重点对葛沽宝辇花会进行强化与提升，塑造北方最大的妈祖文化祭祀活动中心。重点发展特色商业，增加民俗客栈，融入民俗体验内容。

【功能定位】 以北方妈祖文化为特色的海河下游历史文化名镇。

（张燕荣）

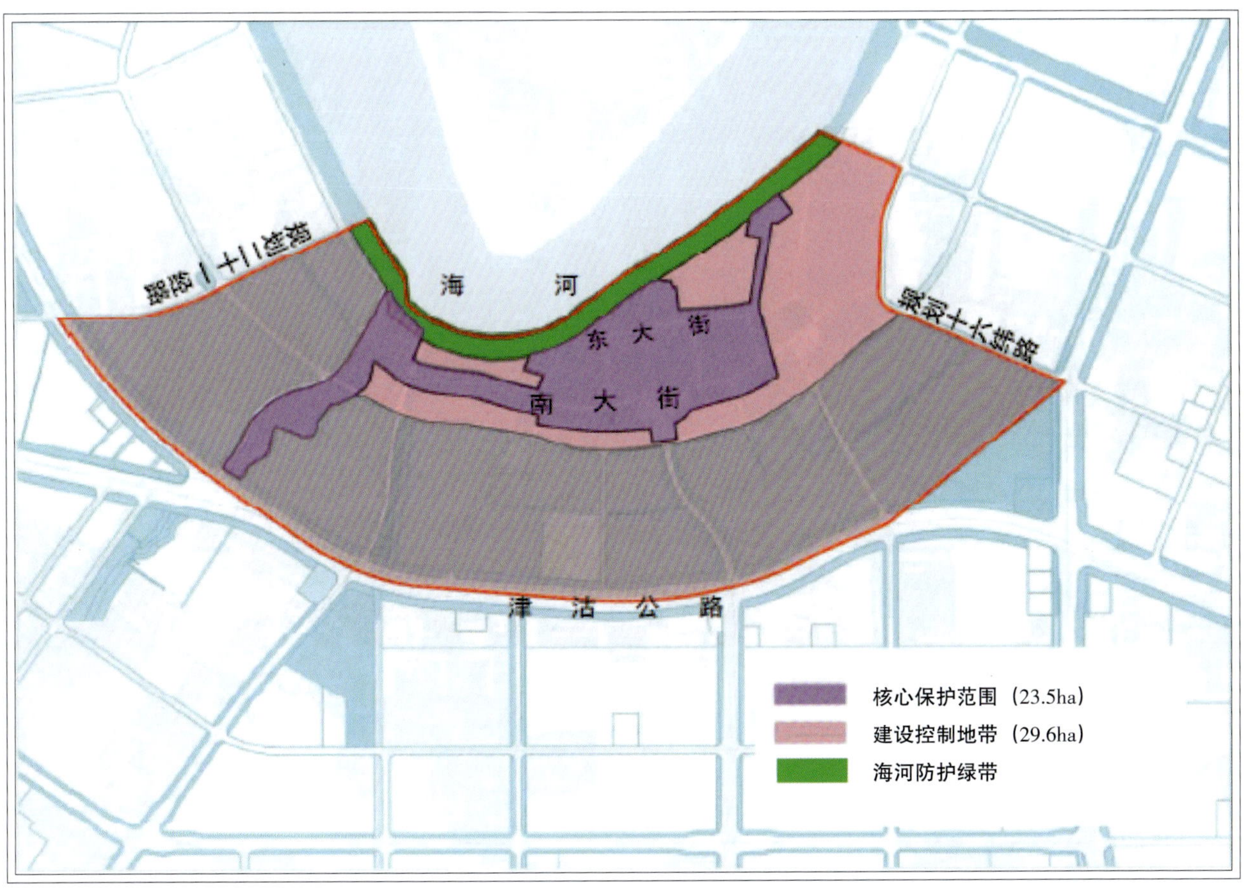

葛沽历史文化名镇保护范围图

城市雕塑《京津明珠》获年度大奖

坐落于武清文化公园的城市雕塑《京津明珠》，由中央美术学院设计，参加全国城市雕塑委员会“2010年度优秀城市雕塑建设项目”评选活动，获得年度大奖，天津市规划局获得优秀组织奖。

（张燕荣）

滨海新区城乡规划　城市设计

滨海新区城市总体规划提升

【概况】 滨海新区城市总体规划提升工作于2011年1月完成阶段性成果。按照区委区政府的意见，继续开展城市总体结构、功能区布局等的深化研究并向市领导汇报。结合天津市城市总体规划修改的最新成果和新区重点地区的分区规划成果，对新区总体规划进行完善。其中确定滨海新区核心区190平方千米的范围和结构，细化四个片区的定位功能，开展各功能区规划实施的评估。2011年10月，国务院总理温家宝到新区调研，对新区开发建设提出五点要求。根据国家要求和市领导指示，正在进行总体规划深化提升。

【规划要点】 按照南重化、北旅游、西高新、中服务的发展格局，确定各片区的功能定位。滨海新区核心区重点建设中心商务区、海港物流区、临港经济区和先进制造业产业区东区、中区；南部片区重点建设南港工业区和轻纺经济区，将重化工业向南港工业区集聚，延伸石化中下游产业链，建设世界级重化工业和轻工纺织工业基地；北部片区重点建设中新天津生态城、滨海旅游区、中心渔港经济区，建设成为以宜居旅游为特色的环渤海地区休闲旅游基地、国际生态示范城市；西部片区重点建设滨海高新区、临空产业区和先进制造业产业区西区，构成高新技术产业集聚区，引领区域产业升级。形成“一城双港三片区”的空间结构，构建多中心、多组团、网络化海湾型城区。

（吴昊天　胡　源）

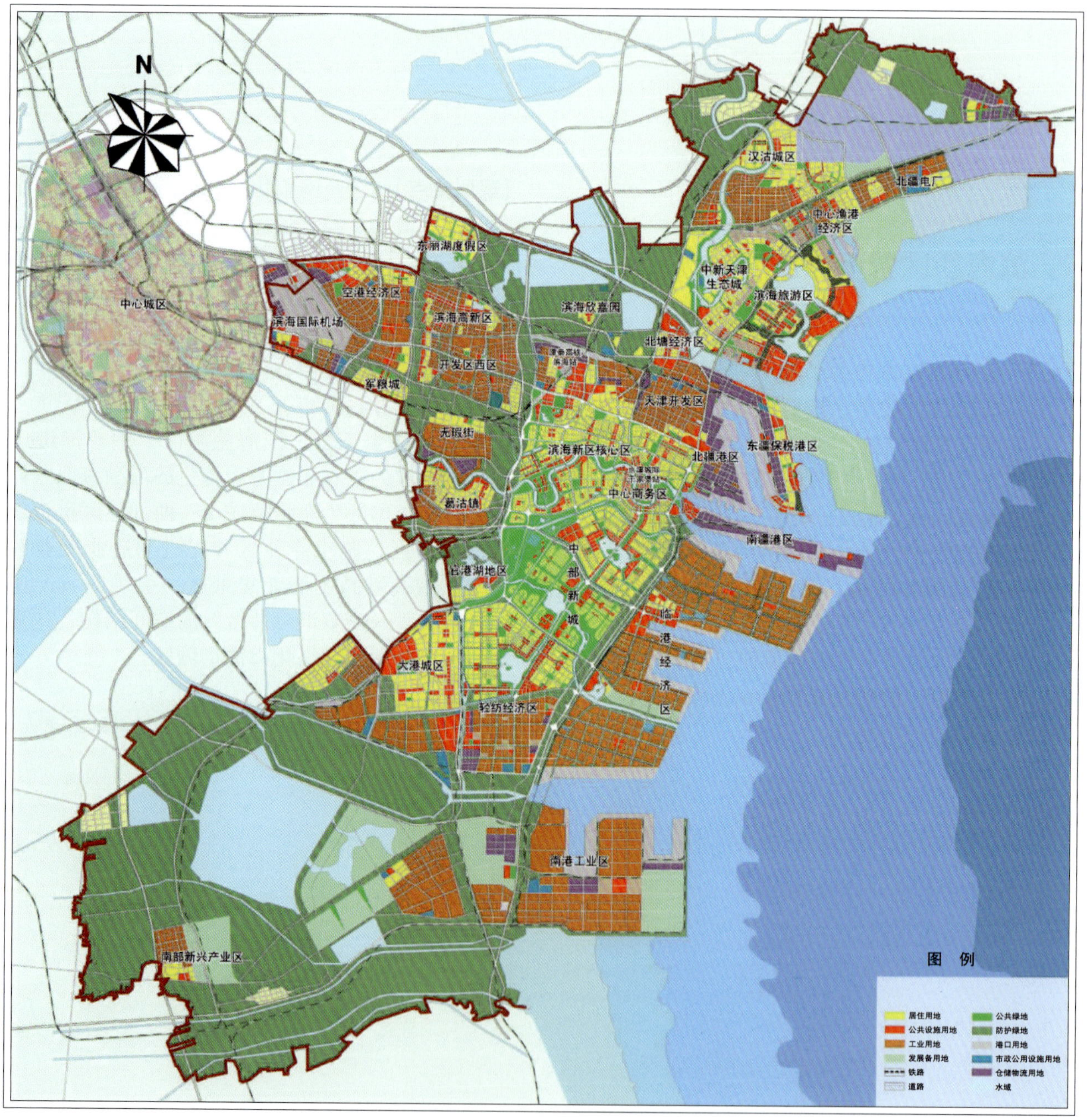
N
中心城区
汉沽城区
北疆电厂
中心渔港
经济区
东丽湖度假区
中新天津
生态城
空港经济区
滨海旅游区
滨海国际机场
滨海高新区
滨海欣嘉园
北塘经济区
开发区西区
军粮城
天津开发区
无瑕街
滨海新区核心区
东疆保税港区
北疆港区
中心商务区
葛沽镇
南疆港区
官港湖地区
中
部
新
城
临
港
经
济
区
大港城区
轻纺经济区
南港工业区
南部新兴产业区
图　例
居住用地
公共设施用地
工业用地
发展备用地
铁路
道路
公共绿地
防护绿地
港口用地
市政公用设施用地
仓储物流用地
水域

滨海新区总体规划图

滨海新区盐田利用和中部新城规划

【概况】 为落实天津市“双城双港”空间发展战略和滨海新区“一核双港、九区支撑、龙头带动”发展策略，按照市委、市政府从滨海新区实现国家定位的高度研究盐田综合开发利用和从滨海新区总体规划出发，统筹做好中部新城规划的要求，2011年2月开展《滨海新区盐田利用和中部新城规划》的编制工作。2月16日，市长黄兴国、市委副书记何立峰、副市长熊建平在市规划局专题听取规划方案汇报。4月8日，市长黄兴国、市委副书记何立峰、常务副市长杨栋梁、副市长熊建平再次专题听取规划汇报。期间，市规划局、区政府领导多次组织专题会议，研究新区盐田利用模式、中部新城的规划定位、空间结构、建设时序等问题。5月，规划方案上报市政府审批。6月16日，市政府常务会审议通过《滨海新区盐田利用和中部新城规划》。2011年8月22日，市政府发出《关于同意滨海新区盐田利用和中部新城规划的批复》（津政函〔2011〕118号），原则同意这个规划。批复指出，规划全面落实城市空间发展战略的要求，对滨海新区建成高水平先进制造业和研发转化基地、优化产业结构和城市布局结构、完善城市功能、建设生态宜居新城区意义重大。批复对盐田综合利用、中部新城开发建设、滨海新区核心区、区域一体化生态网络和交通体系等，提出明确的要求。

【规划范围】 中部新城北至大沽排水河，西至港塘路、海景大道，南至上高公路，东至海滨大道。总面积160平方千米。

【规划要点】 按照“打造核心、搬迁五黑、营造生态、梳理交通、促进发展”的原则，在新区核心区规划形成“一心集聚、两轴延伸、三区联动”的空间结构和发展格局。利用盐田综合开发的机遇，对新区重化工业整合搬迁开展论证工作。梳理新区货运交通系统，形成货运绕城的交通布局，构造自由式与方格网式相结合的路网骨架和“四横四纵”的快速路网络。

（吴昊天　胡　源）

滨海新区中部新城规划图

滨海新区临港经济区分区规划（2010–2020 年）

【概况】 2009 年 3 月开始组织编制临港工业区和临港产业区统筹规划方案，4 月 22 日向加快滨海新区开发开放领导小组第八次会议作了汇报，会议原则同意规划的总体思路。2010 年 11 月，临港经济区管委会成立，临港工业区和临港产业区正式合并成为临港经济区，规划更名为《天津临港经济区分区规划（2010–2020 年）》。2011 年 4 月 16 日，规划方案经滨海新区第二十八次区政府常务会议审议通过。4 月 24 日，市规划局组织召开委局征求意见会议。会后，按照委局意见进行深化完善。6 月初，规划成果上报市政府。8 月 10 日，市政府常务会审议通过《天津临港经济区分区规划（2010–2020 年）》。2011 年 11 月 14 日，市政府发出《关于天津滨海新区临港经济区分区规划（2010–2020 年）的批复》（津政函〔2011〕169 号），原则同意这个规划。批复指出，规划全面落实“双城双港”空间发展战略，对于强化天津市港口物流核心职能，拓展工业港空间，加快建设国家北方国际航运中心和国际物流中心具有重要意义。批复要求，发挥临港经济区的港口、土地优势，逐步建设成为国家级重型装备制造基地。批复对加强与滨海新区城市总体规划及天津港、南港工业区、轻纺经济区和中部新城规划的衔接，建立健全基础设施体系，加强能源、水资源的节约集约利用，加强生态环境保护，确定合理的发展时序等，提出明确的要求。

【规划范围】 北至海河口大沽沙航道，西至海滨大道，南至独流减河口，东侧原则上至-3 米等深线附近。成陆总面积 200 平方千米。

【规划要点】 规划确定“一带三区”的空间结构。一带为海滨大道综合功能带，利用海滨大道和两侧 500 米绿化带，形成集交通、市政、生态景观和配套服务于一体的综合功能带。

结合发展现状，整合原临港工业区和临港产业区规划布局，以对外交通干道和大型生态廊道划分成北、中、南三个功能分区，满足不同类型产业的发展要求。

依托“一带三区”的空间结构，结合重型装备制造业的产业链构成，形成北区发展成套装备、中区发展成套装备配套产品、南区发展通用设备的产业布局。

（吴昊天　胡　源）

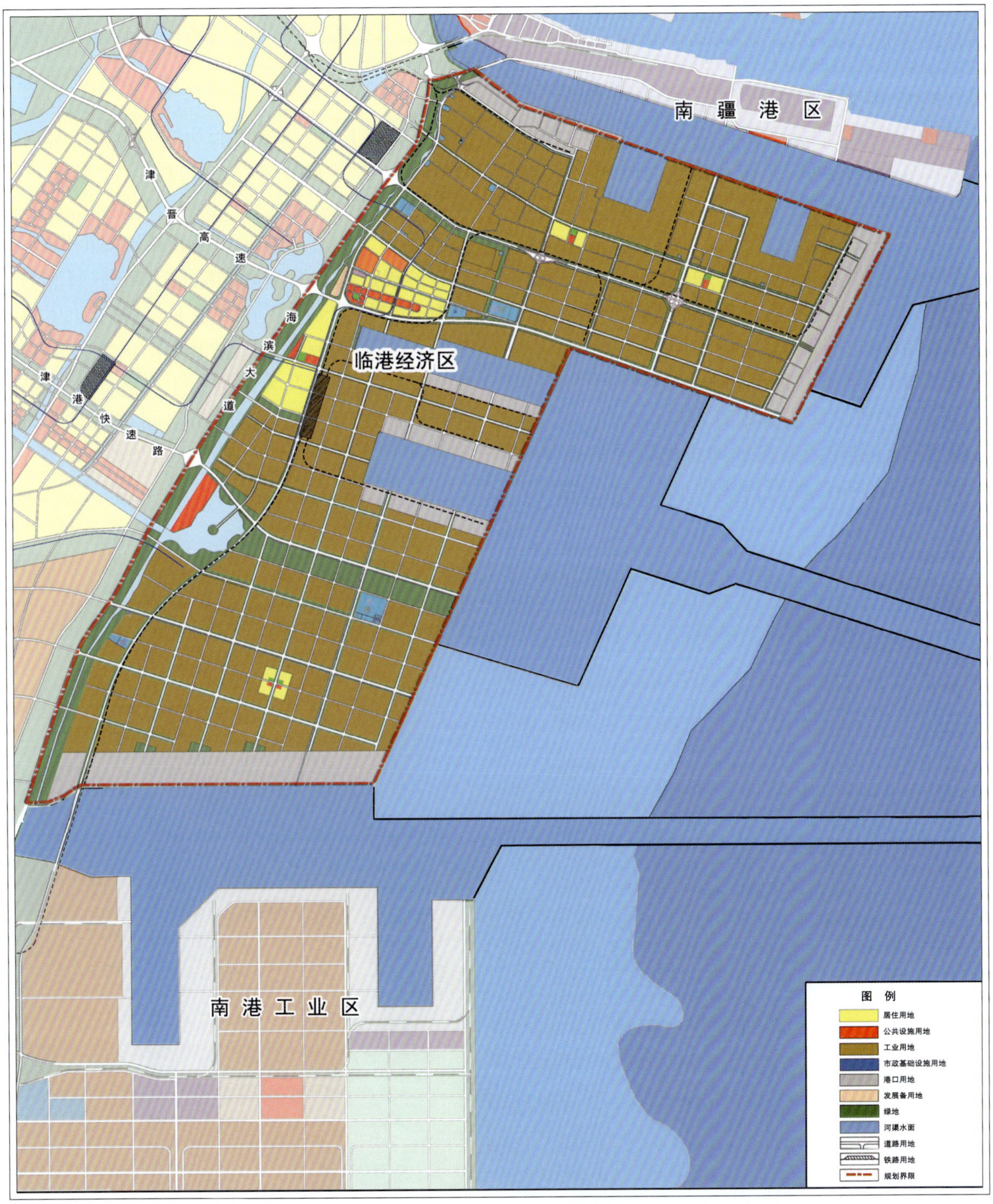

滨海新区临港经济区分区规划图

滨海新区中心商务区分区规划

【概况】 2006 年 2 月，市政府批复《滨海新区中心商务商业区总体规划（2005–2020 年）》。2008 年，根据滨海新区规划编制体系，各功能区的总体规划均调整为分区规划。2010 年 10 月初，市、区领导提出理清各功能分区之间关系等要求。10 月底，向市重点规划指挥部汇报并原则通过。规划对于全面实现国家对滨海新区的战略定位，优化滨海新区城市布局结构，提升完善城市服务功能，具有重要意义。2011 年 1 月，副市长熊建平听取规划汇报，提出统筹协调周边规划等要求。5 月，市规划局与新区政府就规划方案征询相关委局的意见。6 月，市规划局、新区政府将规划成果联合上报市政府。12 月，按照市政府要求，再次与相关单位沟通并对规划方案进行深化。

【规划范围】 东起新港船闸及跃进路，南到大沽排污河，西至兴业路及河北路，北至新港四号路，总用地面积 37.5 平方千米。

【规划要点】 规划确定的功能定位是：滨海新区的城市中心，具有国际一流水准的中心商务区。布局结构是：“两核四区”。于家堡金融商务区和响螺湾商务区作为中心商务区“两核”，总面积 5.4 平方千米，建设成为滨海新区的标志区和国际化门户枢纽，有利于发挥滨海新区的龙头带动作用。“四区”为解放路及天碱商业区、新港生活区、大沽办公生活综合区、蓝鲸岛及大沽炮台生态区。功能定位和的布局结构对于优化新区城市空间布局，提升完善城市功能，实现新区开发开放国家战略具有重要意义。

（吴昊天　胡　源）

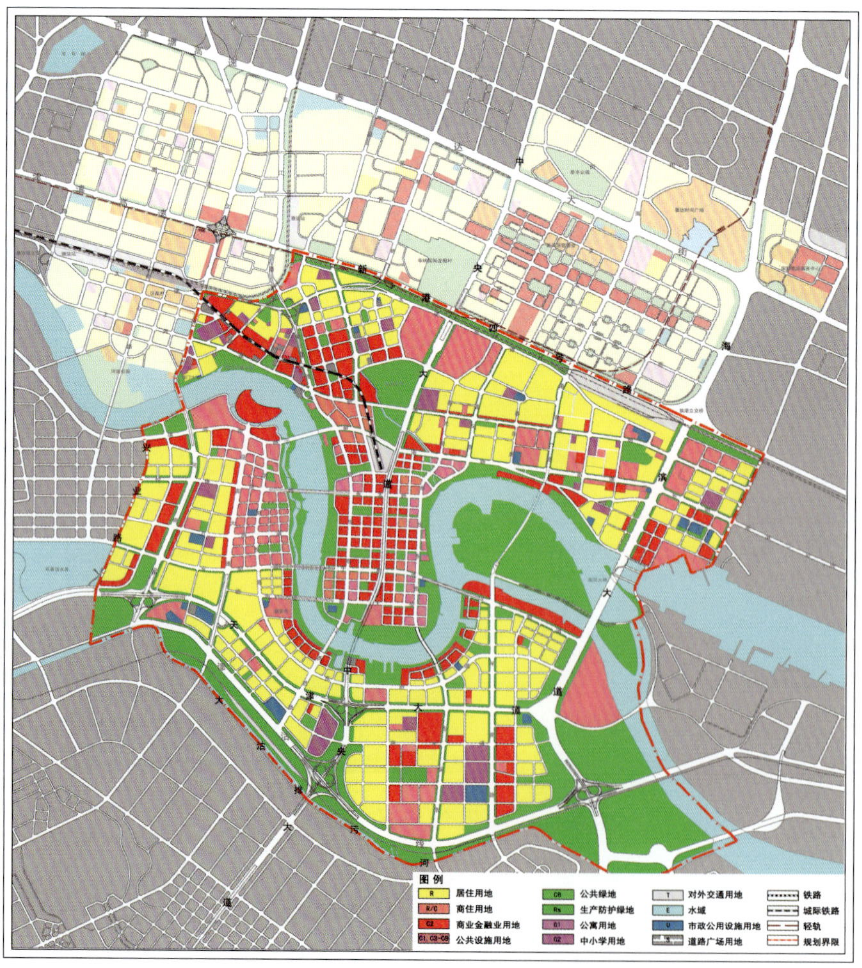

滨海新区中心商务区分区规划图

滨海新区公共服务设施布局专项规划

2008年起，按照市重点规划编制指挥部统一要求，滨海新区全面开展公共服务设施布局专项规划编制工作。包括基础教育设施、高等教育设施、社会福利设施、社区服务中心（站）、体育设施、医疗卫生设施、文化设施、行政设施、商业设施等专项规划。至2011年底，各专项规划基本完成阶段性成果，正在按程序陆续报批。

（吴昊天　胡　源）

滨海新区轨道交通规划（2009–2020年）

【发展目标】

1.根据滨海新区“多中心、多组团、网络化”总体空间结构布局，新区组团网络化的特殊空间结构具有特殊的交通需求。出行距离大，要求快速稳定。轨道交通是唯一不受天气制约的全天候交通方式，同时具有安全稳定特点。

2.按照“公交都市”的交通发展战略，提升轨道交通的分担率。新区核心区作为城市功能集中区域，应当编织独立的轨道交通线网体系，提高轨道线网的可达性及覆盖水平。城区线布置覆盖主要客流走廊，支持重点地区建设，与市域线设置便捷的换乘枢纽，实现内外客流转换。

3.构建“三级”轨道交通网络结构，加强核心区与功能区联动。编制功能组团线，结合市域线枢纽设置，为骨干网收集客流，满足城区居民出行需要。线路制式根据片区客流需求选取轻轨、有轨电车、中低速磁悬浮等多种形式。以枢纽为核心，以覆盖人口、岗位为目标，以可实施性为保障，编织市域线、城区线、组团线三个层次的轨道交通线网。

【编制原则】

1.注重城市布局结构和土地利用规划相协调。

2.注重与其它交通方式的衔接，建立一体化交通系统，全面落实公共交通优先政策。

3.满足城市各功能片区间的交通需求，强化新区与中心城区轨道交通服务，实现双城区快速通勤以及各组团与滨海核心区的快速通达。

4.通过分析新区建设轨道交通的地质条件，提高工程建设安全性，降低工程成本。

5.通过走访或会议方式，征求各功能区意见；采取专家评审方式，吸取意见建议，修正规划方案；采取网络、报纸等媒体方式，公示规划方案，向公众征求意见，优化轨道线路走向和站点布局；通过交通调查，完善客流预测，提高轨道规模的科学性。

【规划要点】

1.考虑新区核心区地位提升以及新区与中心城区双核联动的发展态势，与区域辐射的城市空间结构相协调，构建轨道交通系统网络。

2.新区范围内，轨道系统线网总长度约500千米（不含组团线），包括4条市域线、8条城区线，形成三线换乘枢纽5座，两线换乘枢纽45座，线网与城际铁路、高速铁路、市郊铁路系统通过综合换乘枢纽紧密衔接，形成内通外连、层次分明的城市轨道交通客运网络。

（于文龙　胡　源）

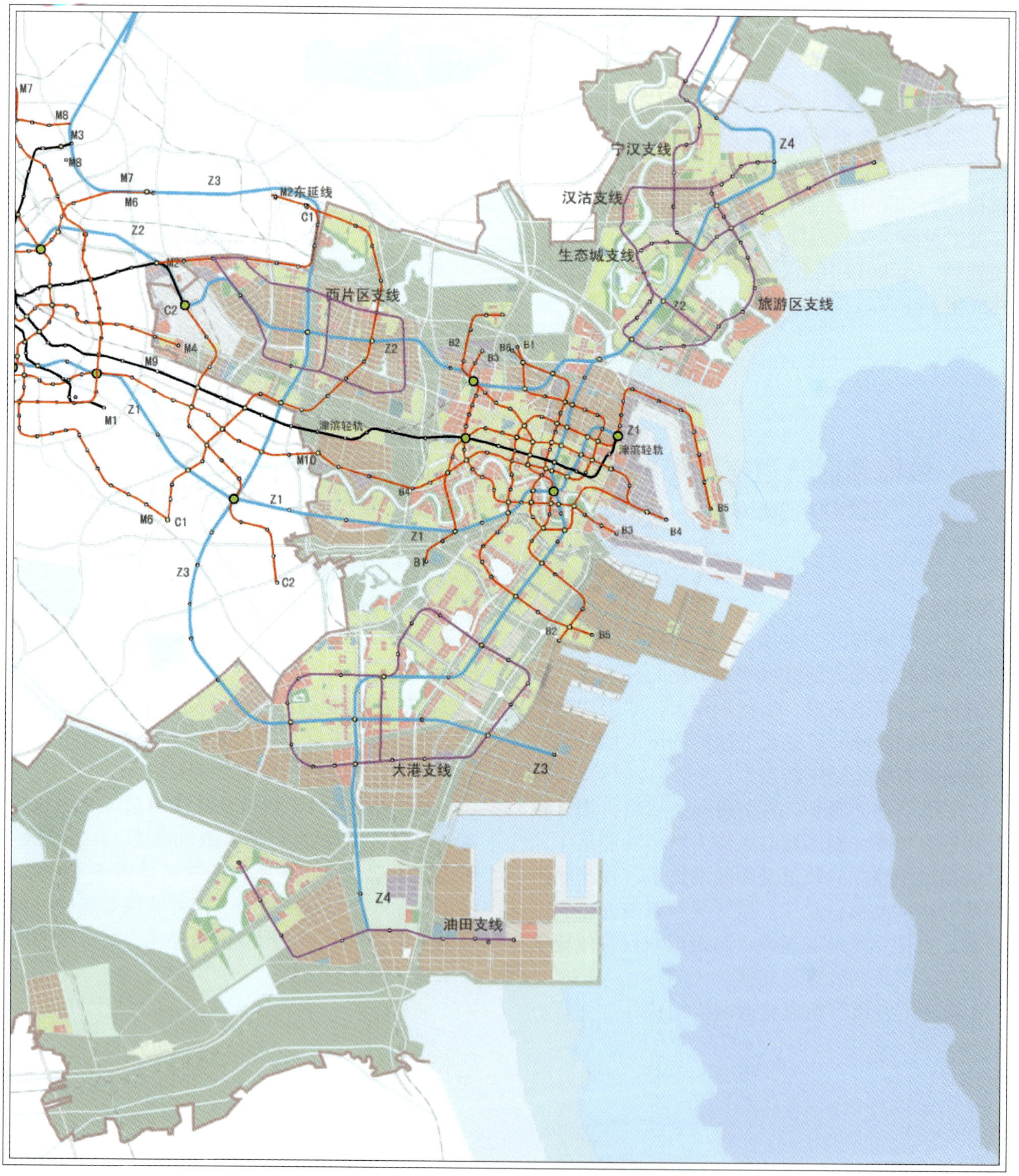

滨海新区轨道交通线网规划图

滨海新区核心区近期交通改善方案（2011–2013 年）

【编制原则】 “统筹规划、远近结合、先谋后动、早见成效”和“服务十大战役、提升道路网络、改善出行环境、提高管理水平”。

【衔接对外通道】 增强南北通道疏解能力。加快西外环高速、西中环南延、北延建设，尽快形成南北向贯通通道，提前分流双城东西向交通，缓解河北路、中央大道等南北向通道的交通压力。

增强东西通道疏解能力。建设杭州道西延线，与西外环高速相接，形成新的东西向贯通通道，缓解新港四号路、泰达街等东西向通道的交通压力；启动津沽一线–疏港联络线建设，形成海河以南东西向疏港通道；扩建京津高速北塘收费站，提高京津高速通行能力。

新增对外联系通道。实施中央大道南延线，作为核心区与大港城区的客运联系通道，港塘路作为货运联系通道，增强核心区与大港方向的联系，实现客货有效分离。

完善节点转换功能，强化与双城通道的衔接。增设车站北路至京津塘高速延长线右转匝道、新北路至京津塘高速延长线右转匝道，提高车站北路和新北路与双城通道的转换能力。

【完善道路网络】 新增跨河通道，缩短跨河间距，提高跨河出行便捷行。新建于新桥、安阳桥、滨海南路桥等 3 座跨海河桥梁，核心区跨海河通道平均间距缩短至 3 千米。

打通节点、瓶颈路段，提高道路通行能力。加快新港四号路 L 型地道建设，新建二大街跨京山铁路桥、北海路下穿进港二线地道、塘汉路下穿北环铁路地道等铁路通道。加快建设新北路南段，打通新港三号路、洞庭路南延等 3 处瓶颈路段。改造新港一号路与进港一线交口，津塘路与新北路交口 2 处节点；对河北路沿线 4 个主要交叉口进行路口渠化。

服务十大战役，支撑重点地区开发。建设新港二号路改线工程，服务中心商务区开发；启动南疆第二立交桥、闸南路延长线建设，服务临港经济区、中部新城的开发；完成洞庭路、黄海路北延工程，服务北塘和黄港地区开发；加快建设渔航路、航北路建设，服务滨海旅游区、中心渔港开发。

完善慢行交通设施。建设市民广场跨铁路、塘沽火车站跨大连道、华北陶瓷跨津塘公路、宁波道跨河北路等 4 处人行天桥。

【优化交通组织】 利用西中环快速（津塘路—京津高速），截流进入核心区货流，实现南北转换；加快塘汉路拓宽、新建京津高速北侧地面辅道，开通港区 8 号卡子门，实现港城大道直接进港。

逐渐取消塘汉路（京津高速—第九大街）货运功能；启动疏港路联线改造及津沽一线复线大修工程，提高海河以南疏港能力。逐步恢复第九大街、泰达大街的疏港功能。

建成西外环辅道后，取代西中环（北段）货运功能；建设津晋高速北辅道，取代疏港联络线，形成新的普通货运环线。建成铁路进港三线，提高铁路集疏港比例，减轻公路疏港压力，逐步取消京津塘高速延长线、第九大街等疏港通道货运功能，形成两级货运系统：对外高速货运环线、城市货运环线，环线内货运禁行。

【发展公共交通】 优化公交线路。新开 4 条，提升完善 4 条公交线新建公交首末站 1 处、改建 2 处、提升 2 处；运营车辆由目前的 1100 台增加至 1300 台。

建设公交枢纽场站。随着津秦客运专线的开通，建成滨海西站 40000 平米公交枢纽站；建成滨海北站 7000 平米公交枢纽站；京津城际于家堡站计划 2013 年投入使用。

筹划建设中央大道快速公交，串接中心渔港、航母公园、生态城、北塘经济区、滨海新区核心区，打造沿海休闲、文化客运走廊。

加快新区轨道建设，启动轨道市域 Z2 线（滨海站—生态城）建设，筹备市域 Z4 线（中部新城—北塘）。

【提高交管水平】 加强道路交通组织。提高交通智能化管理水平。加强施工组织疏导。加强超载、超限车辆治理。

（于文龙　胡　源）

滨海新区响螺湾及大沽地区控制性详细规划

【概况】 2010 年 4 月，滨海新区政府批复新区控规全覆盖成果。为进一步提升规划水平，优化布局结构，提升中心商务区城市形象，结合中心商务区分区规划及城市设计成果，开展响螺湾、大沽地区控规成果调整、提升工作。方案多次向市领导、滨海新区规划提升指挥部汇报，经专家审议、部门审查、公示等程序，2011 年 8 月新区政府正式批复实施。

【规划要点】 进一步明确功能定位，其中响螺湾单元作为新区外省市商务中心，汇集全国各省市和中央企业的驻津机构，实现与于家堡金融区的功能互补，也将成为就业岗位充沛、生态景观和谐、公共设施完善的新区活力地带。围绕三个大的街区开放公园绿心，组织建设约 39 个地块的商务办公楼座，临河建设滨河公园。大沽生活办公综合区建设成为国际商务商业活动服务的配套完善、交通便捷、生态宜居的国际化居住社区。

（刘鹏飞　胡　源）

滨海新区大港石化三角地控制性详细规划

【概况】 随着南港工业区列入天津市空间发展战略，滨海新区总体规划确定围绕南港工业区开发，形成以石化相关产业为主导的南部片区。为配合南港工业区、轻纺工业区开发，延伸石化产业链，实现区域联动，提升产业发展定位，梳理区域道路交通，解决市政限定性因素，协调上版控规实施的矛盾等，开展控规修编工作。编制成果包括两个控规单元。2010 年 5 月完成阶段成果，经专家审查、部门审查、公示等，2011 年 7 月报送新区政府审议通过。

【规划范围】 北至李港铁路、南环路、上高路，南至独流减河大堤，东至海景大道、津港公路，西至规划路。用地规模 45.38 平方千米。

【规划要点】 配合南港石化产业集聚调整精细化工，与轻纺经济区分工合作壮大轻纺工业，规划成为南港工业区和城区之间的缓冲带，形成分工合理、布局有序的滨海新区南部片区空间格局。

（刘鹏飞　胡　源）

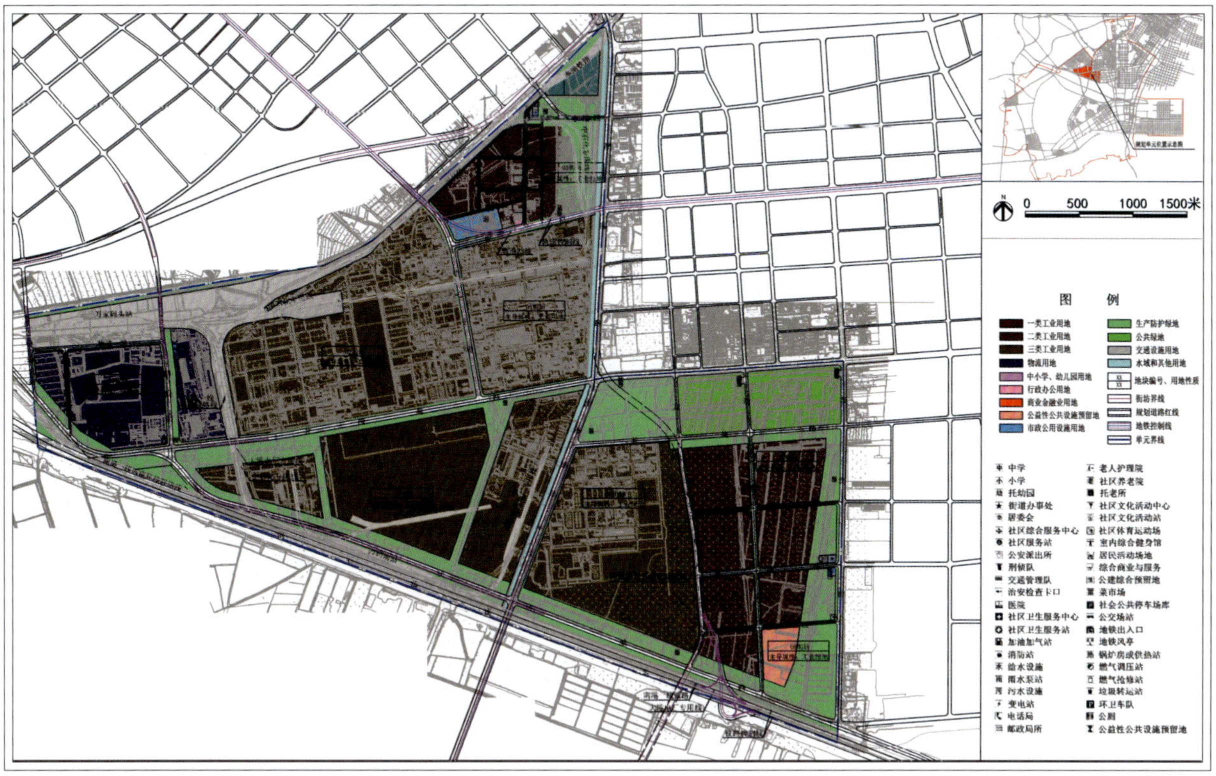

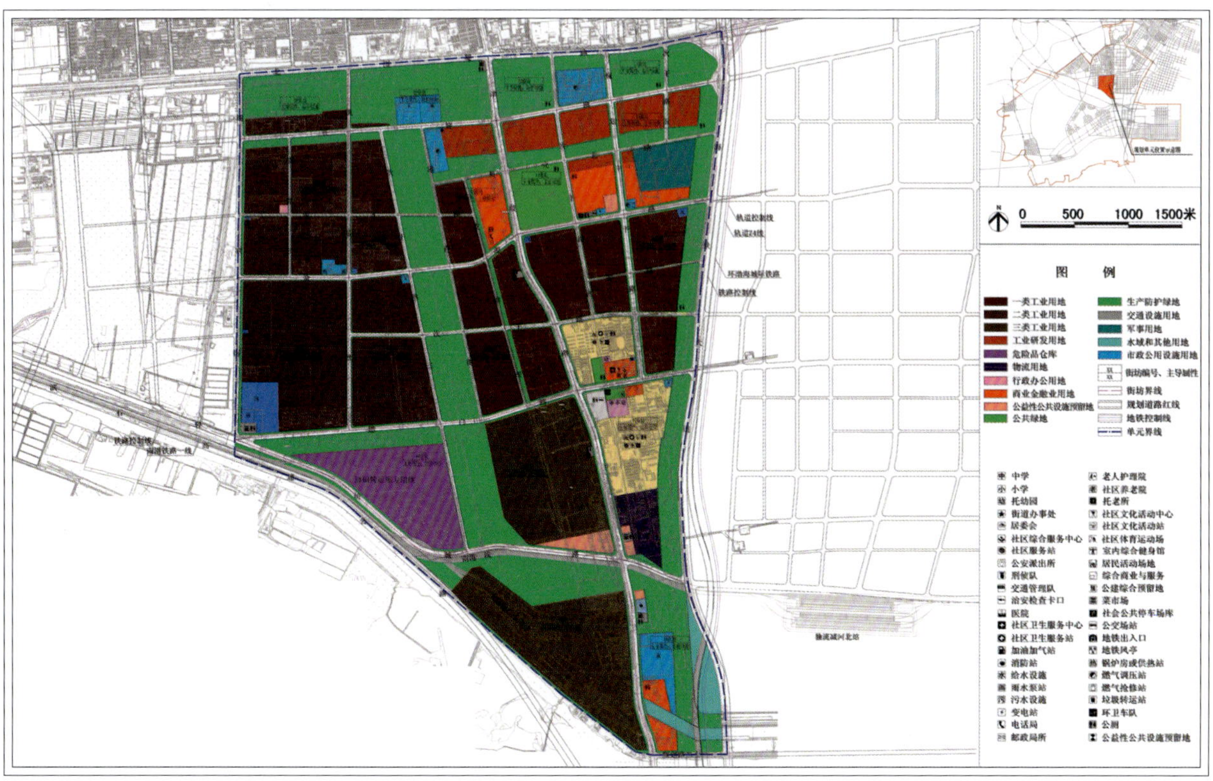

滨海新区大港石化三角地控制性详细规划图

滨海新区小王庄控制性详细规划

【概况】 根据小王庄示范镇上位规划的调整及水务部门关于泄洪通道设置等要求，同时为满足示范镇建设农民还迁、就业等方面问题，在上版控规的基础上开展编制工作。2011 年 5 月初，完成初步成果，经专家审查、部门审查、公示等程序，8 月由新区政府正式批复。

【规划要点】 结合小王庄示范镇城市设计调整成果及水务部门关于泄洪通道的设置要求，对控规进行相应调整。将泄洪通道范围建设用地转移至西南部。考虑单元完整性，规划范围仍将泄洪通道计算在内，但不作为建设用地；为解决刘岗庄等村民的就业安置问题，在西部安排农产品物流、商贸功能区，整个单元的居住就业更趋于均衡；钱圈水库西侧用地适当提高开发强度和建筑高度等控制指标。

（刘鹏飞　胡　源）

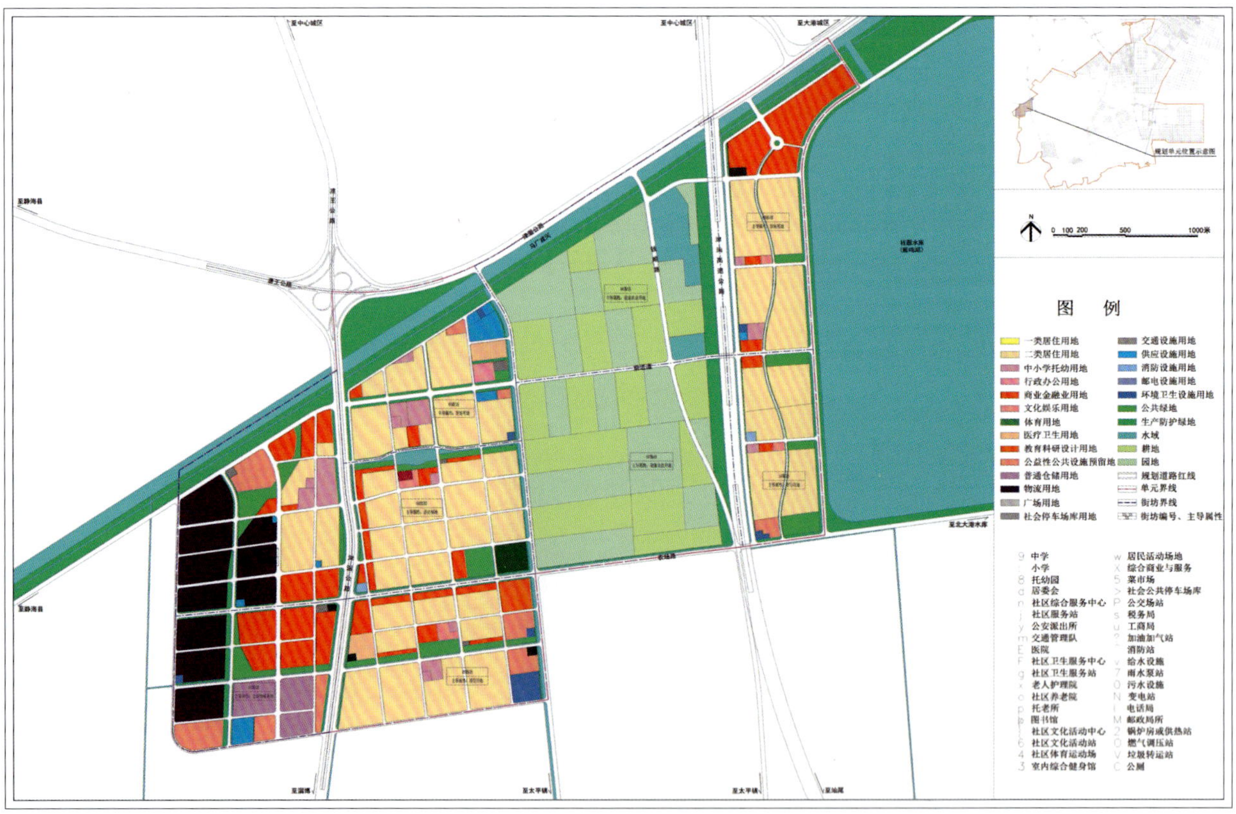

滨海新区小王庄控制性详细规划图

滨海新区轻纺工业区及生活区控制性详细规划

【概况】 轻纺工业区及生活区作为南港区域的重要组成部分，起着承接南港工业区下游产业及为南港工业区、轻纺工业区提供居住配套的功能。2011年1月完成初步成果，经专家审查、部门审查、公示等程序，3月新区政府常务会议审议通过。

【规划要点】 结合南港工业区石化产业发展，轻纺工业区重点发展石化下游产业，打造中国北方重要的轻工业基地和化工产品的集散中心，石化产业加工、商贸、物流中心，结合中部新城建设生活区，为轻纺工业区和南港工业区提供居住配套。

（刘鹏飞　胡　源）

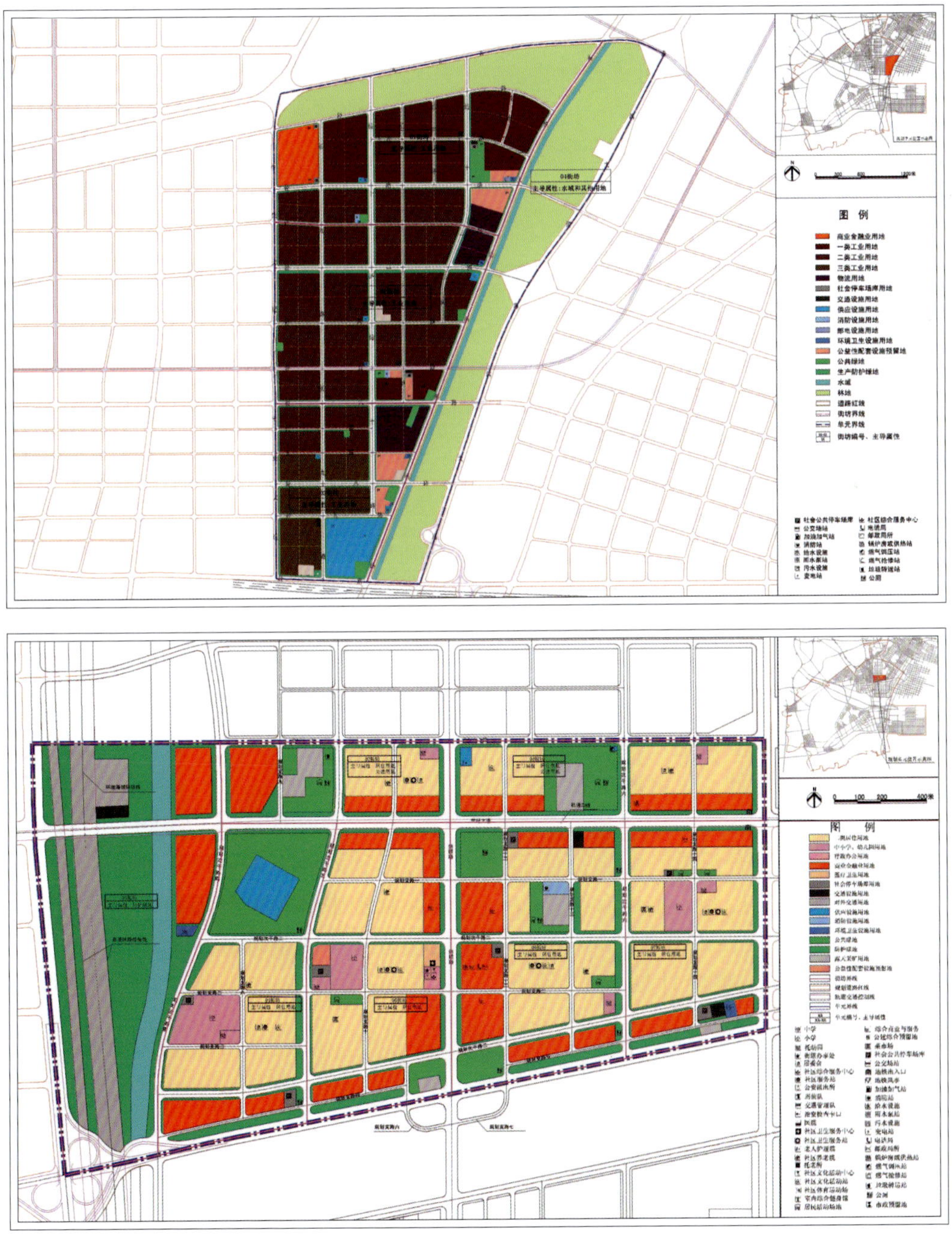

滨海新区轻纺工业区及生活区控制性详细规划图

滨海新区散货物流区控制性详细规划

【概况】 散货物流区原为天津港散货物流堆场，结合天津港散货物流中心搬迁改造和现有盐田的开发，该区域列入中部新城规划范围，为中心商务区、临港经济区就业职工和创业人员提供住房配套和生活服务，延伸城市中心的服务带动功能。2011年初，开展规划提升工作。经专家审查、部门审查、公示等程序，2011年8月新区政府正式批复。

【规划要点】 遵循公交主导、混合使用的理念，体现临水开放空间特点，以及轨道交通和地区公交为主导的规划布局结构特征。贯彻落实生态、环保、低碳、绿色建筑等理念，提出地区发展的指标体系。住宅包括商品性住房和政策性住房，规划建设商业中心、体育中心、综合性医院、文化娱乐中心和重点中学等设施。

（刘鹏飞　胡　源）

滨海新区核心区城市设计全覆盖

【概况】 2011年，在已编制城市设计的基础上，开展滨海新区核心区城市设计全覆盖工作。依据规划确定的“一心集聚、两轴延伸、三区联动”的空间结构和发展格局，分总体、分区、单元和重点四个层面开展城市设计编制和整合汇总，明确责任部门和时间节点，实现“整体有控制，重点有导则”，同步建立“三维城市”数字模型以及核心区1:750实体模型，指导核心区建设。整个计划2012年6月份完成。

【总体层面城市设计】 范围为北至京津塘高速延长线，南至津晋高速，西至唐津高速，东至海滨大道及海滨九路，面积约190平方千米，同时考虑更大范围的衔接。在整合各片区城市设计的基础上，主要进行城市设计总则、城市特色分析、空间形态与结构、景观结构、公共空间系统、主要功能区空间环境规划设计、标志性节点等内容。成果包括总体城市设计文本、图纸以及模型沙盘。

【片区层面城市设计】 地域包括“一心两轴三区”：中心商务区，37平方千米；海河发展轴和中央大道景观轴；开发区生活区，10平方千米，西部生态城区，90平方千米，南部生态城区（中部新城北组团），53平方千米。设计内容包括研究片区特色定位和用地功能布局、建筑容量，确定片区空间景观结构、色彩基调和色彩分区、城市公共环境艺术设计，制定片区重要节点设计方案，提出重要的具有控制性的工程建设项目建议，实施的时序安排和相应的政策措施等。成果包括总体城市设计文本、图纸以及模型。

【单元层面城市设计】 分为26个单元，每个单元编制城市设计。至2012年2月，于家堡、天碱、响螺湾、大沽、开发区生活区、中部新城北起步区等6个单元已基本完成，进行深化完善；海河湾（大沽化地区）、塘沽西部新城、西部新城海河南农村城市化、响螺湾配套生活区等12个单元正在编制；其他8个单元下一步开展编制。

【重点地区城市设计】 编制中心商务区、中部新城湖心岛和海河下游两岸等5个重点地区城市设计导则，其中中部新城湖心岛正在研究深化，其它主要是现有成果的整理和深化。

（刘鹏飞　胡　源）

规划管理

规划业务管理

【规划管理机制建设】 2011年，全系统受理规划业务案件20396件次，核发各类业务案件19868件次。其中，市局业务案件办理量仅占2.85%。市局侧重宏观指导、区县局具体承办的管理格局已经形成。市和区县两级规划管理部门在业务管理工作中高度统一，组织清理和规范区县（分）局许可审批事项，全市规划行政许可审批基本实现全过程、全事项、全要素的规范化管理，19项各类许可审批事项全部纳入“一网通”系统管理。全市27个规划管理机构、7个辅助管理单位全部实现“一网通”联网运行，运行终端达976个。区县规划管理职能得到充实，调整下放测绘、地名管理事权，组建环城四区15个乡镇规划管理所，成立蓟县地下空间信息管理中心，五区县乡镇规划管理机构。城乡档案管理机构和地下空间信息管理机构的筹建工作正在积极推进。

【许可审批业务管理】 开展测绘管理事权调整工作。将基础测绘成果资料提供使用审批和测绘作业证两项行政许可事项和测量标志迁建审批行政许可事项分别调整和授权各区县测绘地理信息行政主管部门办理。

开门服务，审批提速。公开咨询服务电话，全天候接受建设单位和社会咨询。市局和各区县（分）局分别确定一名专职人员，负责对发现的问题及时研究解决。各级窗口接待部门开展一系列保障服务活动切实提高审批效率和服务水平，确保每一个重大项目做到“零差错”、“零超时”。

在开展“调增上”活动期间，全市180项重大项目中涉及规划许可审批的114项，已完成规划许可审批99项，完成率86.84%，进入联审项目90天周期内完成率94%，承办市级各工作组转交的问题10余项，逐一落实，高效办结，市“调增上”活动工业企业二组向规划局专门致函感谢。

【政府信息公开】 2010年度全市政府信息公开考评中，市规划局评为市级优秀单位。依法推动政府信息主动公开和依申请公开工作，发挥天津市政府信息公开专网、天津市规划局政务网和天津市规划展览馆等平台的作用，2011年主动公开各类信息12100多件，接待依申请公开432人次，受理申请147件，处理历史难题7件。2010~2011年，连续两年未发生政府信息公开行政复议、行政诉讼案件，其工作经验被国家住建部在全国建设系统推广，并在全国建设系统政府信息公开交流会上做典型经验介绍。为配合《天津市规划局政府信息公开规定》的实施，10月份组织召开全系统政府信息公开培训班，推动全系统政府信息公开工作的规范运行。

加大局政务网建设，进一步完善网站功能设置和页面布局。自网站改版以来，网民访问量超过200万人次，最高日访问量超过3万人次，全面展示城乡规划建设成就，被市政府办公厅评为优秀政府网站。

【综合统计、业务督办】 坚持施行统计公报制度，定期公布业务管理数据，建立月份、季度和年度快报机制。充分利用城乡规划业务综合统计系统对全系统承办业务案件审批情况进行综合分析。2011年全市核发《建设用地规划许可证》1466件，审批建设用地面积 7243.14 公顷；核发《建设工程规划许可证》2452 件，建设总规模 5755.99 万平方米；核发《建设工程验收合格证》1410 件，验收建设规模 3096.71 万平方米。

继续加强业务督办力度，创新督办内容和方式，规范督办方法和标准，在做好局机关内部督办的基础上，进一步加强对派出机构的业务指导和督办。对行政审批事项、局长业务会议定事项、市重点工程项目、会议专报中涉及的业务工作和指令性任务下达项目等六方面重点督办。

加强对区县（分）局业务指导，组织召开全系统业务专项工作交流会。强化检查管理，组织有关业务处室通过“一网通”平台进行区县（分）局审批业务案卷网络评查，共抽查业务案卷 160 余件，对办理过程中存在的不规范行为进行清理纠正。

【指令性任务管理】 实施指令性任务书前期研究和评估制度。全年下达指令性任务 73 项，均组织开展前期研究，重要指令性任务书经局长业务会审查评估后进行组织实施。强化规划编制项目审查审批时限和重要节点安排，跨年度任务不得超过次年上半年，当年任务完成时间不超过本年度。2010 年结转的 16 项指令性任务全部按要求完成。建立指令性任务数据标准、数据审核管理机制，确保规划编制成果上网发布。2011 年经局长办公会审议通过并上报市政府待批的 21 项规划编制成果均组织上网发布。实行季度督办报告制度，每季度组织各责任处室对任务进展情况进行跟踪督办，对重点任务及时组织专题推动会，年内下达的 73 项指令性任务已完成 41 项，按计划正在实施的 32 项。

【综合业务协调】 贯彻落实市委、市政府“调增长、上水平”活动总体要求，2011 年 2 月 21 日召开规划系统“调增上”活动暨 180 项重大项目推动会。印发专项方案，进行专题动员部署，出台新 16 条服务保障措施，建立市局与区县（分）局联动服务和同步审查等机制，实行每周项目审查例会制度、每月专项活动通报制度以及现场审批制度，实行“开门”审查和“面对面”一次性技术交底，切实帮助企业解决难题。

（杨　锴）

规划编制管理

【城乡规划编制计划管理】 2011 年市规划局牵头，组织各区、县政府和各委、局拟定《天津市 2011 年度城乡规划编制计划》，经市政府审查同意，于 5 月批转执行。列入 2011 年度城乡规划编制计划的规划 34 项，其中总体规划 11 项、分区（功能区）规划 6 项、专项（业）规划 9 项、控制性详细规划 6 项、重点地区城市设计 2 项。针对部分新编项目，组织相关单位编写项目任务书，明确规划编制各阶段具体工作目标、内容和深度。同时加强规划编制的技术审查，做好规划编制的督促、检查及综合协调工作。截止 2011 年底，完成和形成阶段方案 23 项，完成率 68%。其它 11 项因涉及到天津市城市总体规划修改，需要与总规衔接，进一步深化完善规划方案。

【“一控规两导则”编制管理】 中心城区已实现“一控规、两导则”全覆盖，控规修编成果已经市政府常委会审议通过，上报市政府待批；环外地区控规编制覆盖面和审批率大幅提高。环城四区除北辰区由于区间发展战略的调整外，其他三区规划城镇建设用地已实现控规编制全覆盖，审批率达 60%以上。市郊区（县）的新城、示范镇、工业园控规编制审批率达 65%以上。在完成市文化中心周边地区、解放南路地区城市设计的基础上，今年编制完成了控制性详细规划、土地细分导则和城市设计导则，部分已通过审查。超前有计划的组织开展市文化中心周边地区地下空间规划设计国际方案征集、景观规划设计和智能城市专题研究；解放南路地区开展景观规划、道路设计和多个地块方案招标、策划和审查工作。卫国道地区在城市设计基础上形成土地细分导则和城市设计导则，今年已批复实施。

【城市设计编制管理】 组织开展侯台公园和周边地区约 7 平方千米的城市设计国际方案征集。结合各区建设重点，对新开河两岸、西营门地区、西站副中心等重点地区、地段城市设计进行提升，不断增强城市载体功能。建立“三维”城市设计系统，加强动态维护管理。

【重点项目规划管理】 组织编制完成了北部新区约104平方千米空间发展战略和分区规划。为充分发挥地铁对土地的带动作用，借鉴香港地铁开发模式，组织编制了地铁2、3、5、6号线40多处地铁上盖项目策划方案，并结合土地拆迁整理情况，确定8处作为近期实施项目。结合教育资源的整合，组织编制和审查中心城区老校舍40余处规划策划方案。通过研究论证、方案比选、实地勘查，确定了陈塘庄热电厂、纪庄子污水处理厂搬迁选址方案，提升中心城区功能，改善居住生活环境。积极推动保障住房的建设，组织研究确定大寺和双青新家园规划选址和前期方案策划编制工作。

【规章制度】 在法制管理方面完成了《天津市控制性详细规划管理条例》起草工作，同步开展了城市设计编制标准和管理规定调研。在规范标准方面，出台了"两导则"管理规定和"一控规、两导则"编制规程；在操作方面制定了"土地细分导则动态维护管理要求"、"三维城市设计管理程序"和"控规阶段交通影响评价工作实施方案"，以及成果备案、方案公式等标准要求，将控规编制、审批、管理逐步法制化、规范化，构建"1+2+3+X"的法规体系，即一个条例、两个规定、三个规程和若干实施细则。

【学术研究】 2011年主要围绕"确立编制体系，完善编制标准，打好编制基础，提高规划水平，规范审批程序"在五个方面开展研究工作：一是组织开展规划编制体系研究，落实城乡规划法、突出天津特色，提出"多层次总体规划加'一控规两导则'"的规划编制体系；二是结合总体规划修改、近期建设规划编制，制定两项技术标准；三是在全市总规合拼图基础上，开展建设用地跟踪调查，为规划编制管理打下良好基础；四是配合市委研究室完成天津城市特色研究，配合清华大学完成京津冀地区城乡空间发展规划研究，牵头组织开展天津"十二五"建设用地规模预测研究，配合有关单位开展生态体系、交通客流、环境影响评价等相关研究；五是结合区县总体规划修改，开展创新区县总体规划编制思路研究工作。同时，结合工作实际，组织开展《"一控规两导则"编制与管理研究》、《城市核心区规划建设研究》课题研究，为规划编制和管理提供理论依据。

（白　宇）

建设项目规划管理

【修建性详细规划审批管理】 加强和深化修建性详细规划管理，由注重地上空间的管理延伸到地上、地下空间并重。2011年以小白楼CBD地区地下空间规划编制为基础，通过对其东区（占地约65公顷）和西区（占地约27公顷）调查研究。提出地下空间交通组织、使用功能、层数、出入口位置、连通方式等控制要求，为建设项目实施管理奠定了技术基础。总结地下空间规划管理经验，在地铁2号线咸阳路站周边地块等重点地区推广应用。（图1）

由注重中心城区的管理延伸到中心城区与郊区县并重。加强对区县规划建设管理工作的指导，通过调研，摸清各区县规划建设管理存在的问题，提出调研报告，为规范与加强区县规划建设管理奠定基础。

2011年全市共审定修建性详细规划方案634件，规划总建筑面积7279.88万平方米，其中中心城区审定修建性详细规划方案37件，规划总建筑面积1009.74万平方米。全市共审定总平面方案1181件，规划总建筑面积5010.31万平方米，其中中心城区审定总平面方案202件，规划总建筑面积1221.68万平方米。

【用地规划管理】 按照精细化管理要求，全面开展建设用地现状调查，强化中心城区建设用地规划动态管理系统数据运营维护。完成环城四区建设用地数据建库及中心城区数据整合共计2078平方千米，中心城区范围内共完成431宗核定用地数据入库，完成学校、加油站等28项专项用地数据更新。

2011年全市共核发《建设用地规划许可证》1466件，审批建设用地7243.14公顷，其中市内六区和环城四区核发《建设用地规划许可证》561件，审批建设用地2850.39公顷。

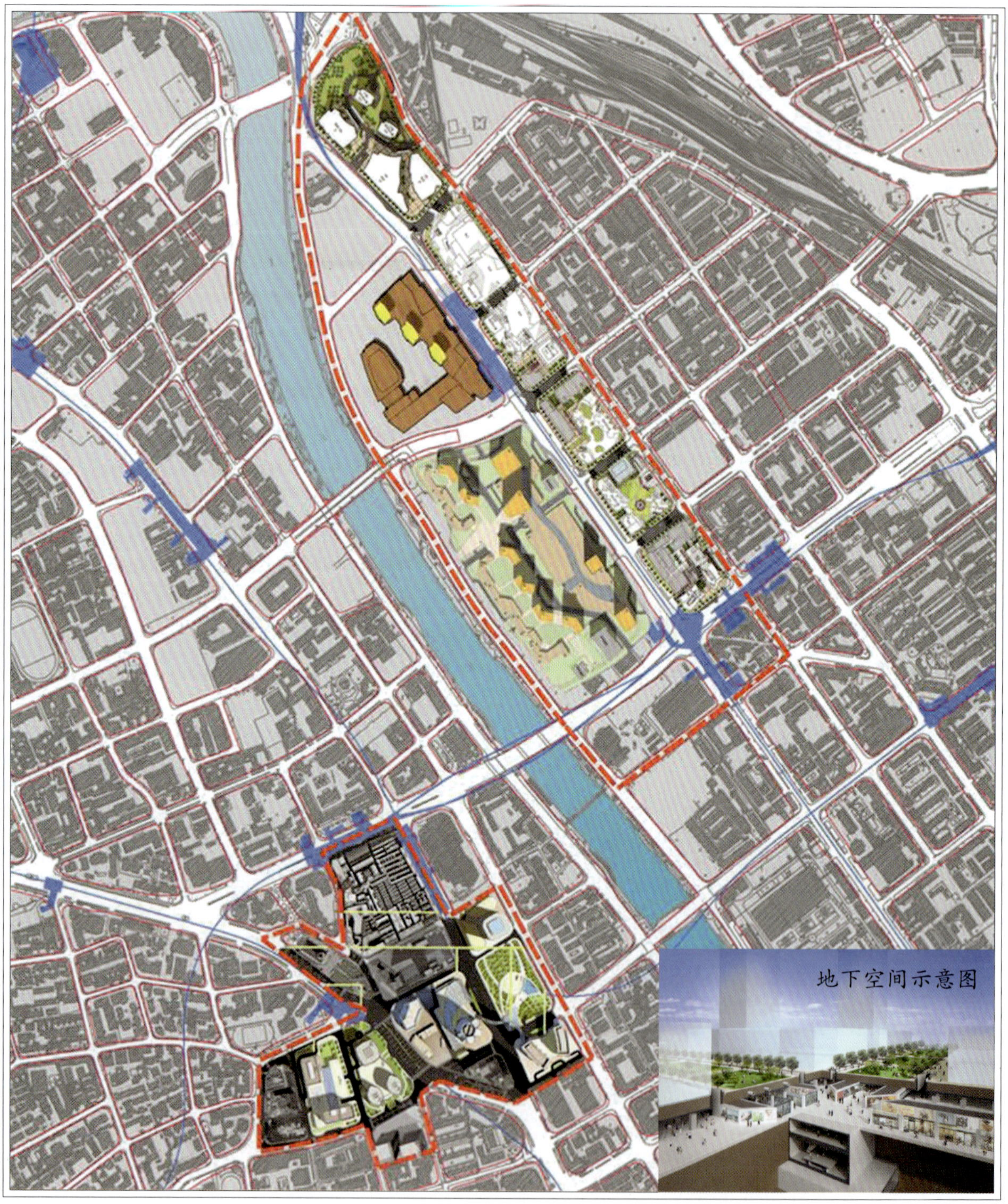

图1　小白楼CBD地区地下空间规划总平面图

【建设工程规划管理】 为保证空间布局的整体性，进一步提升精细化管理水平，由注重单体建筑管理延伸到单体、群体建筑管理并重。以规划设计导则深化为切入点，在原有导则基础上，开展建筑色彩、玻璃幕墙、建筑顶部、报刊亭等部分提升工作。组织编制《建筑外檐色彩提升导引》、《天津市坡屋顶建筑设计导则》、《建筑空间组群设计导则》，将《天津市规划建筑导则汇编》重新充实完善为《天津市规划设计导则》。同时，编制《居住建筑风格及色彩组合导则》，从宏观、微观不同角度对居住建筑的规划布局、建筑高度、建筑色彩等方面，强调城市形态整体性、连续性、层次性和多样性，创造出丰富多彩的城市空间。组织环城四区、滨海新区和市郊五区县完成规划设计导则的编制，形成各区不同特色的规划设计导则，并开始在日常管理工作中运用。（图 2）

多个街坊居住社区

各街坊单元之间，居住建筑高度、建筑风格、建筑顶部、建筑色彩必须有所变化。
一个街坊内的居住建筑高度必须高低变化、内高外低、错落有致。
一个街坊内的居住建筑风格、建筑顶部、建筑色彩宜有所变化。
主要河流、城市公园、迎宾路沿线居住建筑应前低后高、突出层次。
主要河流、城市公园、迎宾路沿线以及重点地区居住建筑宜采用坡屋顶形式。

图 2　居住建筑风格及色彩组合导则

为加强建筑外檐管理，塑造大气、清新、靓丽的城市风格，不断完善网格化、信息化、全覆盖管理机制。加强监督检查与现场指导，对已审批的305个高层项目开展回头看工作，对其中不符合现行导则要求的督促整改。（图3）

2011年全市核发《建设工程规划许可证》2452件，总建设规模5755.99万平方米。其中市内六区和环城四区范围内共核发《建设工程规划许可证》855件，建设规模2286.28万平方米。

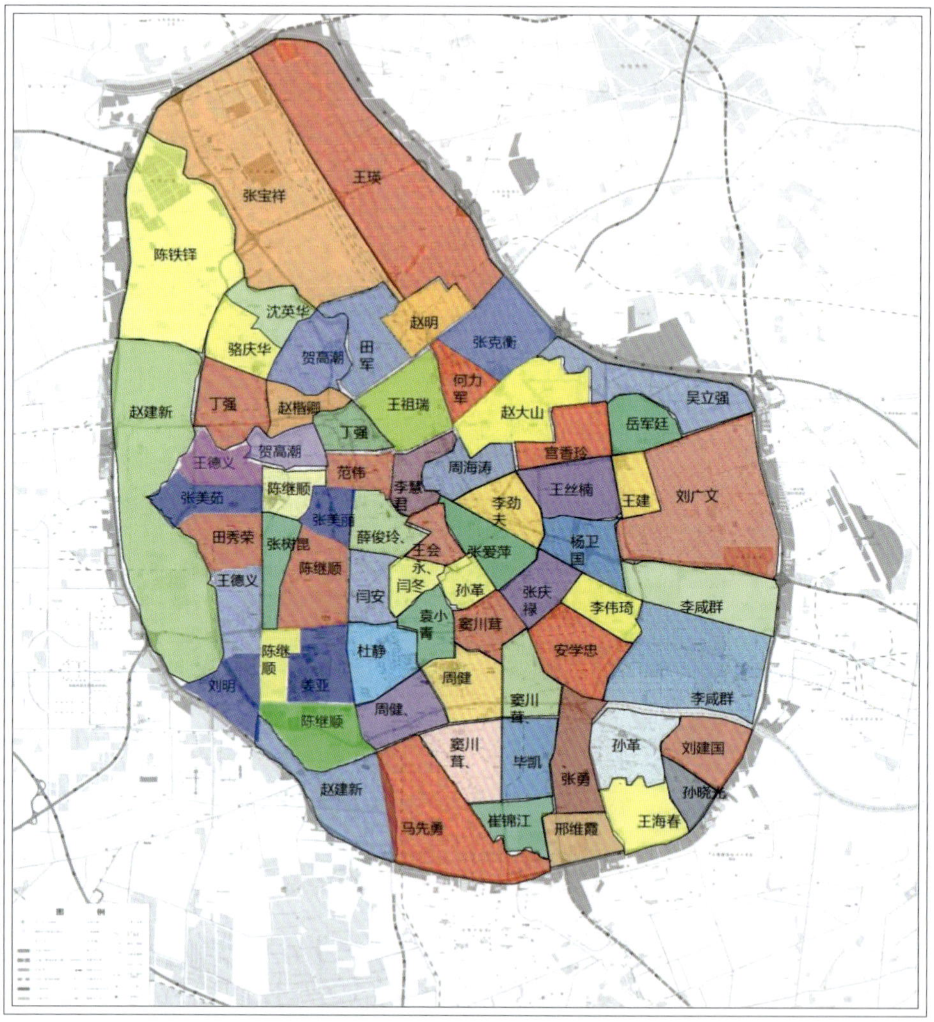

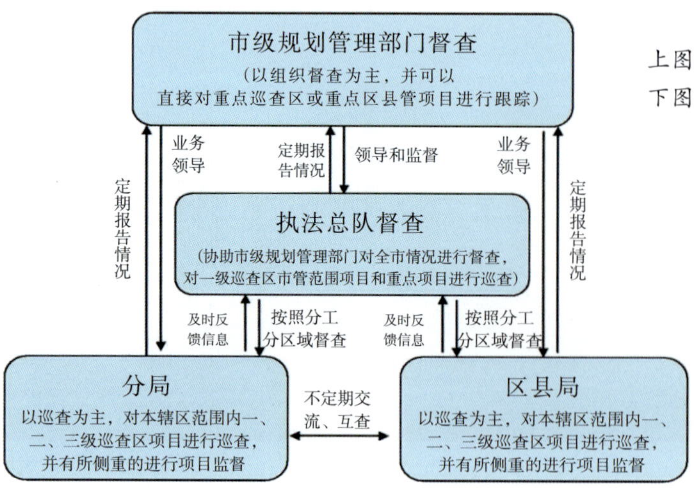

上图　建筑外檐巡查监督网格（中心城区）
下图　天津市城乡规划执法督查体系图

图3　建筑外檐管理工作机制

【重点工作成果】 推进海河教育园规划建设。组织开展天津大学、南开大学新校区规划布局和建筑方案设计深化工作。南开大学新校区占地 250 公顷，规划总建筑面积 114 万平方米；天津大学新校区占地 250 公顷，规划总建筑面积 130 万平方米。（图 4、图 5）组织相关设计单位开展海河教育园二期规划方案设计，确定市委党校、南开中学分校的规划用地选址；开展广播电视大学、商务职业学院、青年职业学院、铁道职业技术学院等职业学校规划和建筑方案设计。

为加快保障性住房建设力度，完成大寺、双青两个新家园的修建性详细规划及建筑设计方案的编制与审批。会同国土房管局完成了公共租赁房选址及设计方案编制工作，共确定选址地块 20 个，规划住宅 9 万套，规划总住宅建筑面积约 420 万平方米。（图 6）

推动海河沿线一热电、中信地块等重要节点规划策划。组织多家设计单位按照“统筹考虑，风格协调”的原则，对海河（金阜桥——海津大桥）沿线长约 5.3 千米范围内的 7 个待出让地块和中信地块从规划布局、建筑体量、建筑风格等方面进行多轮方案策划和研究，确定规划布局和建筑风格，为海河沿线城市空间形象完善提供有力的技术支持。

为推进梅江会展中心二期的规划实施，规划审批开辟“绿色通道”，进件当天核发修建性详细规划审批，确保梅江会展二期按期开工。

在推进交通、医疗、文化、体育等民计民生工程的规划保障工作中，组织办理地铁 5、6 号全线共计 59 座车站及场站选址意见书，开展天津电台数字大厦、复康路网球中心等文体设施规划和建筑设计工作；会同卫生部门开展第二儿童医院、代谢病医院选址和规划设计以及中医一附院、海河医院、胸科医院规划和建筑方案设计。（图 7~11）

【规章制度建设】 坚持贯彻精细化管理工作思路。针对在审批依据、技术要求、程序管理等工作中发现的问题，制定了《关于进一步加强建设项目审批管理的通知》、《关于进一步加强建设项目核定用地管理工作的通知》、《关于规范建筑工程类规划许可证件变更管理的通知》、《关于进一步加强海河两岸沿线建筑规划管理的通知》、《关于规范建筑工程类规划许可证件变更管理的通知》等规范性文件。会同市建交委、市国土房管局等相关部门制定下发《关于进一步规范房地产市场持续健康发展的若干意见》、《关于加强酒店型公寓建设管理有关要求的通知》等文件，为实施精细化管理提供保证。

【规划研究】 为方便人民群众日常生活要求，开展提升天津市居住区公共服务设施配置研究。通过调研国内外优秀居住区经验，按照不突破《天津市居住区公共服务设施配置标准》的原则，对居住项目公共服务设施配置提出具体管理意见：一是根据功能要求对于能够集中设置的项目进行集中设置；二是将居住区、小区级部分配套项目“下沉”一级，加大小区级和组团级规模，方便居民日常生活需要；三是居住区级、组团级设施以非经营性为主，小区级设施以经营性为主，明确政府保障、市场调节职责分工。

为实现“能管理、能看、能定位、能查”的要求，以“苹果的 iOS”操作系统为基础，构建各类在建项目图文一体化数据库，自主研发具有地理信息系统特征的应用系统软件，具备建设项目位置查看、周边环境浏览、图文信息查看、分区数量统计、点位分布分析、实时空间定位等功能。完成中心城区在建项目数据库的建立，对 343 个项目 4428 幢建筑进行点位分布、图文信息归类、实施空间定位。

（滕人瑶）

规划总平面图

图书馆效果图

行政楼效果图

图 4　天津大学新校区规划设计图

规划总平面图

图书馆效果图

学生活动中心效果图

图 5　南开大学新校区规划设计

大寺新家园鸟瞰图

双青新家园鸟瞰图

图6 新家园规划设计

图 7　海河东岸一热电地块策划方案

图 8　海河东岸中信地块建筑方案

图 9　梅江会展中心二期建筑方案

图 10　康复路网球中心建筑方案

图 11　第二儿童医院建筑方案

市政工程规划管理

2011年，遵照局“重服务、夯基础、抓监管、强素质”的工作思路，狠抓重点工作目标落实，进一步健全市政工程规划管理工作机制，规范市政工程规划管理各项制度，确保市政基础设施建设实施。

【重点市政基础设施建设】 在第一热电厂关停工程、陈塘庄热电厂迁建工程和纪庄子污水处理厂迁建工程中，完成90余条道路管线综合规划方案审批和160余千米配套主干管线规划方案审查；在市容环境整治任务中，完成45条（段）道路通讯、电力架空线入地工程，部署各分局完成市政工程规划审批；在地铁工程中，全面推进地铁5、6号前期工作，完成该线一期工程线性规划选址及建设用地手续和17座车站管线切改方案的规划审批，车站管线切改占总量的85%；在清水工程中，完成八经路、大直沽八号路、津塘路等8条道路排水设施改造路径审查；在市政府投资项目中，按照市政府投资项目检查整改工作会议部署，完成快速路、地铁、城市道路等百余项重点工程整改项目的选址、用地规划、工程规划许可审批；在“民心工程”中，通过现场踏勘，逐步完善规划设计方案，优化审批流程，完成“民心工程”确定的20座人行桥规划许可审批；组织完成军卫线电力地段、会展中心二期、张贵庄污水处理厂配套管网规划审批；保障房建设、公租房、限价房等市政规划审批；组织完成大寺和双青新家园市政修建性详细规划方案审查；参与完成解放南路地区、市文化中心地区、泰安道地区市政配套工程审批；编制完成“天津市道路交通竖向规划”和“微波控制线规划”，为加强管理提供了依据。

【市政业务案件审批】 2011年全市（不包括滨海各功能区）审批市政工程业务案件3150件。其中市规划局办理397件，区规划分局办理1677件，郊区县规划局办理756件，滨海新区规国局办理185件，新技术产业园区规划处办理17件。

【规章制度建设】 完成交通影响评价规划管理暂行规定及技术规程的编制，为交通影响评价工作提供法规依据。制定《关于进一步规范城市道路规划设计及建设用地规划管理工作的通知》、《深化完善市政长管线编制原则》、《建设项目市政工程规划管理办法》，进一步规范市、区（县）两级规划管理工作。

【管理机制建设】 建立实施对口服务保障机制，赴区、县和重点项目服务近20项。对第一热电厂、清水工程等市重点项目及煤气集团等单位和宝坻区、蓟县、东丽区、北辰区进行现场调研、服务，发现问题就地解决，确保事事有答复，件件有着落。

建立实施督导督查工作机制，先后组织对区、县规划管理人员进行督导督查工作轮训业务会审、案例讲解、交流座谈、现场踏勘等多种形式实训，使管理工作逐步规范化。组织制定《市政管线规划管理信息系统建设实施方案》，完成市政管线规划管理信息系统的开发建设工作，为提高市政工程规划管理提供技术支撑。会同市建交委和市交管局等单位研究制定《天津市关于进一步优化城市交通环境的实施意见》。

（张　洁）

保护规划管理

2011年，为落实《天津市城市总体规划》，遵照国家《历史文化名城、名镇、名村保护规定》，组织完成天津市历史文化资源的调研。在调研基础上，确定重点保护规划内容；修订《天津市历史文化名城保护规划》；建立“四个层面”保护规划体系（附图）、保护规章制度和技术规范。

【重点保护规划内容】 突出体现天津近现代历史文化特色，反映“中西合璧、古今交融”的风貌建筑、风貌区；充分挖掘京杭大运河的历史文化价值，体现天津漕运文化特色；挖掘研究代表天津各类特色的历史文化资源，充分体现天津多元历史文化特色。挖掘代表天津不同历史时期典型特征的历史文化资源，全面体现天津历史文化名城的价值；增加和补充工业遗产、非物质文化遗产的保护内容；加强文物古迹、历史（风貌）建筑的保护。

【保护措施】 为加强历史文化名城的保护，研究制定了《天津市历史文化街区规划编制技术标准》（规保字〔2011〕631号）、《五大道历史文化街区规划管理规定》（待批）；《天津市历史文化名镇、名村保护规划编制技术标准》（规保字〔2012〕26号）、《天津市历史文化街区建设项目分类保护与管理工作细则》。

【课题研究】 为提高保护规划编制和管理水平，超前谋划管理策略，组织市规划院、天津大学等单位开展“天津市历史街区保护规划编制与管理研究”、“大运河天津市段保护与利用”两个重点研究课题，为开展保护规划、提升完善《天津市历史文化名城保护规划》提供支撑。

附图：

天津市历史文化名城四个层面保护规划体系

	1、市域总体层面	2、分区层面	3、控规层面	4、建筑层面
规划对象	市域既有历史文化资源与待挖掘资源	1、中心城区的历史城区 2、京杭大运河 3、盘山风景区名胜区 4、名镇、名村 5、其它保护分区	1、中心城区14片历史街区 2、京杭大运河各功能区 3、盘山风景名胜区各功能区 4、名镇、名村的历史地段 5、其它重点保护地区	1、文物古迹 2、历史建筑（含历史风貌建筑、工业遗产） 3、历史地块
规划内容	1、对保护资源进行价值评估 2、明确各类保护对象，初步划定保护范围 3、提出保护策略及总体保护要求	1、确定各分区功能定位 2、细化保护范围 3、整合保护资源，确定保护要素 4、确定道路交通保障体系 5、确定市政保障体系 6、编制防灾等专项规划 7、提出保护要求、措施及发展建议	1、细化功能定位和保护要素 2、划定核心保护区范围和建设控制地带 3、确定土地使用规划 4、落实公共服务和配套设施布局 5、落实道路红线、交通设施场站点 6、落实市政工程场站点布局 7、落实防灾等设施布局 8、编制城市设计导则 9、确定用地控制指标和保护要求	1、确定文物古迹和历史建筑，划定保护规范和建设控制地带 2、制定相关建设控制要求 3、评估文物古迹和历史建筑
法律标准	《历史文化名城名镇保护条例》 《城市紫线管理办法》	1、《历史街区建筑色彩、风格控制导则》 2、《天津市中心城区主要河流、公园及历史保护》	1、《天津市历史街区保护规划编制技术标准》 2、天津市历史文化保护区建设项目审批程序	1、《天津市历史建筑认定标准》 2、《天津市工业遗产保护利用规划建设管理》

不同层面保护策略

（张燕荣）

证后管理

【证后验收】 按照“预防为主、事先防范、事后查处”相结合工作思路，加大对建设项目的跟踪查验，有效遏制违法建设行为。2011年修订并下发《天津市建设工程规划许可证后备管理规定》，对全市1557项建筑工程进行规划验收，建设规模3739.4万平方米，较2010年增加31.72%；市政管线工程验收106项，建设规模21.52万米，较2010年增加145.1%。

【案件会审】 市规划局组织有关部门对证后验收结果进行会审，先后召开会审会18次，统一了执法监察案件的处理标准。

（刘庆文）

地名管理

【地名普查试点】 作为全国第二次地名普查试点——滨海新区地名普查工作，经过一年多的努力，顺利完成了各项任务，为在全市开展普查工作积累了经验。

普查工作中，充分发挥规划、地名、测绘部门的专业优势，采取国内最先进技术手段，使用1:2000比例尺地形图，以典型区域作试点带动，组织专家校审普查数据，拓展普查数据的服务功能等手段，形成了“四表、一图、一库”，即地名成果6645条，历史地名439条，楼门地址信息11万条，每条地名都有普查成果表；1:2000地形图3174幅，为方便普查成果的开发利用，制作了滨海新区地名图；建立地名数据库，开发地名智能化软件。10月31日，国家民政部顺利通过了对滨海新区地名普查试点的验收，对试点工作给予充分肯定，并向全国推广。

【地名规划】 2010年相继开展环城四区环外道路和武清区、宁河县地名规划编制工作，取得阶段性成果。在《环城四区环外道路地名规划》的编制中，结合环城四区总体规划的提升和路网调整，着力在规划的理念、思路、方法上进行探索与创新，将原来只是单纯命名规划思路，调整为从宏观、总体层面引导和规范，尝试制定地名导则，将环城四区环外地区划分为27个片区，根据片区的历史、地理、经济、文化特征，分别制定命名规范、命名主题、采词范围等，从源头上保证地名命名更加科学、规范，更加突出地名规划的前瞻性和引导性。

【地名信息系统】 地名信息系统建设工作已全面完成，2011年4月1日开始试运行。该系统实现了地名档案、审批、规划等数据的带图作业和动态更新，全市地名审批、地名查询、档案统计等工作都纳入该系统，为规范地名审批、地名查询、档案管理等工作奠定坚实基础。10月，该系统荣获2011中国地理信息产业优秀工程银奖。

【地名命名】 加强地名精细化管理，将地名申报审批与建设项目的规划、审批、竣工验收等环节衔接起来，形成联动机制。同时，实施住宅建设项目拟用名前置审核，使建设项目命名滞后于规划问题得到缓解。为支持重点项目建设，开展了地铁5、6号线车站的命名工作，探索性开展地铁2、3号线部分车站商业冠名，超前对列入年度计划的20座人行天桥进行命名。全年共审批标准地名463条，申领门号2997条，设置各类地名标志7015块。

【历史地名保护研究】 为加强历史地名保护，传承地名历史文脉，市规划局地名处与天津师范大学合作开展历史地名保护课题研究，完成了《历史地名名录》、《历史地名保护名录》、《历史地名等级评判标准》、《天津市历史地名保护管理办法》（初稿），初步建立了历史地名保护数据库。该课题已顺利通过局科研课题中期验收。

【地名调研培训】 为及时应对地名工作新情况，采取“请进来，走出去”等多种方式，开展调研工作，分析研究地名工作热点、难点问题，帮助解决区县地名管理工作中的实际问题。结合地名管理人员的调整，结合地名信息系统运行，举办了三次培训会，使基层工作人员迅速、熟练掌握该系统。同时，先后与北京、上海、深圳等地同行就地名管理中存在的问题，进行充分探讨与交流。9月份，组织相关人员参加在杭州举办的全国地名工作交流会，学习兄弟城市先进的经验和做法，并运用到地名管理之中。

（刘　薇）

测绘管理

2011年，经市编办批准，天津市规划局测绘管理处更名为天津市规划局测绘地理信息处。

【测绘规划编制】 对“十一五”期间测绘事业发展情况进行总结、对面临新形势进行认真分析研究，有针对性的编制《天津市测绘事业发展“十二五”规划》，已报市政府待批。

【测绘市场管理】 加强测绘质量监督检查，对2010年的191件测绘项目，聘请测绘专家参与检验，优秀率45%，合格率97.69%；另根据国家测绘地理信息局《关于开展2011年测绘成果质量监督检查的通知》（国测国发〔2011〕21号）要求，组织全市测绘单位开展对2009年1月至2010年12月期间完成的1:500、1:1000、1:5000 DLG、DOM、DEM地形图产品进行检验，抽检31件，全部合格，其中8件优秀。

开展加大执法监察力度，进行地理信息市场专项整治和“回头看”工作，检查涉及互联网地图服务的450家网站，发现“有问题地图”三家，事后及时做出处理，确保“有问题地图”不进入市场。另会同天津市保密局开展全市测绘成果保密大检查，共抽查测绘成果使用单位和测绘资质单位21家，抽查率20%，达到预期效果。

【测绘地理信息工作】 按照国家测绘地理信息局统一部署，积极推进“天地图”、“数字城市”和“地理市情监测”三项重点工作。为确保“三项重点工作”落实，天津市政府与国家测绘地理信息局签订“数字天津地理空间框架建设及地理国（市）情监测合作协议”；组织制定《测绘地理信息三项重点工作实施方案》，明确工作职责、工作进度和时间节点；根据国家测绘地理信息局统一的技术标准，制定《“天地图”天津节点建设实施方案》，完成天津地区服务平台的基础建设；开发面向用户的二次开发接口，实现了平台的基本服务功能。2011年底开展“天地图·天津”分节点软硬升级改造，确保2012年4月前完成“天地图·天津”分节点的建设工作。

为推动地理市情监测工作，按照天津市地理市情监测实施方案，开展以城市建设监测、生态环境监测、土地利用监测、动态开展监测、地质市情监测等6大类、44个专题为监测内容的数据整合和数据整理工作。通过对上述内容监测进行空间分布特征分析、区域差异分析和变化趋势分析，进而完成天津市地理市情监测数据库建设和2011年天津市地理市情监测报告及图集初稿的编制。为将天津地理市情监测纳入国家地理市情监测试点省区奠定了基础。

【测绘行政许可管理】 依法办理测绘行政许可事项116件，其中国家基础测绘成果资料提供使用审批34件，对外提测绘成果审批21件，测绘作业证审核5件，地图编制审核16件，区县国家涉密基础测绘成果资料使用证函40件。

【测绘资质管理】 按照国家测绘局颁布实施的《测绘资质管理规定》和《测绘资质分析标准》，结合天津实情，2011年完成测绘资质复审换证97家，颁发互联网地图服务测绘资质2家，其中甲级1家、乙级1家，新批准乙级测绘资质2家、丙级2家。截止2011年底，共有测绘资质单位100家，其中甲级16家、乙级28家、丙级49家、丁级7家。

为加强对测绘资质申请单位和专业范围变更单位的考核和日常监督，正着手拟定《天津市测绘资质管理实施细则》，拟采用抽查、巡查等方式对测绘资质单位进行年度成果和保密情况实施监督检查。

【测绘队伍建设】 2011年举办天津市涉密测绘成果管理人员岗位培训班和测绘产品质量管理人员培训班，全市各区县测绘行政主管部门和测绘资质单位相关人员230名接受训练；另采取召开测绘统计年报部署暨培训会形式培训相关人员110名。

（侯 怡）

城建档案管理

【城建档案法规修订】 2011年主要工作是修订《天津市城市城建档案管理规定》。原《规定》自2003年实施以来，市规划局为配合《规定》的贯彻执行，制定与之配套的相关规定和措施，加大依法行政的力度。同时，将城建档案管理纳入天津市城乡规划业务管理系统，加强与建设工程规划验收的衔接和管理。2008年市城乡规划体制改革，区县（分）局和滨海新区规划和国土资源管理局城建档案管理的职责和事权做了调整，为适应改革后新形势，对《规定》做了相应的修改，修改意见报市政府待批。

天津市城市建设档案馆主编的国家级行业标准

《城市轨道交通工程档案整理标准》通过国家住建部专家组审定。

《天津市建设工程文件归档整理规程》修订工作从2010年初开始，为了论证修订内容的可行性和进一步丰富完善修订内容，按主管单位要求向相关部门征求意见，由原8章，调整为10章，对规程部分内容进行拆分、合并、调整，突出竣工图编制的质量要求和声像、电子文件归档的质量要求，增加公路工程、园林绿化工程以及声像资料归档内容，减化施工文件接收内容，突出工程文件归档整理工作的操作性和实用性。

【区、县城建档案管理】 2011年5月国家住建部办公厅副主任张志新专程到天津调研区县城建档案管理工作，市规划局以此为契机，专题向市政府报告了区县城建档案工作现状。此后市规划局主管领导多次带队赴区县调研，推动区县城建档案工作开展。目前，宝坻区、蓟县、宁河县、武清区、静海县五个区（县）规划主管部门已将本区（县）城建档案管理机构设置报告上报市编制办公室审批。加强对区（县）城建档案工作服务力度，安排有关区（县）档案人员到城建档案馆进行业务学习、交流。

【市局机关档案管理】 2011年是规划局机关档案室加强基础建设的一年，继2010年机关档案管理工作相关规定下发后，档案室加大检查力度，严格要求档案质量，接收文书类、业务类档案847卷，6720件；提供利用109次，复印1139张；接收119项规划20个项目档案；指令性规划任务53个项目档案。在全市机关档案工作年度评优活动中获得先进集体的称号。

【执法、培训与服务】 加强新建工程档案登记、城建档案报送责任书签订、《档案预验收证明》和《档案认可证》发放的管理，对整理合格的报验档案开具档案预验收证明624个工程、确认函83个工程。

以服务建设单位为重点，坚持重点工程重点服务，深入天山米立方项目、华明镇示范小区、昆瑜家园经济适用房、地铁2、3号线、津宁高速、津港高速、津滨高速、唐承高速等建设项目，以点带面，强化服务，采用提前介入，现场指导，跟踪管理等多种方式，帮助建设单位解决建档过程中的技术难题，促进建设项目早投产。

（李丽婷）

法制建设

概　况

2011年，全市规划法制建设取得新进展。立法方面，9月14日,市十五届人大常委会第二十六次会议听取并审议市政府关于《天津市空间发展战略规划》（以下简称《战略规划》）的报告，通过关于批准《战略规划》的决议。会议指出，《战略规划》集中体现了全市人民的意志和愿望，是对今后天津城市发展方向、空间布局、城市功能等重大问题做出的战略性展望和安排，是编制城乡规划、土地利用总体规划、国民经济和社会发展规划、各项事业发展规划和进行各项建设活动、实施城市管理的依据。11月18日，《天津市空间发展战略规划条例》经市第十五届人大常委会第二十八次会议通过，自公布之日起施行。10月9日，市长黄兴国发布市政府令第42号，公布《天津市地下空间信息管理办法》，自2011年12月1日起施行。截至2011年底，全市规划方面初步形成由5项地方性法规（天津市空间发展战略规划条例、天津市城乡规划条例、天津市地下空间规划管理条例、天津市测绘管理条例、天津市地名管理条例）、6项政府规章（天津市城市规划管理技术规定、天津市规划控制线管理规定、天津市城市雕塑管理办法、天津市地下空间信息管理办法、天津市测绘成果管理办法、天津市城市建设档案管理规定）、80余项规范性文件和10余项规范标准构成的法规体系。执法监察方面，机制建设、规划实施监督检查、违法建设查处、证后管理与服务、行政复议、行政诉讼应诉、专项治理等工作，均按计划推进，成效明显。

天津市空间发展战略规划条例

【制定背景】 2006年7月，国务院批复实施《天津市城市总体规划（2005-2020年）》。规划进一步明确天津国际港口城市、北方经济中心和生态城市的城市定位，拓展城市发展空间，在促进全市经济社会发展和指导城市建设等方面发挥了重要作用。2009年6月，市委、市政府为进一步深化实施天津市城市总体规划，在广泛征求全市意见建议的基础上，组织编制天津市空间发展战略规划。规划用科学的理论和方法，对城市发展方向、空间布局结构等重大问题做出展望和安排，为城市发展和建设提供科学依据和有力保障。根据市领导通过专家论证、全市公示，确定天津市空间发展战略布局和大气洋气、清新靓丽、中西合璧、古今交融的城市特色，用立法的形式基本固定下来，以后不断完善、提高的要求，有必要制定一部切实保证天津市空间发展战略规划有效实施的地方性法规。

【制定过程】 2010年《天津市空间发展战略规划条例》（以下简称《条例》）纳入市人大立法计划后，市人大城环委、市政府法制办和市规划局立即成立三个部门组成的起草小组，开展起草工作，经过多次征求意见和论证，六易其稿。

2011年6月22日，市规划局局长尹海林主持会议，研究《条例》的基本思路、框架和主要内容等。7月初，按照立法程序，征求16个区县政府和相关委办局的意见；7月12日，《条例》上报市政府法制办。7月21日，市人大常委会副主任李泉山主持召开《条例》起草协调会议。8月29

日，《条例（草案）》经市政府第75次常务会议讨论通过，提请市人大常委会审议。9月14日，市十五届人大常委会第二十六次会议，对《条例（草案）》进行第一次审议，听取市规划局局长尹海林受市政府委托所作的说明。11月18日，市十五届人大常委会第二十八次会议，审议《条例（草案）》（二次审议稿），并表决通过《条例》，自发布之日起施行。

【主要内容】

（一）明确空间发展战略规划的定义。《条例》第二条规定："本市空间发展战略规划是对城市发展方向、空间布局、城市功能等重大问题做出的战略性展望和安排。"

（二）明确空间发展战略规划的编制和实施机关。《条例》第三条规定："本市空间发展战略规划由市人民政府组织编制和实施，具体工作由市规划主管部门负责，市各有关部门和各区、县人民政府应当予以配合。"

（三）关于编制本市空间发展战略规划的程序。《条例》第五条明确规定编制空间发展战略规划应当遵循的程序要求，以立法形式将编制的程序法定化、固定化，确保空间发展战略规划的编制条例法定程序，力求做到科学、公开、透明。

（四）关于空间发展战略规划批准的程序。《条例》第六条以法定形式明确空间发展战略规划审议、批准的程序，空间发展战略经批准后不得随意修改，确需修改的必须经过法定程序进行，以体现严肃性、权威性和连续性。

（五）明确空间发展战略规划的地位。《条例》第八条规定："本市空间发展战略规划，应当作为编制本市城乡规划、土地利用总体规划、国民经济和社会发展规划、各项事业发展规划的依据。各级人民政府和有关部门应当严格遵守本市空间发展战略规划，不得擅自改变空间发展战略布局。"

（六）关于空间发展布局的总体战略。《条例》第九条规定：本市实施"双城双港、相向拓展、一轴两带、南北生态"的总体战略，优化空间布局结构，提升城市功能。第十条至第十二条对总体战略的各项内容分别做出具体规定。

（七）关于空间发展布局的发展策略。《条例》第十三条规定："实施本市空间发展战略规划，应当统筹滨海新区、中心城区和其他区县联动协调发展，明确各自功能定位和发展方向，调整完善空间结构和发展策略，优化要素资源配置。"

（八）明确城市特色和风格。《条例》第十四条规定："实施本市空间发展战略规划，应当发挥规划设计导则的作用，加强对建筑和景观的管理，体现大气洋气、清新亮丽、中西合璧、古今交融的城市特色和风格。"

（吴　瑕）

天津市地下空间信息管理办法

【制定背景】 随着经济社会的快速发展，天津市地下工程建设量不断增大，地铁、地下停车场等地下大型综合体大量涌现，城市建设对地下空间开发利用的需求愈发明显，对地下空间规划、建设的科学性要求显著提高。地下空间信息管理作为地下空间开发利用的重要内容，对提升地下空间规划的科学性，避免地下空间的重复开发，减少开发建设过程中的事故风险具有重要作用。截至2010年，全市现有地下管线总长估算不低于5万千米，重点地区的地下管线走向纵横交错、空间排布多层叠加。城市规划建设过程中，如不能掌握准确的地下管线信息，很可能造成无法挽回的损失，严重影响人民群众的生命财产安全。

【制定过程】 市政府2007年4月28日印发《天津市地下管线工程信息管理办法》（津政发〔2007〕33号）。办法对提升地下管线信息的动态化管理水平发挥了重要作用，但随着城市建设的加速，办法的局限性也日益显现。首先，效力层次上，办法属于规范性文件；其次，适用范围上，办法的管理对象仅为地下管线工程信息，不包括地下建（构）筑物等其他地下空间信息。因此，办法已不适应日益发展的地下空间信息管理需要，有必要通过立法对全市地下空间信息实施集中统一管理。此外，2009年3月1日起实施的《天津市地下空间规划管理条例》第四十六条规定地下空间信息动态管理制度，授权市人民政府制定具体的地下空间信息管理办法，为以政府规章形式加强地下空间信息管理提供了立法依据。2011年9月26日，市政府第76次常务会议审议通过《天津市地下空间信息管理办法》（以下简称《办法》）。10 月 9 日，市长黄兴国发布市政府令第 42 号，公布《办法》，自 2011 年 12 月1 日起施行。

【主要内容】

（一）关于地下空间信息的管理范围

依据《天津市地下空间规划管理条例》，《办法》对地下空间信息从地域上进行限定，明确地下空间信息是全市行政区域内由城市规划控制开发利用的地表（含水面）以下空间的信息。其次，从信息属性上明确地下空间信息系由人们开发建设活动所产生的信息，地下空间信息属于社会活动产生的信息，地质水文等自然地质信息不属于地下空间信息范畴（第三条）。

（二）关于地下空间信息管理的工作机构

《办法》明确市规划局负责本市地下空间信息的统一管理工作，市地下空间规划管理信息中心为地下空间信息的日常管理机构，中心负责本市地下空间信息的收集、整理、利用、更新、维护和日常管理等具体工作（第五条）。

（三）关于地下空间信息的取得与更新

地下空间信息的取得方式主要包括汇交、普查与补（修）测（第八条）。针对新建、改建、扩建的地下建设工程与报废的地下管线、地下建（构）筑物等工程的不同特点，《办法》对汇交主体、汇交时限等内容分类做了规定（第九条、第十条）。为保证汇交信息的统一与准确，对汇交标准进行了规定（第十一条）。

（四）关于地下空间信息的利用

为切实发挥地下空间信息在城市规划、建设和管理中的作用，地下空间信息管理单位应当加强对地下空间信息综合管理系统的更新与维护，对依法取得的地下空间信息应当进行审核，审核符合要求后方可纳入地下空间信息综合管理系统（第十四条、第十八条、第十九条）。地下空间信息管理单位应为各级人民政府处理公共突发事件、防灾减灾等工作提供信息服务（第十九条）。利用地下空间进行建设的项目，建设单位编制修建性详细规划、总平面设计方案或者市政工程规划方案前，应当向地下空间信息管理单位查询相关区域地下空间现状信息（第二十条）。

（吴　瑕）

规划规范性文件

【概况】 全年向市政府法制办备案的规划方面行政规范性文件 8 件，其中制定的文件 7 件，修订的文件 1 件。

【制定的文件】

1.关于印发《天津市建设用地容积率调整管理规定》的通知（2011 年 1 月 14 日规法字〔2011〕28 号）

2.关于规范建筑工程类规划许可证件变更管理的通知（2011 年 3 月 22 日规建字〔2011〕146 号）

3.关于印发《天津市地下管线测量管理规定》的通知（2011 年 3 月 24 日规法字〔2011〕158 号）

4.关于印发《天津市测绘质量管理规定》的通知（2011 年 3 月 24 日规法字〔2011〕159 号）

5.关于进一步加强本市地下空间规划建设管理工作的通知（2011 年 4 月 2 日规法字〔2011〕205 号）

6.关于印发《市政管线工程规划审批数据标准（试行）》的通知（2011 年 6 月 18 日规市字〔2011〕469 号）

7.关于加强历史文化街区建设项目停车配建规划管理工作的通知（2011 年 8 月 25 日规市字〔2011〕594 号）

【修订的文件】

1.关于印发《天津市规划局政府信息公开规定》的通知（2011 年 8 月 25 日规法字〔2011〕596 号）

（吴　瑕）

规划执法监察

【机制建设】 为适应《天津市城乡规划条例》对证后管理工作程序的调整，经 2011 年第 5 次局长办公会议通过，修订后的《天津市建设工程规划许可证后管理规定》下发全市执行。结合《天津市城乡规划条例》的相关规定，拟订《关于通报规划违法单位名录的工作办法》及《天津市城乡规划违法行为处理标准》，经局管委会审议，正在修改、完善。

【违法建设查处】 为实现城乡规划巡查工作“全覆盖、不漏项”的工作目标，以项目巡查为主，区域巡查为辅，强化对建设项目的监督检查。做到日常巡查、集中巡查、节假日巡查和夜间巡查相结合，确保巡查工作不间断。2011 年全市出动巡查人员 5535 人次，较 2010 年增加 53.7%；巡查区域 1547 个，较 2010 年增加 25.6%。巡查督察中发现并移送综合执法部门处理的违法建设 101 起，较 2010 年减少 36.9%。2011 年全市查处职责范围内的违法建设项目 26 项，同比减少 68%。其中 19 起案件已经结案，其余 7 起正在处理过程中。

【行政复议、行政诉讼应诉】 2011 年，经办行政复议案件 27 件，其中市局受理行政复议案件 24 件，维持 13 件，驳回申请 3 件，责令限期履行 2 件，撤回申请 6 件；住建部受理行政复议案件 3 件，维持 2 件；撤回申请 1 件；市局应诉行政应诉案件 11 件，胜诉 8 件；正在审理 3 件；行政诉讼应诉胜诉率 100%。

【工程建设领域突出问题专项治理】 推进房地产开发领域违规变更规划调整容积率问题专项治理，开展市内六区专项治理工作的督查，继续对欠缴土地出让金及配套费的建设项目进行催缴，全年催缴土地出让金 8297 万元、配套费 241 万元。

【城乡规划实施监督检查】 按照住建部《关于印发〈住房和城乡建设部 2011 年重点稽查执法工作方案〉的通知》（建稽〔2011〕33 号）要求，制定下发《2011 年天津市城乡规划实施监督检查工作方案》。重点就城市总体规划、控制性详细规划、历史文化名城名镇名村保护规划等内容的落实情况进行检查。已将全市监督检查工作情况报送住建部稽查办。

【地理信息市场专项整治】 根据《关于落实全国地理信息市场专项整治工作“回头看”行动检查工作的通知》（测管函〔2011〕15 号）要求，组织市领导小组成员单位对涉外测绘项目、互联网地图以及地图服务网站进行检查。为将专项整治的各项实践成果转化为制度性成果，制定下发《天津市地理信息市场联合执法制度》和《天津市地理信息市场联合监管办案机制》。

（刘庆文）

科技　调研　信息化

科技工作

【技委会工作】 2011年召开9次规划局技委会，分别审议《赤峰道历史文化街区保护规划》、《古文化街历史文化街区保护规划》、《文化中心周边地区城市设计》、《解放南路地区城市设计》、《鞍山道历史文化街区保护规划》、《承德道历史文化街区保护规划》、《劝业场历史文化街区保护规划》、《老城厢历史文化街区保护规划》、《中心花园历史文化街区保护规划》、《解放北路历史文化街区保护规划》、《解放南路历史文化街区保护规划》、《历史文化街区建设项目停车配建标准初步方案》、《天津市卫国道（昆仑路—外环东路）两侧城市设计》、《天津市建设项目交通影响评价技术标准》、《葛沽历史文化名镇保护规划》、《历史文化名镇名村保护规划编制技术标准》、《天津工业遗产普查认定标准及保护利用规划》、《天津境内京杭大运河保护与发展规划》。

【科技管理】 积极组织协调重点课题和研究项目，对2010年度25个科技计划研究项目进行跟踪管理，发现问题及时协调，最终全部通过中期审查。组织申报国家住房和城乡建设部2011年度科学技术研究项目23个，20项获批立项，突破历史获批数目，为营造研究环境，搭建培养科技人才平台奠定基础。落实《关于印发<关于改革科技工作管理机制提升科研水平的实施意见>的通知》（规秘字〔2010〕5号）精神，与天津大学签订《天津市规划局与天津大学城乡规划战略合作的框架协议书》，约定共同培育城乡规划科学事业的发展和天津市城乡规划的科技创新能力，推动城乡规划事业科学健康有序发展，培养具有国际视野和市场竞争优势的现代城乡规划队伍。《协议书》确定宗旨、合作原则、合作内容、合作机制及成果保证等事宜，2011年3月17日举行签字仪式，双方法定代表人共同签署生效，开启市政府机关与大专院校合作的新篇章。成功组织全国科协十三次年会专题论坛会议和中国城市规划协会规划管理专业委员会“大城市规划局长座谈会”。

【科研成果】 2009年住建部立项的科研课题到2011年已结题4项，其中地下空间规划信息管理中心的《天津市地下管线信息动态管理决策支持平台建设》项目荣获住建部科技计划“示范项目”称号。申报市科技进步奖取得突破性进展，勘察院申报的《三维数字城市系统研建关键技术与特大城市信息化》获市科技进步一等奖。信息中心申报的《天津市地名管理信息系统》获得中国GIS协会2011年中国地理信息优秀工程银奖，《GTPlan城乡规划空间信息服务平台》获得GIS协会2011年中国地理信息科技进步三等奖。

【规划设计评优】 按照中国城市规划协会关于开展2011年度全国优秀城乡规划设计评选活动的通知精神，从2011年起，创新评优方式，市规划局对评选工作进行指导，以规划协会为主开展市级优秀规划设计评选活动。为做好评优工作，协会从2011年就开始组织预申报工作，并召开规划设计资质单位参加的评优工作动员会，请专家对获奖项目进行点评。预申报阶段共有15个规划资质单位申报了84个项目。协会组织专家对重点项目进行帮扶和提升，2011年2月发文正式申报。经过协会秘书处，协会评优工作委员会预审筛选，报局初审，共有72个项目符合申报条件，是开展评优工作以来，申报项目最多的一年。经过专家评审委员会认真评审，2011年度天津市优秀城乡规划设计评出特等奖1项，一等奖6项，二等奖22项，三等奖25项，表扬奖7项；优秀村镇规划设计评出一等奖1项，二等奖4项，三等奖4项，表扬奖2项。为在全国规划设计评优方面更具有竞争力，对获二等奖以上项目重点进行帮扶和提升，聘请住建部、中规协和外省市的知名规划专家对典型项目进行点评指导，重点提升和完善。

【科普工作】 按照市科技周组委会的要求，组织局系统各单位开展第二十五届科技周活动，在此期间，组织人员参加关于历史建筑保护的讲座。同时，购买发放相关标准，五类共计2500册，受到科技人员的欢迎。为提升市规划系统规划设计人员的科研水平，首次与天津市规划学会合作，由市规划局指导，规划学会组织在全市规划行业开展科技论文竞赛评选工作，共征集科技论文310篇，评出规划行业优秀论文一等奖16篇、二等奖30篇、三等奖52篇，扩大优秀科技论文评选工作的影响，提升研究水平。

（刘茂国）

调研工作

【调研成果】 2011年市规划局确定重点调研课题19项。其中，局领导承担重点调研课题13项，局系统各单位局级领导干部承担重点调研课题6项。局重点调研课题和局系统处级领导干部调研课题均按调研计划完成。其中，局长尹海林《注重城市设计 提升规划管理水平》在2011年《决策参考》第4期发表；《城市设计在天津城乡规划管理中的运用》在2011年《天津体改研究》第11期发表。市规划局纪检组组长曹慧泉《关于党风廉政建设责任制的调研与思考》在2011年，《决策参考》第9期发表。

2011年度局领导完成重点调研课题统计表

序号	课题名称	负责人	备注
1	天津城乡规划开展精细化管理的实践与探索	尹海林	
2	关于在创先争优活动中提高干部队伍素质能力的实践与思考	战秋艳	
3	关于构建三类数据应用框架体系及建设城乡规划系统数据共享机制的研究	李春梅	
4	关键岗位廉政风险防控的探索与实践	曹慧泉	
5	关于建立城乡规划评估机制的研究	鲁承斌	
6	天津漕运与地名文化保护	郭凤平	
7	从天津城市规划建设管理看天津城市特色塑造	郑嘉轩	
8	加强地理市情监测提升测绘服务水平	沈　磊	
9	提升执行力，强化政府效能管理	霍　兵	
10	城乡统筹下的规划管理创新思路	秦　川	
11	《城市规划展览馆设计通则》研究	诸　铭	
12	城市交通拥堵综合治理的规划对策研究	刘　荣	
13	天津市社区规划的理论与实践	侯学钢	

2011 年度局属院领导完成重点调研课题统计表

序号	课题名称	部门	负责人	备注
1	综合型党支部开展创先争优活动实践途径探究	规划院	艾伯亭	
2	规划院核心竞争力研究之职业道德建设	规划院	师武军	
3	建设“152”人才工程打造一流人才队伍	建院	刘勇胜	
4	以市场需求为导向推进体制机制创新	建院	刘军	
5	天测文化向市场化转型的研究	测绘院	刘俊卫	
6	如何有效的开展地理市情监测工作满足天津快速发展对地理信息的需要	测绘院	马华山	

（穆　静）

信息化建设

【概况】 2011 年信息化建设紧紧围绕城乡规划事业发展重心，全面加强信息化工作的统筹规划和组织推动，健全目标管理体系和责任考评机制，以服务规划管理为重点，以各业务平台为载体，以基础数据库为支撑，以全系统技术力量为依托，在信息化基础设施建设、成果应用转化、服务保障功能和数据资源共享等方面实现新突破，为规划管理工作质量和效率的提升提供有力支撑。

【优化城乡规划空间数据平台】 优化后的平台，除在用户体验度、数据图层管理、地图浏览速度、基本 GIS 功能操作便捷性等方面得到大幅提升，同时增加了动态加载地图服务、多窗口联动查看、本地上传数据、草图绘制等个性化功能。初始化登陆速度提升 95%，地图服务维护更新效率提升 80%。

【建设项目 e 图管理系统建设】 为进一步加强市城乡规划管理，提高规划审批的科学性，在认真研究已有数据基础和应用需求基础上，确定“以项目审批和业务决策需求为导向，以规划管理数据为基础，以关联信息集聚为目标，利用 3S 等信息技术，构建建设项目信息资源整合与综合利用信息系统”的系统建设目标。项目 e 图展示平台是项目 e 图管理的基本载体，通过该平台，整合各类信息，实现跨平台信息（包括二维、三维图形信息和图象、文本、数据库、多媒体等多种形式的信息）的集聚展示。

【建立地名管理信息系统】 地名管理信息系统是面向全市的地名信息服务载体。通过研究制定地名分类标准，建立完善的地名信息数据库，形成地名信息与时间、空间的集成。改进地名审批业务流程，实现带图审批作业和地名信息共享。通过地名命名、更名等业务及时更新地名数据库，实现地名数据库动态更新。建立现状地名库、历史地名库，实现地名档案信息浏览、查询、统计和门牌业务办理，以及门牌信息入库、查询。结合网络运行方式发布信息，达到信息共享的目的，实现地名信息的社会化服务。

【实施“一网保廉”系统建设】 通过对规划审批管理和廉政风险点的分析研究，应用信息技术手段，提高纪检监察部门信息获取和信息共享水平，加强监督管理，实现监督检查工作“硬标准、硬程序、硬考核”。以规划审批效能管理和重大事项决策管理统一程序、统一作业、统一监管为重点，建成集效能、质量、廉政、服务为一体的网络化、智能化和可视化的监督管理平台，提高行政效能和防范廉政风险水平，实现监督检查工作“痕迹监控、在线监控、公开监控”，达到“一网保廉”目的。

【市规划院信息化建设】 加强院内部基础数据、规划编制数据和规划成果数据的整合和共享，形成规划项目全生命周期“一张图”管理系统，完成规划信息汇总查询系统升级工作，进行后台各类数据整合，改进项目查询的实用性、界面的易操作性。10 月份该系统通过国家住建部组织的住房城乡建设领域应用软件测评，并向全国规划行业推介。开展城乡基础数据库建设，已收集整理数据14大类36小类2000余条，形成技术报告并报局。完成中心城区控规土地细分导则数据上网维护，提出城市设计导则、土地细分导则和城市三维数据的维护模式，城市设计导则成果转化为局“一张图”管理，搭建起院与院之间以及院与局之间数据共享与维护机制。完成滨海新区控规成果GIS建库工作，与滨海新区规国局、新区信息中心及院属滨海分院一起建立控规建库与适时更新长效机制。在中心城区14片历史文化街区保护规划项目、环外四区城市总体规划和天津市近期建设规划项目等局重点规划项目中采用多种信息化技术提高规划科学性。扩展对外业务，建设天津城投集团前期项目管理及查询系统、天津市加油加气站信息查询系统以及天津市医疗卫生、文化设施、消防等专项规划数据建设和系统建设研究。

【市建筑设计院信息化建设】 做好企业软件正版化工作，制定院年度正版软件配置计划，指定专人实施并与院专业技委会统筹协调各专业使用软件的正版化工作，确保此项工作有人抓、有人管、有实效。院正版化工作受到国家版权局及国家九部委联合推动正版化工作组表彰，被评为全国软件正版化示范单位。实施设计协同管理平台研发和应用，截至2011年院所有设计生产任务全部使用协同设计管理平台完成（涉密及特殊工程例外），设计协同平台有效工程项目1039项，建筑项目信息表2097项（含分号），图纸总数508656自然张，全院施工图电子文件归档率达到100%，为完成图纸数字化管理，实现施工图资源共享奠定基础。启动BIM（建筑信息模型）研讨和绿色建筑专项研究，完成绿色建筑展示平台系统软件开发和使用，及变电室、地源热泵和建筑维护数据的正常收集与存储，通过了绿色建筑运营管理国家二星级评定。成功建立企业邮箱、FTP服务系统，实现各部门和项目设计团队间安全高效、性能优越的信息互动平台。院可视会商平台正式投入使用，视频会议系统可以通过互联网远程进行实时会议、图纸交流、演示汇报等。为院驻外机构开通VPN服务，实现资源共享和信息发布。搭建企业门户网站和企业内部网站，开通党务公开、院务公开、设计方案库、信息发布等多种窗口。实现人力资源、财务、合同与客户服务资源、生产全过程质量控制、图档与文档、行政办公用品等管理系统应用。荣获“十一五”期间工程勘察设计行业实施信息化建设先进单位奖。

【市测绘院信息化建设】 国家测绘地理信息局宋超智副局长专门就测绘信息化建设工作来津与分管市领导座谈，熊建平副市长作出批示“进一步加强地理信息和测绘工作”。2011年天津市基础地理信息综合服务平台已完成软件开发及基础数据的建库工作，分别在宁夏电力设施数据采集平台、天津市公安局技防网布防信息系统、天津市东丽区土地整理地理信息系统等项目中得到应用。基于三维VRGIS平台开发完成了滨海高新区地下管网三维规划管理系统和滨海旅游区三维管理系统。完成天津市环保局环保地理信息系统、华苑产业园区网站建设、规划局地名处地名档案补充采集等10余个项目。完成宁夏、渤海湾北部、徐州、商丘、济宁、德州DMC数字航空摄影项目。“天地图·天津”节点硬件建设和软件开发均已开始。完成地理市情监测工作。2011年完成城市建设、生态环境、土地利用、地表形变和地质变化5大类45项专题监测工作，编制2011年天津市地理市情监测报告、监测图集、工作报告和技术报告等成果。

【市勘察院信息化建设】 进行市中心城区三维数字城市建设，全年在完成中心城区334平方千米现状实景全覆盖基础上进行重点区域数据更新和三维数字设计方案辅助规划审批应用；完成中心城区已有城市设计成果三维模型制作。进行全市建设用地现状调查及中心城区建设用地系统数据更新，新四区建设用地现状调查建库工作的60%，中心城区建设用地系统数据上半年和下半年各更新一次。进行保护规划成果三维系统与紫线上网，完成14片9.97平方千米历史文化街区现状三维建筑结构和场景效果提升、先农大院试点三维数字方案和历史文化街区保护规划管理系统试用版建设。建立iOS平台在建项目监管系统。建立中心城区在建项目数据库，对343个项目4428幢建筑进行点位分布、图文信息归类、实施空间定位。进行数字盘山建设，完成盘山地区1539平方千米DTM/DSM/DEM数据，建成区50平方千米体框模型数据。进行天津市机载激光雷达航空测量。2011年完成天津市机载雷达航测和数据处理工作，完成全市域DSM、DEM、DTM数据制作和天津市城市建成区建筑物体框建模。

【市城建档案馆信息化建设】 推进规划分局业务档案数字化、信息服务网络化、电子文件和电子档案管理规范化，完成各类档案数字化工作量测算，各分局业务档案现状清核汇总，局档案系统数据项目字段对比，档案管理系统升级版功能需求分析，参加制定区规划分局实施业务档案信息化管理工作方案、培训计划，完成分局档案管理系统“著录模块”功能测试及流程测试。正式启动业务档案数字化工作，全局系统10个分局都做到人员到位、设备到位，完成历史档案2800余卷的数字化处理。稳步推进现行电子文件自动归档系统研发，完善技术方案，确定基本框架和质量要求，研究与局“一网通”业务管理系统平滑对接。该系统现已进入研发阶段。完成触摸屏系统改造和三维库房管理系统升级。建设工程档案数字化管理进展顺利，2011年委托项目注册登记538个，更新著录小程序数据库276份，完成570个工程28255卷电子文件制作，258个工程15556卷小程序数据导入，103个工程，3587卷，35938页电子图像上传。

【地下空间规划管理信息中心信息化建设】 完成《天津市地下管线动态管理决策支持平台》建设，集中统一管理天津市地下管线信息数据。该项目已通过住建部验收，获得科学技术计划项目“示范项目”荣誉称号。在此基础上，综合应用先进信息技术手段，建立天津市地下空间信息综合管理系统，使地下空间信息化由二维向三维发展，由管线向建筑等多种数据延伸，初步实现对天津市地下空间综合信息数据的集中统一管理与服务。承担市政管线规划管理信息系统建设工作，整合市政专项规划数据、现状管线数据、市政管线审批成果数据和市政规划验收数据，建立市政管线规划管理数据库，研发市政管线规划管理信息系统，辅助市政管线规划审批管理工作。在地下空间信息数据收集中实现现状、规划审批、竣工验收全覆盖。管线以外的建构筑物信息也纳入收集范围，并从中心城区向新四区、滨海新区和五区县延伸。整合以地下管线为主的地下空间各类信息数据，初步形成三维立体的信息数据，信息数据管理向管线以外的地下空间发展。加强科研为信息化服务，2011年开展住建部科研项目《城市地下管线四维数据库建设与管理》和《地下空间规划与建设管理研究——以天津为例》，取得阶段性研究成果，并将成果转化为《地下管线数据建库系统》《地下管线辅助规划管理系统》《地下管线“一张图”管理系统》《地下管线数据库应用系统》四项软件著作权成果。

（杨　锴）

党群行政工作

党群工作

【领导班子建设】 2011年局党组在确立“理论学习、深入研讨、科学决策、落实反馈”四位一体学习机制基础上，总结形成“坐下来学、请进来讲、沉下去研、走出去看、集中来论、扑下身干”六步学习法。局、处两级全年共组织集中学习167次，先后深入到9个基层单位开展学习并现场办公，先后选派44批约230名局、处两级干部到国内外先进城市培训学习，邀请33名著名专家做专题报告，组织开展47个专题研讨，带动全局系统在更高层次上进行理论思维，促进重点工作上水平。书记尹海林关于《建立务实高效学习机制促进城市规划全面提升》的学习体会文章在《天津日报》理论创新前沿版专版刊发。市委学习型党组织创建领导小组以简报形式，宣传推广局中心组“四位一体”基本做法。局、处两级学习情况在市委规划建设交通工委（以下简称市委规建交工委）组织的2009-2010年度系统两级中心组学习检查评比中荣获第一名。以加快推进经济发展方式、服务区县经济发展，进一步改进工作作风，贴紧基层解难题，为民生建设和重点工程提供优质高效服务为主题，召开局两级领导班子民主生活会，会议高质量、效果好，得到市委规建交工委领导高度肯定。

【基层党组织建设】 2011年局系统紧紧围绕落实市委“调结构、增活力、上水平”工作任务，结合开展以纪念建党90周年为主题的党性实践活动，扎实深入地开展“创先争优”活动，实现了在“争”与“创”的实践中提升基层党组织的战斗力和凝聚力。天津市规划院在重点建设项目中开展“我是党员，向我看齐”、“党员挂牌亮身份”活动，天津市建筑设计院开展创建“五好党支部”活动，天津市测绘院在党员领导干部中开展“解放思想、工作提速”大讨论活动，天津市勘察院进行“四创四做”主题实践活动，有效促进了经济工作与党建工作双赢。同时，在局系统全体党员中开展《党员公开承诺践诺》活动和在窗口单位开展“创文明示范窗口，争优质服务标兵”、“亮标准、亮身份、亮承诺”活动，结合学习型党组织创建活动，形成“规划沙龙”、“业务大讲堂”、“黄金一小时”等一批优秀学习品牌，激发了广大党员创先争优的内在动力，基层党组织战斗堡垒作用和党员先锋模范作用得到充分发挥。市委规建交工委创先争优巡视组先后3次组织规划建设交通系统领导到市测绘院、市规划展览馆、局教育培训中心进行现场观摩，评价活动有特色、有载体、有亮点、有创新。在纪念建党90周年表彰大会上，局系统21个先进党组织（含5个最佳党支部）、36名优秀共产党员（含5名优秀共产党员标兵）、21名优秀领导干部（含7名优秀领导干部标兵），5名优秀党务工作者（含1名优秀党务工作者标兵），7个最佳党性实践活动党组织受到表彰。

【干部队伍建设】 局党组坚持贯彻“走出去”和“引进来”战略，深化创新干部培养机制、选用机制和考核评价机制，干部队伍综合素质不断提高。2011年选派16名处级以上干部参加境内外培训，邀请知名专家做学术报告，开展高层次论坛，召开处级以上干部研讨班，组织局系统两批共270人参加规建交工委组织的处级干部在线学习培训，着力打造一支“眼界宽、思路宽”的干部队伍。不断加大干部竞争选拔和挂职轮岗交流工作力度，选拔任用干部9人，组织公开竞聘副处级岗位5个，树立凭德才、比能力、靠业绩、看公认的用人导向。加强对优秀年轻干部培养，选派35名干部到区、县挂职锻炼，接收8名基层干部到局机关挂职，选派10名干部到市“调结构、增活力、上水平”活动服务组工作，5名干部到市委规建交工委、市建交委及城投集团挂职锻炼，及时跟踪考核，挂职干部的表现受到市委、市政府有关部门和各区、县好评。建立科学的考核评价机制，通过细化量化考核评价指标，突出不同单位、不同职位的考核重点，拓宽考核结果应用，加强考核结果反馈，有针对性地认真制定整改措施，有力推动了处级干部综合素质和管理水平提升。

【廉政建设】 局纪检监察工作牢牢树立规划品牌，继续深化完善党风廉政建设。一是推动局系统工程建设廉政风险防控、机关反腐倡廉两个板块建设取得成效。制定印发《市规划局机关加强反腐倡廉建设的实施意见》和《市规划局进一步深化廉政教育的实施意见》，加强重点部位岗位、重要内容廉政风险点全过程监督，对潜在的廉政风险开展有较强针对性的岗位廉政教育；二是建立完善重点部门关键岗位廉政风险防控体系。制定印发《关于对重点部门关键岗位廉政风险防控和监管的意见》，在全局系统组织开展廉政风险排查，制定局机关、分局、局属事业单位三个层面廉政风险防控“一览表”，全局共确定重点部门139个，关键岗位382个，查找风险点858处，制定防范措施637条，406个重点岗位签定廉政承诺。深入局属19个单位，与重点部门关键岗位干部770人进行廉政党课宣讲；三是规划“一网保廉”管理系统实现网上运转。对“效率质量监督检查”“自由裁量权监督检查”和“重大事项监督检查”等子系统功能进行大幅度提升，完成系统调试和数据录入，实现与各单位网络联通。制定印发《天津市规划局局属单位重大事项报告和备案规定》，进行专题培训，建立岗位责任，确保“制度加科技”工作取得成果。12月份，市纪委在规划局召开反腐倡廉建设现场观摩会，在全市树立了规划廉政品牌。副巡视员刘荣被评为市勤政廉政优秀党员干部先进典型。

【宣传工作】 组织开展局系统职业道德教育实践活动，制定印发《局系统职业道德教育活动方案》和《天津市规划局工作人员日常行为规范》，促进了机关工作人员综合素质提升。深入推进机关、企业和行业文化建设，提炼形成局“科学规划、和谐发展”核心价值理念，形成完整的VI形象设计体系和规划核心价值理念体系。以《充分发挥规划的龙头作用为天津又好又快发展提供有力保障》为题的贯彻落实胡总书记“七一”讲话、贯彻落实十七届六中全会精神活动情况和工作举措，在天津市级党刊《天津工作》2011年增刊和《支部生活》上发表。市规划局被评选为全国住建系统企业文化示范单位。

2011年5月，在全国住房和城乡建设系统创新思想政治工作座谈会上，市规划局以《创新思想政治工作新思路精心打造“四大战略品牌”全面提升城乡规划干部队伍素质能力》为题做典型发言，引起广泛关注，并在住建部《文明论坛》杂志上发表。论文汇编《思想政治工作理论创新与实践》出版发行。筹备局系统第十六次政研会年会，上报论文233篇，是历年参与范围和投稿数量最多的。

获国家部委级荣誉7个，市级荣誉21个，委级荣誉8个，区级荣誉23个，获奖数量是历年之最。市规划院荣获全国文明单位称号，市建院、市测绘院、市勘察院荣获市文明单位称号，勘察院田景堂荣获市精神文明建设工作先进个人。市建院王绍妍荣获全国巾帼建功标兵称号。

【统战工作】 注重加强与统战人士沟通，就如何增强规划的战略性、前瞻性召开座谈会，收集具有建设性意见和建议数十条，得到局领导高度重视。加大局系统统战代表人物的宣传推荐，向市委统战部推荐市规划院副院长田野的先进事迹，并以《精心编制规划，奉献天津发展》为题，在《天津统一战线》杂志上专题报道。推荐执法监察处长张占佳、建设项目处长孙银为和平区政协委员，推荐市规划院黄晶涛、市建院张津奕、市规划局机关张占佳为市规建交工委海联会理事。局系统统战代表人物队伍不断扩大，2011年新增加处级以上统战代表人物5名，在规划建设系统登记在册，有影响力的处级以上统战代表人物45名。局统战论文报市委统战部、工委统战处，获一等奖1篇、二等奖3篇、三等奖2篇。市规划局在市委规建交工委年度统战工作会议上做了典型发言。局组织干部处获市规建交工委统战工作优秀组织奖。

【综合治理工作】 局综治稳定领导小组，认真落实各项防控措施，坚持定期排查分析，特别是在各重大节日和敏感时期，加强对重点单位走访督察，及时掌握一手资料，对非重点单位进行日常电话督促，严格落实值班制度和大事报告制度，牢牢建立起上下联动的防范工作体系。2011 年 9 月中旬，圆满完成市委规建交工委综治办对局综治目标责任书的考核验收，全面完整地反映局 2009-2011 年上半年信访稳定、安全生产、“法轮功”专项、法制宣传、社会管理创新、平安创建等 6 大项工作情况，在全委系统 43 个单位中名列前茅。

【老干部工作】 认真落实老干部工作各项方针政策，加强离退休职工思想政治工作和队伍建设。建成新的老干部活动中心，组织适合老同志文体活动。全年组织开展各种活动 10 余项，走访慰问老同志 120 余人次，接待来访 100 余人次。工作耐心细致、热情周到，得到老同志和上级单位充分肯定。鼓励引导老同志老有所为，发挥余热，由老同志组织编辑的《天津规划年鉴 2011》出版发行。老干部处被评为市级老干部工作先进集体，局机关离退休职工党总支在创先争优活动中被评为市级“十佳好支部”、局系统“先进党总支”。老干部活动中心被评为市级“先进老干部活动中心”。赵友华同志作为代表在市委老干部局座谈会上做了发言。

【工会工作】 充分发挥劳动模范和先进典型示范带头作用。市建院和市规院分别有一名同志被评选为 2010 年度天津市劳动模范；天津市建筑设计院被评为全国“五一”劳动奖先进单位；市规划设计研究院一名同志被选树天津市“十一五”时期最具影响力劳动模范；市测绘院测绘基础院被评为天津市“工人先锋号”。同时，强化民主建设，组织完成局属各单位工会选举换届工作，加快转变工会工作作风，提高自身工作水平，为职工排忧解难，营造和谐工作氛围。局系统工会干部全年共深入一线服务 26 批次，举办各类体育健身活动 6 项、42 场次，累计参加 800 多人次。协助筹备第三届京津地区城市规划系统文艺汇演，为增进京津两地沟通交流，提高文化建设品位，推动规划行业及协会发展发挥作用。

【共青团工作】 用先进典型激励青年干事创业。加强组织建设，成立管网中心团支部。完成局系统青年现状调查策划部署推动工作，市测绘院协助完成调查软件的开发和试运行。组织开展“规划杯”交通专题辩论赛。局系统 11 个单位、16 支代表队、112 名选手直接参加比赛，辩论赛充分展示年轻规划人的风采，营造深入研究、积极探索的学术氛围，得到团市委和局党组充分肯定。局系统 2 个单位被命名为天津市青年文明号、2 个单位被命名为天津市青年安全生产示范岗、2 名同志被评为天津市青年岗位能手、3 名同志被评为天津市新长征突击手、1 个单位被评为天津市新长征突击队，1 名同志被评为天津市青年创新创效“十佳”明星，1 个单位被评为青年文明示范岗，4 名同志被评为青年服务之星。

（毛燕菲）

政务工作

【局长办公会议】 2011 年度，市规划局共召开局长办公会 14 次，审定议题 74 项。其中，学习传达领导讲话、重要会议精神 10 项；专项工作汇报 11 项；审议规范性文件、内部文件 27 项；审议重大规划 11 项；重大财务事项 10 项；人事处置事项 1 项；汇报学习交流情况 4 项。

加大重大规划成果审议力度，规划统筹引领作用进一步发挥。审议重大规划涉及规划成果 26 个。加大规范性文件审议力度，精细化管理成效突显。审议通过规范性文件 12 个，加大行政、业务工作汇报检查力度，规划业务督导职能进一步加强。建立年初有计划、季度有分析、年中有检查、年终有总结的制度。加大重大事项审议力度。凡是重要领导讲话、会议精神必须在局长办公会上传达贯彻；凡是重大事项、重大决策部署必须上局长办公会集体审议；凡是重大项目、大额投资必须通过局长办公会集体审查。

【公文管理】 局机关收文 2750 件。其中办理市领导批示件 432 件，市委书记张高丽批示件 32 件、市长黄兴国批示件 106 件、副市长熊建平批示件

343件。已办结425件，正在办理7件，办结率98.38%。加大公文审修力度，结合实际，举办公文写作培训班，整理编撰了《公文写作规范汇编》，对局常用公文的文种、格式、存在问题及解决办法进行研究分析；修订起草《天津市规划局行政公文处理办法》，对公文处理流程进行规范。局机关全年共发文803件，其中，上行文180件、平行文357件、下行公文266件，印发《会议纪要》467期，《工作通报》17期，《督办报告》17期。

【调研服务】 加大对重点规划编制和重大建设项目的服务力度，特别是加强对泰安道五大院、文化中心及周边、解放南路地区等重大项目的跟踪服务，规划服务保障作用突显；加大对区、县政府服务力度，深入到和平区、东丽区、蓟县、滨海新区等16个区、县政府调研服务，重点协调解决区、县政府的总规、近期规划、控规、重点项目等问题，对推动三个层面联动发展发挥统筹协调作用；加大对各委、办、局及相关单位的服务力度，分赴市国资委、市教委等单位沟通协调解决问题102个。

全年局系统开展调研服务活动1501次。其中，局领导赴基层指导督查和调研服务469次；局机关业务处室赴基层为各区、县政府，各分局和重点项目调研服务231次；各分局为区、县和重点工程调研服务801次。协调解决问题2803个。其中，局领导组织现场研究、修改完善方案与协调项目589个；指导基层规划编制与督导业务管理等工作153次；赴各委、办、局，有关单位沟通解决问题69次；赴现场进行违法建设巡查39次；参加节目、杂志访谈27次；举办讲座、业务培训7次。局机关各处室组织现场研究、审批和协调项目329个；指导督查基层规划编制与业务管理等各方面工作69次；赴现场进行违法建设巡查48次；为基层各有关单位讲解相关规划政策、条例46次。各分局（派出机构）踏勘现场、深化完善方案和协调项目1032个；解答各相关建设单位问题253次；现场研究选址问题89个；赴有关单位沟通解决问题53次。

【局长服务日】 2011年11月30日下午，在天津礼堂，市规划局举办以“服务企业，推动发展”为主题的局长服务日活动，全体局领导带领机关各业务处室以及局属单位负责人现场接待，为有关委、办、局、集团公司、投资开发企业、建设单位协调解决有关规划方面的问题，面对面地认真听取社会各界对规划工作的意见、建议和需求，为明年以及未来发展提供规划服务咨询。据统计，局长服务日共接待单位224个，260人，现场受理答复65个问题，对一些需协调解决的问题，进行登记，在一周时间内全部给予明确答复。

【督查督办】 围绕局中心工作开展督查督办工作，加大督促检查力度，提高督促检查实效，使督促检查在推动局重点工作目标落实上发挥应有作用。一是明确重点工作督促检查的主要任务；二是狠抓重点工作任务的落实。重点任务督促检查工作从制定到组织实施，从工作内容到工作办法，都紧紧围绕落实做文章，从落实上下功夫，从落实上见成效。根据年初确定的本年工作任务，进行重点工作目标分解，确定了75项重点工作任务。在督促检查过程中，保持与各责任部门的沟通联系，随时了解进展和落实情况，对确定的重点工作进行跟踪督促，发现问题立即提醒、提示，确保各项工作任务在拟定的时限内落实。同时，保持与市政府相关部门的沟通，根据市领导工作安排，组织各处室研究制定局月重点推动工作计划和工作重点。为了更好地将计划落实到实处，确定每周重点进行推动的工作，以周为单位进行督促检查，确保各项重点任务的实施。通过对重点任务的督办，为局业务工作和管理工作提升提供支撑和保障。

【建议提案】 承办市十五届人大四次会议代表建议和市政协十二届四次会议委员提案共158件，满意率100%。为做好建议提案办理工作，制定建议提案工作安排，明确工作责任，规范办理程序，严格办理时限，提高办理质量。在办理建议提案过程中，本着解放思想、接受监督、促进工作、提高质量的原则，采取领导挂帅、专人负责、上门走访、专题论证的形式，将“两会”建议提案尽快转化为促进天津城市建设和经济发展的服务保障措施。

【信息工作】 进一步加大向市政府报送信息的力度，并做好与市政府信息主管部门沟通联系，提高信息采用率。信息工作围绕规划工作重点和热点问题，为各级领导了解情况、指导工作提供参考。按照住房和城乡建设部统一安排，组织局系统信息员赴云南进行培训和交流，进一步提高信息员的工作水平和自身素质。全年向市政府报送信息50多条，被采纳20条；刊发《每日综合信息》248期；审修、刊发《每日要请》248期；刊登在局外网、局域网信息45条；重点工作《月报》12期；分局《月报》12期。

【业务宣传】 新闻宣传报道工作紧密围绕全局的中心工作和任务目标，精心策划，周密组织，积极拓展宣传报道渠道，围绕“十二五”城乡规划工作、贯彻落实胡总书记在津考察重要讲话精神、天津市第四次交通调查、规划系统工作会议，规划展览馆开馆两周年和接待突破200万人次，庆祝建党90周年活动，市规划局与天津大学签订城乡规划战略合作框架协议书，滨海新区文化中心建筑群概念设计方案国际咨询研讨会，蓟县西井峪村成为中国历史文化名村，国外城市规划学术委员会年会等四次大型规划学术会议在津召开等重要工作开展新闻宣传报道，取得显著成效，重要版面、专题报道增加，在全国以及本市各类媒体刊登播发新闻稿件625篇，为规划工作创造良好的舆论宣传保障，提升了规划工作的社会影响力。

在做好报刊、广播、电视等媒体宣传同时，加大人民网、新华网、天津政务网、北方网、凤凰网、中国规划网等网络媒体宣传力度。先后接待中央电视台焦点访谈栏目、《法制日报》、《中国经济时报》、《中国产经新闻》、《重庆日报》、《青岛日报》、北京卫视、湖北卫视、重庆电视台、郑州媒体采访团、《城市建设》杂志社、《锦绣》杂志社《建筑》杂志社以及英国广播公司BBC等媒体记者，为规划工作提供宣传舆论保障。

【保密工作】 重点加强计算机尤其是网络保密安全管理。开展保密法宣传周活动，全局上下的保密意识进一步增强，学法、用法、守法氛围日益浓厚。4月份，市局下发《关于开展保密自查工作的通知》，要求局属各单位认真开展保密自查工作。5月至10月，市局组织保密专项检查组对局属各单位进行保密检查。各单位保密工作的总体形势良好，各级领导非常重视保密工作，教育有力，制度健全，措施到位，整改及时，各单位均设专人负责保密工作，保密自查工作切实做到不漏一人、一网、一机。全年局系统各单位没有发生任何失泄密事件。

【档案工作】 组织市城建档案馆、局信息中心等单位开展10个分局业务档案数字化工作，制定详细的工作方案和计划安排，并按要求积极推动实施。同时，配合人事部门做好五区县城建档案机构建设工作。组织完成了2009~2010年规划编制计划项目和指令性任务的归档工作。局办公室获得全市档案工作先进集体荣誉称号。

【志鉴工作】 规划志鉴工作进展顺利。6月23日召开局志鉴编委会会议，局志鉴编委会主任、局长、党组书记尹海林主持会议并讲话。会议同意《天津规划年鉴2011》和《天津通志·规划志》第二册工作汇报，要求按照提出的意见和建议，抓紧修改完善，保质保量如期完成志鉴编纂任务。

1月14日、11月25日，局志鉴编委会办公室、编辑部召开两次志鉴工作会议，总结前一段工作，布置下一段任务。在第二次会议上，局志鉴编委会常务副主任、副局长鲁承斌出席并讲话。市地志办年鉴指导处和市志指导处负责人做辅导讲座。

10月，《规划志》第二册印出初稿（黄本），约120万字。根据国务院《地方志工作条例》关于“地方志书每20年左右编修一次”的规定，按照市地志办意见，经局编委会同意，《规划志》第二册记述年限由1991–2008年改为1991–2010年。

《天津规划年鉴2011》是规划年鉴创刊以来的第三卷。在保持基本框架相对稳定前提下，对部分内容进行调整。卷首增设“2010天津城乡规划概览”和“2010年天津城乡规划工作完成情况”；“概况”篇与“规划体制”篇合并；“概况”篇增设“2010年规划管理和规划实施成果数据”栏目；“规划管理”篇增设“保护规划管理”栏目，取消“区县规划管理”栏目；“派出机构和区县规划工作机构”篇增设“天津滨海旅游区管理委员会建设发展局”栏目。全书55万字。6月，《天津规划年鉴2011》正式出版发行。

（汪　勇　杨仲义）

人事工作

【机构编制管理】 2011年4月，环城四区街镇规划管理机构得到市编制管理部门正式批复，15个街镇规划管理机构正式成立，环城四区率先实现了城乡规划“两级政府，三级管理”框架。

积极推进五区县城乡规划管理机构、城建档案管理机构组建工作，已分别向市编制部门上报了请示，文件正在批复过程中。

为理顺市地理信息管理体制，按照国家有关要求，市规划局“测绘管理处”更名为“测绘地理信息处”，“天津市测绘院”更名为“天津市测绘地理信息院”。合理配置机构编制和人员，为规划事业发展奠定了坚实基础。

【规划队伍现状】 截至2011年12月，市规划局共有公务员134人，事业单位管理人员247人，专业技术人员1697人，其中正高级专业技术职称112人，高级专业技术职称679人。全年，局新录用公务员5名，其中博士1人、硕士1人；事业单位引进高校应届毕业生71人，其中博士研究生2人、硕士研究生46人。

【人才队伍建设】 编制完成《天津市规划局“十二五”人才发展规划》。编制范围涵盖局机关、局属各单位和各派出机构，明确规定党政人才、专业技术人才、经营管理人才、公务员四支队伍的发展目标和培养措施，为贯彻落实“人才强局”战略提供保障。

协调推动“天津市规划设计大师”评选制度建立，起草《天津市规划设计大师评选办法》，获得市委组织部、市人才工作领导小组和市委规建交工委认可，天津市人才工作领导小组办公室印发了《关于印发〈天津市规划设计大师评选办法〉的通知》（津人才办〔2011〕14号），在全市范围内遵照执行。

做好局级专家培养考核工作。组织第一届局授衔专家进行考核，对专业技术带头人制定了“一人一策”培养措施，组织专业管理领衔人培养对象集中培训，开展学术沙龙活动等，加速各类人才培养。

抓好局系统高层次人才培养，推荐优秀人才参加各类专家评选活动。2011年，全局共有国家级工程勘察设计大师4名、享受国务院特殊津贴专家29名、国家突出贡献专家2名、市授衔专家11名。

【教育培训】 围绕提升行政管理、业务素质和综合能力的要求，各类培训和学历教育工作均达到年初制定目标，局系统参训人员累计达1900人次。组织集中培训23期，宣传普及规划法律法规和岗位业务知识。安排32名科以下青年骨干参加岗位培训，提升政策理论水平和实际管理能力。协调安排与天津大学合办的第一期工程硕士班新学期专业课开课，局系统55人参加。与城建学院合办的测绘行业成人教育专科班和本科班于3月10日按期开班授课，注册录取人数达255人。

6月组织局机关专业管理领衔人培养对象和局属公务员单位业务骨干25人赴新加坡参加城市规划短期培训，开拓眼界、增长见识，并编制掠影集和成果集。

【劳动工资与福利】 完成2011年度局系统工资总额预算、局系统各单位保险、公积金基数核定工作，完成了全年各类劳动工资统计。按市人力资源和社会保障局要求，深入调研，完成了局属事业单位绩效工资调查，为事业单位工资制度改革奠定基础。按照政策规定，落实好局系统职工提职晋升、专业技术职务聘任的工资待遇兑现，为75人办理退休手续。

【安全生产】 继续落实安全生产责任制，制定安全生产工作要点，并组织局系统各单位签订安全生产目标责任书。深入基层单位和生产一线进行安全检查，在重大节日期间组织集中检查，全年局安全生产办公室共组织集中检查10次。

贯彻“安全生产月”活动，坚持“安全第一、预防为主、综合治理”的方针，精心组织宣传教育活动，进一步提升局安全生产总体水平。在市安全生产监督管理局组织的安全生产普法知识竞赛答题活动中，局获得组织奖，局系统4名职工获得个人奖项。

（杨玉娟）

财务工作

【财务管理】 按照“事前有预算，事中有控制，事后有审计”的原则，严把预算关，完成2012年度部门预算编制工作；组织全局系统2011年度财务决算编制、汇总和上报工作。做好全局系统20余家行政、事业及企业单位各项财务统计报表的编报、汇总工作。在全市近200家行政事业单位财务工作评比中，天津市规划局获得“一等奖”。同时，加大对局属各单位特别是“四院”（规划院、建院、测绘院、勘察院）财务监管力度，帮助盘活资产，切实提高各单位财务管理能力及资金运作水平，发挥资金最大效益。按照市财政局相关文件精神及工作部署，组织局系统各单位开展固定资产清查统计工作。通过用心准备、精心部署、充分沟通，圆满完成此项工作。

【基础财务工作】 加强财务制度建设，倡导节约，压缩开支，完善经费审批程序，在保证资金的同时，提高财政资金管理水平和工作效率，有效降低了行政成本；按时、准确地向天津市财政局、天津市国资委、天津市建交委、天津市统计局等单位编报各类财务月、季、年度报表；不定期召开行政事业单位财务工作例会，学习传达财政等相关部门有关文件精神，分析讨论并解决各单位在实际财务工作中存在的问题；组织局属各单位财会人员参加市财政局举办的会计人员继续教育学习班。

【局机关财务】 完成了机关财务决算编制和2012年度预算编报；实行人员经费按实际，公用经费按定额，专项经费按计划。做好财务保障，规范财务制度，强化事先控制，严格执行年初各项预算，合理使用资金，各项费用报销及时、合理、准确，使有限的资金发挥更大效用。

【专项经费管理】 配合局中心工作，做好2011专项经费收支财务管理及2012年财政项目备选工作。2011年，为天津市城市规划开展多角度、深层次编制工作，申请建设e图管理系统、中心城区三维数字管理系统、市域综合交通规划提升、卫星遥感动态监测、潜水观测、中心城区历史文化街区保护规划、近期建设规划以及基础测绘更新维护等专项经费并进行使用管理，为保证规划编制顺利开展，积极与市财政等相关部门协调沟通，争取资金支持，为规划工作提供有力资金后盾。

【审计工作】 对局属东丽区、北辰区规划分局、局服务中心等单位进行领导离任审计工作。同时，接受市财政局、市审计局等单位财务专项检查。通过自查与审计，各项财务管理工作能够认真执行国家财经法规，没有违法违规问题。

【基建工作】 在局信息楼建设中，财务处、服务中心和建院等单位密切配合，履行各项行政审批手续，优化工程设计方案，合理安排进度，细化工作流程，各项工作无缝衔接，确保2011年5月底信息楼工程高质、高效、按时顺利完工；在不影响办公秩序前提下，克服多重困难，仅用五个月时间就完成13234平米的局机关办公楼加固改造工程和家具更新，改善了办公环境。按照局领导指示，正按计划、高质量地做好“月明公寓”整修工程。

（王永刚）

市局派出机构

天津市规划局和平区规划分局

【概况】 2011年天津市规划局和平区规划分局（以下简称和平分局）按照年初制定的工作计划，圆满完成规划编制、管理、服务及监督等各项任务，为和平区城市建设和经济发展做出贡献。开展廉政警示教育，注重对全体干部职业道德水平的培养和提升，业务经办环节多人把关。制定教育培训计划，鼓励职工参加各类教育培训、职业资格深造，重点加强公文写作和公文处理能力，提高公文质量和办文效率。和平区工程建设全面提速，和平分局办理各类行政许可、审批事项262件。被授予2011年区先进党组织、2006-2010年天津市规划建设交通系统普法依法治理工作先进单位、和平区2006-2010年普法依法治理工作先进集体、2011年度优秀文明窗口等荣誉。

【机构人员】

局长、党组书记	阎　安
副局长	薛俊玲
副调研员	王会永
副调研员	欧成华
办公室主任	刘德明
综合业务科副科长	许　国（主持工作）
规划管理科科长	芦　山
建设管理科副科长	李　勃（主持工作）
建设用地科副科长	阎　冬（主持工作）
执法监察科科长	王会永（兼）

截至2011年12月31日，和平分局共有公务员编制24名，其中处级干部4名，科级干部12名，科员8名。

规划设计编制审批

【“一控规两导则”工作】 2011年对6个规划单元的城市设计导则进行审查，对21个与土地细分导则规划要求不符及与当前行政许可事项不符的地块规划提出修改意见。严格落实导则管理规定，结合区政府重点建设项目，完成南京路、华胜村、贸促会地块的土地细分导则调整。

【历史文化街区保护规划】 对和平区涉及的8个历史文化街区完成阶段性成果审查。在三次审查工作中，对五大道等8个保护街区，总计341公顷占地，143个街坊逐地块进行对照核查，提出相应修改建议，使保护规划和最新的规划管理动态保持一致，并保证大沽北路地块、和平路苏宁地块等策划项目的规划落位，为下阶段项目的实施提供规划保障。

规划管理

【公众服务管理】 执行政务公开及建设项目公告公示制度。向社会提供业务档案查询60余件次。通过政务外网公告修详规总平面4件，公布修详规总平面、建设工程设计方案总平面23件。

【建筑外檐管理】 从加强业务管理程序、提高规划技术审查水平等环节着手，将加强建筑外檐的8个文件和14个导则重新梳理，严格落实。方案审查中与建设单位和设计单位前期沟通，一次告知建筑设计的方案设计、方案审查要求及方案汇报标准，确保所报项目方案高度、体量、顶部处理、外檐形式、色彩基本符合天津城市天际线及城市景观要求，将建筑外檐管理“批的好，管得住”的工作原则落到实处。

【服务保障】 分局采取各科室联动，专人负责，为重点项目建设提供规划跟踪服务，全力推进南市地区的整体开发建设，泰安道历史文化街区保护性开发，金融城地区开发建设，津湾广场二期、南市五块地、大沽路地区、五大道民园地区等重点项目，一批新的经济增长点正在形成。做好区重点文化、教育、卫生项目的审批和实施，如：二十一中学、天津广播数字大厦、昆明路小学、南市三公建、市民服务中心等项目。

【业务案件办理】 2011 年办理各类行政许可、审批事项 265 件。办理建设用地审批事项 49 件，审批用地规模 56.96 万平方米，审批建设规模 103.17 万平方米，其中核发《选址意见书》8 件，办理《选址意见书》变更 1 件，审批用地规模 11.57 万平方米；核发《选址意见书》（市政）1 件，审批用地规模 1.45 万平方米；核发《规划条件通知书》12 件，办理《规划条件通知书》变更 2 件，审批用地规模 12.08 万平方米；核发《建设用地规划许可证》16 件，办理《建设用地规划许可证》变更 4 件，许可用地规模 27.80 万平方米；核发《建设用地规划许可证》（市政）5 件，许可用地规模 4.05 万平方米。办理建设管理审批事项 99 件，总建筑面积约 265 万平方米，其中核发修详规 5 件、总平面 18 件；建设工程设计方案 24 件；建设工程规划许可证 52 件（其中含部位证 8 件）。办理市政管理项目 69 件，总长度约 14.17km，其中核发市政工程规划方案 17 件（修详规 5 件，面积 106.52 万平方米）；市政工程规划条件 9 件；市政工程规划设计方案 14 件；市政工程规划许可证 29 件。

【证后管理】 办理证后管理审批事项 20 件，其中核发《建设工程规划验收合格证》14 件，地上竣工面积 34.15 万平方米，地下竣工面积 21.52 万平方米；核发《建设工程档案验收认可证》6 件。办理地名审批事项 28 件。其中，核发标准地名证书 8 件，门号申领 20 件。

监督检查与城建档案

【违法建设查处】 立案查处违法建设 1 件，已结案。按照道路巡查“不漏项、全覆盖”的要求，坚持每周两次道路巡查，累计历程 7000 余千米，在巡查过程中发现未经规划许可违法建设 3 处，均移送相关执法部门。

【信访工作】 全年接待来电来访 29 次，接待上访人员 50 人次，完成信访转办件 10 件，答复满意率 100%。做好“两会”及“两节”期间信访隐患排查工作，避免和减少重复、越级信访，未发生一起因工作不当激化矛盾事件。办理行政复议 2 件，市规划局均已下达行政复议通知书，维持分局具体行政行为。

【档案管理】 2011 年共整理技术档案 265 卷，其中建管档案 80 卷，验收档案 21 卷，用地档案 80 卷，市政档案 47 卷，地名档案 37 卷，光盘 230 盘。开展科技档案电子化工作，完成 85、86、87、90 年度 300 余卷档案的著录、扫描。

重要项目建设工程规划许可证审批统计表

序号	项目名称	建筑面积（平方米）	审批	
			日期	许可证号
1	和康名邸 3-6 号楼	6928.36	2011-01-11	2010 和平建证 0018
2	和康名邸 1、2 号楼及地下室	42991.64	2011-01-11	2009 和平建证 0001
3	和平区民生服务楼	7500	2011-03-21	2011 和平建证 0005
4	公安和平分局 110 指挥中心	19500	2011-03-21	2011 和平建证 0004
5	合生国际大厦 1 号楼	69275.05	2011-04-06	2011 和平建证 0006
6	南市模范小学	14272.50	2011-04-28	2011 和平建证 0012

续表

序号	项目名称	建筑面积（平方米）	审批	
			日期	许可证号
7	金德园	134265.58	2011-06-27	2011 和平住证 0002
8	和畅园 1、2、3、4、5、7 号楼及地下室	62397	2011-07-13	2011 和平住证 0003
9	天汇广场	62950	2011-07-20	2011 和平建证 0018
10	天津市友谊宾馆改建工程	29362	2011-08-22	2011 和平建证 0019
11	天汇雅苑	144340	2011-09-21	2011 和平建证 0021
12	宜天花园	98170.37	2011-09-30	2011 和平住证 0005
13	都会轩（1 号楼）	37297	2011-10-14	2011 和平建证 0023
14	都会轩（2 号楼）	32057	2011-10-14	2011 和平建证 0024
15	世纪都会商厦（办公楼）	102409	2011-10-14	2011 和平建证 0025
16	都会轩（3 号楼、5 号楼）	30954	2011-10-14	2011 和平建证 0025
17	新汇华庭 2-6 号、9 号、10 号	99428.60	2011-11-03	2011 和平住证 0007
18	新汇华庭 1、7、8、11-15 号楼及围墙大门	103171.20	2011-11-30	2011 和平住证 0008

（蔡海莹）

天津市规划局河西区规划分局

【概况】 2011 年天津市规划局河西区规划分局（以下简称河西分局）开拓思路、创新方法，实现“五个不断提高和一个全面落实”。即：党员干部队伍建设水平不断提高。服务质量和工作水平不断提高。工作效率和业务能力不断提高。工作质量和实际成效不断提高。综合素质和管理能力不断提高。各项工作得到全面落实。2011 年，围绕中心工作深入开展理念文化、制度文化、行为文化、育人文化、形象文化的宣传工作，努力营造奋发向上、健康愉快、和谐快乐的工作氛围。按照争先创优和“解难题、促转变、上水平”活动的要求，建立重点工程全程跟踪服务机制，坚持做到随叫随到，真心实意地为建设单位解决问题。同时，结合实际，邮政、体育、养老、卫生、环卫等设施专项布局规划也在河西区城市规划与实施中得到全面落实，随着市政业务审批工作系统化、规范化，审批效率全面提升，有利地提高了河西区的综合实力。

【机构人员】

局长、党组书记　周　健
副局长　窦川茸
副局长　孙　革
副调研员　侯志刚
综合科科长　侯志刚（兼）
建设管理科科长　王　若
用地管理科副科长　洪　波（主持工作）
执法监察科科长　毕　凯

截至 2011 年 12 月 31 日，河西分局机关行政编制 20 名，其中处级干部 4 名，科级（含副科级）干部 12 名，科员 4 名。

规划设计编制审批

【规划设计编制】 为提高河西区的城市功能，组织开展河西区 8 个重点地块功能提升的规划编制工作。在原有“四区四带八大功能区”的基础上，重新确立河西区“一轴两片、六区六带”的规划结构，为河西区区域经济的发展找准方向。同时，结合近远期规划，对近 2 平方千米的重点地区，进行深入研究，为河西区城市发展制定实施方案。

【修建性详细规划】 组织开展控详规、土地细分导则和修详规的前期策划、论证、专家审查、公示、调整、公布等工作。同时，严格按照行政许可进行审批，保证审批要件、审批依据齐全，程序合法。充分利用公示时间，超前研究单体建筑设计方案，缩短审批周期。在编制全局重大规划及修建性详细规划中，充分征求政府、人大、政协及相关管理部门意见，最大可能满足各方面的要求，帮助发改委、建委、市容园林、教育、卫生、配套、民政等各部门把好关，采取尊重他人，主动服务的实际行动，赢得区领导和区属各兄弟部门的理解、尊重与认可，形成良性协调互动的环境，提升规划管理工作的话语权。

【城市设计】 随着行政中心、接待中心的落成，该地区将成为天津市中心城区的最大亮点。同时，解放南路作为中心城区南部的重要通道，随陈塘庄热电厂的搬迁，配合文化中心周边地区的拆迁安置，地区改造和建设已提上日程。按照市政府工作部署，河西分局积极协调河西区政府配合市规划局、市建交委、市国土房管局、市城投集团等相关单位，组织开展文化中心周边地区和解放南路周边地区的规划设计。确定了“一轴两片、六区、六带”的规划定位。一轴，海河发展轴，分为文化体验、休闲娱乐、生态创新的三段沿河向海的态势发展。两片，由小白楼商业商务中心和行政与文化商务中心组成的城市主中心片，以陈塘科技商务区和小海地知识创新区为主体的科技创新片，实现两大区协同发展。六区，小白楼商业商务中心区，行政文化中心商务区，解放南路陈塘科技商务区，小海地科技创新区，体苑健康宜居社区，梅江及新梅江生态社区。六带，大沽路商业休闲带，友谊路金融商务带，解放南路综合商贸带，滨水道行政文体带，珠江道生活服务带，洞庭路创智生活带。

规划管理

【服务保障】 先后为文化中心、陈塘科技园管委会、天津电视台、解放路开发建设指挥部等31个项目建设单位进行现场服务，指定专人定期电话催办完善审批手续，了解工程进度情。一年中，共召开各类协调会7次，解决各类问题87个，为建设单位送证上门4次，收到建设单位赠送的锦旗7面。

【建筑外檐管理】 在建筑外檐审查阶段坚持高标准，保证建筑风格符合市局制定的城市设计导则，保证建筑外檐的施工和建筑材料选取按审批方案实施，营造“大气、洋气、清新亮丽”的城市景观特色。

【依法行政管理】 河西分局充分发挥主导监督作用，有计划、有重点地开展对行政执法、政务公开工作的检查，重新调整聘请社会监督员，发挥宣传、建议和监督作用。通过严格落实行政执法责任制，加强监督，发扬“公心、爱心、热心、诚心、耐心”的精神，注重解决群众反映强烈的热点、难点问题，促进区域经济发展和社会和谐。

【业务案件办理】 按照“三级审批制度”，坚持集体研究，做到每件均由区、市两级审查，根据会审会形成的意见印发《会议纪要》，按要求督办，为此，每个业务件都在规定的程序中得到及时有效的办理。2011年共组织召开业务案件会审会47次，印发《分局业务审查会议纪要》47期，解决各类规划建设管理问题330多个。办理人大代表、政协委员建议提案16件，满意率达100%。

【核发“一书两证”】 2011年共办理各种业务案件533件。核发《选址意见书》26件，线性选址25件，《建设用地规划许可证》26件，线性用地证8件，《规划条件》47件，规划条件（市政规划）1件，规划条件（市政建设）10件。《规划设计方案》5件，规划总平面29件，市政规划设计方案（规划项目）46件，其中，《市政规划设计方案（建设项目）》11件，《建筑设计方案》35件；《建设工程规划许可证》64件，部位31件，《市政建设工程规划许可证》53件。核发《标准地名证书》12件，《档案验收认可证》2件，核发门牌102件。

【证后管理】 制定管理实施办法与责任制、明确责任人，2011年建设工程验收27件。

监督检查与城建档案

【违法建设查处】 2011年查处违法建设案件2件。

【日常巡查】 坚持每周巡查，进一步加大对违法建设行为的查处力度。

【档案管理】 河西分局为国家二级档案管理单位。按照市局档案部门的要求，档案管理工作更加严谨、规范。2011 年保管城市建设档案 4548 卷，规划管理档案 183 卷，证后管理档案 1994 卷，地名档案 2015 卷，财务档案 437 卷，行政、人事档案 332 卷。此外，按照市局关于建设完善电子档案的指示，相关设备已落实到位，工作人员按技术要求正在进行扫描录入工作。

规划设计报批统计表

序号	规划名称	上报		审批		
		单位	日期	单位	日期	文号
1	河西区重点地区城市设计	河西区规划分局	2011.9.30	天津市规划局	2011-10-31	规详字〔2011〕694 号
				天津市河西区人民政府	2011-12-14	河西政复〔2011〕12 号

重要项目建设工程规划许可证审批统计表

序号	项目名称	建筑面积（平方米）	审批	
			日期	许可证号
1	友谊路家世界购物广场二期	40645.18	2011-1-20	2011 河西建证 0001
2	香年广场	46226.7	2011-4-13	2011 河西建证 0008
3	珠江友谊家居建材仓库	65285.27	2011-4-19	2011 河西建证 0009
4	天津国际贸易中心	190350	2011-5-6	2011 河西建证 0011
5	天津医院改扩建工程	113942	2011-5-11	2011 河西建证 0012
6	青林大厦	40326.65	2011-8-8	2011 河西建证 0021
7	川水园	123641.54	2011-8-16	2011 河西住证 0003
8	海景文苑	136432.04	2011-12-19	2011 河西住证 0006

（侯志刚）

天津市规划局河东区规划分局

【概况】 2011年天津市规划局河东区规划分局（以下简称河东分局）按照总体工作目标，开展“调结构、增活力、上水平”活动，“全力推动河东经济社会发展迈出更快步伐、达到更高水平、跃上更大台阶，奋力开创科学发展、富民强区、全面提升的新局面”，推进学习型党组织建设，服务重点工程项目，提高规划管理水平。完善“一控规、两导则”管理体系，完成城市设计导则编制及审批工作，审查城市设计导则初稿（河东区24个单元）；结合土地细分导则调整内容、城市设计及策划方案编制成果，深化完善城市设计导则，配合区有关部门组织编制营门口、轧五、奥的斯厂等地块策划方案及津滨大道、富民路、二号桥等地区城市设计；开展城市历史风貌保护区（海河街区）规划审查、风貌保护街区自查、新一批历史风貌建筑核查及工业遗产调查等工作。在做好日常管理工作基础上，加强对重点项目服务工作，坚持领导班子带队到每个重点项目现场走访、上门服务，主动帮助办理建设审批手续，提高办事效率，有效地推动大项目、好项目及民心工程和政府投资项目建设。主动服务市政基础设施建设，及时核发规划条件、办理建设工程规划许可证。建立建筑外檐管理机制，有效促进城区面貌改观。

【机构人员】

党组书记、局长	杨　凯
副局长	岳军廷
副局长	王　建
副处级调研员	杨俊礼
办公室主任	徐金胜
综合业务科科长	熊连仲
地名办主任	王　勇
规划管理科（建设用地科）科长	李福强
建设管理科（市政工程科）科长	张爱萍
执法监察科（信访办公室）科长	杨俊礼（兼）

截至2011年12月31日，局机关共计24人，公务员编制23名（处级干部4名，科级干部16名，科员3名），工勤编制（高级工）1名。

规划设计编制审批

【城市设计】 按照市规划局部署及区政府要求，河东分局组织编制二号桥地区城市设计，继续深化完善富民路地区城市设计及津滨大道地区城市设计。

【规划方案策划】 为实现区委区政府提出的发展起来、繁荣起来、漂亮起来的目标，结合招商引资项目组织编制轧五、营门口、奥的斯厂、新开路三号地块等项目方案策划，为河东区地块出让提供规划储备。

【土地细分导则】 为确保地块出让项目依法依规顺利进行，在充分论证基础上，完成北空富民路、中粮110KV变电站、轧五、总后第一干休所、富民路教育用地、新开路三号地等地块土地细分导则调整工作。

规划管理

【服务保障】 结合河东区发展重点和特色，积极推行上门服务、现场服务，多次到建设单位现场办公，提高办事效率，有效推动万达、金地、招商地产等项目建设进度。

【建设项目管理】 对重点项目开通绿色通道，积极落实规划审批，保证红星国际广场、水岸银座、中粮、中信等重点项目的建设。

【建筑外檐管理】 加强外檐管理，落实外檐管理机制，以及外檐材料审查、表格登记、材料交接、外檐施工过程查验等管理办法。对需整改项目耐心做好服务解释工作；对在办项目严格执行《天津市规划建筑导则》；对尚未完成建筑设计的项目提供具体指导；对在建的110个项目及新发证项目坚持规划提升；对已批在建的高层项目实行动态管理，严格把关。在高层建筑外檐整改工作中，组织34个项目的建设单位及设计人员近百人集中培训，推动高层建筑外檐整改工作的开展。

【市政工程管理】 东北郊替代一热电转换工程，涉及供热主干线工程、水气网替代、220KV变电站进出线工程以及燃气、自来水旧管网改造等项目，合计审查50余条道路的管线综合及三个场站点的建设。河东分局以最快的速度确定管线路径，帮助建设单位完善建设工程规划许可手续；电力及通信架空线入地工程，涉及河东区3条道路，大部分工程已竣工并通过验收。完成过街天桥选址、地铁5、6号线还迁房选址及策划方案、津秦铁路配套设施选址等规划手续。

【核发“一书两证”】 全年共核发《选址意见书》31件，《建设用地规划许可证》37件，《规划条件》18件；核发《建设工程规划许可证》（建筑工程）49件，84.1万平方米，审查修建性详细规划及规划总平面21件、建设工程设计方案31件，《建设工程规划许可证》变更32件；审查市政工程规划设计方案43件，核发《建设工程规划许可证》（市政工程）50件。

【证后管理】 2011年共办理竣工规划验收34个项目，78.34万平方米。

【地名管理】 办理地名命名更名审批10件，发放门号启用通知36个，出具地名证明55份，制作地名标志牌81块。

监督检查与城建档案

【违法建设查处】 根据河东区实际情况，划分巡查区域，确定巡查人员，制定巡查工作计划，全面落实“不漏项、全覆盖”要求。河东分局领导牵头负责节假日巡查；执法监察科负责日常巡查；全体干部职工负责上下班沿途巡查。通过巡查工作的开展，有效遏制违法建设行为的发生。全年巡查280人次，发现并移送综合执法部门违法建设21件，查处违法建设1件。

【信访工作】 答复人大议案、政协提案6件，接待并办结来信来访24件，接听信访专线电话107次，建设项目主动公示公告259期，受理政府信息查询6件，提供建设项目档案利用9件。

【档案管理】 2011年整理业务档案213卷。

规划设计报批统计表

序号	规划名称	上报		审批		
		单位	日期	单位	日期	文号
1	二号桥地区城市设计	河东区规划分局	2011-12	重新编制，尚未审批		
2	富民路地区城市设计	河东区规划分局	尚未申报	深化完善，尚未审批		
3	津滨大道地区城市设计	河东区规划分局	2011-12	深化完善，尚未审批		

重要项目建设工程规划许可证审批统计表

序号	项目名称	建筑面积（平方米）	审批	
			日期	许可证号
1	紫乐名轩	127352.97	2011-01-17	2011河东住证0002
		44637.45	2011-01-17	2011河东住证0001
2	紫乐广场	99990.00	2011-01-17	2011河东建证0002
3	红星美凯龙河东商场	147834.48	2011-05-19	2011河东建证0023
4	星品大厦1号楼	20846.09	2011-05-19	2011河东建证0022

续表

序号	项目名称	建筑面积（平方米）	审批	
			日期	许可证号
5	雅仕嘉园	77964.57	2011-07-08	2011 河东住证 0004
		56704.73	2011-08-04	2011 河东住证 0005
6	远驰新开路商业及写字楼	86505	2011-08-25	2011 河东建证 0032
7	紫乐名邸	22133.18	2011-09-29	2011 河东住证 0006
8	万海园	76982.67	2011-11-09	2011 河东住证 0008
		30807.33	2011-11-09	2011 河东住证 0009

（徐金胜　杨学彬）

天津市规划局南开区规划分局

【概况】 2011 年天津市规划局南开区规划分局（以下简称南开分局）紧扣“规划引导发展、规划服务发展、规划保障发展”这一中心，坚持科学规划、和谐规划，不断强化人员素质提高、转变城市规划理念、促进城市布局合理、发挥城市资源利用的工作思路，为区域城市建设做出贡献。2011 年，南开分局领导带领业务骨干先后深入南开区城投、C92 创意产业园、大悦城等 10 多家企业，组织 15 次现场服务，解决问题 30 多个。随南开区政府外地推介招商 4 人次。南开分局被评为南开区“服务经济、优化环境”先进单位，地名办被国家民政部评为“第一批全国地名公共服务示范区”，3 人被评为市局和区级各类先进个人。

【机构人员】

局长、党组书记	陈继顺
调研员	王德义
办公室主任	吴增志
综合业务科副科长	殷　翔（主持工作）
规划用地管理科副科长	张美茹（主持工作）
建设管理科科长	田秀荣
市政工程科副科长	姜　亚（主持工作）
执法监察科副科长	苗　青（主持工作）

截至 2011 年 12 月 31 日，南开区规划分局公务员编制 30 名。实有员工 22 名，其中，公务员 19 名（处级干部 2 名，科级 13 名，科员 4 名），工勤人员 3 名。

规划设计编制审批

【规划编制】 按照市局规定和总体城市设计完成对南开区控详规的修编；完成对天拖、西营门、科技园地区、区政府周边等重点地区的城市设计；完成绿荫里、内燃机厂、手表厂、美湖里、兴业里、融侨长江道等项目和地区策划成果的转化工作；完成光电子园、八大楼、战备楼—未来超市、服装街地区、白堤路灵隐道等地区的前期策划工作。

【专项规划】 完成南开区道路网布局、教育资源布局调整、社区配套设施、主要道路沿线（长江道、黄河道、红旗路）等专项规划。完成市政三公司、五金城西、东王家台等地区用于保障民生民计项目的城市设计。完成地铁二号线咸阳路站、东南角城角楼、101 中学及南开大学迎水道校区、南马路五金城等地区的地铁上盖项目策划及设计。根据文教卫生外迁计划，主要完成南大迎水道、天大鞍山西道、天大崇明路、师大西湖道、市委党校、团校、中医药大学等地块的前期调研及数据收集工作。召开专家咨询论证会 10 余次。南开分局领导组织业务骨干研究规划策划 40 余次。

规划管理

【工作提升】 提出街域规划与控详规单元如何衔接

的研究；深入细化修详规市政工程的审批管理工作。2011年南开区委、区政府主要领导先后20余次到分局研究规划工作。

【核发“一书两证”】 规划窗口共办理各类业务件355件，其中核发《选址意见书》29件（含线性选址3件）；规划条件9件；《建设用地规划许可证》22件（含线性用地4件）；规划设计方案6件；总平面方案10件；建设工程设计方案42件；《建设工程规划许可证》68件（含变更24件）；《建设工程规划许可证（部位）》4件；《建设工程规划验收合格证》30件；市政规划设计方案28件；市政建设工程设计方案17件；《市政建设工程规划许可证》41件。办理标准地名证审批23件；门牌号码使用通知书审批21件；为居民开具地名查证情况说明48件。2011年共组织召开50次局长业务案件会审会，出会议纪要50期。

【证后管理】 2011年巡查160人次，行政诉讼无，行政复议1起已结案。

监督检查与城建档案

【信访工作】 信访来访总量20起，400人次，其中来访书面答复2件，个访15起40人；集体访5起，360人次；接待媒体来访3起；政府信息公开查询11起。

【违法建设查处】 2011年共办理违法建设案件查处2起，结案2起；移送综合执法8起。

【日常巡查】 坚持日常巡查工作，做到“定人定位、全面反复、及时报告”，全年巡查210人次。

【档案管理】 2011年共整理业务档案216卷、文书档案11卷。

重要项目建设工程规划许可证审批统计表

序号	项目名称	建筑面积（平方米）	审批	
			日期	许可证号
1	水云华庭1#–3#楼项目	30424	2011–1–6	2011南开建证0002
2	南开区水上公园东路西侧土地整理项目	30424	2011–8–23	2011南开建证0002
3	天津科技广场（北区）	49675	2011–1–4	2011南开建证0001
4	水乡花园9号楼	14984	2011–5–10	2011南开建证0004
5	奕聪花园（原红旗南路公寓项目）	136196.17	2011–4–18	2011南开建证0007
6	星城三期	55185.51	2011–4–15	2011南开住证0002
7	天康园商业	17064.15	2011–7–25	2011南开建证0026
8	盈江西里（11–14号楼）	17117.19	2011–8–2	2011南开住证0003
9	燃气大厦	52305.19	2011–8–10	2011南开建证0029
10	鼎域名邸9–12号楼商业及住宅（兴业里C地块）	39622.31	2011–8–16	2011南开住证0004
11	天津市黄河医院二期门诊住院楼	12728	2011–9–16	2011南开建证0031
12	仁恒海河广场二期	102382.49	2011–9–23	2011南开建证0032
13	顺宁里	21220	2011–10–18	2011南开住证0006
14	宁汇大厦	25600	2011–10–17	2011南开建证0033
15	景域名邸1–6号楼住宅及商业、配建1号楼及地下车库	61396.6	2011–10–28	2011南开住证0007
16	中国汽车工业工程公司研发基地	41860.85	2011–11–16	2011南开建证0036
17	星城地块项目四期	23000	2011–11–16	2011南开建证0035
18	春晓花园	79410	2011–11–25	2011南开住证0009

（李冲芝）

天津市规划局河北区规划分局

【概况】 2011年天津市规划局河北区规划分局（以下简称河北分局）加强机关干部队伍建设，用高水平规划引领城市建设、服务区域经济社会发展。依法审批，精细管理，高标准、高质量地完成河北区最后3个单元土地细分导则的编制工作，实现土地细分导则的全覆盖，将天泰路地区城市设计成果纳入土地细分导则；编制河北区地铁上盖策划方案、新开河两岸地区和张兴庄产业园城市设计、一宫花园和海河历史文化街区（河北区行政区界内）保护规划；严格精细化和规范化管理要求，探索制定"一三四三"（见注3）的业务管理方式。按照"调结构，增活力，上水平"的要求，认真做好区重点项目的推动落实和服务保障工作，缩短办件时间，提高审批速度。主动与建设单位加强沟通，随时掌握重点建设项目进展情况，领导多次带队上门服务，与建设单位面对面了解存在问题，现场研究解决，推动项目建设进度。全年共组织召开36次局长业务案件会审会，办理各类业务件344件，高标准完成建设项目的审批工作；继续加强高层建筑外檐管理，完成河北区城市设计整合等专项工作；规范证后管理工作，建立在建项目电子档案动态更新制度；全面开展档案卷宗电子录入工作；河北区地名管理工作受到国家民政部通报表彰。

【机构人员】

局长、党组书记　单国雁
副局长　王传明
副局长　赵　明
办公室主任　刘玉安
综合业务科（地名管理科）副科长　罗明连（主持工作）
规划管理科（测绘地理信息管理科）负责人　陆　明
建设用地科科长　何力军
建设管理科（市政工程科）科长　田　军（至9月兼）
建设管理科（市政工程科）科长　张克衡（9月起）
执法监察科（信访办公室）科长　田　军

截至2011年12月31日，河北分局机关总人数26名，其中公务员24名（处级干部4名，科级干部18名，科员2名），工勤人员2名。

规划设计编制审批

【规划编制】 完成05-01、05-02、05-10单元土地细分导则编制工作，至此全区22个土地细分导则单元已全部完成规划编制任务。对河北区土地细分导则调整和深化情况进行梳理，汇总上报市局；组织八马路地区律西、勤俭立交桥东侧、榆关道北、天泰路地区白庙、第一调料厂原址、中山路159号院部队经济适用房、铁路客运段综合楼、小树林地块等建设项目策划方案编制工作。按照天津市中心城区校区搬迁入驻海河教育园区要求，配合市局组织编制完成天津铁路职业技术学院老校区方案策划；协助市局编制完成消防设施、体育设施和公交枢纽等专项规划，完成锅炉房煤改燃并网后用地周边现状调查工作；协助区发改委编制完成《河北区国民经济和社会发展第十二个五年规划纲要》。

【城市设计】 按照河北区总体城市设计确定的"一带两轴四区"的城市空间布局，组织编制重要地区新开河两岸和张兴庄产业园城市设计。按照对新开河两岸开发改造的要求，组织编制新开河两岸地区城市设计，方案已由市局审查并原则同意，年底将城市设计成果纳入土地细分导则；为推动张兴庄产业园区建设，组织开展张兴庄产业园城市设计的规划编制工作，至年底深化完善。组织编制完成河北区天泰路地区3.22平方千米城市设计，成果纳入土地细分导则；在北宁公园及周边地区城市设计的基础上组织完成北宁公园规划总平面图，并上报市局审查。

【地铁上盖项目】 河北区地铁5、6号线沿线第一批上盖项目规划方案已编制完成，其他批次上盖项目完成初步策划方案。其中地铁6号线包括的北运河站、天泰路站、南口路站、六马路站、北宁公园站等5个上盖项目，地铁5号线包括的建昌道站–思源站上盖项目，规划可用地总面积约85.24公顷，总建筑面积约314.12万平方米。地铁6号线民权门站和金钟站北侧上盖地块，土地已经出让，分局多次组织建设单位和地铁集团公司，结合金钟河大街城市设计成果，对金钟站南侧上盖项目规划方案（河北区行政区界内）再次深化。

【保护规划】 按照市局部署对河北区18处工业遗产进行梳理，共调查248幢建筑现状，拍摄1023张照片；配合市局编制完成一宫花园和海河历史文化街区（河北区行政区界内）保护规划，编绘完成一宫花园历史文化街区保护地图；协助市局完成迎接国家住房和建设部对河北区历史文化名城保护工作检查的相关工作。

规划管理

【建设工程管理】 围绕精细化和规范化管理要求，探索制定“一三四三”（见注3）业务管理方式。该工作作法，得到市局和区政府领导的充分肯定；全分局业务管理工作在规划管理系统（一网通）平台办公的基础上，办件效率和质量极大提高。办件时间比规定时限缩短2.8天，审批速度提高约40%；印制《河北区规划分局2011年重点工作重点项目目标责任分解表》，制定对重点建设项目提前介入、全程服务、同步审批、并行办理等十条服务措施。对区重点建设项目分解到科，责任到人实行强化服务，做到领导督办、部门负责人促办、经办人追办，确保项目审批速度；坚持每月不少于4次深入建设单位现场服务，主动了解建设单位服务需求，帮助解决实际问题。全年共组织召开重点建设项目推动会12次、下现场服务活动72次，为企业解决问题57个，难题解决率达96%；在项目审批上突出重点，全力支持基础设施、保障性住房、重点工程建设项目。高效完成地铁2、3、5、6号线，隆达新苑一期经济适用房等建设项目规划审批；提前介入河北区地铁5、6号线沿线上盖项目和张兴庄工业园地块，进行方案策划和研究规划条件。

【建筑外檐管理】 在2010年高层建筑外檐整改工作基本完成的基础上，又对辖区内18个项目，126栋高层建筑进行反复的梳理和审查，整改方案经过市局认可，其中14个项目已全部完成整改工作，另4个项目尚未进入外檐施工阶段；建立建管阶段对外檐材料的审查转交会签制度，将建管阶段审定外檐材料全部移交给证后管理阶段存档，为河北区所有在建的建设项目建立电子档案44份，收集2.95GB的图片及影像资料；将已取得《建设工程规划许可证》（含部位证）的项目全部纳入证后管理；对2011年批准的建设项目下达《及时申请建筑外檐材料登记审查告知单》。

【综合项目管理】 按照市局关于城市设计整合工作部署，成立分局主要领导为组长的工作组。制定《河北区城市设计整合工作计划》，按照街坊对全区建设项目进行逐一梳理，每个街坊明确责任人。建立与市勘察院和设计单位及建设单位的沟通机制，定期召开专题会议，集中解决工作中遇到的问题。按照工作计划将整合成果汇总至市勘察院进行数据录入；完成对河北区可开发用地进行统计分析和出让地块布局与规模的跟踪调查分析工作，将成果纳入分局GIS信息库；拟定策划方案精细化管理审查要点，制作《策划方案审查要点》表格；完成天津市住宅发展规划的前期调研工作（河北区部分）、马光集团新建医院和规划停车场规划布局选址、河北区55个项目地下空间资料的汇总工作、闲置土地项目相关情况的梳理、重点建设项目规划建筑间距控制、社会稳定风险分析预测评估汇总分析等多项工作。

【核发“一书两证”】 2011年核定建设用地46宗；核发《选址意见书》25件，其中变更4件；《选址意见书（市政工程）》21件；规划条件10件，其中变更3件；核发《建设用地规划许可证》34件，其中变更5件，可用地面积64.13公顷（不含变更证面积）；《建设用地规划许可证（市政工程）》5件，可用地面积10.42公顷；审定规划设计方案8件；审定规划总平面29件；审定建筑设计方案37件；核发《建设工程规划许可证（部位）》20件；《建设工程规划许可证》46件，其中变更18件，总建筑面积87.79万平方米（不含变更证面积）；核发规划条件（市政规划）1件；市政工程规划设计方案（规划项目）25件；规划条件（市政建设）10 件；市政工程规划设计方案（建设项目）12 件；《建设工程规划许可证（市政）》17 件，长度 3.62 千米。

【证后管理】 在完成单机版建设项目跟踪检查系统录入工作的基础上，又对全区所有在建建设项目建立电子档案并动态更新，全年共完成现场拍照 6388 张，共计 10GB。7 月初开始向建设单位下发《建设工程证后管理注意事项通知书》，进一步规范证后管理工作；对年内核发《建设工程规划许可证》的市政建设项目，主动与建设单位取得联系，及时要求按照相关规定实施证后管理；全年共核发《建设工程规划验收合格证》30 件。

【地名管理】 完成河北区新增道路桥梁命名和图上标注工作；河北区被国家民政部评为“全国地名公共服务示范区”荣誉称号；办理门牌号通知单 23 件，为居民开具地名证明信 118 件；2011 年核发《标准地名证》12 件。

监督检查与城建档案

【违法建设查处】 坚持每周 2 次的巡查和节假日的集中巡查制度，全年共巡查 301 人次；多次配合市局执法总队对河兴庄地区进行巡视；共发现违法建设 15 起，其中立案 7 起、移送区综合执法局 8 起，下达限期整改决定书 2 份，限期拆除决定书 1 份，已结案 2 起，收缴罚款 89.2 万元；在日常巡查过程中，结合对建设项目各部位查验的同时，重点对现场悬挂图进行检查和规范。

【信访工作】 信访接待个人访 20 次 29 人，集体访 13 次 106 人；接听及回复信访热线电话 118 次，收到群众来信 10 封（其中一信多投 2 封），回复 7 封；召开信访专题协调会 8 次；应诉行政复议 1 件，维持原具体行政行为。

【档案管理】 归档业务档案案卷 170 卷，整理装订文书档案 275 卷，共计 670 件。提供利用档案 650 多人次；完成档案数字化录入的前期准备工作并顺利展开档案卷宗的录入；核发《建设工程档案验收认可证》2 件。

规划设计报批统计表

序号	规划名称	上报		审批		
		单位	日期	单位	日期	文号
1	05-02、05-10 单元土地细分导则	河北区规划分局	2011-4-20	市规划局	2011-5-12	规详字〔2011〕379 号
2	05-01 单元土地细分导则	河北区规划分局	2011-12-6	市规划局		
3	张兴庄产业园	河北区规划分局	正在编制			
4	北宁公园规划总平面图	河北区规划分局	2011-12-6	市规划局		
5	新开河两岸城市设计	河北区规划分局	初步完成			
6	天泰路地区城市设计	河北区规划分局	2011-3-15	市规划局		
7	河北区地铁 5、6 号线沿线第一批上盖项目规划方案	配合市局和市规划院	2011-11-21			
8	一宫花园和海河历史文化街区保护规划	配合市局	2011-6-30			

重要项目建设工程规划许可证审批统计表

序号	项目名称	建筑面积（平方米）	审批	
			日期	许可证号
1	春和景明物业用房	918	2011-01-11	2011 河北建证 0001 120105201100001
2	泓都大厦	98000	2011-02-01	2011 河北建证 0003 120105201100005
3	津都大厦	32689.50	2011-02-21	2011 河北建证 0004 120105201100007
4	地铁 3 号线铁东路站	529.40	2011-04-22	2011 河北建证 0007 120105201100018
5	地铁 3 号线金狮桥站临时入口、风亭	479.40	2011-04-22	2011 河北建证 0008 120105201100019
6	地铁 3 号线金狮桥站 3 号出入口及风亭	288.00	2011-04-22	2011 河北建证 0009 120105201100020
7	地铁 2 号线建国道站	541.40	2011-04-22	2011 河北建证 0010 120105201100021
8	地铁 3 号线北站站 2 号风亭组	145.30	2011-04-22	2011 河北建证 0011 120105201100022
9	地铁 3 号线中山路站临时出入口及风亭组	427.50	2011-04-22	2011 河北建证 0012 120105201100023
10	地铁 3 号线北站站 1、4 号临时出入口	327.60	2011-04-22	2011 河北建证 0013 120105201100024
11	乐活坊 1 –5 号楼	29127.89	2011-05-19	2011 河北建证 0014 120105201100033
12	远洋广场 2 号楼	79200	2011-07-06	2011 河北建证 0016 120105201100038
13	津源大厦	19343.60	2011-08-26	2011 河北建证 0020 120105201100052
14	慧宁嘉园	61945.47	2011-05-06	2011 河北住证 0001 120105201100028
15	致远家园 1-13 号楼、一、二、三号配建公建	99712.29	2011-05-06	2011 河北住证 0002 120105201100027
16	诗景颂苑 1-16 号楼及配套公建和门卫	196281	2011-09-30	2011 河北住证 0003 120105201100055
17	汇仁云居一期	47750	2011-10-11	2011 河北住证 0004 120105201100056
18	宁湾家园 1-3 号楼和一、二号配建公建	14459	2011-10-24	2011 河北住证 0005 120105201100061
19	双湖花园	52158	2011-11-01	2011 河北住证 0006 120105201100064
20	隆达新苑一期	139060	2011-12-28	2011 河北住证 0007 120105201100068

注：1.表中所注建筑面积为发证面积，即地上建筑面积。

2.表中不含《建设工程规划许可证》变更情况。

3“一三四三” 即：一：熟悉和掌握业务管理全套标准。三：强化业务案件会审、落实责任和监督检查三项制度。四：采取提前对接、深入企业现场、加大力度协调、突出重点强化服务等四项举措。三：摸清区情、项目、需求三个底数。

（何力军）

天津市规划局红桥区规划分局

【概况】 2011年天津市规划局红桥区规划分局（以下简称红桥分局）在市规划局和红桥区委、区政府的正确领导下，按照市委、市政府提出的“调结构、增活力、上水平”的总体目标要求，制定《2011年区重点工作台帐》明确责任、明确任务、明确时间节点，落实到人，做到季有检查、半年小结、全年总结，保证工作落到实处。对大丰路水游城、和苑居住起步区、晓春新居、培智学校和民益园、民康园公租房等项目加快规划审批，使建设项目早开工、早建设。不断改进服务方式，充实服务内容，深化服务制度，提高服务效能，实行规划建设项目一日审批制度和领导干部重点项目帮扶责任制度。采取为建设单位上门服务、现场调研和分局领导赴行政许可中心协调等多种服务形式，为重大项目做好服务保障。继续开展“局长服务日”活动，对年初制定的重点项目，分局主要领导带队，逐一深入到建设单位和现场，帮助企业排忧解难。建立目标责任制，分局对所管项目分工负责，确定联络员，定期召开项目进度分析会，倒排工期，大力推进，以促进重点项目早落地、早开工、早建设，早见效为促进红桥区经济社会又好又快发展提供有力的规划保障。红桥分局荣获“2011年天津市文明机关单位”，2011年天津市“五一”劳动奖状。

【机构人员】

局长、党组书记	贺高潮
副局长	王　勇
副局长	沈英华
副调研员	魏祥文
办公室主任（市局业务处挂职锻炼）	张忠诚
办公室副主任	张　磊（主持工作）
综合业务科科长	骆庆华
地名管理科科长	罗桂香
建设管理科（市政科）科长	丁　强
规划用地科科长	赵楷卿
执法监察科（信访办公室）科长	赵　娟

截至2011年12月31日，红桥分局公务员编制32名，工勤编制3名，实际在岗职工26名（处级干部4名，科级干部14名，科员5名，工勤3名）。

规划设计编制审批

【西站副中心城市设计】 红桥分局以区“十二五”规划为指导，结合发展需求及重点地区城市设计，开展西站副中心城市设计深化工作计划，经与市规划院及上海同济大学多次研究，确定副中心总体建设规模和商务商业住宅比例，优化各类用地布局，在保持路网格局不变情况下，根据实际情况对个别道路进行微调，在城市形象方面实现西站城市副中心城市空间形态更加丰富，标志性建筑位置突出，建筑天际线优美，强调高层建筑组群高低错落富于变化的空间层次；确定地铁线位、地铁上盖物业项目以及公共配套和市政配套设施在城市设计中落实，市规划局和红桥区政府经过多次研究和论证，通过西站城市副中心城市设计深化方案，并将依此开展土地细分导则和城市设计导则的编制。

规划管理

【重点项目规划审批】 对西站地区交通枢纽共核发《线性选址》2件，《建设用地规划许可证》8件，《线性用地许可证》3件，《市政工程设计方案（规划项目）》4件，《市政工程设计方案（建设项目）》2件，《建设工程规划许可证》（市政）18件，《标准地名证书》（桥梁）1件，保证西站地区市政配套工程顺利实施；为保障住房建设投资有限公司民益园、民康园和苑公租房项目进行现场服务，与市规划院协调修建性详细规划方案，做好地名审批工作，为项目尽快开工建设提供规划保障。

【市政基础设施建设】 对虹都名苑、虹都中心、西于庄定向安置房项目市政详规进行审查。积极与建设单位和电力部门沟通协调，使西站西青道下沉隧道照明工程、天津市计划生育生殖健康中心 10KV 电力项目、大丰路商业公建电力工程、湘潭道 110KV 变电站、双环邨定向安置房碧春园二期 35KV 电力项目等工程尽快审批。

【现场办公服务】 为进一步加强现场协调服务工作。红桥分局领导先后赴红桥区建设发展公司的光荣道科技产业园项目、城西供电分公司的湘潭道变电站、本溪路变电站项目、天津津源发展投资公司的西站地区市政建设项目进行现场服务，充分发挥规划部门牵头带动作用，分局赴许可中心进行现场办公，仅服务月局长接待日当天就解决 5 宗有问题的案例。

【依法行政管理】 严格执行规划管理等法律法规，不断提高依法行政意识，严格程序，对投资项目联合审批实行“一窗受理”、“双限时”、“帮办服务”和“效能登记”四方面办理机制，做到联审项目及时跟踪、回访、反馈、促办和协调工作。坚持业务会审制度,全年召开分局业务案件会审会 39 次，会审案件 98 件。

【网络管理审批】 实现规划建设项目 e 图管理展示平台功能应用，规范与加强核定用地管理，实现统一规则、覆盖全部，对已审批的建设项目带图作业补录工作，已实现新旧建设用地标准在业务管理上的无缝对接。通过“一网通”业务管理系统实时在线办理业务案件 262 件。

【规划项目公示及信息公开】 2011 年组织详规、建设项目等公示 20 余次；组织控规调整和深化论证工作，对区疾控中心、光荣道科技产业园、红咸里、小伙巷、五十一中南、晓春里、民益园、民康园、大胡同、二建一分公司、意库创意产业园等项目地块结合社会事业和产业发展的需要，积极协调，既保证控规成果的维护更新，又保证群众合法利益。进一步完善规划和项目方案公开公示程序，健全公示制度。在市规划局政务外网公布建设工程设计方案总平面图 14 件，修建性详细规划总平面图 1 件，公告修建性详细规划总平面图 1 件。2011 年红桥区政务网主动发布信息 2 条，政策法规 3 条，工程建设领域信息 41 条。

【核发“一书两证”】 2011 年度共核发业务案件 262 件，其中涉及“一书两证”内容有《选址意见书》 9 件，用地面积 58.27 万平方米；《规划条件》 11 件，用地面积 24.17 万平方米；《建设用地规划许可证》 21 件，用地面积 57.05 万平方米，《规划总平面》 13 件，建筑面积 97.19 万平方米；《建筑设计方案》 32 件，建筑面积 44.68 万平方米，《建设工程规划许可证》 29 件，建筑面积 66.14 万平方米（地下：8.33 万平方米）；《建设工程规划许可证》（部位）11 件，《标准地名证书》 6 件，《档案验收合格证》 6 件，《建设工程规划许可证》（市政）39 件，长度 40367.29 米。

【证后管理】 2011 年度《建设工程规划验收》 18 件，面积 69.24 万平方米。

监督检查与城建档案

【执法巡查】 制定每月巡查计划及夜间市政巡查计划，坚持对辖区内一级线路一周巡查 1 次，对二级线路半月巡查 1 次，对其他线路每月全覆盖巡查 1 次，全年共巡查 80 余次。

【信访工作】 2011 年接待群众来访 28 次，共计 155 人，其中领导接待群众来访 16 次，共计 79 人，接听群众电话咨询 86 次，接收群众信件 3 件，区政府、市局信访部门转件 3 件，答复率 100%。回复《政民零距离》栏目咨询 36 件。办理市、区人大、政协提案 9 件。

【档案管理】 2011 年共整理业务档案 101 卷。全年业务档案利用查询 260 次。库存总数 4300 卷。

重要项目建设工程规划许可证审批统计表

序号	项目名称	建筑面积（平方米）	审批	
			日期	许可证号
1	七〇七导航综合楼项目	40488	2011-4-15	2011 红桥建证 0004
2	河海花园 6、7、8、9 号楼	76476	2011-4-19	2011 红桥住证 0001
3	万华里二期住宅	132703	2011-5-12	2011 红桥住证 0002
4	河怡花园幼儿艺术培训中心	1441	2011-6-15	2011 红桥建证 0007
5	“云计算”服务平台数据中心	4346.9	2011-6-21	2011 红桥建证 0008
6	水游城酒店 D 区	7330	2011-7-17	2011 红桥建证 0013
7	晓春新居	16900	2011-8-25	2011 红桥住证 0004
8	康源公寓酒店	10010	2011-10-25	2011 红桥建证 0017
9	红星幼儿园	3800	2011-11-23	2011 红桥建证 0019
10	民益园（和苑公租房 A 地块）		2011-10-21	核发部位许可证
11	民康园（和苑公租房 D 地块）		2011-10-21	核发部位许可证
12	培智学校		2011-12-20	核发部位许可证

西站地区项目审批统计表

序号	项目名称	审批规模（平方米）	审批	
			日期	许可证号
1	西站南广场地下停车场换乘项目	地下：83292	2011-4-18	2011 红桥建证 0005
2	西站北广场地下及进站高架平台项目	32819.5	2011-4-15	2011 红桥地证 0005
3	西站南广场公交车场项目	10669.2	2011-7-5	2011 红桥地证 0006
4	西站北广场公交车场项目	3924.7	2011-5-13	2011 红桥地证 0007
5	西站枢纽管理控制中心	12882	2011-6-10	2011 红桥地证 0009
6	西站北广场景观	36238.1	2011-9-23	2011 红桥地证 0017
7	西站南广场景观	85939.5	2011-9-23	2011 红桥地证 0017
8	天津西站交通枢纽配套市政公用子牙河南路拓宽工程	3000	2010-12-22	2010 红桥线地证 0003

（张　菡）

天津市规划局东丽区规划分局

【概况】 2011 年天津市规划局东丽区规划分局（以下简称东丽分局）在市规划局和东丽区委、区政府的领导下，认真落实各项规划编制审批工作，积极开展“调结构、增活力、上水平”活动，采取切实有效的措施，推动重点项目建设，服务区域经济社会发展，规划建设管理工作取得新的进展。

【机构人员】

党组书记、局长　　李维秋（至 8 月）
党组书记、局长　　李咸群（8 月起）
副局长　　李咸群（至 8 月）
副局长　　刘广文
副局长　　崔　龙（11 月起）

副调研员　张万明
办公室主任　单丽萍
综合业务科科长　张金爽
建设用地科科长　刘洪媛
建设管理科科长　郝志强
执法监察科科长　韩玉海
规划管理科副科长　董乃彬（主持工作）

截至 2011 年 12 月 31 日，局机关公务员编制 26 名，工勤编制 2 名。实际在岗人员 27 名（处级干部 4 名，科级干部 10 名，科员 11 名，工勤 2 名）。

规划设计编制审批

【规划编制】 东丽区环外地区控制性详细规划编制范围基本达到全覆盖，实现了 9 月底前完成控规编制全覆盖的目标。完成东丽中心城区环内地区总体城市设计、东丽区空间管制规划、东丽区综合交通规划、东丽湖地区规划提升方案及控详规深化调整方案。开展军粮城工业园区、东丽开发区、金钟创意产业园规划提升方案的编制工作，以及北部新区空间战略发展研究工作。

【规划审批】 规划审批金钟新市镇修建性详细规划、军粮城新市镇一期修建性详细规划及二期规划，完成新立新市镇控详规及修详规编制和审批工作。

规划管理

【业务案件办理】 “一网通”的应用技术水平全面提升，实现数字化全覆盖。2011 年共受理城乡规划业务案件 759 件，办结各类业务案件 782 件，核发许可或审批通知书 715 件，业务案件办结率 100%。其中包括：核发《选址意见书》54 件，线性选址 64 件，规划条件 76 件，核发《建设用地规划许可证》48 件，线性用地证 34 件，规划方案 98 件，建筑方案 90 件，《建设工程许可证》160 件，工程验收 52 件，地名命名、更名 43 件。召开业务案件会审会议 38 次，审查建设项目 226 件次。全年各类业务案件平均办结时限为 6.03 天，较 2010 年平均 10.04 天提高 40%，比平均承诺时限提高 2.83 天，平均提高办件效率 31.94%。

【实施带图作业管理】 积极与市局沟通，通过专项培训、明确职责、专人监管、定期抽查等措施，努力提高建设项目审批带图作业率，2011 年，选址意见书、规划条件、建设用地规划许可证、建设工程规划验收合格证等许可审批事项带图率为 100%。高度重视“修详规”工作，积极落实建设项目 e 图管理工程相关要求。组织学习修详规数字成果的规范要求和具体操作内容，加大对报批标准的宣传力度，及时与项目设计单位就检测情况进行沟通。经过努力，修详规和总平面带图作业率分别为 57.9%和 66.7%。

【规划服务保障】 坚持以“由规划管理者向规划服务者、由规划审批者向规划责任者”转变为宗旨。每周 1 次深入街、园区等项目单位开展服务，2011 年共开展 40 余次现场办公服务活动，解决实际问题 160 余项。加大对重点项目前期策划的跟踪力度，超前介入、提前审查，委派专人与项目单位及时沟通，跟进解决项目存在的问题，大大推动了华侨城、天骥、恒大、武警医学院新校区、民航大学三期扩建等重点项目的开工建设进度。成立保障性住房专项服务工作组，推动保障性住房规划审批进度，取得明显效果。市公租房东丽区内三个地块的总平面、海河七村还迁住宅的修详规、赵沽里村定向安置经济适用房工程许可证均已完成审批。此外，对一些未及时办理相关规划许可手续的建设项目，在了解项目进展情况的同时，督促项目单位尽快办理相关规划手续，促进项目建设。

【证后管理】 完善、更新建筑项目跟踪管理系统，完成对已批在建项目的录入工作，实现项目全程跟踪。坚持监察和建设管理联合巡查工作机制和建筑项目跟踪管理，2011 年被评为东丽区综合治理十大亮点之一。

监督检查

【日常巡查】 2011 年共组织项目巡查 98 次，212 人次，违法建设立案查处 4 件，实现了规划、证后管理与信访工作的无缝对接

【信访工作】 全年共接待群众来访 6 批 17 人次，均为个人访，无信访案件立案。行政复议案件 1

件，已在规定期限内按市局行政复议决定书进行答复。行政诉讼案件1件，经法院裁定，东丽分局胜诉。认真做好维稳工作，开展矛盾纠纷排查，未发生越级访、进京访及群体性事件。

规划设计报批统计表

序号	规划名称	上报		审批		
		单位	日期	单位	日期	文号
1	新立街小区修详规调整	东丽区规划分局	2011-1	东丽区政府	2011-1	东丽政复〔2011〕2号
2	华明新家园4#、5#地修详规	东丽区规划分局	2011-1	东丽区政府	2011-1	东丽政复〔2011〕16号
3	天一MALL4#、6#地修详规	东丽区规划分局	2011-1	东丽区政府	2011-1	东丽政复〔2011〕26号
4	天津华侨城C地块修详规	东丽区规划分局	2011-1	东丽区政府	2011-1	东丽政复〔2011〕23号
5	东丽湖百合澜庭项目修详规	东丽区规划分局	2011-2	东丽区政府	2011-2	东丽政复〔2011〕25号
6	新立示范镇控规	东丽区规划分局	2011-2	东丽区政府	2011-2	东丽政复〔2011〕28号
7	新立示范镇修详规	东丽区规划分局	2011-2	东丽区政府	2011-2	东丽政复〔2011〕29号
8	赵沽里还迁住宅地块修详规	东丽区规划分局	2011-2	东丽区政府	2011-2	东丽政复〔2011〕33号
9	俞蒙道（挂）2010-087项目修详规	东丽区规划分局	2011-2	东丽区政府	2011-3	东丽政复〔2011〕34号
10	东丽湖万科城镇中心项目修详规	东丽区规划分局	2011-4	东丽区政府	2011-4	东丽政复〔2011〕58号
11	东丽湖万科城镇五期项目修详规	东丽区规划分局	2011-4	东丽区政府	2011-4	东丽政复〔2011〕59号
12	远洋风景修详规	东丽区规划分局	2011-4	东丽区政府	2011-4	东丽政复〔2011〕60号
13	沙柳北路经济适用房修详规	东丽区规划分局	2011-5	东丽区政府	2011-5	东丽政复〔2011〕65号
14	海河七村还迁安置项目修详规	东丽区规划分局	2011-5	东丽区政府	2011-5	东丽政复〔2011〕66号
15	东丽湖878仓库项目修详规	东丽区规划分局	2011-6	东丽区政府	2011-6	东丽政复〔2011〕77号
16	华润橡树湾项目茗润轩修详规	东丽区规划分局	2011-6	东丽区政府	2011-6	东丽政复〔2011〕89号
17	中星华明东区1-6号地（5号地）修详规	东丽区规划分局	2011-7	东丽区政府	2011-8	东丽政复〔2011〕101号
18	中心城区外围地区10p-01-05（a）单元控规	东丽区规划分局	2011-8	东丽区政府	2011-8	东丽政复〔2011〕104号
19	中心城区外围地区10p-03-01（a）单元控规	东丽区规划分局	2011-8	东丽区政府	2011-8	东丽政复〔2011〕107号
20	北方园林修详规	东丽区规划分局	2011-9	东丽区政府	2011-9	东丽政复〔2011〕120号
21	中国人民武装警察部队医学院新校区修详规	东丽区规划分局	2011-9	东丽区政府	2011-9	东丽政复〔2011〕121号
22	滨海汇能东丽湖生态休闲居住区修详规	东丽区规划分局	2011-8	东丽区政府	2011-9	东丽政复〔2011〕115号
23	建材A地块修详规	东丽区规划分局	2011-7	东丽区政府	2011-9	东丽政复〔2011〕116号
24	建材B地块修详规	东丽区规划分局	2011-7	东丽区政府	2011-9	东丽政复〔2011〕117号
25	建材C地块修详规	东丽区规划分局	2011-7	东丽区政府	2011-9	东丽政复〔2011〕118号
26	建材D地块修详规	东丽区规划分局	2011-7	东丽区政府	2011-9	东丽政复〔2011〕119号
27	东丽湖地区控制性详细规划调整	东丽区规划分局	2011-10	东丽区政府	2011-10	东丽政复〔2011〕129号
28	中心城区外围地区10p-04-06单元控规	东丽区规划分局	2011-10	东丽区政府	2011-10	东丽政复〔2011〕130号
29	东丽湖中京置业11#、12#地项目修详规	东丽区规划分局	2011-11	东丽区政府	2011-11	东丽政复〔2011〕133号
30	盛东家园修详规	东丽区规划分局	2011-11	东丽区政府	2011-11	东丽政复〔2011〕134号

续表

序号	规划名称	上报		审批		
		单位	日期	单位	日期	文号
31	博水园修详规	东丽区规划分局	2011-11	东丽区政府	2011-12	东丽政复〔2011〕139 号
32	东丽湖万科城六期修详规	东丽区规划分局	2011-12	东丽区政府	2011-12	东丽政复〔2011〕145 号
33	东丽湖万科城赛道南修详规	东丽区规划分局	2011-12	东丽区政府	2011-12	东丽政复〔2011〕146 号
34	天津华利高低压电器工业园修详规	东丽区规划分局	2011-12	东丽区政府	2011-12	东丽政复〔2011〕151 号
35	天津亿濠电子发展有限公司光电产业基地项目修详规	东丽区规划分局	2011-12	东丽区政府	2011-12	东丽政复〔2011〕152 号

重要项目建设工程规划许可证审批统计表

序号	项目名称	建筑面积（平方米）	审批	
			日期	许可证号
1	矽谷总部经济区	53081.48	2011-11-3	2011 东丽建证 0048 号
2	EOD 总部港	41650	2011-5-27	2011 东丽建证 0029 号
3	华润五彩城项目（华润东区华润项目）	57164.34	2011-7-13	2011 东丽住证 0035 号
4	滨海钢贸大厦项目（昊雄）	81563	2011-7-12	2011 东丽建证 0032 号
5	张贵庄还迁项目	8503.66	2011-12-26	2011 东丽住证 0051 号
6	赵沽里城中村改造村民安置用房项目	144194	2011-4-25	2011 东丽住证 0018 号
7	华明线缆园	49569.3	2011-5-18	2011 东丽建证 0025 号
8	中石化道达尔商务楼项目	12412	2011-7-13	2011 东丽建证 0033 号

（张长健）

天津市规划局西青区规划分局

【概况】 2011 年天津市规划局西青区规划分局（简称西青分局）围绕“决战 2011，实现倍增目标”的工作重点，以科学发展观的理念编制规划，促进区域经济发展，发挥规划的引领和保障作用，做到“五个明显”。做好干部队伍梯次建设，坚持在干事创业中培养锻炼干部，在大寺开发区和中北镇成立 2 个规划管理所，把年轻干部放到业务工作第一线。深入进行科技论文学习交流活动，完成论文 29 篇，形成 1 期论文集。西青分局的《打造新西青新城市，提升全区规划水平》的调研报告刊发在区委《区情调研》刊物上。积极参加廉政建设知识竞赛、党史知识竞赛、健身舞比赛等活动均取得好成绩。2011 年于振祥同志荣获国家城乡建设部“五五”普法先进个人称号，另 10 名同志获其他各级各类荣誉。

【机构人员】
党组书记、局长　于振祥
党组成员、副局长　赵建新
办公室负责人　房东祥（11 月起）
综合业务科负责人　陆景阳（11 月起）
规划管理科负责人　陈文成
建设管理科科长　刘　楠（10 月起）
建设用地科负责人　郝俊双（11 月起）
执法监察科负责人　王　鹏（11 月起）
西青区第一规划管理所负责人　王　婷（6 月起）
西青区第二规划管理所负责人　顾　罡（11 月起）

截至 2011 年 12 月 31 日，局机关行政编制 21

名，工勤编制 3 名。实际在岗人数 16 名（处级干部 2 名，科级干部 8 名，科员 5 名，工勤 1 名）。

2011 年 1 月，经天津市机构编制委员会批准，成立天津市西青区第一、第二、第三规划管理所，根据市规划局《关于成立天津市西青区各街镇规划管理所的通知》（规人字〔2011〕1 号）的要求，3 个规划管理所隶属于西青分局管理的事业单位，核定事业编制 12 名，等级规格相当科级。截至 2011 年 12 月 31 日，3 个规划管理所已有工作人员 5 名（科级干部 3 人，科员 1 人，专业技术人员 1 人）。

规划设计编制审批

【总体规划】 在“一城一区三镇四廊”空间布局的基础上，按照“新西青新城市”的发展目标提出“六个发展策略、七个方面提升、一个规划目标”的提升思路，做到与市总规相契合，同时落实西青定位要求，打造古今交融、现代活力、繁荣繁华、环境优美的“新西青”。

【专项规划】 完成西青区城市色彩规划和地下空间规划成果，组织召开专家评审会、专业单位征求意见会，确保规划成果质量；开展西青新城综合交通规划提升，深入研究全区交通现状问题，从产业布局、城市空间、用地结构等多角度综合考虑，促进综合交通实质性提升；组织开展西青开发区扩区规划，为国家级开发区产业延伸和空间拓展进行科学论证。按照市局统一要求编制西青区空间管制规划。

【控制性详细规划】 重点开展示范小城镇、示范工业区等 17 块重点建设地区“一控规两导则”编制工作，控规审批率 85%，真正做到重点地区和地块控规审批全覆盖。

【城市设计】 做好西青区城市设计整合工作，对全区门户节点、主要道路、景观河道等重点地区、地段开展规划设计，完成西青新城城市设计初步方案、京沪高铁天津南站城市设计方案、赛达大道城市设计整合方案、南运河城市设计提升方案及导则，并运用到日常审批工作中，对建设项目的色彩、入口、高度、建筑风格等方面进行具体指导和约束。

【编制规划导则】 编制《示范小城镇规划设计审核要点》、《示范工业区项目审核要点》，为提升管理水平打下基础；对市政工程主干管网、大型市政场站及地震台、气象站、发射台等城市安全设施的现状、规划管理控制进行调查、研究，初步完成西青区规划控制导引；在 2010 年编制《西青区居住区规划设计导引》的基础上，进一步深化制定《西青区规划建筑设计导引》，印刷 500 册，在各街镇、建设单位和设计单位中开展宣传培训；在市局《天津市工业园区导则》的基础上结合西青区实际组织编制《大寺汽车零配件产业基地规划设计导则》，为全区规划编制、项目建设、管理审批提供依据。

规划管理

【当日办结制度】 开展“满意在西青规划”、“局长服务月”等一系列服务活动，2011 年西青分局办理规划审批事项平均时限为 1.40 个工作日，其中 1 日办结 715 项，占全部审批事项的 66.3%，与去年同期相比审批效率大幅提升（2010 年平均审批时限为 1.81 个工作日，其中 1 日内办结 487 项，占全部项目审批项目的 52%）。

【基层服务制度】 坚持年初提前介入，深入街镇搞服务，根据建设项目现实需要服务的原则，搞好重点项目绿色通道建设，保证项目引得来、留得住、早开工，全年下街镇服务 43 次，解决问题 161 项。

【“一条龙”服务】 在西青开发区、中北镇设立规划管理所，集用地、建管、地名、市政业务于一体，减少企业往返。落实协调督办制度，强化责任意识，把项目审批每个环节的具体责任落实到科室、明确到个人。每周召开业务会督办进度，专人监督“一网通”网上办件情况，在强调服务质量的基础上，提高效率。建立“一条龙”服务体系。在区行政审批服务中心设立服务窗口，与局办件大厅、规划一、二所同时构成“一平台四窗口”同步在线办理的局面，同时，在西青分局设立市勘察院的服务窗口，方便企业在分局内从办理规划条件到规划验收的“一条龙”服务。

【用地管理】 调整土地利用结构，促进城市经济效益提高；改善城市生态环境，促进城市功能的完善和用地结构的优化；继续更新建设用地规划动态管理系统，提供电子信息化选址功能，协助体育局完成新城范围内体育用地现状调查等工作；加强项目前期策划，紧密结合总规、控规、城市设计和各项导则，使规划条件更具可操作性。

【建设管理】 完成西青新城数字城市系统建设工作，完成规划设计条件核提模板，科学梳理沿街贴线率、建筑第五立面、城市天际线等用于指导日常审批。完善建筑外檐管理机制，提升全区城市形象，结合现场情况，运用数字城市系统比对方案，找准存在问题，提出整改方案。注重引导设计单位，把握重点区域的建筑风格和主色调，提升建筑外檐管理水平。加强居住社区公共配套设施建设管理，确保公共配套服务设施与住宅建筑同步规划、同步审批、同步实施。

【证后管理】 增强证后管理工作的科技含量，实现规划验收带图作业率100%。

监督检查

【执法监察】 逐步建立与土地局、综合执法局的信息沟通机制，实现信息及时沟通，资源共享，提高效率。逐步建立巡查一张图系统，做到查无死角，重大违法建设及时上报。

【违法建设查处】 2011年巡查1594人次，发现违法建设行为56起，移送区综合执法局43起，报市局执法总队转市综合执法局13起，土地违法告知土地局6起；查处违法案件2起，结案率100%。

【信访工作】 接待信访案件26起，接待人员来访32人次，来电来信17宗，网上留言10起；信息公开查询112起，答复率100%。

规划设计报批统计表

序号	规划名称	上报		审批	
		单位	日期	日期	文号
1	天津九策高科技产业园区控制性详细规划	区规划分局	2011-04-02	2011-04-14	西青政函〔2011〕126号
2	大寺高新技术产业园控制性详细规划	区规划分局	2011-04-02	2011-04-14	西青政函〔2011〕126号
3	天津市西青区张家窝示范工业区控制性详细规划	区规划分局	2011-04-02	2011-04-14	西青政函〔2011〕126号
4	天津西青汽车工业区起步区控制性详细规划	区规划分局	2011-04-02	2011-04-14	西青政函〔2011〕126号
5	天津西青高端金属制品工业区起步区控制性详细规划	区规划分局	2011-04-02	2011-04-14	西青政函〔2011〕126号
6	天津市西青区王稳庄示范小城镇控制性详细规划	区规划分局	2011-04-02	2011-04-14	西青政函〔2011〕126号
7	中北镇环外地区控制性详细规划	区规划分局	2011-06-08	2011-06-24	西青政函〔2011〕193号
8	张家窝镇示范小城镇项目区控制性详细规划	区规划分局	2011-06-08	2011-06-24	西青政函〔2011〕193号
9	精武镇示范小城镇安置区控制性详细规划	区规划分局	2011-06-08	2011-06-24	西青政函〔2011〕193号

重要项目建设工程规划许可证审批统计表

序号	项目名称	项目级别	建筑面积（平方米）	审批	
				日期	许可证号
1	天安创新科技产业园一期工程（1-4 号楼）	119600	天津天安数码城有限公司	2011-1-17	2011 西青建证申字 0002
2	天津市欧洛斯压缩机有限公司新建厂房及附属用房项目	41405.1	天津市欧洛斯压缩机有限公司	2011-1-28	2011 西青建证申字 0011
3	美域豪庭 33-46 号楼、地库	118324	天津市房地产发展（集团）股份有限公司	2011-3-4	2011 西青建证申字 0018
4	金谊花园（渤海天易园 C 地块）	176710	天津渤海天泽置业有限公司	2011-3-9	2011 西青建证申字 0022
5	金友花园（渤海天易园 A 地块）	187761	天津渤海天泽置业有限公司	2011-3-9	2011 西青建证申字 0023
6	万和花苑 1#、4-7# 及配套公建	66406.7	天津市远赢置业有限公司	2011-5-18	2011 西青建证申字 0060
7	年产 61.3 万个液体容器项目	25498.37	舒驰容器（天津）有限公司	2011-8-10	2011 西青建证申字 0064 变更
8	赛达新兴产业园（南六区）5 号楼 a-b	41087.53	天津市赛达伟业有限公司	2011-5-20	2011 西青建证申字 0067
9	高端工业阀门一期项目	42883.64	天津祥嘉流体控制系统有限公司	2011-6-14	2011 西青建证申字 0082
10	团结大厦	98000	天津滨海发展投资控股有限公司	2011-6-23	2011 西青建证申字 0084
11	力赛能源锂电材料生产基地二期	28145.59	天津力赛集团有限公司	2011-6-23	2011 西青建证申字 0085
12	江南城二期	84176.46	天津宝安房地产开发有限公司	2011-6-30	2011 西青建证申字 0098
13	福保产业园一期	107091.43	深圳市深福保（集团）天津实业发展有限公司	2011-7-6	2011 西青建证申字 0101
14	怡和新村	112495.85	天津市西青区环城安居建设有限公司	2011-7-26	2011 西青建证申字 0106 变更
15	中联产业园 7、8、10、11 号楼	51856	天津市中北联盛资产管理有限公司	2011-7-19	2011 西青建证申字 0108
16	翠景园 1-7 号楼及配套公建	38074.6	天津市中天永晟地产有限公司	2011-7-21	2011 西青建证申字 0111
17	尤妮佳生活用品（天津）有限公司新建（一期）工程项目	41745.35	尤妮佳生活用品（天津）有限公司	2011-7-20	2011 西青建证申字 0115
18	天物大厦	25168.63	天津市天洲房地产投资集团有限公司	2011-10-27	2011 西青建证申字 0128
19	配套中学	28411.8	天津耀华投资发展有限公司	2011-9-20	2011 西青建证申字 0139
20	中北旺商业广场一期	130715	天津中北旺资产管理有限公司	2011-9-29	2011 西青建证申字 0148
21	中国有色矿业集团天津新材料产业园	78567.66	中色（天津）特种材料有限公司	2011-9-30	2011 西青建证申字 0150
22	盛和嘉园 1-16#、37-40# 楼、地下车库及公建 1-3	178143.25	天津津西华诚置业有限公司	2011-10-19	2011 西青建证申字 0156
23	天津中医药大学第一附属医院迁址新建工程（一期）	139830	天津中医药大学第一附属医院	2011-12-5	2011 西青建证申字 0179
24	普洛斯天津普佳物流园项目	53377.48	天津普佳物流发展有限公司	2011-12-16	2011 西青建证申字 0187

（安　萍）

天津市规划局津南区规划分局

【概况】 2011年天津市规划局津南区规划分局（以下简称津南分局）以科学发展观为统领，以“调结构、增活力、上水平”为主线，按照年初制定的“围绕一个中心，提供三项保障，采取五条措施”的工作思路和目标充分发挥职能作用。按照高起点规划、高水平建设、高效能管理、高质量服务的要求全面推进津南区“865”工程建设，努力为津南区城乡一体化进程走在全市前列，提供坚强有力的规划服务和保障。

【机构人员】

局长	王　樾
党组书记	刘建国
副局长	孙晓光
见习副局长	王海春
副总会计师	刘延英
办公室主任	李庆文
综合业务科副科长	李　惠（主持工作）
规划管理科科长	崔锦江
建设管理科科长	邢维霞
建设用地科科长	张国云
执法监察科科长	张宪生
规划设计所所长	刘　锐
第一规划管理所副所长	李大悦（主持工作）
第二规划管理所副所长	李志明（主持工作）
第三规划管理所副所长	赵立明（主持工作）
第四规划管理所副所长	张文博（主持工作）
天津市大地汇通工程勘察测绘有限公司经理	李庆文（兼）

截至2011年12月31日，津南分局干部职工共计40名。其中，公务员编制17名（处级干部4名，科级干部9名，科员4名），事业编制22名（正科级干部1名，副科级干部4名，科员17名），工勤编1名（工勤1名）。

规划设计编制审批

【总体规划】 进一步完善津南区总体规划，科学统筹津南区高速路、快速路和轨道等综合交通体系，明确“一轴两带”的空间发展结构，引领全区经济社会发展和经济结构调整，实现与区“十二五”规划、土地利用总体规划的无缝对接。2011年总体规划成果已上报市政府待批。同时独立组织编制津南区空间战略规划，已完成初步方案。

【专项规划】 为配合津南区城市化进程，津南分局先后组织编制教育布局、电力、排水、住房、现代服务业、近期建设项目、津南产业分区、绿地系统、葛沽历史文化名镇保护等一批专项规划，为改善民生、提高人民生活质量、建设宜居津南、和谐津南起到重要的规划支撑作用。

【“一控规两导则”】 深化中心城区环内地区土地细分导则，编制环内地区城市设计导则，完成《天津市津南区规划设计导则》，结合津南区具体情况进行分区控制引导，提出六大特色区，对其建筑特色、色彩、顶部、高度、设施设计及河道设计进行控制引导。结合示范镇和示范园区建设全面开展环外地区控规、土地细分导则和城市设计导则的编制，确保津南区各项建设顺利实施。2011年共编制八里台示范镇东区等控规18项，津南新城等城市设计13项。全区已编制完成和审批通过的控规面积达10518.5公顷，占全区总建设用地面积的71%。

【规划策划】 精心开展北石林、中滨城、生物谷、裘皮城、小站商业街、松江农业园区、零散地块等重点项目的规划策划工作，做到特色突出，前瞻引导性强，为政府决策提供有力依据，推动大项目好项目尽快落地，为全区实现产业结构和经济发展模式双转型做出应有的贡献。

【规划研究】 注重规划理论研究，组织开展《津南区城乡一体化路径选择和对策研究》和《葛沽历史文化名镇保护规划》等5个课题的研究工作，探索适合津南区地域特色的城乡规划发展战略。

规划管理

【业务案件办理】 2011年共核发各类规划业务案件1594件。建设用地448件，其中核发《选址意见书》53件，线性选址61件，规划条件106件，《建设用地规划许可证》196件，线性用地证32件。建设管理840件，其中核发规划总平面155件，规划设计方案39件，建设工程规划设计方案223件，市政工程规划条件16件，市政工程规划方案59件，部位证34件，《市政建设工程规划许可证》21件，《建设工程规划许可证》293件。执法监察办理建设工程规划验收案件137件。综合业务113件，其中地名审批事项办理标准地名证88件，档案验收合格证25件。规划管理办理测绘作业证2件。总计审批建设用地832.4公顷，审批建筑规模793.8万平方米。

监督检查

【违法案件查处】 通过现场勘查，依法对天津市翰洋金属设备有限公司等4个项目进行查处，对不合规划的2.7万平方米建筑进行处罚，维护了规划行政许可的严肃性。

规划设计报批统计表

序号	规划名称	总用地面积（公顷）	上报		审批		
			单位	日期	单位	日期	文号
1	天津海河教育园区二期建设项目区控制性详细规划	1417.16	津南规划设计所			2011-01-03	津南政函〔2011〕10号
2	天嘉湖东侧地块（12p-08-03第二街坊）控制性详细规划	48.47	津南规划设计所			2011-03-03	津南政函〔2011〕61号
3	天津市津南区小站迎新（12p-11-01）控制性详细规划	97.03	天津大学设计院			2011-03-03	津南政函〔2011〕62号
4	天津市津南区12p-07北闸口片区02单元控制性详细规划调整	577.27	津南规划设计所			2011-03-03	津南政函〔2011〕63号
5	津南区八里台示范镇东区（12p-06-05单元）控制性详细规划	407.3	天津市规划院 津南规划所			2011-03-26	津南政函〔2011〕83号
6	津南区八里台示范镇西区（12p-06-06单元）控制性详细规划	400.9	天津市规划院 津南规划所			2011-03-29	津南政函〔2011〕84号
7	天津津南区八里台示范工业区二期（12p-06-03单元泰达园区）控制性详细规划	232.11	津南规划设计所			2011-06-08	津南政函〔2011〕184号
8	天津市津南开发区西区（12p-01-05单元）控制性详细规划	221.59	津南规划设计所			2011-07-14	津南政函〔2011〕213号
9	天津市八里台工业区二期（12p-06-02单元）控制性详细规划	112	津南规划设计所			2011-09-24	津南政函〔2011〕297号
10	津南区港辛地区（12p-01-03单元）控制性详细规划	349.62	天津市规划院			2011-09-30	津南政函〔2011〕303号
11	津南区辛庄镇鑫谷园区（12p-01-04单元）控制性详细规划	166.51	津南规划设计所			2011-10-11	津南政函〔2011〕310号
12	津南区现状保留1至4号地块控制性详细规划	328.89	津南规划设计所			2011-11-15	津南政函〔2011〕371号
13	津南区港辛片区12p-01-01单元第二街坊（海河外五千米起步区）控制性详细规划	98.3	天津市规划院			2011-11-15	津南政函〔2011〕372号
14	津南区八里台生态片区12p-10-01单元（中滨城项目区）控制性详细规划	189	天津市规划院			2011-11-16	津南政函〔2011〕375号
15	津南区港辛片区12p-01-01单元第一街坊控制性详细规划	118.82	津南规划设计所			2011-11-29	津南政函〔2011〕390号

续表

序号	规划名称	总用地面积（公顷）	上报		审批		
			单位	日期	单位	日期	文号
16	津南区港辛片区12p-01-02单元控制性详细规划	173.37	津南规划设计所			2011-11-29	津南政函〔2011〕391号
17	津南区港辛片区12p-01-06、07单元（港辛工业区）控制性详细规划	422.92	津南规划设计所			2011-12-20	津南政函〔2011〕413号
18	天津市津南区近期建设规划（2011-2015年）		津南规划设计所			2011-11-11	津南政函〔2011〕367号
19	天津市津南区住房建设规划（2011-2015年）		津南规划设计所			2011-11-11	津南政函〔2011〕368号
20	天津市津南区规划设计导则		津南规划设计所			2011-07-03	关于试行运用区县规划设计导则的通知

重要项目建设工程规划许可证审批统计表

序号	项目名称	建筑面积（平方米）	审批	
			日期	许可证号
1	八里台示范小城镇八里台中心小学	15680	2011-04-13	2011津南建证申字0050
2	映月庭院（天津八里州碧桂园一期十标段）	80557.38	2011-03-31	2011津南建证申字0045
3	津南区辛庄示范镇安置区二期工程	130300	2011-04-12	2011津南建证申字0048
4	精品观赏渔业产业化示范区建设项目一期（展示交易中心）	44588	2011-04-20	2011津南建证申字0056
5	天津港盛时代二期（丽港园31-33#及10kv变电站）	23855.46	2011-06-01	2011津南建证申字0102
6	月坛商业大厦（新建综合商业设施项目）	72933	2011-06-02	2011津南建证申字0103
7	天山·米立方（综合商业设施）	37903	2011-06-17	2011津南建证申字0110
8	津南华盛寺项目	4988.3	2011-06-24	2011津南建证申字0115
9	浯水道限价商品房（宝喜家园）	93250.62	2011-07-29	2011津南建证申字0142
10	津南华盛寺二期项目	8925.5	2011-07-04	2011津南建证申字0120
11	天津海尔八里台4号地一期项目（郡□庭院1-16号楼）	81821.59	2011-07-19	2011津南建证申字0132
12	中信星耀天嘉湖一期项目（鸣湖苑）48-101号楼	41549.5	2011-09-01	2011津南建证申字0187
13	津南大学城住宅项目（知香园）	32989.59	2011-09-01	2011津南建证申字0186
14	津南新城起步区B地块合安园9-12号楼	60442.22	2011-09-22	2011津南建证申字0206
15	津南大学城住宅项目（知香园）	161231.61	2011-08-26	2011津南建证申字0185
16	万郡总部经济基地项目（御南创意园）	111994.7	2011-10-13	2011津南建证申字0213
17	天宇荣昌创意园项目	77920.07	2011-11-29	2011津南建证申字0242
18	津南新城B地块项目（合安园）14-19、配套公建02	101763.14	2011-12-03	2011津南建证申字0245
19	联东U谷·总部大观（优谷产业园）	88580.16	2011-12-14	2011津南建证申字0254
20	联东U谷·总部大观（优谷产业园）	7163.18	2011-12-14	2011津南建证申字0255
21	天津长青集团科技研发中心	44748	2011-12-16	2011津南建证申字0257
22	葛沽滨海盛世国际汽车主题商业园（盛途园）1-10号楼	38584	2011-12-13	2011津南建证申字0251
23	中信星耀天嘉湖一期项目（鸣湖苑）1-42号楼、44-47号楼	68994.5	2011-12-28	2011津南建证申字0267
24	中信星耀天嘉湖二期项目（镜湖苑）	72850	2011-12-28	2011津南建证申字0268

（辛　悦）

天津市规划局北辰区规划分局

【概况】 2011年天津市规划局北辰区规划分局（以下简称北辰分局）依法编制、修订多项城乡规划，按规程行使建设项目用地规划管理、建设工程规划管理、证后管理、地名管理职能，依法履行城乡规划编制、审批、实施、修改的监督检查。2011年是“十二五”规划的开局之年，也是北辰区委、区政府确定的“规划年”。北辰分局在2010年确立的“新十项服务措施”基础上，又推出十二项规划服务保障措施。

【机构人员】

局长、党组书记	张宝祥（至8月）
局长	王　瑛（12月起）
副局长	陈铁铎
副局长	王　瑛（至12月）
办公室主任	刘洪美
规划管理科科长	宋　杨
建设用地科科长	夏　玲
建设管理科负责人	张绍刚
执法监察科科长	杨俊杰
综合业务科负责人	张建云
地名管理科负责人	孙铭芝
规划执法监察大队大队长	柴朝文（9月起）

截至2011年12月31日，局机关工作人员共计23名，其中公务员编制21名（处级干部3名，科级干部6名，科员12名），工勤编制2名。下属事业单位工作人员19名（科级干部9名，科员10名）。

规划设计编制审批

【空间发展战略规划】 2010年12月，区政府委托市规划院编制北辰区空间发展战略规划。2011年3月，完成初步方案。经多轮论证、修改，确立“一个中心，两个基地、一个城区”的城市定位及“一心三片、组团发展、西联东进、生态环绕”的城市空间布局。7月区委、区政府召开北辰区空间发展战略规划征求意见会。规划方案经区政府及市规划局初审后，结合北部新区规划调整、完善、深化。

【综合交通体系规划】 2011年区政府委托市规划院道路所编制北辰区综合交通体系规划。4月完成初步方案。该方案通过分析、解决铁路、河流、高速切割用地，道路功能不明确，公共交通系统不完善等问题，结合外围地区路网系统及全区规划用地布局，确立北辰区“十横十三纵”的路网骨架结构。规划方案使北部新区路网进一步完善，使中心城区对外围地区的辐射联系增强。2011年规划方案通过市规划局、北辰区政府初审。

【市政基础设施专项规划】 区政府委托市规划院编制环外地区供水、排水、再生水、电力、燃气、供热等6个市政基础设施专项规划。该规划对各专项系统结构优化配置，确定各专项主干管网系统建设规模和控制要求。8月完成各专项规划初步方案，并与相应专业委局对接深化。2011年规划方案通过市规划局及北辰区政府初审。

规划管理

【规划服务措施】 2011年，加大规划服务力度，推出12项规划服务保障措施：1、重点项目包保责任制。全局上下包项目，责任到人，全程督办。2、建立重点项目台账。对重点项目提前介入、及早谋划、全程跟踪、快审快批。3、实行当日报审制度。对报审的重点项目，当日会审，当日答复。需市局协调解决的，当日上报。4、部门联审。对规划审批前期手续暂不完备的项目，主动召开相关委办局联合办公会议进行联审，以此为依据核发相关手续。5、优化项目审批管理。对重大基础设施项目，简化程序，特事特办，不拖后腿。6、建立“容缺受理”制度。对次要条件或手续欠缺的报件，予以容缺受理，补缺后及时发证。7、建立预约办理制度。重要项目急需在非工作时间申办审批的，可直接向受理部门预约，决不以任何理由推脱、拒绝。8、同步审查。办理具备条件的项目可实施同步审查。9、实行“四方会审”制度。对重点项目策划设计提前介入，组织业务审查科、引资引项单位、项目建设单位、规划设计单位面对面沟通，做好规划技术交底，明确时限要求。10、实行“开放式”审查。邀请建设项目规划设计负责人列席业务会审会，对完成设计成果的时间及标准提出明确要求。11、建立跟踪服务制度。采取定人定点，对重点项目实行“一案一回访”，定期现场办公。12、测绘服务保障。对重点地区、重点项目提前安排工程测量；对建设项目放验线提供全天候服务，当日到现场，当即测量，当日反馈结果。

【规划管理所成立】 2011年4月19日，北辰区举行四个规划管理所揭牌仪式，规划管理所隶属北辰分局，事业单位，其管理范围分别是：一所管辖双口镇、青光镇、北仓镇环外部分、医药医疗示范园；二所管辖北部新区、小淀镇、宜兴埠镇、科技园区南区；三所管辖双街镇、大张庄镇、风电产业园、科技园区北区；四所管辖西堤头镇、陆路港物流园。四个规划管理所成立后办公场所落实、工作人员到位、工作内容明确、工作流程确立，初步形成北辰规划管理所运行模式。

【核发“一书两证”】 2011年度北辰分局在建设项目用地规划管理、建设工程规划管理中，核发《选址意见书》110件，核发《规划条件》248件，核发《建设用地规划许可证》128件。核发《建设工程规划许可证》200件（含部位证67件），审核《总平面设计方案》174件，审核《修建性详细规划方案》4件，审核《建设工程设计方案》143件，审核《市政工程规划条件》32件，审核《市政工程规划设计方案》53件，核发《建设工程规划许可证（市政工程）》34件。

【证后管理】 规划巡查190余次，巡查出动600余人次，巡查区域累计达7800余平方千米；建设工程规划验线9件，规划验线建筑面积合计29.68万平方米；建设工程规划验收80件，规划验收建筑面积合计197.97万平方米（其中地下3.22万平方米）。

【地名管理】 在2011年度地名管理中，受理地名命名、更名、调整、门号申领申报材料78件，核发标准地名证26件、门号启用通知52个；命名规划道路94条；安装楼牌174块；安装道路标志牌60余块；地名档案管理启用《今易》软件，年内完成全部档案信息的计算机录入，地名档案归档率100%。

监督检查与城建档案

【违法建设查处】 发现违法建设行为13起，其中立案、查处4起、移送综合执法部门9起。

【信访工作】 2011年度处理群众来访、来信、来电共计20宗，其中集体来访2宗、个人来访2宗、信访2宗、电访13件、重访1宗。

【档案管理】 文书类（党政群）档案归档370件；会计档案归档35卷；在归档业务档案中，城乡规划档案4卷、建设用地规划管理档案228卷、建设工程规划管理档案148卷、证后管理档案44卷。档案归档率100%，完整率100%，准确率100%；统计年度档案利用495人次，查阅档案680卷并60件。

重要项目建设工程规划许可证审批统计表

序号	项目名称	建设单位	建筑面积（平方米）	审批	
				日期	许可证号
1	北辰医院改建项目	天津市北辰医院	39842.64	2011-3-3	2011 北辰建证 0013
2	大张庄还迁房一期 I 地块风雅苑 18-20 号	天津北辰科技园区总公司	22956.94	2011-3-15	2011 北辰建证 0016
3	大张庄还迁房二期 D 地块信雅苑住宅	天津市辰悦建设投资有限公司	110816	2011-3-28	2011 北辰建证 0020
4	大张庄还迁房二期 E 地块高雅苑住宅	天津市辰悦建设投资有限公司	86038	2011-3-28	2011 北辰建证 0021
5	718 所天津分部气动试制中心动力中心	中国船舶重工集团公司第七一八研究所天津分部	3524	2011-4-1	2011 北辰建证 0022
6	天津城轨车辆修造基地建设项目	南车（天津）地铁车辆有限公司	23085.88	2011-4-15	2011 北辰建证 0028
7	加工车间 3	天津市建科机械制造有限公司	5191.15	2011-5-6	2011 北辰建证 0042
8	加工车间 1-2、打砂房、宿舍楼、库房等	天津市建科机械制造有限公司	21225.06	2011-5-6	2011 北辰建证 0043
9	超高压交联电缆和特种电缆高低压车间、BV 车间等	天津北达线缆集团有限公司	53089.32	2011-5-23	2011 北辰建证 0049
10	生活配套项目（欧铂苑二期 13、14、15 号楼）	天津安利房地产开发有限公司	25348.53	2011-6-3	2011 北辰建证 0057
11	天津兵器动力工程技术中心（南地块 1101、1103、1201、1203、1206、1207、1208 号）	中国北方发动机研究所（天津）	50928.8	2011-7-7	2011 北辰建证 0048 变更
12	年产 300 台（套）2.5 兆瓦级风力发电机组项目一期工程	天津南车风能装备科技有限公司	24212.05	2011-7-7	2011 北辰建证 0063
13	城中村南仓新苑 11 号楼及地下车库	天津市津房置业发展有限责任公司	3885.2	2011-8-5	2011 北辰建证 0066
14	城中村南仓新苑 1-10、12、13 号楼	天津市津房置业发展有限责任公司	87962.74	2011-8-5	2011 北辰建证 0067
15	年产 4900 台起重机械、桩工机械项目一期工程用地 1# 联合厂房	天津山河装备开发有限公司	151266.7	2011-8-15	2011 北辰建证 0069
16	六期建设工程 6.2 期 WDST 装配车间	西门子机械传动（天津）有限公司	25987.96	2011-8-15	2011 北辰建证 0071
17	建筑用钢制品加工一期车间和交点站	天津地天泰钢铁集成有限公司	26457	2011-8-25	2011 北辰建证 0075
18	南车天津工业园风电叶片建设项目一期（喷漆房除外）	天津南车风电叶片工程有限公司	60844.4	2011-9-16	2011 北辰建证 0078
19	年产 1000 万平方米汽车地毯	天津市中津佳成汽车地毯有限公司	28488.56	2011-10-20	2010 北辰建证 0086
20	发动机产品技术升级项目	天津雷沃动力股份有限公司	2761.9	2011-10-27	2009 北辰建证 0044
21	年产 300 台电液伺服系统项目	天津福云天翼科技有限公司	23676.7	2011-11-9	2011 北辰建证 0095
22	大张庄综合改革实验区还迁房挂钩试点项目一期 B 南地块配套公建	天津北辰科技园区总公司	3334.84	2011-11-9	2011 北辰建证 0097
23	大张庄综合改革实验区还迁房挂钩试点项目一期 I 地块配套公建	天津北辰科技园区总公司	2438.16	2011-11-7	2011 北辰建证 0098
24	大张庄综合改革实验区还迁房挂钩试点项目一期 B 北地块配套公建	天津北辰科技园区总公司	6831.91	2011-11-9	2011 北辰建证 0099
25	大张庄综合改革实验区还迁房挂钩试点项目一期 A 地块配套公建	天津北辰科技园区总公司	1297.73	2011-11-9	2011 北辰建证 0100
26	天津陆路港公路货运交易中心二期（货运信息中心、1 和 2 号服务中心）	天津陆路港公路运输发展有限公司	27804.25	2011-11-11	2011 北辰建证 0101
27	天津陆路港公路货运交易中心一期（10 至 14 号库房、1 和 6 号研发生产楼）	天津陆路港公路运输发展有限公司	24131.28	2011-11-11	2011 北辰建证 0102
28	城中村宜景园 1-4 号楼	天津市津房置业发展有限责任公司	23553.6	2011-11-21	2011 北辰建证 0105
29	城中村宜景园 8-11 号楼	天津市津房置业发展有限责任公司	21625.8	2011-11-21	2011 北辰建证 0106

（柴朝文）

天津滨海高新技术产业开发区规划处

【概况】 天津滨海高新技术产业开发区规划处（简称高新区规划处）是天津市规划局驻天津滨海高新技术产业开发区（以下简称高新区）的派出机构，负责高新区规划范围内华苑园外环线以内、华苑园外环线以外以及滨海园的规划建设管理工作。依据环内、环外、滨海三个区域的控制性详细规划，华苑园环内部分规划用地面积2.18平方千米，华苑园环外部分规划用地面积9.57平方千米，滨海园规划用地面积25.0平方千米。2011年高新区规划处以服务高新区建设为中心，以前瞻的思维积极应对环境变化，在人才培养、数字化管理、总结提炼课题等方面下功夫，以优良的基础建设促进管理水平不断提升，力求各项工作见实效。2011年按照中央组织部、市政府相关指示，高新区成立科技城工作组，组织开展科技城项目的各项工作；高新区规划处作为工作组成员单位，负责科技城项目规划编制和建设管理方面工作。经市长办公会审议，原则同意科技城核心区选址于滨海园，规划用地面积约20平方千米；科技城拓展区选址于宁河县七里海西南，高新区与宁河县签订协议，由两方合作开发，规划用地面积约40平方千米。2011年启动华苑园环外道路交通组织提升及城市设计工作，深化控详规修编；完成滨海园高新公寓、海泰金领国际社区二期、生态居住一区调整等项目的修建性详细规划审批工作；完成天津规划年鉴、规划志（高新区部分）撰稿工作；完成GIS建管平台建设和网站提升。

【机构人员】

处长	白艳霞
副处长	海　澎
见习副处长	张　炜
综合管理科科长	张　炜（兼）

高新区规划处公务员编制8名，工勤事业编2名。截至12月31日，实有人数11名，其中公务员7名（处级干部2名，科级干部3名，科员2名），工勤2名，另外临时聘用人员1名，测绘院挂职锻炼1名。

规划设计编制审批

【科技城】 按照中组部、天津市政府、市规划局相关指示要求，配合高新区科技城工作组，梳理土地、项目现状，研究拓展区发展空间，制定功能规划，提出空间规划建议，组织编制核心区概念规划及拓展区总体规划等。

【华苑园环外】 启动环外城市设计和控规提升工作，同时根据副市长熊建平指示，优化调整高新区道路交通组织，改善环境，提升潜力，为区政府做好服务。

【滨海园】 配合科技城项目组织滨海园控规提升工作，方案于2011年经过10余轮调整，在满足各项公益性要求的基础上又新增可出让用地19.8公顷，9月份完成前期论证与专家审查，优化功能布局、整合土地资源；对中海油新能源产业基地、航空航天第五研究院产业基地等地块城市设计局部深化；完成滨海园高新公寓、海泰金领国际社区二期、生态居住一区调整等项目的修详规审批工作。

规划管理

【重点建设项目管理】 高新区规划处通过约谈、走访等方式实地调研企业31次，调研前按照企业类型、建设情况、存在问题预先分类分组，调研中按照不同组别深入服务、仔细研究，调研后汇总数据、定量分析、总结报告，形成“预先分析——召开服务会——填报进度安排表——汇总报告——后续跟踪”的一整套固定流程，标准化服务，提高企业的满意度。

【“保姆式”服务】 针对高新区特点，创新两项服务措施：

全程预审。针对企业报审图纸错误量大、外地设计单位邮递时间长等耽误手续办理进度的情况，采用全程预审办法，在电子图纸阶段即开始直接与设计方进行网络对接，最大限度加速手续办理进度。

精细化管理。全处统一培训，从接待企业的态度用语、手续办理流程方法到各种服务措施的具体内容讲解等方面统一标准，进一步提高服务效率，强化政府公信力。

【华苑园环内】 南大科技园项目IT园、虚拟园子项已竣工验收，剩余B、D、F座子项已审定建筑设计方案；赛恩科技大厦项目核发《建设工程规划许可证》，已开工建设；吉姆科技大厦项目已审定建筑设计方案；协和干细胞二期、梦金园等项目已审定总平面设计方案。

【华苑园环外】 117重点建设组团方面，完成商务区一期长桩；商务区二期各图纸经预审已将修改意见书面送达甲方；住宅一期8R、9R正在外檐施工中；住宅二期R、10R、11R地块的修详规方案已初步完成；体育运动公园会所已建成。海泰·精工、百竹科技园、国家软件服务外包基地核心区B区等重点项目一期均已取得《建设工程规划许可证》，并开工建设。力神五期、华鼎高科技创业中心、利富高等项目已竣工验收；水电十三局、津荣天宇二期、西门子三期扩建、江南科技二期等项目核发《建设工程规划许可证》，并已开工建设；电信工程大厦、赛象产业中心等项目完成建筑设计方案审定。

【滨海园】 2011年滨海新区建设项目十大战役之一的渤龙湖总部基地项目核发《建设工程规划许可证》18项，各项目全面开工，一期均已竣工；航天配套住宅项目一期、建设公寓等项目已竣工验收；航天配套住宅项目二期、航天十一院飞行器二期工程、滨海公交站等项目核发《建设工程规划许可证》，部分已完工；电传所、九州通、赛呋顿、协和医药等项目核发《规划设计条件》。

【核发“一书两证”】 2011年核发建设用地规划许可总面积1044280.3平方米，核发建设工程规划许可总建筑面积989891.6平方米，其中工业项目551584.3平方米，商业项目579.9平方米，住宅项目433300.9平方米，市政配套设施项目4426.5平方米，其他管线长度64千米。截至2011年底，共受理各项行政许可审批483个，平均每天1.3个，每件平均用时2.63天，对外承诺7天，提前4.37天，效率提高62.4%。其中，核发行政许可审定事项251件，核发行政审批事项170件，核发行政审批修改事项64件。核发行政许可审定事项包括：《选址意见书》17件、《规划条件》31件、《建设用地规划许可证》45件、《规划设计方案》4件、《规划总平面》36件、《建设设计方案》审批57件、《建设工程规划许可证》114件、《市政规划设计要求》14件、《市政规划设计方案》16件、《市政工程规划许可证》73件。

【证后管理】 规划验收78件，其中建筑验收58件，市政工程验收20件。

规划研究成果

【高新技术产业用地分析与研究】 针对全国高新区普遍存在的高新技术产业用地分类缺乏统一标准与相关技术规范的问题开展研究，2011年完成初步成果。

【滨海高新区城市设计规范化研究】 侧重实际经验总结，在技术体系层面和管理层面对城市设计导则的主要任务、控制内容、成果体系的控制架构作出规定，2011年通过验收。

【地下管网综合利用系统】 以三维动态的演示模式呈现地上情况与地下管线的真实效果，用于辅助规划建设的动态管理。2011年组织试用。

【基于GIS平台的三维建设管理系统】 基于GIS软件设计，综合二维系统的信息统计优势与三维系统的直观优势，用于各建设项目的基础信息收集、资料分析、辅助决策。2011年该课题正式启动。

监督检查与城建档案

【巡查工作】 建立巡查工作制度，强化巡查执法责任，制定《高新区规划处规划巡查工作责任制》。

实行领导负责制，主要领导负总责，分管领导抓日常工作并亲自巡查。把巡查工作分为日常巡查（工作时间每周一、三、五全天）、上下班沿途巡查、节假日巡查（含周日，下同）和夜间巡查。日常巡查由建设管理科承担。上下班沿途巡查由全处人员按照各自上下班责任路线巡查。节假日由建设管理科牵头，主要领导带队，处统一组织实施。夜间巡查由建设管理科牵头，主要领导统一安排，与夜间的外业工作相结合。确保巡查工作“不漏项、全覆盖”，有效地遏制违法建设行为发生。同时，实行动态管理，随着工作重心的变化不断调整工作方法，积极应对新区发展给规划工作带来的挑战。全年共巡查135次，247人次，未发现违法建设案件。

【档案管理】 2011年整理城建档案案卷209卷。其中，建管类93卷，市政类57卷，证后管理类59卷。

规划设计报批统计表

序号	规划名称	上报日期	审批		
			单位	日期	文号
1	滨海科技园蓝领公寓	2011-10-27	高新区规划处	2011-10-28	2011园区规案申字0002
2	生态居住一区	2011-10-25	高新区规划处	2011-10-26	2010园区规案申字0015变更
3	海泰金领国际社区二期	2011-1-21	高新区规划处	2011-1-25	2011园区规案申字0001

规划设计报批统计表

序号	项目名称	项目级别	审批规模（平方米）	审批	
				项目结束日期	证书编号
1	总部基地二区一期低层部分建筑子项	市重点项目	45559	2011-1-6	2011园区建证0001
2	总部基地二区三期低层部分建筑子项	市重点项目	22191	2011-1-6	2011园区建证0002
3	总部基地二区二期底层部分建筑子项	市重点项目	21092	2011-1-10	2011园区建证0003
4	十八所统筹规划项目机加工车间	区重点项目	4307.7	2011-1-25	2011园区建证0005
5	十八所统筹规划项目计量检测中心	区重点项目	7658.22	2011-1-25	2011园区建证0006
6	十八所统筹规划项目综合库房	区重点项目	6776.39	2011-1-25	2011园区建证0007
7	十八所统筹规划项目温差电池楼子项	区重点项目	4730.28	2011-2-28	2011园区建证0009
8	十八所统筹规划项目水激活电池楼子项	区重点项目	5578.26	2011-2-28	2011园区建证0010
9	十八所统筹规划项目危险品库子项	区重点项目	1109.2	2011-3-25	2011园区建证0012
10	友达二期项目第一阶段	区重点项目	50754.91	2011-4-8	2011园区建证0013
11	汽车模具生产研发基地项目生产厂房子项	区重点项目	11751.03	2011-4-26	2011园区建证0015
12	滨海科技园起步区内公交首末站工程	区重点项目	859.96	2011-7-6	2011园区建证0017
13	钜宝电子平板电脑生产基地项目（一期）	区重点项目	81054.51	2011-8-4	2011园区建证0024
14	航天神舟飞行器有限公司产业基地	区重点项目	2591.6	2011-8-9	2011园区建证0025
15	蓝海科技园一期	区重点项目	49211.3	2011-8-29	2011园区建证0026
16	海泰·精工项目（CEDFJ区子项）	区重点项目	46670.92	2011-10-12	2011园区建证0030
17	施耐德万高（天津）电气设备有限公司新厂区项目	区重点项目	16414	2011-10-18	2011园区建证0031
18	海泰.精工项目（G、H子项）	区重点项目	14195.32	2011-11-1	2011园区建证0032
19	西门子电气传动三期扩建	区重点项目	36858	2011-12-29	2011园区建证0033

续表

序号	项目名称	项目级别	审批规模（平方米）	审批	
				项目结束日期	证书编号
20	中国水电十三局华苑试验中心	区重点项目	14312	2011-11-10	2011 园区建证 0035
21	汽车电机电器产业化项目	区重点项目	9137.01	2011-12-2	2011 园区建证 0037
22	渤龙公寓会所	市重点项目	3731	2011-12-15	2011 园区建证 0038
23	天津高新区国家软件及服务外包产业基地核心区项目（B10 地块）	市重点项目	39300	2011-12-28	2011 园区建证 0039
24	生态居住二区	市重点项目	34472	2011-1-4	2011 园区住证 0001
25	生态居住三区	市重点项目	25444	2011-1-4	2011 园区住证 0002
26	生态居住一区（低层部分）	市重点项目	38221	2011-1-4	2011 园区住证 0003
27	航天配套住宅项目二期（北区 15 栋居住部分）	区重点项目	101603.24	2011-4-2	2011 园区住证 0004
28	渤龙公寓	市重点项目	64408.7	2011-6-1	2011 园区住证 0005
29	生态居住一区一期（小高层部分）	市重点项目	39158	2011-6-13	2011 园区住证 0006
30	航天配套住宅项目二期（北区公建部分）	区重点项目	12013.14	2011-9-7	2011 园区住证 0007
31	航天配套住宅项目二期（南区居住部分）	区重点项目	114226.19	2011-12-31	2011 园区住证 0009

（冯海超）

滨海新区规划工作机构

天津市滨海新区规划和国土资源管理局

【概况】 天津市滨海新区规划和国土资源管理局（以下简称滨海规国局）2011年在区委、区政府领导下，在市规划局和国土房管局的支持和指导下，团结拼搏，群策群力，服务保障于滨海新区经济社会发展开展了促开工、促项目落地活动，大力推动新区重点工程、重点项目开工建设；深化完善新区规划成果，提升新区规划设计水平；发挥规划统筹引领作用，加强规划成果转化；强化城市规划管理手段，提高谋划新区建设发展水平；强化管理服务手段，发挥土地支撑保障作用；加强耕地保护，推进土地开发整理，落实耕地占补平衡；加强土地收购整理，提高政府调控土地市场能力；完善住房保障制度，扩大保障覆盖面；加强市场监管力度，促进房地产市场健康发展；夯实权籍管理基础，推进新区土地登记管理水平；贯彻落实《天津市物业管理条例》，提升物业行业管理水平；做好房屋安全使用管理工作，推进危陋房屋拆迁安置；突出执法监察重点，确保实效；严格行政管理和监督，提高办事效率；进一步抓好队伍建设，提高干部职工的综合素质。按照滨海新区区委2010年7月5日《关于印发<天津市滨海新区规划和国土资源管理局主要职责内设机构和人员编制规定>的通知》（津滨党办发〔2010〕37号）文件规定，区规划和国土资源管理局塘沽分局、汉沽分局、大港分局为新区规划和国土资源管理局正处级派出机构，承担区域规划和国土资源管理工作。按照滨海新区机构编制委员会2011年12月5日印发的《关于区规国局塘沽、汉沽、大港分局名称变更和内设机构设置等事项的批复》（津滨编字〔2011〕40号）文件规定，滨海规国局塘沽分局名称变更为天津市滨海新区规划和国土资源管理局第一分局，滨海规国局汉沽分局名称变更为天津市滨海新区规划和国土资源管理局第二分局，滨海规国局大港分局名称变更为天津市滨海新区规划和国土资源管理局第三分局。

【机构人员】

局长	霍　兵
党组书记、副局长	彭　博
副局长	肖连望
副局长	马胜利
副局长	郭富良
总规划师	朱立明
总工程师	胡　源
综合办公室主任	杨志勇
综合业务处副处调研员	崔　标（主持工作）
党群处副处长	裴校定（主持工作）
总体规划处副处长	张连荣（主持工作）
详细规划处处长	郭志刚
市政规划处副处长	孔继伟（主持工作）
建设项目处处长	李　云
土地资源处处长	刘　悦
土地利用处处长	吴振东
住房保障处处长	沈学民
房管处处长	马文明
权籍处副处长	刘　杰（主持工作）
执法监察处副处长	冯志庚（主持工作）

截至2011年12月31日，滨海规国局实有职工124名，其中公务员编制54名。

规划设计编制审批

【重点规划】 基本完成重点规划提升领导小组确定的总体和分区、重点及专项17项重点规划编制和提升任务。市委副书记、区委书记何立峰、副市长熊建平共主持召开5次例会，审查新区总体规划提升、临港经济区分区、中心商务区分区等12项规划和于家堡铁狮门、洛克菲勒、大港油田职工住房等5个重点项目的规划及建筑设计方案。市规划局局长海林和滨海新区区长宗国英共组织召开14次工作例会，审查近百个规划及重点项目方案，以提高工作效率和规划水平。

【深化总规、编制功能区分区规划】 滨海新区盐田利用和中部新城规划、滨海新区土地利用总规、临港经济区分区规划已经市政府批复；中心商务区分区规划已上报市政府审批；新区轨道交通线网规划已纳入天津市轨道线网规划并通过审查，新区轨道交通线网规划深化工作通过领导小组审查；海河下游两岸综合开发规划通过领导小组审查。上述规划成果为现代服务业聚集区规划建设，为战略性新兴产业落户滨海新区，为形成新的经济增长点，提供强有力的规划保障。

【专项规划】 结合新区经济和社会发展“十二五”规划及“十大战役”的建设发展要求，全面提升已完成和正在编制的专项规划，为新区各项工作有序推进提供规划保障。既：优化产业发展布局，修改完善滨海新区工业布局规划；修改完善生态绿地、教育设施布局等9项专项规划；制定核心区域近期交通改善方案，提出5大交通环境改善措施，确定三年重点建设项目，组织完成滨海新区轨道交通专项规划（2009–2020）；滨海新区加油加气站规划纳入市专项规划，上报市政府审批。

【控制性详细规划】 在新区控规实现全覆盖基础上，结合新区发展实际，深化落实市局“一控规两导则”的管理要求，加快完成控规阶段城市设计导则。结合城市设计成果，完成大港石化三角地、南部新兴产业区等区域控规整体修编工作；建立控规成果动态优化机制，修订滨海新区控规调整管理暂行办法，完善控规调整流程，建立控规动态维护报告制度；建立控规数据信息系统，提高规划管理的工作效率。

【城市设计导则】 深化规划设计导则，健全建筑外檐管理工作机制，延伸管理范围和重点，进一步强化城市特色。在于家堡、响螺湾、北塘、渤龙湖等重点地区的规划设计导则的基础上，全面推进完成于家堡金融商务区、开发区现代服务产业区、东疆港邮轮母港地区、滨海高新区渤龙湖地区、空港加工区核心区、滨海旅游区起步区、天津机场大道两侧地区、中新天津生态城起步区设计导则；完成新区建筑设计导则工作，将新区分为5大特色片区，针对不同片区对规划、建筑、开放空间提出控制要求，彰显滨海新区整体形象，突显各功能区自身城市特色。

【城市设计工作】 对海河两岸四个节点、中部新城以及滨海旅游区中心岛、行政文化中心等重点区域通过规划方案征集，提高重点区域的规划设计水平；重点开展核心区190平方千米总体城市设计整合深化工作。按照新区发展的整体思路，深化完善城市核心区功能，加快核心区建设，打造功能完善、特色鲜明的城市景观和富有活力的城市文化，建设滨海新区开发开放的形象标志区。

【重大工程项目规划设计】 对于家堡城际车站综合枢纽、津秦客专交通枢纽、滨海新区文化中心等项目进行全过程、一体化规划设计控制，确保高水平。结合交通枢纽建设大型城市综合体，形成交通枢纽、商业商务、城市公园等城市功能的有机组合，为市民提供全方位、便捷服务的同时，创造活跃的城市公共空间；在海河下游两岸地区规划中，塑造优美的城市滨水景观，统筹地区整体空间布局、土地开发、交通改善、市政设施配套、建筑形象特色等。

规划管理

【规划编制管理】 统筹整合新区规划设计资源，吸引国际一流设计团队参与，形成国际高水平设计成果。加强实施规划编制计划管理，完善规划编制工作的组织方式，坚持规划编制多单位竞争、多方案比选，加强对规划的论证、评审。健全公众参与机制，各项规划在编制过程中均实现报刊、网络的公告公示，吸收公众意见，增强规划公开性和透明度。通过上下联动、左右互动、相互验证、多轮反复的规划编制过程，建立健全新区统筹协调、横向到底、纵向到边的规划编制管理的审查体系。

【市政基础设施管理】 组织开展滨海新区工业管线及危险场站点普查，汇总 77 处危险场站点、143 项工业管线项目情况，全面掌握新区工业管线及危险场站点现状，为城市规划建设和安全生产管理提供科学依据。组织研究津汉高速公路、津港高速公路二期等系统性道路交通工程规划设计，促进新区重要地区基础设施建设，缓解集疏港交通压力。完善新区市政管网规划建设，不断推进南疆热电厂二期、北疆电厂二期、临港 IGCC 项目等新区配套设施主干管网建设，初步形成完善的“新区主干管网–功能区配套管网–用户”新区市政基础设施管网格局。

【核发“一书两证”】 2011 年各类业务审批窗口进件 2418 件，其中土地出让 290 件，土地出让合同 251 件，建设项目用地预审 36 件，农用地转用 35 件，《建设用地批准书》183 件，《选址意见书》84 件，规划条件 343 件，《建设用地规划许可证》151 件，规划设计方案 182 件，建筑设计方案 253，《建设工程规划许可证》283 件，地名命名更名 179 件。

国土资源管理

【创新土地管理模式】 统筹新区各类重点项目用地需求，深化计划指标额度管理，清理闲置土地。强化批供有机衔接，加强批建管理服务手段，提高用地保障能力，对风力发电、滨海一号等一大批建设项目用地的技术环节和审批流程强化“保姆式”的无缝对接跟踪服务，协调解决用地报批的各种问题，使项目顺利完成报批，实现滨海新区大项目、好项目用地应保尽保。解决历史遗留问题，补办大港油田 2002–2008 年石油天然气钻井及配套项目用地手续，涉及大港油田近十年的 241 宗用地，面积 78.23 公顷，涉及耕地 40.71 公顷。2011 年完成 22 个项目用地预审，面积 283.1 公顷，35 批次农用地转用土地征收报批，报批总面积 407 公顷，其中新增建设用地 294.4 公顷。

【促进重点项目开工落地】 2011 年 10 月至 2012 年 3 月，组织开展新区规划国土系统“建设项目促落地促开工服务”活动。通过深入各功能区的调查研究，共摸清年底前后急需落地、开工的项目 126 个，其中按程序正常办理的 34 个；对未办完项目立项、人防、消防手续，管委会未完成地上物拆迁，历史遗留等未解决问题的 65 个项目，规国局针对具体情况，建立台账，明确责任人，继续加大服务和督导推动力度，积极催促尽快报件办理，切实推动项目尽快落地开工建设。

【落实耕地保护政策】 实现耕地占补平衡，保证国家和市重点建设项目用地报批。补充耕地严格按照土地开发整理项目管理，编制开垦计划、确定开垦项目、做好项目权属调查、立项、规划设计、招投标等前期工作、组织项目实施和验收。按照《耕地占补平衡考核办法》，做好耕地占补平衡考核工作，切实保证补充耕地的数量和质量，确保耕地占补平衡落到实处。顺利完成 2011 年度耕地保护责任书工作；完成设立村级、乡镇级、基本农田保区三个级别基本农田户标志牌 538 块的工作任务，顺利通过国家“五部委”的检查；推动完成中塘镇、太平镇两个农民自行开发项目约 505 公顷新增耕地的报验工作；通过第三批塘沽新塘组团项目复垦地块调整方案，完成第四批大港小王庄示范镇还迁区、出让区的整体审批，推动完成茶淀示范镇项目复垦初验工作。

【土地市场调控】 加大招商出让力度，确保政府收益目标圆满完成以及限价房、经济适用房等保障性住房项目的土地供应；积极推行工业用地预申请制度，保证新区重点工业招商项目用地需求。进一步完善土地整理储备工作机制，满足新区经营性用地、保障性住房用地等需求，提高调控房地产市场能力。2011 年组织筹备土管会 12 次，审议土地出让方案 121 个。2011 年，审核报区政府土地收购储备实施计划 19 个批次，面积 7059.51 公顷；结转计划 11 个批次，面积 4842.43 公顷；成交经营性用地 107 宗，土地面积 545.2 公顷，实现出让金总额 183.2 亿元，政府净收益 68.6 亿元；成交工业用地 135 个项目，土地面积 1276.8 公顷，土地出让金总额 53.3 亿元，政府净收益 14.6 亿元。

房地产市场管理

【保障性住房建设】 深入调研总结住房保障改革工作经验，组织推动滨海新区房价收入比、临港示范社区修建性详细规划、新区定单式限价商品住房户型设计等研究工作，编制完成保障性住房“十二五”规划，制定蓝白领公寓和定单式限价商品房管理规定，进一步完善新区住房保障政策体系。完成“两种补贴”和租金核减工作情况。严格落实三级公示制度，简化审核程序，2011 年新区共审核发放限价商品住房资格证 4122 件。大力推动保障性住房建设，努力完成保障性住房建设任务，加强保障性住房建设，全年开工建设 20 个保障性住房项目，建设各类保障性住房 40793 套，新区保障性住房开工建设超额完成任务。

【房地产市场发展】 完善分析手段，健全房地产市场分析体系，增强调控能力。落实各级房地产市场调控政策，完成新区范围内 100 余家中小开发企业、210 多人进行限购政策培训。建立预测分析模型，预测全市房地产市场发展趋势，全年推出 12 期市场分析报告上报政府，初步形成市场动态报告制度。进一步规范和完善商品房预售制度，完成商品房销售许可前形象部位现场查勘工作，现场查勘重点管理区域 65 件、384 幢房屋、326.9 万平方米；继续开展房地产市场治理整顿，查处无证售房或变相无证售房、中介机构违规经营等违法违规行为，规范市场秩序。

【新区登记管理】 完善权籍管理工作的相关制度，细化新区集体土地所有权、使用权登记和权属登记管理的相关规定，调整滨海新区土地权属纠纷调处程序。成立以滨海新区规国局局长为组长的土地变更调查领导小组，制定实施方案，完成新区各种地类实际变化情况的调查核实，完成新区数据库更新及变更增量数据包的汇总与报送工作。2011 年新区办理各类房地登记 132968 件；推动完成滨海新区二次土地调查工作，完成 14448 宗、881.7 平方千米城镇范围内土地登记发证和 1155 宗、414.82 平方千米农村集体土地所有权登记发证；不断完善滨海新区地价确认程序，提高评估水平，组织召开 19 次地价确认会，完成地价确认 136 宗、819 万平方米。

【物业行业管理】 围绕贯彻落实新《天津市物业管理条例》这一主线，加强对物业服务企业市场准入、退出等方面的管理力度，保证新区物业行业的整体秩序。发挥物业管理项目网上动态监管作用，加强项目监管，保持物业项目管理的连续性，2011 年新区实现物业管理项目 682 个，建筑面积 4032.12 万平方米。坚持日常监管与创建文明城市等专项工作相结合，组织物业项目“设施设备开放日”活动，促进物业企业进一步提升专业化管理水平，开展新区物业项目“文明示范岗”评选活动，共评选出岗位明星 36 名。建立物业管理纠纷分级调处机制，合力维护社区的和谐稳定。

【房屋安全使用管理】 广泛宣传《天津市房屋安全管理使用条例》，加强房屋安全鉴定规范化管理，落实《房屋安全鉴定机构规范化建设标准》；抓好房屋安全鉴定、检测人员的岗位培训、考核工作，加强房屋安全鉴定监督检查力度。学习贯彻房屋征收条例，加强房屋征收管理工作，继续加大协调服务力度，确保完成拆迁任务，指导基层单位落实好拆迁安置政策，加快安置房建设，确保被拆迁户得到妥善安置；加强监督，严格按照拆迁安置管理规定，妥善安置拆迁困难家庭，确保拆迁稳定。

法规与监察

【健全监管制度】 配合国家土地督察北京局进驻滨海新区开展土地例行督察的整改工作和国家审计署长特派办土地专项审计工作。利用督察成果，编制《滨海新区土地例行督察材料汇编》，加强土地管理工作，建立健全各项监管制度，全面提升国土资源管理工作质量和工作水平。

【违法用地项目整改】 新区基本达到治理整顿阶段目标。督察发现的 228 宗新增违法用地中 11 宗存量违法用地中，自行纠正 147 宗，立案查处 92 宗，结案 92 宗，整改率、立案率和结案率均达到 100%；自行纠正和立案查处共拆除违法建筑 26010.84 平方米，没收违法建筑 42516.14 平方米，收缴罚款 131.43 万元，68 宗移送司法机关强制执行，6人移送司法机关追究刑事责任。落实新区工程建设领域突出问题专项治理整改工作，对涉及规划土地方面的258项问题，积极整改完成178项，整改率69%，正在进行整改的80项；2010年度卫片执法整改补办风力发电、高新区污水处理厂等项目用地手续1036亩。最大程度降低了新区违法用地率。

【执法监察机制】 建立“防范在前、发现及时、制止有效、查处到位”的执法监察新机制，强化动态巡查工作，提高依法行政水平、提高案件查处能力。进一步加大法律法规、标准规范的执行监督力度，主动接受群众监督和舆论监督。

【行政管理与监督】 积极推进新区规划国土部门机构改革进程，理顺新区规划国土房屋管理体制，建立统一高效、职责明晰的管理体制。协调各管委会、各分局之间规划管理权限，充分发挥其在规划编制管理和国土资源管理中的基本作用，进一步提高规划建设审批效率。

【规划编制审批“一张图”管理】 建立城乡规划编制与执行情况报告和监督检查制度，抓好涉及土地利用和空间安排的各层次、各专业规划编制、审批与调整的统一管理，落实到“一张图”上，强化各层次、各专业规划的衔接与协调。依法规范和严格执行各类规划编制、审批及调整程序。

【一体化、制度化管理】 按照“统一规划、属地管理、分级审查”的原则，在新区搭建一个网络信息平台，对规划建设、土地利用纳入一体化、制度化的规范管理，并为建设单位、企业、法人和公众提供标准化、规范化的服务。

信息化建设与队伍建设

【建立房管信息平台】 全面推动滨海新区规国局综合业务审批系统建设，强化管理手段；建立数据及时更新和维护机制，保证在规划编制审批及行政管理决策中使用信息的及时性和一致性；构建土地利用总规管理信息平台，初步形成规划管理信息平台，实现同一宗地不同审批信息的空间叠加分析和系统分析，提高日常工作精细化程度和审批效率；应用滨海新区地名普查信息系统，实现地名普查成果的查询管理、同名同音检测等功能，提高地名审批效率。

【队伍建设】 加强业务培训，提高工作效率。开展滨海新区规国局第一届十佳青年评比工作，表彰10名十佳青年，10名优秀青年，对滨海新区规国局总规划师岗位公开招聘，调动职工的工作热情和上进精神，形成良好的工作氛围。加强人才队伍建设，建立人才培养机制，通过队伍整合、挂职锻炼、轮岗等方式，培养一批具有创新能力的专业人才和综合管理人才；建立人才使用和人才激励机制，及时发现，大胆使用；通过业务培训、重点岗位锻炼、学习教育等方式，进一步提高干部职工队伍的综合能力和工作水平。

（吕国华）

天津市滨海新区规划和国土资源管理局第一分局

【概况】 2011年12月5日，天津市滨海新区机构编制委员会下发“关于区规国局塘沽、汉沽、大港分局名称变更和内设机构设置等事项的批复”（津滨编字〔2011〕40号），天津市滨海新区规划和国土资源局塘沽分局名称变更为天津市滨海新区规划和国土资源局第一分局（简称滨海第一分局）。

【机构人员】

党组书记、局长	李振生
党组副书记、副局长	苏张廉
副局长	熊向前
副局长	张　艳
副处调研员	王庆贵
综合科科长	张利平
规划管理科科长	薛宝忠
建设项目管理科科长	鞠玉娟
市政规划管理科科长	项邦杰
资源管理科（矿产资源）科长	张晓勋
地籍管理科科长	张国华
土地利用科科长	李寿芬
执法监察科（法规）科长	朱金生

土地利用事务中心主任　石海燕
地籍管理中心主任　张　艳（兼）
开垦征地事务中心主任　熊向前（兼）
天津市渤海城市规划设计研究院院长　张　嵩
塘沽城建档案馆馆长　蔡　明
塘沽规划地理信息中心主任　蔡　明（兼）

截至2011年12月31日，一分局共有公务员编制28名，实有32名，其中处级干部6名（含副处调研员2名），科级干部（含正、副主任科员）17名，科员9名。

规划设计编制审批

【设计条件编制】 完成塘沽老城分区、海洋高新区、西部新城地区的规划设计条件编制及前置工作。

【规划调整】 完成部分塘沽老城分区、海洋高新区、西部新城地区地块控详规调整工作。

【平面设计】 完成塘沽老城分区、海洋高新区、西部新城地区范围内总平面设计方案、建筑设计方案审定、建设用地规划许可证、建设工程规划许可证及其相关变更的审批工作，现场确定建筑外檐色彩及材质。

规划管理

【依法行政管理】 加强建设项目规划审批管理，健全和完善业务会审制度，进一步规范规划审批程序。组织报送塘沽管委会范围内滨海新区规国局审查项目相关文件；组织报送塘沽管委会范围内各月份行政审批业务情况；组织报送市规划局各月督导督查会相关ppt文件。

【核发“一书两证”】 全年共完成规划行政许可、行政审批709件，其中：核发《建设用地规划许可证》81件，《建设工程规划许可证》211件；规划选址41件，规划条件70件，规划方案92件，建筑方案88件，市政规划设计方案28件，《规划验收合格证》58件，《建设工程档案验收认可证》40件。

监督检查

【执法检查】 按照市局要求，完成单机版建设项目跟踪检查系统的安装和调试工作，并对项目跟踪检查系统中所需的项目数据、资料进行搜集、整理和完善，从而实现及时掌握在建项目的实施情况，对违法建设尽早发现、及时制止。

【违法案件查处】 完成39个区域和42个项目的巡查任务，立案查处规划违法案件3件。

（张利平）

天津市滨海新区规划和国土资源管理局第二分局

【概况】 根据天津市滨海新区津滨党办发〔2010〕37号文，将天津市汉沽区国土资源分局与天津市汉沽区规划局合并，成立天津市滨海新区规划和国土资源管理局汉沽分局（以下简称汉沽分局）。汉沽分局2011年1月17日成立，为滨海新区规国局派出机构，汉沽管委会工作部门，业务受市规划局、滨海新区规国局领导，处级机构级别。局内设8个科室，5个直属单位。2011年在市规划局、滨海新区规国局、汉沽工委、汉沽管委会的领导下，围绕滨海新区经济社会发展战略目标，坚持高起点规划，高标准设计，依法行政审批，严格规范管理。按照“抓住重点、突出特色、形成合力、注重实效”的原则，努力搞好规划管理工作，为滨海新区又好又快发展作贡献。滨海新区机构编制委员会2011年12月5日，将滨海规国局汉沽分局名称变更为天津市滨海新区规划和国土资源管理局第二分局（以下简称滨海第二分局）。

【机构人员】

局长　刘长湖
副局长　刘宗国
副局长　裴子刚
副局长　李　勇
综合办公室主任　李润娟
规划管理科科长　付少芳

建设管理科科长	姚玉华
市政工程科科长	张润生
土地资源管理科科长	张凤奎
土地市场科科长	邸　峥
地籍管理科科长	董春义
执法监察科科长	梁廷海
汉沽勘察设计所书记	李金柱
汉沽勘察设计所所长	张连阔
汉沽规划展览馆馆长	许春梅
汉沽地籍管理中心法人	李会成
汉沽土地利用事务中心法人	李笑彦
汉沽开垦征地事务中心法人	裴子刚

截至2011年12月31日，局机关公务员编制27名。实际在岗人员25名。

规划设计编制审批

【总体规划编制】 配合天津市城市设计院滨海分院完成汉沽杨家泊镇总体规划的编制工作、完成4.5平方千米中心村总体规划编制工作。

【城市设计】 配合天津市城市设计院滨海分院完成汉沽中心城区城市设计编制工作、完成汉沽老城中心区城市设计方案编制工作。

规划管理

【建设项目管理】 根据滨海新区发展规划，加快推进汉沽城区和小城镇建设，完成选址意见书和规划条件36项。对汉沽两宗保障性住房建设进行选址。核定汉沽公路、城市道路的定线工作。实施网上办件，“汉沽城市综合管线信息管理系统”经验收取得合格证。实现汉沽地上物、地下管线三维可视化管理。完成汉沽居委会、街服务中心、滨海新区第二福利院等项目选址行政审批152个，完成规划放线、验线和县市地形图测绘业务164件。

【核发“一书两证”】 2011年依法审批建设工程规划许可122件，其中建设项目规划许可58件，核发《选址意见书》27件，核定建设用地规划许可项目37件。建设工程规划验收30件。全年核发《建设工程规划许可证》58件，核发核定《用地通知书》及《建设用地规划许可证》37件，核定用地面积184万平方米。核发《市政工程规划设计方案》20件，长度43.93千米，审批《市政建设工程规划许可证》34件，长度78.32千米。

【证后管理】 核发《建设工程规划验收合格证》30件，建筑面积81.72万平方米。

监督监察与城建档案

【违法建设查处】 对汉沽辖区内的三个街道、四个镇巡查里程5600千米，制止违法建设168起。完成第十一次卫片72个疑问图斑的核查工作，涉及土地面积5556亩，严格巡查制度。

【信访工作】 在依法行政和规划管理工作中，全年接待群众来访30多人次，接待群众来电38次，完成市局交办的信访案件8件，对信访问题做到件件有答复，群众比较满意。

【档案管理】 汉沽分局档案室实藏档案10类，25263卷，涉及建筑管理、土地管理、城市建设规划、地籍管理、地名管理、财会、文书、监察、地图及音像实物等类型。档案经过市、区专家组考核，评估升级至98.3分，达到规范要求。

（张志邦）

天津市滨海新区规划和国土资源管理局第三分局

【概况】 根据天津市滨海新区津滨党办发〔2010〕37号文，将天津市大港区国土资源分局与天津市大港区规划局合并，成立天津市滨海新区规划和国土资源管理局大港分局。于是大港分局2011年1月17日成立，为天津市滨海新区规国局派出机构，大港管委会工作部门，业务受市规划局、滨海新区规国局领导，机构级别为处级。按照天津市滨海新区机构编制委员会2011年12月5日下发关于区规国局大港分局名称变更和内设机构设置等事项的批复（津滨编字〔2011〕40号），滨海新区规国局大港分局名称变更为天津市滨海新区规划和国土资源管理局第三分局（简称滨海第三分局）。局内设8个科室，3个直属中心。2011年在市规划局、滨海新区规国局、大港工委、大港管委会的领导下，围绕滨海新区经济社会发展战略目标，坚持高起点规划，高标准设计，依法行政审批，严格规范管理。按照“抓住重点、突出特色、形成合力、注重实效”的原则，努力搞好规划管理工作，为滨海新区又好又快发展作贡献。

【机构人员】

局长	马静波
副局长	胡玉池
副局长	葛书亮
副局长	赵德龙
副局长	梁　冰
规划管理科科长	徐廷辰
综合办公室主任	李金良
建设管理科科长	阚万春
市政工程科科长	郭东明
土地资源管理科科长	王洪水
土地利用科科长	赵惠敏
执法监察科科长	付兆轩
地籍管理科科长	董连礼
大港地籍管理中心副主任	杨志杰（主持工作）
大港土地利用事务中心主任	王庆利
大港开垦征地事务中心主任	赵国杰

截至2011年12月31日，滨海第三分局机关公务员编制27名。在编人员23名。

规划设计编制审批

【规划设计编制】 完成《天津外国语学院滨海外事学院北院修建性详细规划方案》《天津市港东新天地—商业综合体项目规划设计方案》《天津市滨海新区太平示范小城镇二期农民还迁区修建性详细规划方案》《天津经纬城市绿洲项目1、5号地规划设计方案》《国家林业局盐碱地研究中心规划方案》《天津市滨海新区大港地产开发公司官港项目修建性详细规划方案》《滨海新区港东新城限价商品房项目修建性详细规划方案》《海泰创意科技产业园修建性详细规划》等重点项目的修建性详细规划的审查报批。

【重点开发建设区控详规调整】 完成石化三角地、太平镇农业种植区、永明路商业地段、科技创意园、小王庄示范镇出让区、中塘市级示范工业区、港西工业区等重点开发建设区域控规的调整方案及报批工作。组织编制《大港港北新城市政专项规划》。

【审查待批规划】 完成各专业的市政设计汇报方案，待管委会组织审查《太平示范镇一期市政专项规划》和《小王庄镇市政专项规划》。

规划管理

【建设项目管理】 根据滨海新区发展规划，加快推进大港城区和小城镇建设，核发规划条件通知书79件，总用地面积370.39公顷。核发市政规划条件通知书13件、路径方案5件、市政建设工程许可证8件。为建设单位提供高程15件。核发审定建筑设计方案85件，对建设项目进行施工过程查验119件次，建筑外檐现场查验25件次。全部业务案件实行网上办件。加强日常规划管理，保障建设项目顺利实施。

【核发“一书两证”】 2011年依法审批建设用地《选址意见书》98件，总用地面积1077.97公顷。核发《建设用地规划许可证》59件，总用地面积203.16公顷。核发《建设工程规划许可证》99件，发证建筑面积268.07公顷。核发《档案验收认可证》26件。

【证后管理】 2011年核发建设工程规划竣工验收合格证共37件，其中建筑工程36件，竣工面积29.97公顷，市政工程1件，竣工长度8900米。

监督监察与城建档案

【违法建筑查处】 2011年对大港辖区进行土地动态巡查150辆次，行驶里程18000千米。共发现违法用地34宗，其中，现场有效制止11宗；责令停止违法建设行为通知书20宗，下达《巡查通报》3宗。认真做好土地矿产卫片执法检查工作，检查大港变化图斑153块，合并地块分支后共56宗，变化图斑面积2620.85亩。

【信访工作】 2011年在依法行政和规划管理工作中，共接待规划和国土信访事项及12336违法举报等事项107件次、207人次。其中，来电来访64件次、172人次；受理来信、转来信、督办信、局长信箱、政民零距离案件共35件次；市局公仆接待热线转办件1件次，办理12336违法举报案件7件次。信访及12336违法举报总答复率100%、结案率99%。共排查出信访突出问题7件，多次召开专题信访研究协调会，使许多疑难信访问题得以有效稳控和妥善解决。受理并回复滨海新区政协提案2件。

【档案管理】 滨海第三分局档案室实藏档案8类，涉及建筑管理、土地管理、证后管理、市政管理、临时建筑、监察、文书、竣工图等类型。

（王　欣）

天津经济技术开发区建设和交通局

【概况】 天津经济技术开发区建设和交通局（以下简称开发区建交局），为管委会所属正处级行政部门，加挂天津经济技术开发区规划和国土资源管理局。2011年1月23日，天津经济技术开发区管理委员会党组发文——津开党组发（2011）4号文件《关于调整天津经济技术开发区（南港工业区）管理委员会机构设置的通知》中明确指出：天津经济技术开发区建设发展局更名为天津经济技术开发区建设和交通局，天津经济技术开发区规划和国土资源管理局与建设和交通局合署办公。

【机构人员】

局长	翟国强
副局长	韩邦山
副局长	唐海军
副局长	史中华
调研员	侯世明
副调研员	窦广文
副调研员	解宇飞
综合科科长	周智波
规划科科长	张　芃
房地产科科长	沙骏刚
建管科科长	华　成
总工室副主任	王　辉（主持工作）
法制监察科副科长	陆　畅（主持工作）

截至2011年12月31日，开发区建交局机关编制34名，实有公务员30名（处级干部7名，科级干部14名，科员9名）。另设建交局统一管理的建设管理中心（正处级事业单位），建交局下设的事业单位土地整理中心、房地产交易所和建设管理执法中队，建交局下属企业测量队，总计员工57名。

规划设计编制审批

【发展战略规划】 编制完成《南部产业带空间发展战略规划》，完善天津市、滨海新区空间发展战略，拓展了本区未来发展空间。

【泰达慧谷概念规划】 面对开发区寻求新发展空间，承接高新技术研发产业，全面提升区域竞争力的发展趋势，聘请世界顶级规划咨询公司美国SOM设计事务所，高标准完成《泰达慧谷概念规划及起步区城市设计》编制工作，在坚持高端发展战略取向的基础上，为高水平、高标准启动慧谷开发建设奠定基础。

【专项规划】 编制完成《开发区货运交通限行方案》等交通专项规划，多次协调新区政府及相关部门，制定切实可行、迅速见效的解决方案，优化区域品质，减少安全隐患，提升区域综合投资环境。

【控制性详细规划】 编制完成《南部新兴产业区控制性详细规划》，科学指导南部新兴产业区地块使用、有效推进各项基础设施建设，为项目尽快落地创造条件。

【策略研究】 启动《天津经济技术开发区升级改造

策略研究》工作，该成果作为工业区升级改造的纲领性文件，既为开发区“保增长、促转型”发展目标提供基础保障，又为区域二次开发和招商引资提供空间支撑与政策指引。

规划管理

【管理职能】 开发区建交局日常业务主要涉及新建、扩建、改建工程和市政管线、市政厂站的规划管理工作，依法办理《建设工程选址意见书》、《规划条件申请》、《建设用地规划许可证》、《建设工程规划许可证》、《建设工程规划验收合格证》，审批各类建设工程规划方案、施工图设计、开设出入口等业务件及承办与业务相关的文等。

【业务案件办理】 截至2011年12月底，共完成各类审批业务件1427件，收发文347件。

监督检查

【执法监察】 以制度建设为抓手，以事前监管为主要手段，以事后查处为重要方式，全面、深入展开建设执法监察工作，并在闲置土地处置、规划证后管理、违法案件查处等方面取得良好成效，为保障开发区投资环境良好、社会环境和谐起到积极作用。截至2011年12月底，累计完成会展酒店、J2时尚旺角、渣打银行、约翰迪尔等26项工程的过程查验（墨线、基础、主体或外檐）；重点开展对华纳豪园三期、还迁房、公安刑侦基地、津滨发展、天保B-05项目、科技发展中心一期、西区公交车站等重点项目外檐装饰工程的巡查、检验工作。

【违法案件查处】 截至2011年12月底，累计完成弘泽违规建设等5宗规划违法案件，查处收缴罚款388.13669万元；督察万通、泰达创业非法占地，秉信纸业、和昇塑料违规建设等案件，督促整改。

（杨荣军）

天津港保税区、空港经济区规划建设管理局

【概况】 2011年天津港保税区、空港经济区规划建设管理局（以下简称保税区规建局）按照市规划局和保税区管委会统一工作部署，开展规划建设管理工作。构建“一城三园”，实施“扩三提二”，提升区域载体功能。紧紧围绕“项目开工、打造亮点、土地整合”三大重点任务，在区域规划建设、城市化进程、管理效能及队伍建设等方面抓落实。在保税区2011年度考核中，规建局领导班子被评为优秀。

【机构人员】

局长	杨爱华
副局长	曹金烜
副局长	刘晓峰
副调研员	庞鸣凯
副调研员	张敏求
副调研员	崔志国
规划管理科科长	刘建峰
土地房管科科长	陈广利
建设管理科科长	张敏求
建设工程质量（安全）监督管理站站长	庞鸣凯
工程招标监督管理站站长	崔志国
房地产交易所所长	杨　楠

截至2011年12月31日，局机关共计34名，行政编制29名（处级干部6名，科级干部21名，科员2名），事业单位编制1名，文员4名。

规划设计编制审批

【“一城三园”规划提升】 以实现区域转型为目标、以提高产业结构为战略、以迈向生态宜居为抓手、以提升城市形象为基点，高标准、高水平完成规划编制工作。“一城三园”规划提升方案编制完成，确定区域发展方向。

【修建性详细规划】 二期城市设计和二期金融商务园、科技研发园修详规的编制为促进产业升级奠定基础。

【规划调整】 编制完成三期控规调整方案，保障航空产业区的开发建设；同时，为降低资金沉淀，完成机场周边2万亩用地的土地利用规划；为完善区域配套，进一步细化生活区、工业区城市景观设计，以及相关设施的网点布局，积极推动扩区工作，完成轻纺经济区控制性详细规划和产业规划的编制。

【规划专项研究】 开展商业街特色、住宅开发时序、公租房建设方案、蓝领公寓配套、汽车园公共停车设施、直升机展厅等各专项研究30余项。

【“三期”建设项目】 航空产业区完成控规调整、道路专项规划、管网综合、专业管线拆改、综合地质勘察等规划方案编制，启动征地工作。同步开展基础设施建设，环东干道二、环东干道五、环东干道七跨京津塘桥梁工程年底进场施工，为承接项目做好前期保障。

【商业服务项目】 积极培植并发展商业、金融等现代服务业项目，以商业项目的终极运营作为规划建设的起始点和落脚点，研究湖滨广场、神州通数码电子广场、汇津广场、铭朗广场、海航广场等项目的功能设计和业态布局，引导规划设计、形成商业特色。针对红星美凯龙、沃尔玛山姆会员店等项目，细化交通分析、研究业态分布，做好商业项目招商，做大目的地商圈。深入研究二期金融商务区、科技研发区相关产业的国际先进经验与开发路径，广泛吸收业界专家和咨询机构意见，完善修建性详细规划，打造保税区未来新的经济增长点。

【基础设施建设】 在对外交通基础设施建设中京津塘高速空港出入口6月底竣工通车，地铁2号线联络道工程12月底竣工，津滨高速南通道进入主体施工阶段，预计2012年8月竣工通车。

【商业设施建设】 与机关服务中心、贸发局紧密配合，在“一城三园”的总体布局下，深化商圈、网点、配套三级网络，做到业态清晰、配备合理、满足需求、适度超前。

【社会事业设施建设】 2011年5月和9月推进健身中心与幼儿园建设，相继竣工并投入使用；文化中心进入主体施工阶段。

【住房建设】 加大保障性住房研究力度，推动蓝领公寓、白领公寓、限价商品房等住房建设，制定普通商品房、限价商品房（定制房）、公租房、白领公寓、蓝领公寓多层次需求的住房保障体系。截至年底，中环西路7.2万平方米白领公寓完成精装修，中环东路白领公寓在完成一期7万平方米的基础上，二期7.9万平方米进入主体施工阶段，福光蓝领公寓12.2平方米主体完成；天保限价房、万科限价房35万平方米实现入驻。上述项目完成后，限价房、白领公寓、蓝领公寓可分别满足10000人、4600人、30000人的居住需求。

【建筑与绿化景观】 反复审理建设项目方案，提升建筑景观水平，特别是对东湖周边、中心大道、西九道、中环西路沿线在建和准备开工项目建筑外檐的重新审理，丰富城市印象。完成中心大道、中环西路、西九道绿化的新一轮提升。提高区域绿化、净化、亮化、美化水平，精心组织节日妆点。编制《绿化设计导则》及“绿化重要节点设计”，完善重点区域、点位、道路景观。

【生态建设】 探索建设生态园区和循环经济园区的路径，本着环河水质、沿河景观双提升的思路，完成北部河道湿地示范工程方案，完善区域生态功能。综合评估经济效益、社会效益、生态效益，以操作性强、推广度高为原则，从节地、节能、节材三方面入手，开展绿色设计和施工标准体系研究，编制适合本区的节能建筑技术导则，为科学引导和规范管理生态绿色建筑设计与建设提供技术依据。

规划管理

【服务保障措施】 在招商阶段，主动融入招商第一线，提措施、讲政策、出实招；在落地阶段，强化土地、规划、建管内部的协同作战；在建设阶段，形成以建管、规划为主脉，各部门“主动靠前、不论时间、一对一定制”的全天候服务模式。

【效率效能保障措施】 全局同志以勤能补拙为理念，加班加点，甘于奉献；以学习研究为手段，发挥集体智慧，提高决策和解决难题的能力；以进度控制为目标，加强“节点”意识，全力推进工作进展；以闭环管理为指导，深化“结果”意识，全面落实工作成效。

【核发“一书两证”】 2011 年共完成建设项目各种许可事项 488 件（规划设计条件核提 130 件，规划设计方案批复 132 件，建设项目选址意见书 9 件，建设用地规划许可证 52 件，建设工程规划许可证 104 件，规划竣工验收合格证 61 件）。完成市政项目各种许可事项 147 件（规划设计条件核提 29 件，规划设计方案批复 38 件，选址意见书 10 件，建设用地规划许可证 4 件，建设工程规划许可证 42 件，规划竣工验收合格证 24 件）。

监督检查与城建档案

【监督检查】 加强日常巡查制度，做到分区分片，责任到人，做到及早发现问题，及时处理解决。

【档案管理】 做好规划档案整理工作，逐步建立健全档案管理机制，完善电子档案。

重要项目建设工程规划许可证审批统计表

序号	项目名称	建筑面积（平方米）	审批	
			日期	许可证号
1	天津保税区投资有限公司空港国际医院一期	96863（地上 72898，地下 23965）	2011-12-20	120301201101070
2	天津空港经济区建设办公室图书馆及档案馆	47812（地上 35514，地下 12298）	2011-3-16	120301201100942
3	SM 广场（天津）有限公司 SM 城市广场	539628	2011-12-19	120301201101069
4	天津空港二手车交易市场有限公司二手车交易市场立体车辆展示中心	38025	2011-11-18	120301201101047
5	天津万顺滨海房地产开发有限公司雅仕阁公寓	73227（地上 52614.6，地下 20612.4）	2011-8-4	120301201100991
6	天津万华置业有限公司万华置业酒店型公寓三期	47006.46	2011-1-25	120301201100929
7	白云宾馆有限公司白云宾馆二期	31466.86（地上 26592.21，地下 4874.65）	2011-1-25	120301201100930
8	天津金发新材料有限公司金发新材料新建厂区二期	184035.66（地上 182751.66，地下 1284）	2011-5-19	120301201100966
9	南洋电缆（天津）有限公司新能源、船用与变频节能特种电缆	101063.72（地上 100486.74，地下 576.98）	2011-8-16	120301201100995
10	天津宝供空港仓储服务有限公司宝供天津国际物流基地	55244.6	2011-4-22	120301201100952
11	天津汇力兴物流有限公司新建厂区	55143	2011-11-16	120301201101046
12	天津西子联合有限公司电梯配件生产	46912.64（地 45768.64，地下 1144）	2011-8-17	120301201100997
13	中国联合网络通信有限公司天津市分公司中国联通滨海新区通信枢纽楼一期	39985（地上 25082，地下 14903）	2011-9-7	120301201101009

续表

序号	项目名称	建筑面积（平方米）	审批	
			日期	许可证号
14	天津香飘飘食品工业有限公司新建厂区一期	37192.82（地 35396.94，地下 1795.88）	2011-9-22	120301201101015
15	天津奥港汽车部件科技发展有限公司新建厂区	35529.2	2011-4-8	120301201100948
16	天津瑞普生物技术股份有限公司总部研发中心（一期）	35435.27（地上 31524.38，地下 3910.89）	2011-12-9	120301201101061
17	阿尔斯通水电设备（中国）有限公司工业园项目二期	34716.2	2011-4-8	120301201100947
18	天津瑞源电气有限公司瑞源电气兆瓦级风电机组电控系统	33016.79	2011-9-22	120301201101016
19	天津艺虹印刷发展有限公司天津艺虹印刷发展有限公司厂区二期工程	31049（地上 29822，地下 1227）	2011-10-9	120301201101025
20	天津市中核科技实业有限公司火电阀门及核电常规岛阀门生产基地	30477.45	2011-12-30	120301201101073
21	天津百若克医药生物技术有限责任公司体细胞产业化项目二期工程	29860	2011-12-31	120301201101077
22	中航直升机有限责任公司生产基地	28792	2011-4-27	120301201100955
23	天津百若克医药生物技术有限责任公司体细胞产业化工程一期	26075	2011-12-31	120301201101078
24	天津澳斯乳业有限公司乳清粉科研及生产项目	25822.7	2011-10-9	120301201101027
25	泊姆克（天津）液压有限公司新建厂区	22737.36	2011-6-9	120301201100972

（张　焯）

天津东疆保税港区管理委员会（天津东疆港区管理委员会）建设交通和环境市容局

【概况】 天津东疆保税港区管理委员会（天津东疆港区管理委员会）建设交通和环境市容局，原名建设发展局，为东疆保税港区管委会所属正处级行政部门，2008 年 1 月成立，2011 年 2 月 25 日根据滨海新区政府《关于印发“天津东疆保税港区（天津东疆港区）管理机构设置方案”的通知》（津滨党发〔2010〕35 号）要求，正式更名为天津东疆保税港区管理委员会（天津东疆港区管理委员会）建设交通和环境市容局，主要负责辖区的规划和国土资源、房屋、环保、建设、交通、市容、人防、水务、地震、园林、市政工程行政许可、监督等管理工作；协调天津港（集团）有限公司规划建设部门和东疆建设开发公司相关工作。

【机构人员】

局长　陈进红

副局长　赵洪亮（正处级）

截至 2011 年 12 月 31 日，局机关在岗人员 10 名，公务员编制 4 名（正处级干部 1 名，副处级干部 1 名，科员 2 名），外聘人员 6 名。

规划设计编制审批

【规划提升】 2011 年启动东疆保税港区综合配套服务区规划提升工作，综合配套服务区共包括 Gka（19）10、11、12、13 四个单元，截至 2011 年底，已完成 11、12、13 单元的规划提升工作的专家论证。

规划管理

【管理机制】 2011年东疆港保税区通过滨海新区规划设计方案审查会审批下发的修建性详细规划4个、规划设计方案5个，涉及万科东海岸、瞰海轩和东疆港区港口配套服务区商业等项目。

【核发“一证两书”】 东疆保税港区建交局严格遵循“三级审核”制度，按照规划和审查要点开展案件办理工作。自2011年1月1日开始，根据市规划局要求，严格实行网上办件，共办理业务案件63宗，其中核发“规划条件通知书”20件、《选址意见书》5件、《建设用地规划许可证》2件、《建设工程规划许可证》36件。

【证后管理】 核发《建设工程规划验收合格证》2件，验收建设规模约19万平方米。

监督检查与城建档案

【执法监察】 对辖区范围内的建设项目，实施许可证监管法律措施，对墨线、零米、标准层、主体外檐等工程进度进行查验。严格依照天津市的要求，进行外檐材质的样品封存，并在外檐施工三日后进行现场查验。

【日常巡查】 每个区域安排专人负责巡查工作，坚持每周巡查。

【档案管理】 东疆保税港区城建档案委托天津港集团档案馆管理，2011年新增城建档案2件。

重要项目建设工程规划许可证审批统计表

序号	项目名称		建筑面积（平方米）	审批	
				日期	许可证号
1	天津浩物骏驰国际贸易有限公司	天津东疆保税港区梅赛德斯奔驰物流园一期改装厂项目	15897	2011-5-9	1203012011010485
2	天津港地产发展有限公司	天津港东疆港区瞰海轩工程一期	68573.71	2011-6-5	1203012011010477
3	天津港地产发展有限公司	天津港东疆港区瞰海轩工程二期	68056.71	2011-6-5	1203012011010478
4	天津港地产发展有限公司	天津港东疆港区瞰海轩工程三期	87585.13	2011-6-5	1203012011010479

（陆慧冰）

中新天津生态城建设局

【概况】 2011年是中新天津生态城建设局（以下简称生态城建设局）成立的第四个年头。一年来，生态城建设局紧紧围绕管委会总体部署，以加快开发建设速度、提升规划建设水平为重点，着力加强规划、土地、建设、房屋、公用事业等各项管理工作。规划方面，主要开展规划编制、规划审批、项目设计推动、绿色建筑、科研课题等项工作，为生态城开发建设的顺利实施和各项目标任务的完成奠定基础。

【机构人员】

支部书记、局长　李　东
副局长、建设管理中心主任　张志华
支部副书记、副局长　王　萌
安全科科长、建设管理中心副主任　宛　冰
房务科科长、房地产交易中心主任　胡宇丹
规划科科长　孙晓峰
土地科科长　邵　亮
公用科科长　刘文闯
建设科副科长　张春雷（主持工作）
建管中心综合部部长　张建宇

截至2011年12月31日，全局在岗员工33名，其中行政编制6名，事业编制4名，外聘人员23名。

规划设计编制审批

【控制性详细规划】 组织市规划院等单位按照滨海规国局统一要求，对原有控详规成果进行重新编制。生态城原控制性详细规划于2011年10月，获天津市2011年优秀勘察设计特等奖。

【城市设计】 组织市建院编制中部片区、生态岛等两个区域的城市设计。

【专项规划】 组织天津大学等单位编制生态城文体设施专项规划，制定文体设施体系、建设内容和建设标准，确定城市级文化设施的布局、功能和规模。组织开展生态城公共交通专项规划、智能交通专项规划、轨道交通专项规划编制工作，为生态城交通设施建设打下基础。

规划管理

【项目审批管理】 为提高生态城建设单位的规划许可审批通过率，规范规划设计成果格式、内容和设计深度，生态城建设局制定各项规划许可审批服务事项报审指南，创新建立设计成果自审制度，编制修建性详细规划方案、建设工程设计方案、建筑工程施工图、绿化工程设计方案及施工图、市政工程施工图等几类规划设计成果的“审查要点一览表”，要求建设单位上报规划设计成果的同时提交盖章确认的“自审结果”，避免因多次“体外循环”延误设计周期。

【信息化建设】 加大信息化建设力度，优化生态城规划管理服务平台，完善生态城数字规划审批系统，实现与市规划局“一网通”审批系统的数据同步传输，为生态城智能城市系统建设搭建基础空间数据框架。该系统获天津市科技进步二等奖。

【业务案件办理】 2011年生态城建设局共完成规划许可审批361项。其中，选址意见书11项，规划条件62项，建设用地规划许可证49项，修建性详细规划方案9项，建设工程设计方案102项，标准地名证11项，建设工程规划许可证100项，建设工程规划验收合格证17项。

【项目设计推动】 生态城建设局积极推动生态城项目前期设计工作，组织编制生态城公安大楼、医院、中学、小学、幼儿园、工人文化宫、体育公园、公屋展示中心、公屋二期、蓝白领公寓、建设公寓、信息产业园等政府投资类重点项目设计任务书，推动方案设计。

【建筑外檐管理】 为落实生态城管委会对建筑外檐设计要求，生态城建设局组织编制生态城建设项目外檐设计导则，建立实施建筑外檐备案制度，保证生态城建筑外檐效果的高标准、高质量、高水平。

【绿色建筑】 总结三年来生态城绿色建筑实施经验，在原有绿色建筑评价标准和设计标准的基础上进行深化，组织生态城绿色建筑研究院开展绿色建筑标准体系建设，编制《生态城绿色建筑设计规范》，得到有关专家的肯定，在创新方面走在全国前列。

【证后管理】 2011年天津生态城共有17项建设项目竣工，全部予以验收合格。全年放线作业81次，验收建设规模约37万平方米，一次验收合格率100%。

科研与城建档案

【科研课题】 为服务生态城建设，生态城建设局与环境局共同组织二十余家合作单位，先后完成科技部国家“十二五”科技支撑计划项目《中国—新加坡天津生态城绿色建筑群建设技术研究与示范》、住建部《资源节约型城市规划建设研究与实践》、天津市滨海新区“十大战役”重大科技支撑项目、天津市科委重大项目等多项研究课题的立项申请。课题与生态城的实际需求相结合，主要针对生态城绿色建筑规划、设计、施工工法、建材、以及能源供应与监测等方面的关键技术进行研究。

【档案管理】 2011年在办公用房极度紧张的情况下，建立档案室，建筑面积80平方米，安装半自动档案密集架17组。

重要项目建设工程规划许可证审批统计表

序号	项目名称	建筑面积（平方米）	审批	
			日期	许可证号
1	天津生态城阿亚拉住宅项目	82879.30	2011-08-29	2011 生态建规证 0033
2	天津生态城生星住宅项目	72763.99	2011-08-18	2011 生态建规证 0032
3	天津生态城永定洲公交首末站	725.04	2011-05-07	2011 生态建规证 0021
4	天津生态城吉宝制热和制冷系统工程	6552.00	2011-07-12	2011 生态建规证 0022
5	天津生态城科技园研发大厦二期	30098.70	2011-09-14	2011 生态建规证 0039
6	天津生态城南部片区 5# 地块小学	14500.00	2011-09-09	2011 生态建规证 0037

（王星骅）

天津滨海旅游区建设交通和环境市容局

【概况】 天津滨海旅游区建设交通和环境市容局（原名天津滨海旅游区管委会建设发展局）成立于2009年5月，为旅游区管委会所属正处级行政部门。在2010年12月25日天津市滨海新区人民政府批准《天津滨海旅游区管理机构设置方案》，设立建设交通和环境市容局。承担区域基础设施建设、交通运输管理等工作；承担区域规划、国土资源管理工作；承担区域环境保护工作；承担区域市容市貌、环境卫生、园林绿化等工作；承担区域公用事业管理等工作。天津滨海旅游区是滨海新区九大功能区之一，北起津汉快速路和汉蔡路，南至永定新河北治导线、西至中央大道和汉北路、东至渤海-2.5米等深线，位于滨海新区北部生活片区。总规划面积99平方千米，其中陆域28平方千米，海域71平方千米，计划填海造陆54平方千米，未来总成陆面积82平方千米，保留海域17平方千米。按照规划，滨海旅游区未来将形成“一心四区”的发展结构。滨海旅游区作为滨海新区唯一以旅游产业为主导的功能区，发展定位为：重点发展旅游区装备制造业、总部经济、游艇总会、主题公园、商务会展等产业，建成以旅游产业为主导，第三、第二产业协调发展的综合性城区，并打造成京津共享的滨海旅游目的地。旅游区成立以来第一个开发项目——启动器项目一期工程，依据规划2010年9月底启动，建筑规模40万平方米，预计2012年12月竣工验收。

【机构人员】

局长　王子升
副局长　张　勇
副调研员　崔　捷
局长助理　郭　伟
局长助理　田国森

截至2011年12月31日，全局共有在岗人员10名，其中公务员编制5名（正处级干部1名、副处级干部2名，科级干部2名），政府雇员5名。

规划设计编制审批

【控制性详细规划】 《滨海旅游区海域部分一期控制性详细规划》2011年12月9日获天津市滨海新区人民政府批复。

【专项规划】 正在组织编制《旅游区中心岛城市设计》、地名规划；正在制作《滨海旅游区规划宣传片》；正在推动编制消防规划，完善地理信息系统工作。

【公共建筑】 对天津明远文化商业城、启动器欧风国际、天友戏水乐园等公建项目的修建性详细规划和建筑方案进行审查，核发启动器欧风国际项目的建设用地规划许可证。各项目涉及总建筑面积55.5万平方米。

【住宅建设】 对碧桂园住宅、白领公寓、蓝领公寓、阳光海岸一期等住宅项目的修建性详细规划和建筑方案进行审查，核发阳光海岸一期建设工程规划许可证。各项目涉及总建筑面积33.6万平方米。

【产业项目】 对天津滨海旅游科技产业园地块一和地块二的设计方案进行审查，核发《建设工程规划许可证》，总建筑面积15.3万平方米。

【基础设施建设】 对海涵路、安正道、安康道、山怡路、海晏路、海韵路、海旭路等12条市政道路的规划设计方案进行审查，其中11条道路已竣工完成；审查游乐港110千伏变电站、启动器雨水泵站、南部燃气调压站等4座市政场站的选址和方案，其中雨水泵站已开工建设，其他场站也即将开工。对启动器周边路网、中央大道、旅游区第二启动器及汉盐2.89地块路网等4个区域涉及的几十条道路的管线综合规划进行审查，依据管线综合审查中央大道燃气、游乐港110千伏输变电工程以及多条随路建设的雨、污水管道的设计方案。

【景观绿化】 审查通过贝壳堤湿地保护公园绿化设计方案并开工建设；审查通过永定新河桥下生态公园绿化设计方案并开工建设；审查通过起步区市政道路绿化设计方案并开工建设。

规划管理

【核发“一书两证”】 建交市容局2011年受理建设项目审批许可事项共计67项，其中《选址意见书》15项，《规划条件》11项，《建设用地规划许可证》14项，《修建性详细规划方案》5项，《建设工程设计方案》15项，《建设工程规划许可证》7项。

【证后管理】 对辖区范围内所有建设项目严格进行规划开工放验线、过程外檐和墨线查验、规划竣工测量及验收等证后管理工作。

规划设计报批统计表

序号	规划名称	上报		审批		
		单位	日期	单位	日期	文号
1	滨海旅游区海域部分一期控制性详细规划	滨海旅游区管委会	2011-10-20	天津市滨海新区人民政府	2011-12-9	津滨政函〔2011〕321号

重要项目建设工程规划许可证审批统计表

序号	项目名称	建筑面积（平方米）	审批	
			日期	许可证号
1	天津滨海旅游科技产业园地块一	60984	2011-07-26	2011旅游建证0001
2	天津滨海旅游科技产业园地块二	92182	2011-07-26	2011旅游建证0002
3	阳光海岸一期1-49#、商业2#项目	75169.74（发证面积55056.85；地下建筑面20112.89）	2011-11-14	2011旅游建证0003

（张　婷）

天津临港经济区建设交通与环境市容局

【概况】 天津临港经济区建设交通与环境市容局（以下简称临港建交局）2004 年 4 月 14 日塘沽区政府常务会决定成立临港工业区管委会。设置规划建设部，负责区域规划工作，2010 年 11 月 23 日，市委、市政府决定组建临港经济区管委会。2011 年 1 月 28 日，滨海新区工委同意成立建设交通与环境市容局，2011 年 8 月 18 日，滨海新区人民政府同意向临港经济区管委会下放规划管理审批权限，2011 年 12 月 28 日，滨海新区规划和国土资源管理局正式委托临港建交局开展 8 项规划管理行政许可事项。在临港经济区管委会和新区规国局的领导下，紧紧围绕"服务经济建设"的中心目标，抓住发展不放松，突出服务不畏难，服务于经济区发展和重大项目的需求，圆满完成各项工作目标，为推进重大项目建设进程，拓展经济区发展空间，提升建设品位奠定坚实的基础。至 2011 年共编制各类规划 16 项，审批各类建设项目 25 件，平均每个工作日办理一个批件，为临港开发建设、又好又快发展提供了强有力的服务保障。获得区级先进单位等称号。

【机构人员】

副局长	王克勤
办公室负责人	梁　彬
规划科负责人	张良红
土地科负责人	姚　立
建设科负责人	刘长怀
港口科负责人	董成赞

截至 2012 年 3 月 20 日，临港建交局在岗人数 13 名，其中，公务员编制 6 名，派遣制 2 名，借调人员 5 名。

规划设计编制审批

【总体规划与分区规划】 编制完成《天津港临港工业港区总体规划》、《天津临港经济区分区规划（2010–2020 年）》，已形成规划成果，2011 年 11 月 14 日获得天津市人民政府批准。

【控制性详细规划】 在总规指导下，组织编制并批准实施的有《临港工业区一期控制性详细规划》、《临港工业区控制性详细规划》、《临港工业区起步区及飞地发展园控制性详细规划》。《临港经济区综合配套服务区控制性详细规划》、《临港经济区（南部）控制性详细规划》等 2 项规划上报待批或正在编制中。

【专项规划与城市设计】 编制完成《临港工业区铁路专项规划》、《临港工业区排水专项规划》、《临港工业区道路专项规划》《临港工业区水资源论证规划》、《临港工业区中高压电网专项规划》、《临港工业区供热专项规划》、《临港工业区综合配套服务区管线综合专项规划》、《临港工业区渤海四十路、渤海二十六路、淮河东道管线综合专项规划》、《临港经济区行政商务中心概念性城市设计》等专项规划与城市设计。

规划管理

【业务案件办理】 以规范业务审批为重点，严格执行城市规划管理相关控制标准和建设项目规划报建、审批程序等有关规定，实现规划管理工作的规范化、程序化、标准化。对在建工程从开工放线、验线、验槽到最后的竣工验收，进行全过程监管。同时，不定期的对建设项目执行情况进行检查，对于擅自扩大平面尺寸、移位、加高、更改已批准设计方案和施工图纸的行为，做到严肃查处、限期改正。严格项目审批法定程序，把民主决策机制引入到审批工作中。实行专家论证制度、规划条件核提小组议事制度、设计方案审查小组议事制度、工程竣工验收小组议事制度等，真正做到规划审批从高、从紧、从严，更重要的是扼制并限制在规划项目审批中的个人自由裁量权，有利地推动依法行政进程。深化细化建设项目管理，以深化规划设计导则入手，坚持外檐与功能并重、单体与区域并重、地上与地下管理并重，提升城市品位与特色。

【规划保障措施】 着力提高规划保障能力，确保重点项目早开工、早见效，畅通四条渠道（即：快捷高效的项目审批通道；优质高效的绿色服务通道；公开透明的社会参与渠道；丰富灵活的沟通反馈渠道），优化发展环境。奉行“三个不放过”的作风（即：精心精细的工作作风，决不放过任何一个有碍发展的差错；优质高效服务的工作作风，决不放过任何一个影响效能的环节；加强监督检查的工作作风，决不放过任何一个有损形象的现象出现），煅造规划精神。

【核发“一书两证”】 编制核提各类规划设计条件9件，用地面积约127公顷，办理《建设用地规划许可证》5件，用地面积54公顷。办理《建设工程规划许可证》6件，建筑面积30万平方米。办理《建设工程规划许可证（部位）》1件。

【证后管理】 核发《建设工程规划验收合格证》4件，验收建设规模约238万平方米。按办件速度计算，平均2天办结1个批件，放线作业23次、验线作业5次，复核纠正点位10次，一次验收合格率100%。

城建档案

【档案管理】 在办公用房极度紧张的情况下，建立档案室和办公室合署办公，截止2012年3月新建各类档案34件。

规划设计报批统计表

序号	规划名称	上报		审批		
		单位	日期	单位	日期	文号
1	临港经济区分区规划	临港经济区管委会	2011-05	市政府	2011-11-14	津政函［2011］169号
2	临港工业区总体规划	临港工业区管委会	2004-09	市政府	2004-11-25	津政函［2004］183号
3	临港工业区一期控制性详细规划	临港经济区管委会	2004-09	市政府	2004-11-25	津政函［2004］183号
4	临港工业区控制性详细规划	临港经济区管委会	2011-06	市局、滨海委	2009-01-21	津滨管批［2009］11号
5	天津港临港工业港区总体规划	临港经济区管委会	2005-12	市政府	2006-01	津政函［2006］1号

重要项目建设工程规划许可证审批统计表

序号	项目名称	建筑面积（平方米）	审批	
			日期	许可证号
1	装备一期工程项目	149300.19	2012-01-16	2012临港建证0002
2	睿海创业园	73141.86	2012-02-17	2012临港建证0003
3	京粮集团天津临港粮油粮油加工仓储物流项目	5780.32	2012-02-22	2012临港建证0004
4	中船东220KV变电站工程	8781	2012-02-24	2012临港建证0005
5	普洛斯天津普港物流园项一期目	61359.41	2012-03-26	2012临港建证0006
6	天津临港千红石化仓储有限公司化工仓储罐区工程	3450.72	2012-03-28	2012临港建证0007

（张良红）

市郊区县规划局

天津市武清区规划局

【概况】 天津市武清区规划局（以下简称武清局）2008年2月18日成立（前身为武清区规划和国土资源局），内设8个职能科室。随全区进入快速开发建设期，武清局以“发展武清、服务人民”为理念，积极推进服务型政府建设，紧紧把握完善规划体系，指导大项目规划落地的要求，扎扎实实抓好各项工作，较好地完成各项规划编制任务。2011年编制完成武清区总体规划修改初稿，梅上组团总体规划、北部功能区规划思路、规划展览馆提升改造工作已具备开馆条件，各乡镇总规基本完成报审，控规正在编制中。审批各类建设项目1794项，为武清经济社会发展提供规划保障。

【机构人员】

局长	邢广民
副局长	田宝辉
副局长	魏艳红
副局长	张洪印
综合办公室主任	王福顺
总体规划科科长	张印松
详细规划科科长	周德芹
市政工程科副科长	崔　健（主持工作）
建设项目科科长	沙恩花
地名办公室科长	高克然
执法监察科副科长	张芙蓉（主持工作）
督查科科长	王春华
规划建设设计所所长	肖淑艳
规划展览馆馆长	宋　杰

截至2011年12月31日，武清局有职工34名，其中公务员18名（处级干部4名，科级干部7名，科员4名，行政工勤3名），事业编16名（科级干部2名，科员14名）。

规划设计编制审批

【总体规划】 2011年《武清区城乡总体规划2008-2020年》修编工作已基本完成，总体规划实施评估报告及总规强制性内容修改专题论证报告经指挥部审议原则通过，已提请市规划局审查；完成忠旺大项目入住武清；针对组团及乡镇总规编制工作，及时与乡镇沟通，每周定期督办编制进度，及时安排上会审议，推进规划编制完成。河西务、崔黄口、大孟庄、大王古庄、曹子里、泗村店、大良、黄庄、高村、王庆坨、东马圈、石各庄、南蔡村、陈咀等14个乡镇总规已批复并完成成果报备；白古屯、下伍旗、城关、黄花店等4个乡镇总规已完成成果报备待出批复；下朱庄、大碱厂、豆张庄等3个乡镇街总规已经区政府常务会审批通过，待成果报备。梅厂、上马台、汊沽港、河北屯等4个乡镇总规正在进行编制。

【国道两侧规划】 2011年完成103国道两侧城市设计及导则、103国道两侧管理办法。103国道两侧道路专项改造方案已通过规委会，方案正在深化中。103国道两侧沿线灯光节点绿化景观规划正在编制中。

【北运河开发改造】 完成《北运河沿线村庄主题规划构想》，103国道两侧以东、完成武香路以西全长62.3千米，六个乡镇，四个街道的规划梳理工作。

【新城控详规调整】 3月份完成西部片区及机场片区城市设计。新城02-04、04-02单元已完成审批，新城03-01、03-03、03-04、03-05单元已与市规划院进行多轮对接和审查，并组织部门召开联席会、专家评审会，完成审查意见，区政府批复（代拟）；新城01-06、03-06单元完成初步成果，待履行法定审批程序；新城01-01、01-03单元正在进行初审，待与市规划局对接。

【控制性详细规划】 2011年审查控详规28项，《高村乡项目起步区控制性详细规划》、《兰海泉州水城控制性详细规划》、《下朱庄05-01单元控制性详细规划》、《下朱庄05-09单元控制性详细规划》、《下朱庄05-11单元控制性详细规划》、《大孟庄镇控制性详细规划》、《河西务镇控制性详细规划》、《黄花店八里桥纸制品产业园一期规划设计》、《南蔡村镇外环线以南控制性详细规划》、《大良镇廊良路北侧地块控制性详细规划》、《下伍旗旗良路沿线地块控制性详细规划》、《梅厂福源项目区控制性详细规划》、《地毯园起步区控制性详细规划（调整）》、《汉沽港刚铝材产业园控制性详细规划》已批复并完成最终成果；《曹子里乡控制性详细规划》、《中华自行车王国控制性详细规划（调整）》、《汽车产业园控制性详细规划（调整）》、《崔黄口镇区01单元控制性详细规划》、《白古屯文化创意产业区控制性详细规划》、《东马圈镇区控制性详细规划》、《下朱庄05-02、04、05、06单元控制性详细规划》已批复，正在进行成果整理；《高村牛镇组团控制性详细规划》、《兰海泉州水城控制性详细规划（调整）》、《大良镇工业园区控制性详细规划》完成部门联席会、专家评审会，正在公示和按意见修改；《王庆坨镇区控制性详细规划》、《王庆坨大范口村村庄规划》、《大碱厂镇控制性详细规划》、《泗村店龙凤新城控制性详细规划》、《下朱庄05-01单元控制性详细规划（调整）》、《地毯园二期控制性详细规划》、《崔黄口北靳庄控制性详细规划》正在初审。

规划管理

【场馆建设】 规划展览馆全面完成开馆前各项准备工作，已具备开馆条件。文化公园场馆设计方案全部完成，待出施工图。

【市政工程管理】 完成对外交通铁东路北延及翠亨路南延选线、锡盟1000kV特高压选线调整、京沪高铁220kV电源线路径规划、屈武220kV电源线路径规划、河东110kV电源线路径规划工作；完成华电热电联产项目供热规划、高场220kV变电站选址及进出线规划的论证工作；完成武清新城光明道、新开路、新兴路、雍和道断面形式及综合管网的规划工作。

【核发“一书两证”】 2011年在建设项目管理中完成《选址意见书》43件；核发《规划设计条件》452件；核发《建设用地规划许可证》225件；完成方案审定540件；核发《建设工程规划许可证》368件；核发《建设工程规划验收合格证》224件。在市政项目管理中发放《选址意见书》106件，核发《规划设计条件》27件，核发《建设用地规划许可证》73件，完成方案审定50件，核发《建设工程规划许可证》21件，核发《建设工程验收许可证》2件。市政道路总长度21.3千米，市政管线总长度49.1千米，市政基础设施总占地27.1万平方米，建设项目修建性详细规划（市政工程）总建筑面积：21.24万平方米。

【证后管理】 2011年监察科在局党组和主管局长的领导下积极组织协调证后管理工作的开展和推进，出勤现场查验28次，竣工验收45次，发放竣工验收合格证36份。

【地名管理】 武清区规划局有序推进地名管理的规范化，成立武清区地名委员会，明确局内地名办公室管理职能；规范有序地做好日常地名命名工作。2011年共发放《标准地名证书》80件，发放《门号启用通知书》156件。《武清区地名规划》初稿已完成，待相关领导审议。

监督检查与城建档案

【违法案件查处】 2011年未发生重大违法案件。健全并着力落实巡查工作制度，每月5日按时上报上个月巡查月报表及本月巡查计划，截至11月底，共巡查22人次，上报市局巡查报表61个。

【信访工作】 2011年接听群众电话信访38个，接待群众来访 15 件，做到回复率 100%，满意率 100%。未发生一起超时限答复或拒不答复引起上访者抱怨及投诉事件。

【档案管理】 保证档案管理人员力量，档案设施设备不断完善。2011 年新收录档案约 2715 卷。

规划设计报批统计表

序号	规划名称	上报		审批		
		单位	日期	单位	日期	文号
1	黄庄总体规划	黄庄街道办		武清区人民政府	2011-04-07	武清政函〔2011〕224 号
2	南蔡村镇总体规划	南蔡村镇人民政府		武清区人民政府	2011-04-07	武清政函〔2011〕225 号
3	大王古庄镇总体规划	大王古庄镇人民政府		武清区人民政府	2011-04-07	武清政函〔2011〕223 号
4	大孟庄镇总体规划	大孟庄镇人民政府		武清区人民政府	2011-04-07	武清政函〔2011〕222 号
5	下伍旗镇总体规划	下伍旗镇人民政府		武清区人民政府	2011-04-07	武清政函〔2011〕227 号
6	曹子里乡总体规划	曹子里乡人民政府		武清区人民政府	2011-04-07	武清政函〔2011〕226 号
7	白古屯乡总体规划	白古屯乡人民政府		武清区人民政府	2011-11-15	武清政函〔2011〕1007 号
8	泗村店镇总体规划	泗村店镇人民政府		武清区人民政府	2011-11-15	武清政函〔2011〕1004 号
9	东马圈镇总体规划	东马圈镇人民政府		武清区人民政府	2011-11-15	武清政函〔2011〕1002 号
10	大良镇总体规划	大良镇人民政府		武清区人民政府	2011-11-15	武清政函〔2011〕1001 号
11	陈咀镇总体规划	陈咀镇人民政府		武清区人民政府	2011-11-15	武清政函〔2011〕1006 号
12	王庆坨镇总体规划	王庆坨镇人民政府		武清区人民政府	2011-11-15	武清政函〔2011〕1005 号
13	石各庄镇总体规划	石各庄镇人民政府		武清区人民政府	2011-11-15	武清政函〔2011〕1003 号

重要项目建设工程规划许可证审批统计表

序号	项目名称	建筑面积（平方米）	审批	
			日期	许可证号
1	东浦洼二期还迁住宅小区 1-24、26-73# 楼	465307.47	2011-9-27	2011 武清住证 0073
2	运泽花园	385045.38	2011-10-24	2011 武清住证 0077
3	博盛园 1#—19#、41#（配套公建）	137214.15	2011-2-22	2011 武清住证 0014
4、5	盛世郦园 11#、18#、23-25#、35-37# 楼	96158.97	2011-5-27	2011 武清住证 0047
6	恒颐园 84-89# 楼及地下人防车库	85370.36	2011-10-28	2011 武清住证 0081
7	天鹅苑 1-6#、8-12、配建一、地下车库	82503.61	2011-9-29	2011 武清住证 0071
8	绿景欣园 1-21# 楼	79592.51	2011-7-6	2011 武清住证 0057
9	盛世馨园 1—13#、地下车库	78897.68	2011-8-15	2011 武清建证 0155
10	龙如园 1#-23#、24#（配套公建）	72535.00	2011-8-23	2010 武清住证 0068
11	一期车间、生产实验楼 2、综合楼、办公楼	66582.00	2011-8-19	2011 武清建证 0158
12	文水园二期	66058.84	2011-11-29	2011 武清住证 0089
13	麒麟商业中心 1# 楼	63099.85	2011-6-3	2011 武清建证 0094
14	博雅轩 1—8#、11—12#、14—16#、23—24#、28# 楼	61265.80	2011-3-6	2011 武清住证 0018
15	翡翠半岛馨园 10#、16—23#、28#—32#、地下车库	58631.86	2011-7-16	2011 武清住证 0059
16	恒欣园 28--31# 楼、地下车库	56753.81	2011-11-22	2011 武清住证 0085
17	盛世郦园 5—10#、12—17#、19—22#、39—66# 楼	56575.16	2011-3-16	2011 武清住证 0017

（李　丹）

天津市宝坻区规划局

【概况】 天津市宝坻区规划局（以下简称宝坻区局）2011年坚持以科学发展观为统领，优化机关设置，落实岗位职责，提升规划设计水平，着力加强规划管理，着力提高规划服务质量，城乡规划工作取得新成绩。全年编制完成5项总体规划、6项控制性详细规划、2项专项规划，核发“一书两证”462件，地名更名29件，设计成果及各类图纸90套、3600余张，合计完成规划面积900公顷，促进宝坻经济社会又好又快的发展。

【机构人员】

党委书记	张建宇（5月起）
党委副书记、局长	张仕儒
副局长	王　学
副局长	王志军
副调研员	王贺栋
副调研员	李宝祥
办公室主任	董洪彬
规划审批科科长	芮淑彬
建设管理科副科长	杜春青（主持工作）
市政管理科科长	梁连妹
证后管理科负责人	李　华
地名管理科负责人	尹广占
行政审批科副科长	徐志芳（主持工作）
规划建筑设计所所长	王志标
城建档案室负责人	王晓琪
测绘队负责人	杨　硕

截至2011年12月31日，宝坻区规划局在岗人员49名，其中，公务员编制12名（处级干部6名、科级干部4名、科员2名），事业编30名（科级干部5名、科员25名），工勤2名，工人5名。

规划设计编制审批

【总体规划】 启动《宝坻区城乡总体规划（2008-2020年）》修改工作，组织编制完成总规修改实施评估和强制性内容修改论证两个报告。编制完成马家店、口东和霍各庄三个镇总体规划。

【控制性详细规划】 编制完成宝坻和京津两个新城的一控规两导则、《天津京津金融服务外包园区起步区控制性详细规划》、大口屯、林亭口两个中心镇的控制性详细规划、高家庄挂钩试点镇控制性详细规划。其中，宝坻新城控详规工作审批完成，实现详细规划全覆盖；京津新城控详规正在深化完善之中，同时完成京津新城地区规划提升成果，通过市规划局审批并报市政府备案；大口屯和林亭口两个中心镇的控制性详细规划已完成专家审查、部门联审、公示等程序；高家庄挂钩试点镇控制性详细规划已通过区政府审批，并报市规划局备案。

【专项规划与城市设计】 编制完成《宝坻区规划设计导则》和《宝坻区空间管制区划》二项专项规划。

规划管理

【业务案件办理】 推进行政审批工作，成立行政审批科，将多个科室的业务案件改成一个科室办理，设立独立业务接待窗口，做到“窗口围绕项目转、科室围绕窗口转”，为企业办理业务提供方便。在项目审理中，不等不靠，提前介入，主动沟通，提前告知。对于重点建设工程和重大建设项目，在修详规编制阶段，认真落实联合会审制度，2011年召开规划方案审查会议70次，协调解决各类矛盾和问题，保证规划方案的科学性和合理性。在规划方案办理阶段，实施总平面和建筑设计方案并行的办法，建设用地规划许可证办理实行立等可取，优化办件程序，缩短办件时间，提高审批效率。深化规划设计导则，细化建设项目管理，坚持外檐与功能并重、单体与区域并重，提升城市品位特色。对在建工程从开工放线、验线、验槽到最后竣工验收，全过程监管。加大规划公开力度，通过广播、报纸、网络等途径，公示规划方案，广泛征求公众意见，调动社会各界尊重规划、参与规划、实施规划的积极性、主动性。2011 年宝坻区规划局党务、政务公开工作，得到市、区纪检委领导的较高评价。

【核发“一书两证”】 核发《选址意见书》74 件，用地规模 3022176.90 平方米；《规划设计条件》149 件，用地规模 4172160.20 平方米；《建设用地规划许可证》129 件，审批建设用地 5271385.16 平方米；《建设工程规划许可证》259 件，总建筑面积 2782183.02 平方米。办结率 100%，准确率 100%。

【证后管理】 办理规划验收事项 131 件（工业项目 66 件、公共设施项目 25 件、公共管理与公共服务设施项目 7 件、物流仓储项目 2 件、设施农业项目 1 件），总建筑面积共 160.73 万平方米。

监督检查与城建档案

【违法建设查处】 按照区纪委统一部署，对 2008-2010 年度建设项目进行排查，对查出问题的 33 个建设项目进行整改。启动项目跟踪检查单机系统，对全区范围内已取得建设工程规划许可证但尚未完成规划验收的项目进行跟踪检查，全年录入单机系统项目 101 件，完成跟踪项目 80 件。完善规划巡查机制，以建设项目检查为主线，结合日常巡查，加强对重点项目、城乡结合部、城区主干道两侧的巡查，2011 年巡查 160 次，路线达 1.5 万余千米，同时配合有关部门联合执法 9 次，拆除违法建设 6 起。处理群众信访 7 件，反映的问题都及时有效地得到解决，全年无行政诉讼案件发生。

【档案管理】 2011 年 1 月正式启动城建档案管理工作，加强硬件设施建设，建立和完善各项规章制度，加大专业人员培训力度，全面推进工作。全年办理档案预验收证明 123 件，形成案卷 749 卷，档案认可证 5 件，促进项目的建设和管理。2011 年 10 月 28 日，天津市区县城建档案机构建设工作座谈会议在宝坻区局召开，宝坻城建档案管理工作得到市局领导、区县局及滨海规国局的好评。蓟县、宁河等区县局先后来宝坻考察学习城建档案管理工作经验。

规划设计报批统计表

序号	规划名称	上报		审批		
		单位	日期	单位	日期	文号
1	高家庄示范小城镇控制性详细规划	高家庄镇人民政府	2011-03	宝坻区人民政府	2011.05	宝坻政函〔2011〕139 号
2	宝坻新城 15-04、15-08、15-10、15-11、15-12、15-13 单元控制性详细规划	宝坻区规划局	2011-06	宝坻区人民政府	2011.06	宝坻政函〔2011〕164 号
3	宝坻新城 15-01、15-02、15-03、15-05、15-06、15-07、15-09 单元控制性详细规划	宝坻区规划局	2011-06	宝坻区人民政府	2011.07	宝坻政函〔2011〕172 号

重要项目建设工程规划许可证审批统计表

序号	项目名称	建筑面积（平方米）	审批	
			日期	许可证号
1	玻璃纤维套管生产项目	7784.42	2011-04-08	2011 宝坻建证 0044
2	行政新区办公楼建设	8173	2011-04-08	2011 宝坻建证 0046
3	电站空气冷却项目	40692.02	2011-05-16	2011 宝坻建证 0063
4	首钢商业商务中心	6840	2011-05-17	2011 宝坻建证 0065
5	铝材质新型建材项目	23724.55	2011-06-22	2011 宝坻建证 0100
6	锂电池正极材料项目	12781.65	2011-06-30	2011 宝坻建证 0105
7	行政新区办公楼建设	6857.56	2011-07-26	2011 宝坻建部申字 0014

续表

序号	项目名称	建筑面积（平方米）	审批	
			日期	许可证号
8	锌空气电池生产项目	16798	2011-08-29	2010 宝坻建证 013
9	首钢商业商务中心	41686.53	2011-09-29	2011 宝坻建证 0160
10	奇澳木塑制品项目	13424.63	2011-09-30	2011 宝坻建证 0166
11	鼎联环保研发生产基地项目	20886	2011-11-02	2011 宝坻建证 0120
12	佰豪大饭店	35581.42	2011-11-20	2011 宝坻建证 0144 2011 宝坻建证 019
13	休闲商务广场	7780	2011-11-23	2011 宝坻建证 0189

（尹玉波）

天津市宁河县规划局

【概况】 天津市宁河县规划局（以下简称宁河县局）2011 年围绕“强基础，提素质，抓规范，优服务”的工作思路，充分发挥职能作用，围绕中心，服务大局，在规划编制、规划管理及项目审批等工作中尽心竭力，开拓创新，取得良好成效。全年获赠锦旗 12 面，在宁河县软环境建设活动中被评为“三优窗口”单位。

【机构人员】

局长、局党组副书记　王秋岩
局党组书记　李新政
副局长　宋冬青
局长助理　靳怀东
挂职副局长　戴　鑫
综合办公室主任　张志远
规划科副科长　陈　宇（主持工作）
建管科科长　张国英
用地科副科长　刘粤滨（主持工作）
监察科科长　胡玉刚
地名科科长　张艳萍
规划设计所所长　刘树新
金利工程服务中心经理　崔军泊

截至 2011 年 12 月 31 日，宁河县局人员编制 60 名，实有干部职工 70 名，其中，行政编制 15 名，事业编制 33 名，合同制工人 6 名，挂职干部 2 名，临时工 14 名。

规划设计编制审批

【战略规划、总体规划】 2011 年启动《宁河县空间发展战略规划》编制，以及《宁河县城乡总体规划》修改工作。编制完成《宁河县规划设计导则》，《北淮淀挂钩试点示范小城镇总体规划》、《潘庄镇挂钩试点示范小城镇总体规划》，两个挂钩试点示范小城镇总规于 2011 年通过审批。

【控制性详细规划】 完成宁河新城桥北新区和宁河产业拓展区的控制性详细规划，组织编制海航（宁河）项目区城市设计及控详规等规划，上报待批。此外，京津合作园区、潘庄工业区及未来科技城等大项目的总规、控详规等正在编制中。

规划管理

【主动上门提前介入】 积极对接规划建设项目单位，主动前往提供政策咨询，现场解决问题。在指导市政基础设施建设方面，改变一些单位对市政规划方案报审不重视的状况，使市政工程规划编审工作取得突破性进展，2011 年审批市政管线工程总长度为 15 万米，同比增长 115%。

【印发指南节省时间】 针对不同项目需求，编辑《规划手续办理指南》宣传册，印制后在办件大厅和相关业务科室免费发放。

【加班加点压缩时限】 3月份通过县电视台向社会公开承诺，把办件时限压到最短，为项目尽快落地解决诸多实际问题。

【创新方法特事特办】 对英利集团、新华投资科技园等23个进入现代产业区的项目，在尚未取得国有土地出让合同的情况下，组织进行规划总平面图联合初审，从技术层面给予指导，对于不符合《天津市示范工业园区导则》之处，提出具体的整改意见，确保项目全部按时开工。此外，帮助金筑铝业天津公司和天津众力装饰公司两家企业办理科技型中小企业认定。

【核发“一书两证”】 2011年审定《规划条件》93件，核发《选址意见书》29件，核发《建设用地规划许可证》48件。核发《建设工程规划许可证》65件，建筑面积合计1605689.98平方米；核发《建设工程规划许可证（部位）》9件。核发《建设工程规划许可证（市政工程）》1件，审批长度合计1600米。审核《修建性详细规划》30件，建筑面积合计3164893.99平方米。审核《总平面设计方案》19件，建筑面积合计98360.73平方米。审核《建设工程设计方案》61件，建筑面积合计1671432.58平方米。审定《市政工程规划条件（市政规划）》2件，审批长度合计2064米。审核《市政工程规划设计方案（规划项目）》7件，审批长度合计91818.00米；审核《市政建设工程设计方案（建设项目）》8件，审批长度合计65082.00米。

【证后管理】 依法履行建设工程施工过程检验、建设工程规划验收等行政行为。建设工程规划验收32件，规划验收建筑面积合计41.6万平方米。

监督检查与城建档案

【信访工作】 遵循预防、控制、调处、化解群众性矛盾的工作原则，贯彻“有访必接、有接必办、有办必果”工作方针，处理12件次群众来访、来信、来电，维护规划管理正常秩序。

【档案管理】 按照市规划局要求，组建城市建设档案馆。7月，向县编委请示。8月，县编委向市编委报送《关于建立天津市宁河县城市建设档案馆的请示》，拟确定城建档案馆为规划局所属全额事业单位，规格为县局属科级，拟核定全额事业编制5名，其中，馆长1名，副馆长1名。虽在本年度未得到批复，但因工作需要，于11月利用机关大楼五层的3个较大房间成立档案馆，根据《天津市建设工程文件归档整理规程》实施城建档案管理，至年底为两个建设项目办理档案手续。

规划设计报批统计表

序号	规划名称	上报		审批		
		单位	日期	单位	日期	文号
1	北淮淀挂钩试点示范小城镇总体规划	宁河县人民政府		天津市人民政府	2011-11-4	津政函［2011］20号
2	潘庄镇挂钩试点示范小城镇总体规划	宁河县人民政府		天津市人民政府	2011-11-4	津政函［2011］20号

重要项目建设工程规划许可证审批统计表

序号	项目名称	建筑面积（平方米）	审批	
			日期	许可证号
1	海航社区1-17号	79700	2011-5-3	120221201100023
2	海航社区63-69号	11900	2011-6-11	120221201100027
3	海航社区26-62号、70号	87049	2011-8-31	120221201100042

续表

序号	项目名称	建筑面积（平方米）	审批	
			日期	许可证号
4	海航社区 19-23 号	83084	2011-9-1	1202212011000043
5	润鑫物流园	24000	2011-3-28	120221201100008
6	嘉禾产业园 3 号地一期（A 区）	65900	2011-12-31	120221201100063
7	嘉禾产业园 2 号地一期（A 区）	23600	2011-12-12	120221201100062
8	天津华康物流园	11000	2011-12-12	120221201100064
9	天津鹏赢工贸有限公司电动自行车项目	13000	2011-6-20	120221201100030
10	朝阳花园 3-1-3-17 号	143233.64	2011-6-8	120221201100025
11	潘庄七里香格经济适用房	39284.18	2011-1-1	120221201100002

（杨树泽）

天津市静海县规划局

【概况】 天津市静海县规划局（以下简称静海县局）2011 年在静海县委、县政府和市规划局的领导下，紧紧围绕“服务经济建设”的中心目标，抓住发展不放松，突出服务不畏难，服务于全县发展和人民群众的需求，圆满完成各项工作目标，为推进县城市化进程，拓展城市发展空间，提升城市品位奠定坚实的基础。2011 年共编制各类规划 56 项，审批各类建设项目 944 件，平均每个工作日办理三个批件，为静海经济社会又好又快发展提供了强有力的服务保障。获得天津市市级文明单位、县级文明单位、“十一五”普法依法治理先进集体、“十一五”档案工作先进集体、提案议案工作先进集体等称号，在全县行政执法服务部门政风行风民主评议中获得第二名，连续两年获得这一殊荣。

【机构人员】

局长　涂　强
副局长　高静春
副局长　王洪运
副局长　杨贵明
副局长　周　晖
纪检组长　王顶全
副调研员　刘孝凯
副调研员　郝润峰
党组成员办公室主任（兼地名科科长）　朱秀夫
规划科副科长　孙立新（主持工作）
执法监察科科长　李祖升（副调研员）
审批科副科长　孙秀敏（主持工作）
项目科副科长　李万香（主持工作）
建筑设计所副所长　刘新宇（主持工作）

截至 2011 年 12 月 31 日，局机关在岗人数 35 名，其中，公务员编制 18 名（处级干部 8 名，科级干部 2 名，科员 8 名），事业单位编制 16 名（科级干部 2 名，科员 11 名，工人 3 名），工勤人员 1 名。

规划设计编制审批

【总体规划】 2011 年共编制 19 项。完成团泊新城东区总规（含文化创智园）调整提升，已形成规划成果。已编制完成子牙循环经济产业区总规调整，形成初步成果，上报市规划局审查。另外，静海县城乡总规修编、健康产业园规划、林海林下循环经济区总规以及 14 个乡镇的总规正在编制中。

【控制性详细规划】 在总规指导下，组织编制并批准实施的有《静海新城控制性详细规划》《团泊新城东区控制性详细规划》《北环工业区控制性详细规划》《大邱庄示范镇控制性详细规划》《团泊西区控制性详细规划》；《大邱庄工业区控制性详细规划》《子牙循环经济产业区控制性详细规划》等

23 项规划上报待批或正在编制中。

【专项规划与城市设计】 编制完成《天津市静海县团泊新城景观概念规划》《中海区单元改造规划》《平海区单元改造规划》《静海新城基础设施“十二五”规划》《陈官屯运河改造规划》《静海县空间发展战略》《静海县空间管制规划》《静海县规划设计导则》等 14 项专项规划与城市设计。

规划管理

【业务案件办理】 以规范业务审批为重点，严格执行城市规划管理相关控制标准和建设项目规划报建、审批程序等有关规定，实现规划管理工作的规范化、程序化、标准化。对在建工程从开工放线、验线、验槽到最后的竣工验收，进行全过程监管。同时，不定期的对建设项目执行情况进行检查，对于擅自扩大平面尺寸、移位、加高、更改已批准设计方案和施工图纸的行为，做到严肃查处、限期改正。严格项目审批法定程序，把民主决策机制引入到审批工作中。在全市区县局中率先实行专家论证制度、规划条件核提小组议事制度、设计方案审查小组议事制度、工程竣工验收小组议事制度等，真正做到规划审批从高、从紧、从严，更重要的是扼制并限制在规划项目审批中的个人自由裁量权，有利地推动依法行政进程。深化细化建设项目管理，以深化规划设计导则入手，坚持外檐与功能并重、单体与区域并重、地上与地下管理并重，提升城市品位特色。

【规划保障措施】 着力提高规划保障能力，确保重点项目早开工、早见效，畅通四条渠道（即：快捷高效的项目审批通道；优质高效的绿色服务通道；公开透明的社会参与渠道；丰富灵活的沟通反馈渠道），优化发展环境。奉行“三个不放过”的作风（即：精心精细的工作作风，决不放过任何一个有碍发展的差错；优质高效服务的工作作风，决不放过任何一个影响效能的环节；加强监督检查的工作作风，决不放过任何一个有损形象的现象出现），煅造规划精神。

【核发“一书两证”】 2011 年共办理《选址意见书》74 件，占地面积 1042.62 公顷。编制核提各类规划设计条件 310 件，办理《建设用地规划许可证》290 件，用地面积 1200.45 公顷。办理《建设工程规划许可证》207 件，建筑面积 412 万平方米。办理《乡村建设规划许可证》16 件，建筑面积 5.46 万平方米。完成各类地名审批 28 件，发放《地名标准证书》28 份。制作安装标志牌 1208 块。

【证后管理】 核发建设工程规划验收合格证 146 件，验收建设规模约 238 万平方米。按办件速度计算，平均 2 天办结 1 个批件，与去年相比，规划验收业务件数增加 62 件，验收建筑面积总增长 90%。放线作业 220 次、验线作业 286 次，复核纠正点位 33 次，一次验收合格率 100%。

监督检查与城建档案

【违法建设查处】 2011 年经查处，无违法建设案件发生。接待和处理群众上访案件 11 宗，无信访案件发生。电话咨询和反映有关问题 4 宗，接待上访群众 150 余人次。

【档案管理】 在办公用房极度紧张的情况下，建立档案室，建筑面积 70 平方米，安装半自动档案密集架 30 组。2011 年新建各类档案 1173 件，库藏总量 10825 件。

规划设计报批统计表

序号	规划名称	上报		审批		
		单位	日期	单位	日期	文号
1	静海新城总规、控规	静海县人民政府	2011–05	静海县规划委员会	2011–02–23	规委字〔2011〕1 号
2	双塘镇总体规划	双塘镇人民政府	2011–09	静海县规划委员会	2011–04–23	规委字〔2011〕2 号
3	团泊新城东区控规（大寨渠西）	团泊新城委	2011–06	静海县规划委员会	2011–06–23	规委字〔2011〕3 号
4	团泊西区控规	团泊新城委	2011–04	静海县规划委员会	2011–06–30	规委字〔2011〕4 号
5	大邱庄工业区控规	大邱庄人民政府	2011–08	静海县规划委员会	2011–12–15	规委字〔2011〕5 号

重要项目建设工程规划许可证审批统计表

序号	项目名称	建筑面积（平方米）	审批	
			日期	许可证号
1	团泊示范小城镇南 A	92324	2011-04-15	2011 静海建证 0044
2	团泊师范小城镇南 B	110859	2011-04-15	2011 静海建证 0042
3	泰安盛世郡	125801	2011-05-10	2011 静海建证 0059
4	景华春天	76650	2011-07-25	2011 静海建证 0125
5	管铺头还迁区	213586	2011-08-03	2011 静海建证 0130
6	光耀雅苑二期	84724	2011-08-03	2011 静海建证 0131
7	嘉景花苑	145877	2011-08-25	2011 静海建证 0141
9	新湖香格里拉	65946	2011-09-15	2011 静海建证 0083
8	菊芸园	74930	2011-11-02	2011 静海建证 0181
10	禹州尊府	142168	2011-12-06	2011 静海建证 0195

（孙秀敏）

天津市蓟县规划局

【概况】 天津市蓟县规划局（以下简称蓟县局）是县政府城乡规划行政主管部门，局机关内设 9 个职能科室，2 个局属事业单位，负责辖区内规划建设管理工作。2011 年按照市政府、市规划局“关于制定年度城乡规划编制计划”要求和县委、县政府确定的“高水平规划、高强度投入、高品质建设”总体目标，完成审定修建性详细规划方案 19 件，总平面设计方案 15 件，建设工程设计方案 47 件；核发《建设用地规划许可证》42 件，《建设工程规划许可证》130 件，《乡村建设规划许可证》12 件，《建设项目选址意见书》123 件。提出津蓟线电气化改造工程、蓟县市政基础设施规划意见的请示等 10 件。查处违法案件 5 件。办理地名命更名 22 件。荣获全国地名公共服务示范县、县级新农村建设包村工作先进集体、审计工作先进集体、综合治理先进集体、行政审批服务工作先进单位等称号。全面提高规划水平和管理素质，在推动蓟县科学发展、和谐发展、率先发展进程中，发挥规划的龙头作用。

【机构人员】

局长、党组书记　吴军江
副局长　于向东
副局长（兼蓟县城市建设档案馆馆长）　蔡国宏
副局级调研员　赵春国
办公室副主任　肖振宏（主持工作）
规划管理科科长　马国安
建设项目管理科科长　赵永成
市政工程管理科科长　田红霞
执法监察科科长　李永强
地名管理科科长　李学刚
财务科科长　杨　永
审批服务科科长　张玉国
档案馆副馆长　谢　青（主持工作）
天津市建筑设计院蓟州分院院长　刘卫东
蓟县地下空间规划管理信息中心主任　李晓东

截至 2011 年 12 月 31 日，蓟县规划局在职干部职工 63 名。其中局机关干部职工 48 名（处级干部 5 名，科级干部 14 名，科员 23 名，工勤 6 名）；事业单位人员 15 名（科级干部 5 名，科员 10 名）。离退休人员 13 名。

规划设计编制审批

【总体规划】 2011 年完成《盘山风景名胜区总体规划》修改，上报市建设交通委；《许家台镇总体规划修改》报县政府审批；《孙各庄满族乡总体规划提升》《侯家营镇总体规划》通过专家评审；《下仓镇总体规划》《下窝头镇总体规划》《龙古庄镇总体规划》完成中期成果；《邦均镇总体规划》《白涧镇总体规划》《穿芳峪镇总体规划》开始编制。

【专项规划】 2011 年县政府委托江苏省建设工程设计院有限公司编制《蓟县蓟州湖公园修建性详细规划》，报市规划局审定；委托市规划院编制《蓟县空间管制区规划》，完成中期方案；委托市规划院编制《蓟县古城历史文化街区保护规划》，正在编制过程中。

【控制性详细规划】 2011 年县政府对 2010 年编制的《蓟县新城控制性详细规划》批复 11 个单元。编制《溵溜镇居住区控制性详细规划》《罗庄子镇重点建设地块控制性详细规划》《许家台镇控制性详细规划》《下营镇龙泉山庄控制性详细规划》《邦均镇汽车交易市场控制性详细规划》《邦均镇能源设备基地控制性详细规划》《蓟县东帝龙山堪舆文化园控制性详细规划》《蓟县东帝龙山生命纪念公园控制性详细规划》先后报县政府审批（尚未批复）。

【产业园区规划】 2011 年 11 月，县政府委托市建院完成《天津专用汽车产业园总体规划》的调整方案。调整《蓟县上仓工业园总体规划》《蓟县上仓工业园控制性详细规划》和拓展区路网，规划正处于编制中。

【村庄规划】 2011 年县政府委托天大规划设计研究院编制《蓟县渔阳镇西井峪历史文化名村保护规划》，报市规划局审批。纳入 2011 年编制计划的中心村有船仓峪、塔院、李庄子、马坊、梁贾庄、西塔庄、南富家屯、郑家套、青甸、蒙瞿 、小漫河、弥勒院、朱官屯、东孔庄、隆福寺、夏家林、刘吉素、洪水庄、藏山庄。

规划管理

【服务保障】 坚持“服务领导、服务机关、服务建设单位”的工作方针，加快投资项目联合审批进程，推动重点规划项目，早开工、早建设，优化服务方式，城乡规划综合业务管理机制更加完善。规范许可审批事项，实行全过程、全事项、全要素的规范化管理，与市局业务管理统一；实行公文及业务案件送达登记制度，确保行政业务公文、业务案件每天即时送达政府和行政许可大厅；规范许可审批成果核发，严格证书和印章管理，实行业务专用章专人保管使用制度；实行业务公文督办制度，制定工作任务书，全程跟踪，不留死角；对市县重点工程及“三区”项目，特事特办。实现“一网通”业务管理平台全事项在线运行，推行“一网通”带图作业，在选址意见书、规划条件和建设用地规划许可证、建设工程规划许可证、建设工程规划验收许可证阶段强制执行，用地管理、证后管理带图率分别达到 95%和 96.6%，全面覆盖修详规和地名系统软件。

【核发“一书两证”】 全年共受理申报、审批、答复、办理等事项 1015 件。核发《规划选址意见书》123 件，总用地面积 50.39 万平方米；《修建性详细规划审定通知书》19 件，总用地面积 430.37 万平方米；核发《建设用地规划许可证》42 件，总用地面积 190.39 万平方米；核发《建设工程规划许可证》130 件，总建筑面积 130.43 万平方米；核发《乡村建设规划许可证》12 件，总建筑面积 0.63 万平方米；审定《总平面设计方案》17 件，总用地面积 14.93 万平方米；核发《市政工程规划方案审定通知书》《建设工程设计方案通知书》等 34 件。

【证后管理】 实施许可证的监管，查验墨线、零米、标准层、主体外檐，坚持开工验线、施工查验、竣工验收。对 31 项建设项目进行全程管理，核发《建设工程规划验收合格证》，查验 50.2 万平方米。

【地名管理】 2011 年按照市《地名管理工作规程》和带图作业审批流程要求，核查新建、续建居民区、大型建筑物报件；地名报件纳入行政许可审批管理程序；实施地名规划，规范地名标志设置。完成新建、续建居民区和建筑物命名 22 件；办理企事业单位门牌手续 19 份；出据地名门号证明 48 份；核发《标准地名证书》22 件；地名标志设置按照国标技术标准，统一制作、统一安装，完成 7

个居民区标志设置，安装楼牌190块、单元牌261块，提高地名的认知度。完善、整理各类地名档案180卷，全部归档。

监督检查与城建档案

【违法案件查处】 按照违法行为查处工作规程，查处违法案件，确保程序合法，事实清楚，定性准确，运用法律条款正确，杜绝错案、误案和败诉案件。全年行政处罚违法案件5起，建筑面积19624.57平方米，行政处罚金额672045元，结案率100%。

【信访工作】 接待群众来访16批85人次，反映问题16件，当场答复8件，调查后答复2件，6件不予受理。处理信访8件。接听举报、咨询电话463个，当即答复454个。收到公开政府信息申请1件，将《依申请公开政府信息答复》、《主动公开查询告知书》和《信息不存在告知书》邮寄给申请人。

【日常巡查】 加大执法监察力度，做到一级巡查区每周一次，二级巡查区15天一次，三级巡查区每月一次；制定《蓟县城乡规划巡查工作考核表》、《巡查目标计划表》、《巡查发现建设行为情况登记表》，对每周巡查情况，做到发现问题及时解决。全年共出动巡查280余人次，巡查一级区域96次，二级区域48次，三级区域24次。

【行政复议和行政诉讼】 落实《天津市规划系统行政复议和行政诉讼应诉工作管理办法》，答复行政复议案件2起，市规划局复议决定维持县规划局的行政行为；应诉行政诉讼案件1起，因原告撤诉结案。

【专项治理】 按照县政法委《关于整治蓟县公路两侧沙场的通知》，排查津围公路下仓段、宝平公路沿路两侧违法堆放沙场49个，提出处理意见报县政法委。

【档案管理】 2011年完善档案管理制度，做好档案评估准备。指导督促各科室立卷归档工作，培训16个建设项目单位归档技能。县国土资源分局复制档案27790卷（566051页）。全年共接收各类档案1091卷，查阅1075卷，服务675人次，创收4297元。

规划设计报批统计表

序号	规划名称	上报		审批		
		单位	日期	单位	日期	文号
1	蓟县新城控制性详细规划	县规划局	完成23个控规单元的成果	县政府	2011-5-10	蓟政函［2011］115号（11个单元）
2	泗溜镇居住区的控制性详细规划	泗溜镇政府	完成成果	县政府	2011-11-29	蓟政函［2011］161号
3	罗庄子镇重点建设地块控制性详细规划	罗庄子镇政府	完成成果	县政府	2011-10-22	蓟政函［2011］152号

重要项目建设工程规划许可证审批统计表

序号	项目名称	单位名称	工程位置	总建筑面积（平方米）	日期	许可证号
1	塑料异型材制造项目	天津市凯德瑞塑料异型材制造有限公司	蓟县经济开发区	185287.50		2011蓟县建证0001
2	富龙湾家园	天津佳伦宏业房地产有限公司	蓟县人民西大街南侧	60059.94		2011蓟县建部申字0003
3	乐园公寓32、34、36、38-42号楼	天津市华利得房地产有限公司	蓟县光明路东侧，南贸东街北侧	68331.75		2011蓟县住证0007
4	曲院风荷苑（25、26、28、29、36、37楼及地下车库）	天津市万达宏顺投资有限公司	蓟县光明路东侧，迎宾大街北侧	54265.00		2011蓟县住证0011

续表

序号	项目名称	单位名称	工程位置	总建筑面积（平方米）	日期	许可证号
5	山水颐城北园二期（8-20号楼及地下车库）	天津浩地集团有限公司	蓟县东环路西侧、迎宾大街南侧	113347.54		2011蓟县住证0013
6	天津体育学院运动与文化艺术学院	北京歌德永乐文化发展有限公司	蓟县许家台乡小米庄村南侧	66653.81		2010蓟县建证0017
7	揽秀园31-39号楼	天津国融丰业房地产开发有限公司	蓟县东环路北端东侧	71425.31		2010蓟县住证0066
合计				619370.90		

（李学刚）

局属单位

天津市城市规划设计研究院

【概况】 2011年，天津市城市规划设计研究院（以下简称市规划院），围绕城乡规划工作“十二五”发展目标，以提升技术质量为主线，在科研学术、市场开拓、技术管理、人才培养等方面突破创新，按时优质完成本市各项重大规划设计任务。全院经济效益增长10个百分点。荣获国家级先进集体和个人奖励6项、市级先进集体和个人奖励8项；优秀规划设计与研究获国家级3项、省市级奖项48项。市规划院被评为全国“汶川地震灾后恢复重建先进集体”、市“对口支援先进单位”，建筑分院被评为全国勘察设计行业“诚信单位”，交通所被授予2011年度全国交通建设系统“工人先锋号”荣誉称号。

【机构人员】

党委书记	艾伯亭
院长、党委副书记	师武军
党委副书记	刘　建
副院长	邹积新
纪委书记、工会主席	韦京兵
总经济师	李金铎（至4月）
总工程师	邹　哲
副院长	黄晶涛
副院长	田　野
副院长	李　彤
总规划师	郑向阳
总规划师	周长林
总规划师	石文华
见习副院长	刘　薇

截至2011年底，市规划院有职工530名，其中博士6名、硕士143名。在300多名专业技术人员中，高级技术职称160名。建院以来，共培养出享受国务院特殊津贴专家12名，天津市政府授衔专家7名。下设16个生产单位、8个职能管理部门。

【重点规划编制与研究】 继续深化天津市空间发展战略规划和天津市总体规划修改，承担重点规划任务49项，为天津城市建设发展提供有力的规划保障。开展环渤海空间发展模式、京津冀三期报告（天津部分）、天津市规划编制体系、市域生态体系、天津市第四次综合交通调查等16项研究工作，为政府决策提供依据和技术支撑。编制多项援疆规划，带动地区发展。在重点规划任务中,规划项目包含的子项多，例如地铁上盖规划策划涵盖42个项目；公租房规划选址与策划包括28个地块；入市口道路城市设计及导则涉及26条道路,规划面积159平方公里；老校区规划策划涉及12个学校，24个地块；中心城区一控规的编制包括176个单元。重大规划项目多，例如进行天津市总体规划修改,编制滨海新区总体规划、区县总体规划提升等综合性规划；围绕“十二五”发展目标和任务，编制天津市近期建设、滨海新区近期建设、市域综合交通“十二五”等规划；按照民生改善目标和要求，编制住房建设、公租房，以及商业、医疗、体育、文化、生态、环卫、消防等专项规划；结合文化大发展大繁荣要求，编制文化设施布局、文化中心周边地区、历史文化城区及名镇名村、工业遗产保护等规划设计；结合重点地区建设，开展解放南路、北部新区、国家会展中心选址等重点地区规划设计；为推进生态宜居城市建设，开展郊野公园、七里海湿地等规划设计。

【技术创优】 高度重视项目创优，制定优秀项目培育工作方案，加强规划编制过程中技术指导，先后4次对报优材料进行院内点评，并聘请多位专家指导，促进规划研究与创新能力的提升。本年度申报国家级优秀规划设计20余项，《天房美域小区规划》获詹天佑金奖，《天津市秋怡家园规划》获中国最佳经济适用房设计奖；在市级各类优秀规划设计评选中，市规划院获特等奖1项，一等奖8项、二等奖18项、三等奖20项。

【科研交流】 举办院第二届科技月活动，邀请13位国内外知名专家来院讲座。开展各类交流活动，与十几家兄弟单位密切开展院际交流，积极参与学术会议，深度开展国际交流合作。出席第47届国际规划大会、第24届国际华人交通运输协会年会、2011中国城市规划年会等国际国内重要学术会议，并在会上宣讲交流。圆满完成2011年中国城市生态规划年会、中国科协第十三届年会“特大型沿海城市群发展模式论坛”、国外城市规划年会的承办工作。公开发表论文208篇，比上年度增加68篇；SCI\EI检索5篇，行业重点期刊5篇，重点核心期刊15篇；国际重要会议宣讲交流4篇；国内重要学术会议交流109篇，其中宣讲8篇。广泛开展各级各类课题研究，充分发挥七大专题研究会的作用，全院科研能力和水平全面提升。1项课题获中科协优秀调研报告二等奖，1项课题获河北省科技进步三等奖。

【市场经营】 2011年全院总产值达到2.8亿元，实现了市场委托性任务的持续增长。特别是外地市场，通过参加招投标的形式，不断开拓辽宁、吉林、湖北、福建、山东、浙江、江苏、江西等地新市场。全年参加规划类投标47项，中标26项；设计类投标40项，中标35项，圆满完成了全年招投标任务计划。参与招投标工作，不仅提升市规划院技术实力，而且在竞争中赢得市场，越来越多外省市规划设计项目主动向市规划院邀标，品牌建设成效日益凸显。最终实现外地市场合同额5113万元， 比上年增长826.83万元。

【质量管理】 为切实提高规划设计水平，杜绝质量问题，把2011年作为“质量管理年”。强化贯标的落实，将项目管理信息系统运行与贯标工作紧密结合，严格履行规划设计项目签、审程序。加强技术审查，强化中间成果审查，减少错漏碰缺的发生，规范技术审查标准、程序和要求，以书面形式反馈审查意见，增强技术审查的实效性。加大处罚力度，严格执行各项规章制度，对质量问题进行通报批评和经济处罚，引起全院干部职工高度重视。出台《关于加强技术质量管理的实施措施》，从项目管理、技术审查、奖惩机制、技术培训、信息化建设、职业道德教育六个方面提出改进措施，确保技术管理工作规范化、制度化。建立区域项目综合会审机制，创新技术审查方法，院技委会以全体委员会与专业委员会并重的方式进行综合会审，有效解决项目间不协调问题，确保规划的完整和统一。

【人才建设】 加大人才培训力度，先后3次组织92人次赴新加坡、香港和同济大学培训考察，累计12次组织90人次赴日本、美国、东欧、台湾等国家和地区考察学习。修改完善《规划院业绩考核管理暂行办法》，增强考核的针对性和可操作性，有效激励人才成长。加强人才管理制度建设，完善“一人一策”培养计划和组织保障措施，制定《人才招聘及人员流动管理规定》，为人才成长提供保障。完成博士后建站工作，招收博士后进站，为引进高端人才，提高院科研能力和知名度奠定基础。人才培养途径和方法实现新突破，与同济大学合作建立人才培养基地，坚持按需施教原则，采取“课程定制、专家授课、学习考察相结合”培训方式，增强人才培养的针对性和实用性，有利于人才的健康快速成长。2011年1名同志被评为全国优秀科技工作者、市劳动模范、市优秀科技工作者；1名同志获得市“最具影响力劳动模范”称号；向市“131”创新型人才培养工程推荐优秀人才20名，2名同志被确定为第一层次人选。

【基础管理】 加强信息化建设，优化和升级项目管理系统、规划汇总信息查询系统；通过现有4个系统的链接使我院在办公管理、项目运行、信息共享等方面基本实现网络化。加强城乡基础数据库建设，法律、法规、规范、标准的技术库建设，并着手研究新的应用系统建设。发挥管理效能完成院内、外网站建设与维护。推进规划辅助应用与信息技术开发的深度应用。加强管理工作，职能部门以开展课题调研为抓手，深入一线调查研究，查找管理工作存在的漏洞与不足，有针对性地提出改进措施，创新工作思路和方法，增强管理人员责任意识，促进管理水平全面提升。加强行政管理，深入细致地完成综合治理、维稳、督察、安全保密等综合管理工作，促进工作效率提高。优化财务管理，规范财务行为,实施精细化管理，增强资金使用效益，搞好内部审计，促使财务工作水平提升。

【文化建设】 在进一步完善核心理念基础上，围绕重点工作目标，以职业道德建设教育为抓手，制定《规划院企业文化建设规划》，修改完善《规划院职业道德规范》，开展《关于规划院职业道德建设的调查与思考》课题研究，开展《职业道德塑造》专题讲座和网上论坛，组织设计竞赛、青年职工参观考察、社会爱心捐助等活动，全面推进职工职业道德素养提高，增强核心竞争力。

【政治保障】 2011年院党建工作重点在中心组理论学习和中层干部培训等方面实现新突破。为增强党委中心组学习实效性，积极创新方式方法，结合院重点规划项目编制，组织中心组成员赴区县进行现场考察和规划服务，促进理论学习与规划实践有机结合，其做法被市委规划建设交通工委、市规划局转发推广。组织中层以上干部培训工作，科学制定近两年院现代管理理论知识培训计划，与南开大学经发院合作，对中层以上干部进行EMBA相关课程的系列培训，圆满完成了第一阶段5个单元的学习。院第三次被评为全国文明单位，土地所党支部被评为天津市、规划建设交通系统、市规划局先进党组织；1个支部、1名党务工作者受到市委规划建设交通工委表彰；5个支部、8名党员干部受到局党组表彰。在局政研会第十六次年会评选表彰中，规划院被评为优秀政研单位，3名同志被评为政研会优秀工作者，2项研究获优秀政研成果实践奖，34篇政工论文分获一、二、三等奖。

天津市规划院 2011 年度组织机构图

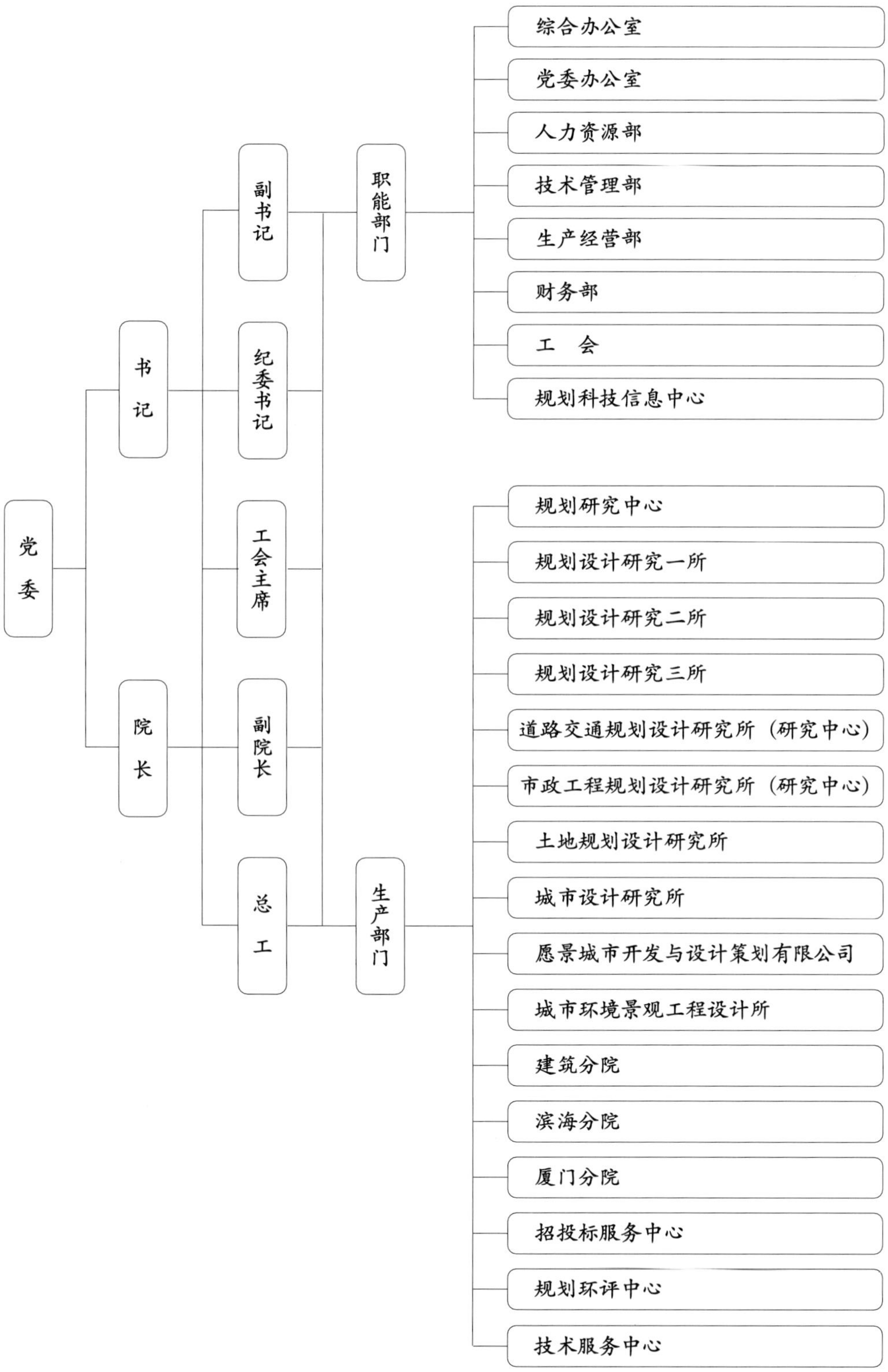

（王丽颖、吴　平）

天津市建筑设计院

【概况】 2011年是天津市建筑设计院（以下简称市建院）做大做强设计主业、大力发展工程咨询业、优化提升多种经营产业，实施“三业并举”整体发展战略的第一年。企业综合实力与核心竞争力不断增强，人才队伍建设取得明显成效，职工收入和福利待遇稳步增长，全年总产值达到10.48亿元，比去年提高23%。其中，设计产值收入6.02亿元，多种经营产值4.46亿元，比去年提高近50%。经济产值再创历史新高，经济效益和社会效益都取得了新突破。荣获国家和市部级优秀设计奖48项，并分别荣获天津市科技进步一等奖、天津市科技企业创新工程二等奖和国家绿色建筑创新三等奖。成功举办全国医疗建筑设计高峰论坛、天津市首届规划师沙龙、天津市建筑师沙龙、《理想与现实——天津院里的年轻人》展览暨论坛等学术交流活动，各大新闻媒体竞相报导。作为民用建筑设计单位唯一代表，市建院在全国勘察设计行业首届管理创新大会上做典型交流发言，获业内好评。2011年10月16日，天津日报以《凝固音符讲述智慧的故事——天津市建筑设计院创新发展调查》为题专题报导。

【机构人员】

党委书记、副院长	刘勇胜
院长、党委副书记、总建筑师	刘　军
名誉院长	刘景樑
常务副院长	张鸿瑞
副院长	刘祖玲
副院长	张晓宇
副院长	王绍妍
副院长、党委副书记、纪委书记	佟　武
副院长	王一心
见习副院长	张津奕
工会主席	周来鹏

截至2011年底，市建院有职工1230名，其中全国工程设计大师3名、国务院批准享受政府特殊津贴专家11名、国家人事部批准有突出贡献的中青年专家2名、天津市中青年授衔专家4名；高级以上建筑（工程）师396名。下设10个土建设计所，4个机电所，2个技术研发中心，8个专项所，45个多种经营公司、分院及联合设计团队，7个职能管理部门，1个行政中心。

【规划与建筑设计】 2011年市建院在天津市历史街区保护、城中村改造、小城镇建设等领域都做出成绩，荣获优秀规划设计奖多项，得到市领导的高度肯定。建筑设计不断向高端领域迈进，主持或参与天津有影响的重点项目，如：津湾广场工程、文化中心工程、梅江会展中心一期、二期工程及网球中心、渤海银行、东亚运动会场馆、南大新校区等工程。高效、快速完成全市80%的公共租赁房规划设计任务，为全市保障性住房建设做出贡献。在绿色建筑领域，市建院科技档案楼是第一批通过国家绿色建筑设计认证、国家住建部挂牌验收的建筑，是天津唯一、全国第11栋挂牌绿色建筑。在区域能源规划领域，率先开展相关技术的研究与实践，出色完成于家堡金融区、文化中心地区、团泊体育健康产业园、南开大学新校址等多项区域性能源规划项目，承担中新天津生态城科技园办公楼、研发大厦二期、职业艺术学院、动漫影视基地等多项绿色建筑设计和评价咨询。中新天津生态城公屋展示中心，是天津市首座，也是北方地区唯一的一座零能耗建筑，填补了北方寒冷地区零能耗建筑的技术空白。主持编制完成《天津市绿色建筑设计标准》、《天津市公共租赁房设计导则》等一批地方行业设计标准规范和导则，受到业内重视。

【生产经营】 推行“全方位、一体化、上下联动、内外联合”的经营模式，整合资源，发挥全专业技术优势，全院各设计所、各分院充分发挥各自优势，努力提升团队市场开拓能力，先后承揽一大批市重点工程项目和外埠工程，赢得社会各界好评。设计五所发挥原创设计优势，在鄂尔多斯迎宾馆项目方案设计竞标中一举夺魁，全年设计收入突破

7000万元，人均设计达140余万元，取得全院设计总产值和人均产值双桂冠。设计九所承揽渤海银行280米、津湾广场二期300米两项超高层设计项目和天津南马路五金城大型城市综合体等重点工程，人均设计产值收入达138万元，跻身业内领先行列。医疗设计所凭借自身技术实力和品牌信誉，不仅承揽中医第一附属医院、环湖医院等本市大部分医疗建筑，还不断拓展外埠市场，设计项目遍及10多个省市，成为全国医疗建筑设计领域一支重要力量。建华咨询公司大力拓展工程项目管理和总承包业务，完成产值2.37亿元，年营业收入突破3000万元，企业技术实力和管理水平显著提高。各联合设计团队发挥与总院技术优势互补的作用，参与完成天津网球中心、中国光大银行、东亚运动会场馆等70个项目的方案设计，促进院1.23亿元设计合同的签订。总承包领域，通过整合，发挥各方面特长，总承包产值达两个多亿，占全院总产值五分之一强，获得总承包领域新突破。2011年院经营项目达37项，合同额超3亿元，占全院合同总额的40%。实现院、所两级联动经营，推动设计主业稳步发展。

【科技工作】 2011年市建院成功开展BIM模拟设计，为实践应用做好技术和人才准备。制定出台研究学组机制，进一步完善方案评审机制，累计完成院、所两级方案评审206次。投入科技发展基金2400多万元，用于科技研发、学术交流、创优奖励、软件购置、专利申报、网络建设以及BIM等新技术的研究与应用。取得国家技术专利3项，申报受理国家技术专利13项，国际专利1项，发表科技论文30篇，论文发表数量和质量均保持稳步增长。院刊《建筑论坛》全年出版5期，其中发表科技论文近90篇；院方案资料库累计收录设计方案1354项，年内新增238项，全年下载方案200余项，为市建院提高技术水平和方案创作水平提供支持保障。先后组织大型学术活动7场，组织参加各类学术讲座13次，参与全国性技术会议及论坛活动，在社会和业内引起了强烈反响，有效提升建院的社会知名度和行业影响力。

【技术创优】 成功申报市建交委科研课题6项，负责主编天津市地方标准2项；成功通过验收的科研项目5项、标准1项，其中《天津市建筑设计院科技档案楼绿色建筑设计与示范》和《钢丝网架板式结构技术规程》鉴定结果均达到国际先进水平，与天津大学合作的科研项目《大跨度折板斜拉空间网格结构设计施工关键技术研究》获天津市科技进步一等奖，该奖项是建院多年来在科技领域获得的最高殊荣，也是局系统获得的重大科技成果之一。荣获天津市科技企业创新工程二等奖，成为建院首次也是天津市唯一获此殊荣的科技研发企业。全年荣获市部级以上优秀设计奖48项，其中，9项工程荣获大奖，中新天津生态城服务中心获全国优秀工程勘察设计银奖，规划类获奖6项，数量和等级均创历史新高。

【质量管理】 通过ISO9001外审换证，完善质量管理体系，健全规章制度，修编《加强所级质量管理实施办法》等6项院质量管理文件，实行各专业技术岗位人员持证上岗，实现质量管控下沉到岗位。全年组织院级工程回访16项，院技委会、职能部门和设计所共27个部门参与，对设计服务质量进行跟踪检查，实现零投诉，做到“让客户满意在建院”。加大对施工图内审抽查力度和外审控制管理，实行季度抽查制，各专业制定不同的检查重点，全年共安排检查近450人次，详细审查90多个项目施工图，形成质量审查报告，实施设计质量奖优罚劣。定期组织开展全院优秀施工图评选活动，各专业累计有400余张施工图参加评选，促进各设计部门之间、各专业之间的技术质量交流和施工图设计质量的提升。组织编制完成体现建院各专业综合技术水平的《TADI施工图设计深度示范图则》，加强施工图资料库建设。利用设计协同管理平台出图、归库的工程项目1900项，全院施工图电子文件归档率达到100%，加强设计协同管理平台全过程控制，为全院实现图纸数字化管理奠定坚实基础。

【队伍建设】 加快落实“152”人才工程和“3+3”人才培训机制，深入推进以岗位技能为核心的薪酬体制改革。有2人荣获“国务院政府特殊津贴专家”称号，2人入选“天津市‘131’创新型人才培养工程”第一层次人才。为8名局授衔专家和28名局专业技术带头人制定“一人一策”的个性化培养计划，建立人才动态管理电子档案，推进高端技术人才加快成长。加大技术职务考核力度，制定《技术职务岗位聘期考核实施办法》，完善以技术人员为主、覆盖全院的考核激励体系。加大对副主任建筑师、工程师以上技术职务岗位人员的考核力度，搭建全员化、全专业、全过程的人才培训体系。全年共组织4期“三个人才基地”培训，总计133人参训，合格率达到91%，累计参训人员达3242人次，实现了专业技术培训和职能管理培训同步推进。

【多种经营】 规范多种经营公司管理，建立健全董事会、监事会制度，按程序重新任命各公司董事会、监事会成员，先后2次进行专项培训，实现在现代法人治理结构下的规范运作。形成“设计咨询主业、投资发展产业”两大经济体系，在项目管理、招标代理领域，先后完成工程造价审核290余项、招标代理93项，为甲方节约建设资金近12亿元，得到政府和投资方的高度评价。在设计咨询领域，不断提升图审技术水准和服务水平的同时，根据市场变化，及时调整策略，积极参与项目投标，依托院技术后盾，在高端技术咨询领域再创辉。在广告、图文印刷领域，投入资金购置先进设备，提升服务保障能力，并参与市内外展览馆的策划及技术监理服务。在测绘专业技术领域，全年完成产值1433万元，与去年同比翻了一番。2011年多种经营公司投资回报率稳步提升，全年上缴投资回报2000多万元，实现了国有资产的保值增值。

【政治保障】 市建院党委坚持按照“讲政治、善经营、会管理、育人才、创品牌”的素质标准，加强干部队伍建设，为建院发展、体制创新、改革深化提供思想基础和组织保障。在市场经营战略、技术资源整合、质量保证体系建设、人才队伍建设、薪酬体制改革、多种经营企业管理等各个方面都提出一系列新思路、新招法。不断加强基层党支部建设，以创建“五好党支部”为载体，建立严格的考评细则和考评体系，不断提高党支部的战斗力和凝聚力，推进企业文化建设，不断加强完善民主管理和民主监督机制，修订完成《职工民主管理实施办法》和《双文明劳动竞赛实施办法》，激发职工爱岗敬业的热情。大力表彰、宣传党员的先进事迹，特别是《“十一五”先锋颂》真实地反映市建院各级党组织和广大党员在企业快速发展中起到的政治核心作用、战斗堡垒作用和先锋模范作用，展示建院共产党人的时代风采。

【企业文化】 通过组织干群恳谈会和设立群众意见箱等形式，畅通职工诉求渠道，架起企业与职工沟通的桥梁。全年为职工支付“五险一金”3735万元；提高补充医疗保险额度，赔付率比去年同期增加近10%；投资130多万元对职工食堂进行翻修改造，改善职工就餐环境，提高职工就餐补贴标准，全年增加就餐补贴328万元；解决职工实际困难，全年发放困难职工补助、慰问金、家属医药费报销等福利性支出1000余万元，实现职工收入和福利待遇的同步增长。投资260万元对院内道路及园林绿化整治提升，院区治安、消防和车辆管理工作得到明显改善。以文体中心为平台，坚持开展有益于职工身心健康的文体活动，在市局系统各项文体活动中取得优异成绩；商务洽谈中心接待院内外顾客2.8万人次，展示市建院的形象和企业文化。

天津市建筑设计院 2011 年度组织机构图

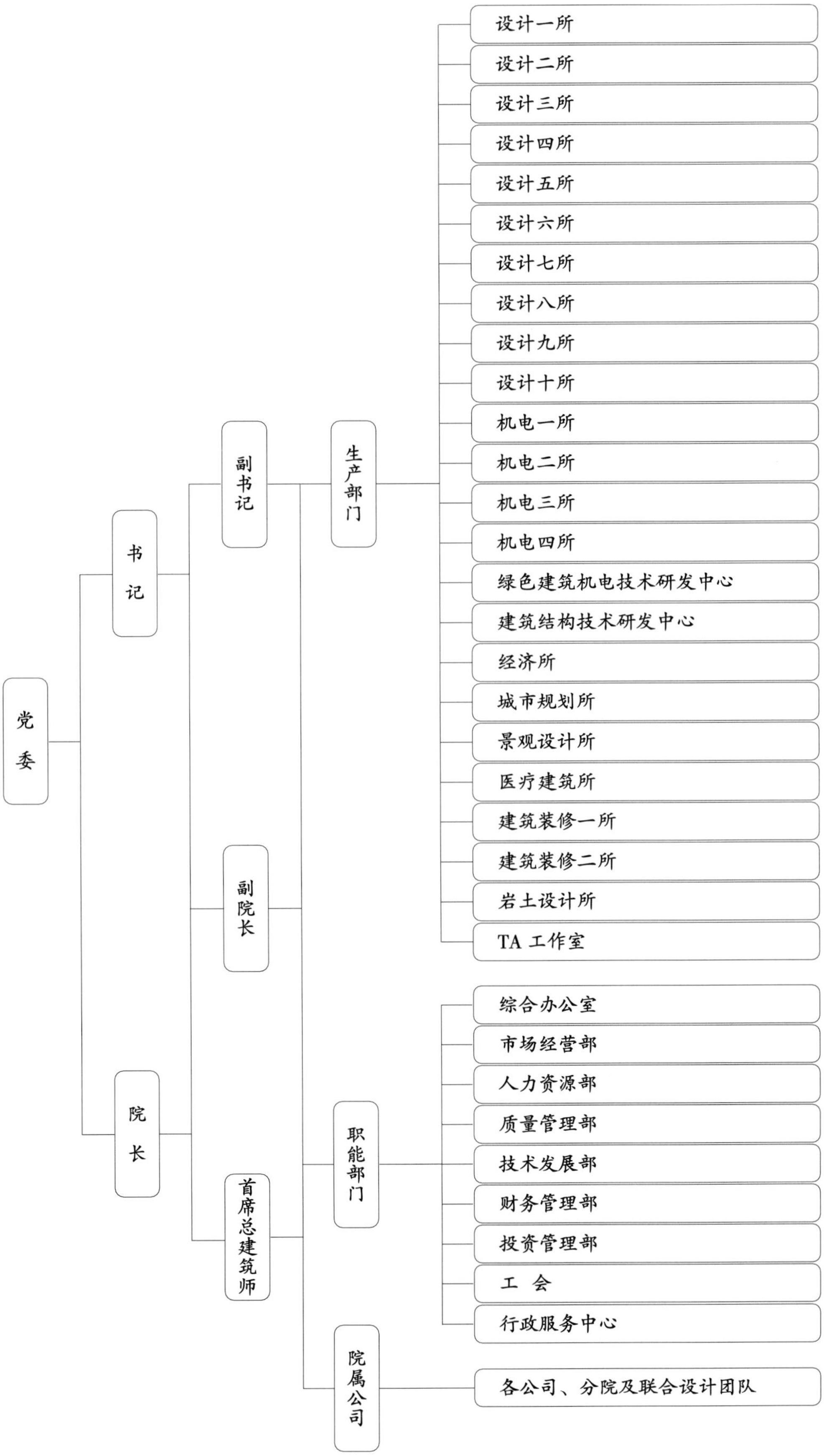

（翟　盈）

天津市测绘院

【概况】 2011年，天津市测绘院围绕“构建数字中国、监测地理国情、发展壮大产业、建设测绘强国”总体战略和“将测绘院建成环境优美、职工和谐、技术领先、效益显著，具有信息化测绘体系和信息化管理体系的测绘地理信息强院”的奋斗目标，着力提升测绘工作理念，着力加强工作创新，着力提高工作水平，在全院职工的共同努力下，圆满完成了2011年主要目标和任务，各项工作取得新进展，全年总收入首次突破4亿元大关，新增生产技术装备固定资产1052万元，职工工资性收入比去年增长30.8%。

【机构人员】

党委书记、副院长	刘俊卫
院长、党委副书记	马华山
党委副书记	王高运
纪委书记	仉　明
副院长	韩振镖
副院长	刘凤杰
副院长	黄　甠（10月起）
总工程师	胡　珂
副院长	史廷玉
副院长	刘玉财
副院长	曹振明（至9月）
工会主席	孙忠祥（至9月）

2011年全院有职工659名，其中博士5名、硕士77名。专业技术人员中正高级工程师15名，高级工程师99名，工程师112名。下设10个职能处室，11个生产作业及生产辅助部门。

【基础测绘】 继续实施“01234”基础测绘更新维护方案，保持中心城区1:500、1:2000地形图实时更新；基本完成全市域1:2000地形图更新维护；完成滨海新区、环外环地区258幅1:1万地形图更新；完成全市域2550km的I等水准和5900km的II等水准复测；完成全市197个C级点和1134个水准点调查，并配合局测管处完成测量标志管理系统的更新维护。圆满完成市规划局指令性、临时性任务，配合市规划局开展天津市建设用地动态跟踪监测工作，完成外环线外12个区县建设用地状况监测；完成综合交通现状及数据调查项目；完成天塔湖高程测量项目；完成天津市市区规划地名数据入库项目；编制完成“十一五”规划成就影像图集；制作天津市丝绸地图；制作市域各区县及高新区地形地图；印制天津市城乡规划管理运行情况信息简报，并向市规划局和市重点工程项目提供20批次6万余幅各种比例尺地形图。

【国家重点项目】 国家测绘地理信息局宋超智副局长专程就促进“数字天津”、地理国情监测、“天地图·天津”节点网站三项国家重点项目建设来津与分管市领导座谈，得到市领导大力支持。三项国家重点项目建设工作取得较大进展：天津市基础地理信息综合服务平台建设完成平台软件开发及基础数据建库工作，正在进一步完善和丰富功能，平台建设开创了全国直辖市全市域同步建设先例，先后应用于宁夏电力设施数据采集平台、天津市公安局技防网布防信息系统、天津市东丽区土地整理地理信息系统等项目；开展地理市情监测工作，完成城市建设、生态环境、土地利用、地表形变和地质变化5大类45项专题的监测，编制2011年天津市地理市情监测报告、监测图集、工作报告和技术报告等成果，为在全国开展地理国情监测提供了经验和借鉴，得到国家测绘地理信息局领导的高度评价；“天地图·天津”节点网站建设按照国家测绘地理信息局和市规划局的要求，正在进行硬件设备建设和软件开发工作。

【市重点工程】 为市重点工程服务，跟踪文化中心、西站、泰安道、梅江会展中心等180项市重点项目，开通绿色通道，优先安排测绘工作；为于家堡、响螺湾等重点地区规划提供测绘服务；以文化中心为试点，编制完成利用地理信息技术和传感器等高新技术建设“智慧小区”的方案；为各区县示范小城镇建设、团泊新城、京津合作园等项目提供测绘地理信息服务。

【土地测绘】 加强与市国房局规划研究中心、地籍管理中心、国土资源测绘和房屋测量中心等土地部门合作，开展全市域城镇地籍测绘工作；参与农村宅基地地籍测绘工作，正在静海县西双塘镇进行试点。

【管线测绘】 完成张贵庄污水处理厂配电线改造、陈塘庄热电改造、泰安道地区 5 号院综合管线改造、中粮集团大悦城等 1000 余个项目管线测量；开发汉沽区、高新技术园区管线管理系统，并通过专家论证；完成滨海新区管网普查和中心城区地下管网普查项目的前期准备工作。

【地理信息测绘】 利用与武汉大学合作开发的三维 VRGIS 平台，开发滨海高新区地下管网三维规划管理系统和滨海旅游区三维管理系统；利用院地理信息资料优势，完成天津市环保局环保地理信息系统开发、华苑产业园区网站建设、市规划局地名档案补充采集等 10 余个项目；DMC 数字航空摄影项目进展顺利，已完成宁夏、渤海湾北部、徐州、商丘、济宁、德州数字航空摄影；正在进行刚察、泰安、济南、淄博等地数字航空摄影。

【公开版地图测绘】 完成天津市新图（市区、市域）、天津市交通旅游图、滨海新区交通旅游图等地图更新；开发市领导专用图册；编制天津市域、市区和滨海新区范围的丝绸地图、中心城区—滨海新区影像图、天津五大道历史文化街区保护地图和“十一五”城市建设规划图集等，为上级领导提供了丰富的地图成果。

【科研工作】 修订并实施《天津市测绘院科研项目管理规定》，加大科研工作力度，健全科研工作保障措施和激励机制，高新技术研究取得丰硕成果。“城市三维地理信息系统软件的研发”项目顺利通过专家验收，成果达到国际先进水平；“天津市 GPS 连续运行参考站网监测与动态维护的研究”项目通过验收，相关成果处于国内领先水平；地理信息采集编辑系统软件实现推广应用；地理市情监测技术的研究及应用取得初步成果；实现二维地籍与三维地籍的同一平台融合，初步实现了三维地籍管理系统的开发工作。2011 年，市测绘院 13 项科研成果获部市级荣誉。

【内部管理】 配合市规划局测管处编制《天津市测绘事业“十二五”发展规划》，经市政府批准实施。编制印发《天津市测绘院“十二五”发展规划》，明确“十二五”期间我院测绘事业的指导思想、基本原则、发展目标、主要任务和保障措施；制定完善《天津市测绘院科研管理办法》、《天津市测绘院职工取得注册测绘师奖励暂行办法》等 19 项管理制度；优化内设机构和岗位设置，各分院增设技术开发部、生产经营部、项目管理部等内设机构，增加项目经理、业务经理、技术经理等岗位；完成信息化办公体系建设 19 个功能模块的开发工作，全院生产与办公管理信息化平台已初步形成。

【队伍建设】 按照上级关于高层次人才选拔、培养的要求，完成国家测绘地理信息局测绘地理信息科技专家库后备、天津市“131”创新型人才等推荐工作。按照市规划局关于局级专家和技术带头人培养工作的要求，制定实施“一人一策”的个人发展计划，全年组织各种考察 10 余次，74 人次，首次组织专家和技术带头人出国赴新加坡考察，取得较好效果。组织参加“天津市首届测绘行业职业技能竞赛暨全国测绘地理信息行业技能竞赛选拔赛”，获得团体第二名，个人奖第一名的好成绩，同时，一位同志被推荐代表天津参加全国测绘行业工程测量专业竞赛，获得个人三等奖，并被授予全国测绘技术能手称号。全年组织各类培训 45 期，参加职工 1756 人次，提高了广大职工的业务能力和综合素质。认真分析院内各部门人才需求计划，制定 2012 年公开招聘方案，完成与 2 名博士、11 名硕士 2012 年度就业协议书签订工作。

【政治保障】 建设学习型党组织，抓“两级”班子建设，制定“两级”班子成员课题调研机制，成立调研课题组，完成调研课题报告 10 篇；抓基层党支部建设，组织专题讲座 7 次，以基础测绘院党支部、信息中心党支部为试点开展学习型党组织创建活动；抓党员队伍建设，组织入党积极分子培训，9 名优秀人才加入党组织；抓干部队伍建设，推荐 2 名年轻干部进入院领导班子，考察、选拔 11 名中层干部，推荐院级后备干部3名，确定科级后备干部42名；抓党建带团建，指导团委组织第七届“十佳青年”评选，第二届“青春建功杯”创新创效能力大赛等活动。院党委以“创先争优促发展，高效服务上水平”为主题，在党员中深入开展创先争优活动，荣获规划建设交通工委“创先争优”示范单位称号。开展职业道德教育，编制实施《天津市测绘院职工职业道德教育实践活动方案》，成立院职业道德教育活动领导小组，进行中层干部职业道德教育动员，深入开展职业道德教育“六个一”活动。加强党风廉政建设，坚持党风廉政建设责任制，认真落实《廉政准则》，组织开展廉政教育活动，建立重点部门关键岗位风险监督机制和“一网保廉”管理系统，保持廉政工作0事件。

【企业文化】 测绘文化建设活动中，《天测人》报、天测网站、《天测文苑》三个平台建设更加完善，高质量编印《天测人》报24期，正在进行《天测文苑》出版工作，天测网站按照国家测绘地理信息局要求进行改版，获国家测绘地理信息系统2011年度网站绩效评估非政府网站总成绩第二名，在中国特设政府网站、行业网站评测中，获“第六届中国特色网站用户满意度奖”。组织院志编写、院庆筹备、论文征集、趣味运动会、职工才艺大赛、职工慰问等文化活动，丰富职工文化生活。加强宣传工作，召开首届“天津市测绘院用户大会”，向社会展示市测绘院先进技术和优秀成果；充分发挥综合办、记者站、工会、团委等部门的宣传作用，及时宣传院重点工作、先进典型、优秀成果和天测文化建设情况；加强与社会媒体的联络，及时就承揽的国家、市重大工程和重点任务进行报道。全年在国家测绘报、人民网、新华网、国家测绘地理信息局网站等各种媒体上报道80余次。

天津市测绘院2011年度组织结构图

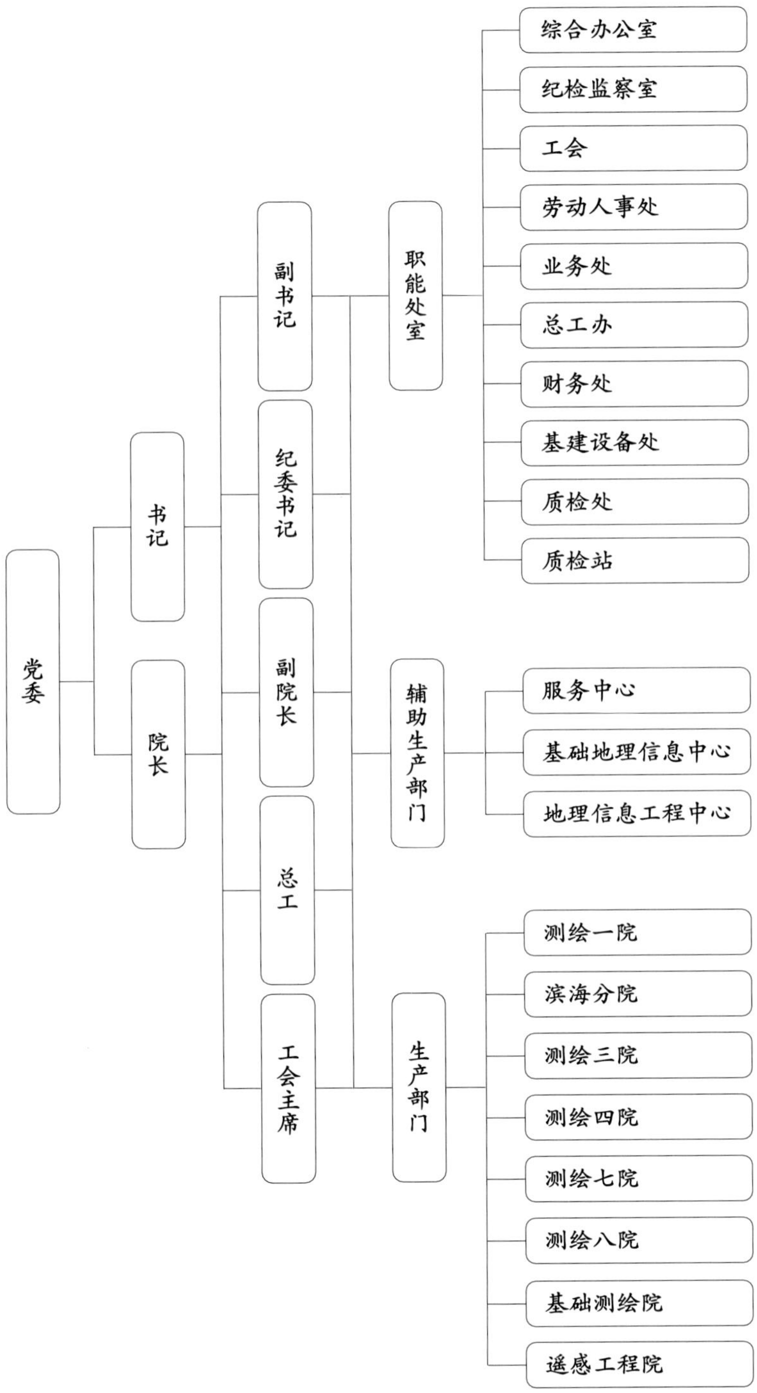

（窦伟通）

天津市勘察院

【概况】 2011年，天津市勘察院产值创历史新高，达11亿元，实现收入8.74亿元。基于激光雷达测量技术的“天津市中心城区三维数字城市建设”项目获得全国优秀测绘项目金奖第一名；“三维数字城市构建关键技术研究及特大城市信息化应用”课题达到国际领先水平，荣获天津市科技进步一等奖；陈塘庄热电厂三期工程勘察获国家级优秀工程银质奖；武清区新城地形图测绘及数据库建设获得全国优秀测绘项目铜奖；20个项目获得市级以上优秀工程奖。在全国核心刊物上发表技术论文8篇。

【机构人员】

党委书记、副院长	田景堂
院长、党委副书记	李文春
党委副书记	卢　奕
常务副院长	窦华成
副院长	郑胜昔
总工程师	吴永红
副院长	刘　堃
副院长	黄厚平
副院长	田春来

勘察院有职工811名，专业技术人员占52%。其中，国家勘察大师1名，国务院特贴专家2名，高级工程师以上人员123名。拥有各类注册资质人员85名。院下设职能科室10个，生产单位11个，辅助部门1个。

【勘察专业】 完成岩土勘察项目758项，其中包括天津国际联合轮胎橡胶有限公司新建厂房、海航神鹿新能源有限公司新建厂区（一期）、运载火箭基地、富士康代建厂房一期工程、金融街世纪中心等十几项国家级重点工程，及天津市西青区杨柳青镇示范小城镇农民安置房项目、天津市南港工业区开发有限公司基础设施、天津泰奥石化物流有限公司厂区建设项目、海河教育园区基施设施工程、腾讯研发中心及数据备份中心项目、太重临港重型装备研制基地、津湾广场二期等市级重点工程。陈塘庄热电厂三期扩建工程属大型工业扩建项目，获国家级优秀工程银质奖，该项目包括20多项子项工程，需要试验指标多，对各种参数准确度要求严格，涉及岩土工程评价项目多，具备大型工业项目高、深、重、难的特点。该项目主要技术经济指标达到国际先进水平。

【测量专业】 完成测绘成果832项，包括武清汽车零部件产业园地形测绘与土地调查发证项目、天保置业航空产业区征地发证项目、蓟州新城新农村建设挂钩试点拆迁测绘与征地发证项目、天津滨海国际机场二期扩建工程综合图测绘、天津钢铁集团有限公司铁厂东移项目地形与竣工测量、天津市电力公司京福公路管线测量、华明镇地下管线测量、文化中心总控及电力配套管线工程、天津医院监测等重点工程。天津市宁河县芦台镇地下管线探测工程项目获天津市优秀测绘工程三等奖，该项目含盖芦台镇主要道路，测绘1:500地形图面积达4.2平方千米，管线总长度达到232km。测区内埋设着多年积累的各种材质、管径的各种管线，管线探测难度较大。作业中严格执行设计方案及相关的规范或标准，针对项目的具体特点采取多种探测方法。该项测绘成果，为辖区内排水规划、建设等管理工作提供可靠的决策数据，实现区域地下管线的科学管理。

【测试专业】 完成工程检测项目133项，检测报告895份，包括天津津湾广场二期7、8号楼试桩工程、华能天津IGCC电站示范工程、中国运载火箭产业化基地工程、天津警备区916工程、天津临港工业区泰达住宅项目、港东新城海川园工程/海都园工程等市级重点工程。泰达广场A区/B区及泰达中央广场项目为市政公用工程获2011年“海河杯”天津市优秀勘察设计奖（工程勘察）三等奖，该项目为两幢28层和一中央广场，两层地下车库，高层公寓基础采用的桩型为钻孔灌注桩，桩型为Φ1.0×76.00m，Φ1.00×66.00m，设计单桩竖向抗压极限承载力值为，13300kN、8790kN。

【岩土设计】 完成岩土设计项目112项，包括天津滨海国际机场二期扩建工程T2航站楼地下室基坑支护设计、金融街融拓（天津）置业有限公司世纪中心项目基坑支护设计、天津世纪广场投资有限公司天津世纪广场项目基坑支护设计、天津河东万达广场投资有限公司天津万达中心基坑支护设计、天津市公安局业务技术用房（两级指挥中心）一期项目基坑支护设计、沽上江南住宅小区三期工程基坑支护等重点项目。天津市西青区综合发展项目住宅区09R基坑支护设计荣获建设部三等奖，天津市海河杯二等奖。该住宅区基坑周边长度近1000m，占地面积约为34000m²，基坑深度11.8m。基坑规模大，周边环境工况较为复杂。深度优化的设计方案保证了基坑支护的经济合理。

【建筑设计】 完成建筑设计100万平方米。天津静海幸福新天地住宅小区设计获2011年度天津市“海河杯”住宅与住宅小区设计项目优秀勘察设计三等奖。该居住小区是以居住和公共服务设施为主，是静海县城的综合小区。用地6.57公顷，建筑面积11.46万平米，容积率1.75。小区内部主要建筑为6层住宅，楼南北间距均在29米以上，小区内部有比较集中的大面积的绿化空间。

【岩土施工】 完成岩土施工项目70项，包括北辰区双青新家园公共租赁住房项目盛康园、南开区西营门外大街地块公共租赁住房项目、渌水道经济适用住房A、B、C、F、G地块桩基工程等市级重点工程。渤龙湖总部基地海泰居住一期三区桩基工程为天津市2010年十大战役之一，总计2755根桩，其中工程桩1569根为后压浆钻孔灌注桩，全部工程共计68794米。工艺复杂，全部工程桩为桩身两道，桩底一道，共计三道后注浆。

【工程监理】 新开工监理项目15个，在施工程建筑面积合计约70万平方米。包括滴水湖、金海墅酒店及别墅项目，静海紫兆废弃物处理中心项目、天逸园高层住宅楼、忆天泽电子工业研发项目、武清文水园住宅小区、冠宝包装工业项目等。紫兆生活废弃物处理中心项目被列为静海县环保产业重点工程，结构形式复杂，施工管理难度较大；参建人员克服重重困难，按期优质地完成工程建设，项目投产后取得良好的经济效益和社会效益。

【信息化建设】 天津市中心城区三维数字城市建设工作，在完成中心城区334平方千米现状实景全覆盖基础上，进行重点区域数据更新和三维数字设计方案辅助规划审批应用，同时完成中心城区已有城市设计成果三维模型制作和三维网络平台初步开发。全市域建设用地现状调查及中心城区建设用地系统数据更新工作，完成了新四区地区建设用地现状调查建库工作的60%；天津市中心城区建设用地系统数据两次更新。保护规划成果三维系统与紫线上网项工作，完成14片9.97平方千米历史文化街区现状三维建筑结构和场景效果提升、先农大院试点三维数字方案建设和历史文化街区保护规划管理系统试用版建设。建立iOS平台在建项目监管系统，完成中心城区在建项目数据库建立，对343个项目4428幢建筑进行点位分布、图文信息归类、实施空间定位，实现了“能管理、能看、能定位、能查”的目标。数字盘山建设，完成盘山地区1539平方千米DTM/DSM/DEM数据，建成区50平方千米体框模型数据；完成总体设计、标准编制、基础地理信息数据集建库、专题信息数据集建库、公共平台软件开发、规划示范应用系统建设。天津市全市域机载激光雷达航空测量，已完成航测和数据处理工作，及全市域DSM、DEM、DTM数据制作、天津市城市建成区建筑物体框建模工作。

【三维数字城市构建及特大城市信息化应用的关键技术研究】 将机载LIDAR航测和车载移动激光扫描测量技术集成应用于特大城市高精细建模，完成市中心城区338平方千米建模，建立集规划、国土资源、地下管线、人口、经济、公共卫生等城市海量多元数据一体化高效管理的时空数据库，研发机载与车载激光雷达数据融合处理技术、基于车载移动激光扫描测量的城市部件智能化建模技术、三维高精细LOD模型自动构建技术和三维数字城市管理平台，为城市规划、建设、管理提供科学、精准、多层次的技术支撑，并实现信息服务的时态化、可视化、智能化。发表26篇学术论文（其中国际期刊23篇）；申请发明专利7项，其中5项已公开；软件著作权登记8项。经科委组织的专家鉴定认为成果在大面积精细建模效率和成果应用开发方面达到国际领先水平。

【三维数字技术在城市规划中的应用研究】 在研究《城市三维建模技术规范》基础上，结合天津市三维数字城市建设的实践，制定符合天津市城市建设管理的三维数字城市建模标准；基于城市三维模型，利用三维数字技术，为城市规划方案评审引入风速、风压、温度等评价方法；提出现有条件下三维数字城市网络运行模式，建立三维数字规划系统在市局“一网通”环境下的应用运行模式和数据更新维护体系，保障了三维数字技术在规划管理中有效、稳定、持续的应用。本成果提出的天津市三维数字城市建模标准和基于多点服务器推送更新的三维数据网络应用模式具有一定创新性。

【单桩竖向承载力研究】 针对天津常用的超长钻孔灌注桩、后压浆钻孔灌注桩及预应力管桩，通过工程实例及试桩资料，分析单桩竖向承载力的荷载传递机理，结合前人的研究，对单桩的受力性状、摩阻力和端阻力的发展过程及影响摩阻力和端阻力的各种因素进行分析，并得出在不同桩长、不同桩端持力层的情况下，单桩的侧摩阻力和端阻力的所分担桩顶荷载的比例；通过天津地区静载荷试验结果的统计归纳，对单桩实际承载力 (静载荷试桩值) 与现用规范理论计算值之间的差异进行分析研究，分析影响单桩承载力的主要因素，提出经验公式及桩基参数的选用原则。本课题的完成对确定桩基参数及估算单桩竖向承载力具有一定的指导意义，能较准确估算出在各种土层情况下的单桩承载力，保证勘察成果质量，更好的为工程勘察服务，具有一定的经济效益和社会效益。

【基床系数试验研究】 适用于勘察单位及时、准确地提供深大基坑工程、地铁等工程设计需要的基床系数参数。通过试验研究，掌握基床系数的试验方法及基本原理，确定适合于天津地区土质条件的试验方法，具备试验能力，提供较为合理的基床系数试验指标。确定采用室内固结试验确定基床系数的基本方法，取得很好的效果。试验结果合理、可靠，周期短，满足勘察、设计要求。

【深大基坑抽降水试验与设计研究】 通过收集市中心城区已完成的抽水试验资料，总结出适合于市中心城区的抽水试验方法；确定深大基坑降水设计中所需的水文地质参数，并通过对市中心城区大量抽水试验资料的整理分析，确定水文地质参数经验值；开展注水试验研究，通过对注水试验获得的水文地质参数的分析，确定其在市中心城区水文地质参数获得上的可行性；利用已掌握的市中心城区工程、水文地质资料，结合总结出的水文地质参数经验值，制定合理的基坑降水设计方案。总结出的市中心城区的基本水文地质参数可应用到基坑降水设计中。

【天津滨海新区地下潜水对桩的腐蚀性初步研究】 针对天津滨海新区地下水对桩的腐蚀性一直得不到有效解决等问题开展研究，在搜集整理、分析已有资料、文献的基础上，通过在滨海新区实际工程现场挖桩、取地下水和混凝土桩试样进行室内试验分析对比，初步评价了滨海新区地下潜水、土对桩基础的腐蚀性。本课题的研究成果是在工程实例的基础上取得的，其初步研究成果可以为今后继续开展该方向的深入研究奠定基础。

【队伍建设】 院“十二五”规划确定了人才需求总量、专业分布、梯队数量等人才建设目标。2011年招收 17 名本科以上应届毕业生，引进 2 名技术尖子，推荐 5 名局级专家和 31 名专业技术带头人，8 人取得执业注册资格，7 人通过注册考试。不断扩大对外合作，拓宽技术和人才发展平台，通过与天津大学合作，引进 1 名博士生，进入博士后工作站开展课题研究。加大培训投入和力度，全年总共投入教育培训费近 200 万元，组织 200 多次业务培训和 5 次专题讲座，培训人员达到 1820 人次，派出 310 多人次参加国内外学习考察和技术交流。通过民主推荐和竞争上岗的形式选拔 9 名见习中层，选派 1 名博士中层到海南陵水挂职服务，4 名专业技术骨干到规划局系统挂职锻炼。

【内部管理】 院班子大力推进精细管理，着力加强执行力建设，加强经营管理和综合技术服务，构建多层次经营管理体系，建立经营信息管理系统和登记发布制度；全面推行目标责任制，层层落实分解完成 104 项重点工作任务；加强制度建设，修订 90 多项制度，梳理 78 项流程；实行全面预算管理，加强成本控制，强化财务管理、工程质量和市场经营信息的定期分析；深化用人分配改革，实行管理岗和技术岗分级管理；开展人力资源、经营、技术、管理和企业文化5项风险评估；加强天勘宝坻生态园管理，完善董事会和监事会的组织结构，充实管理力量。

【政治保障】 坚持以企业发展为中心，积极开展思想政治工作。在主题教育中，突出队伍爱岗敬业、职业道德和党风廉政教育，先后组织近200名新老党员、入党积极分子，到延安西柏坡等地参观学习；职业道德教育实践活动，职工参与率达90%以上；积极组织开展廉政教育，邀请上级领导来院讲课辅导2次。在创先争优活动中，突出党员队伍教育管理和党性实践活动，全院12个基层支部、200多名党员普遍签订“双达标”责任书和党员承诺践诺书，5名同志被发展成为新党员，16名预备党员转正，50多名职工向党组织提出申请。在廉政建设工作中，重点查找廉政风险点，确定15个重点部门、10类关键岗位，明确16个防控和监管内容，全院90余名关键岗位人员签订廉政承诺书。在班子建设工作中，组织召开13次党委会、13次院两级班子民主生活会，全年集中学习、培训、参观交流时间平均达15天/人以上。先后2次集中组织机关人员到施工一线开展服务。2011年，市勘察院荣获天津市精神文明先进单位，测量公司获市委规划建设交通工委先进党组织，岩土一公司、设计院、星际公司分别获市青年安全生产示范岗、市新长征突击队、市优秀青年突击队称号。

天津市勘察院2011年度组织机构图

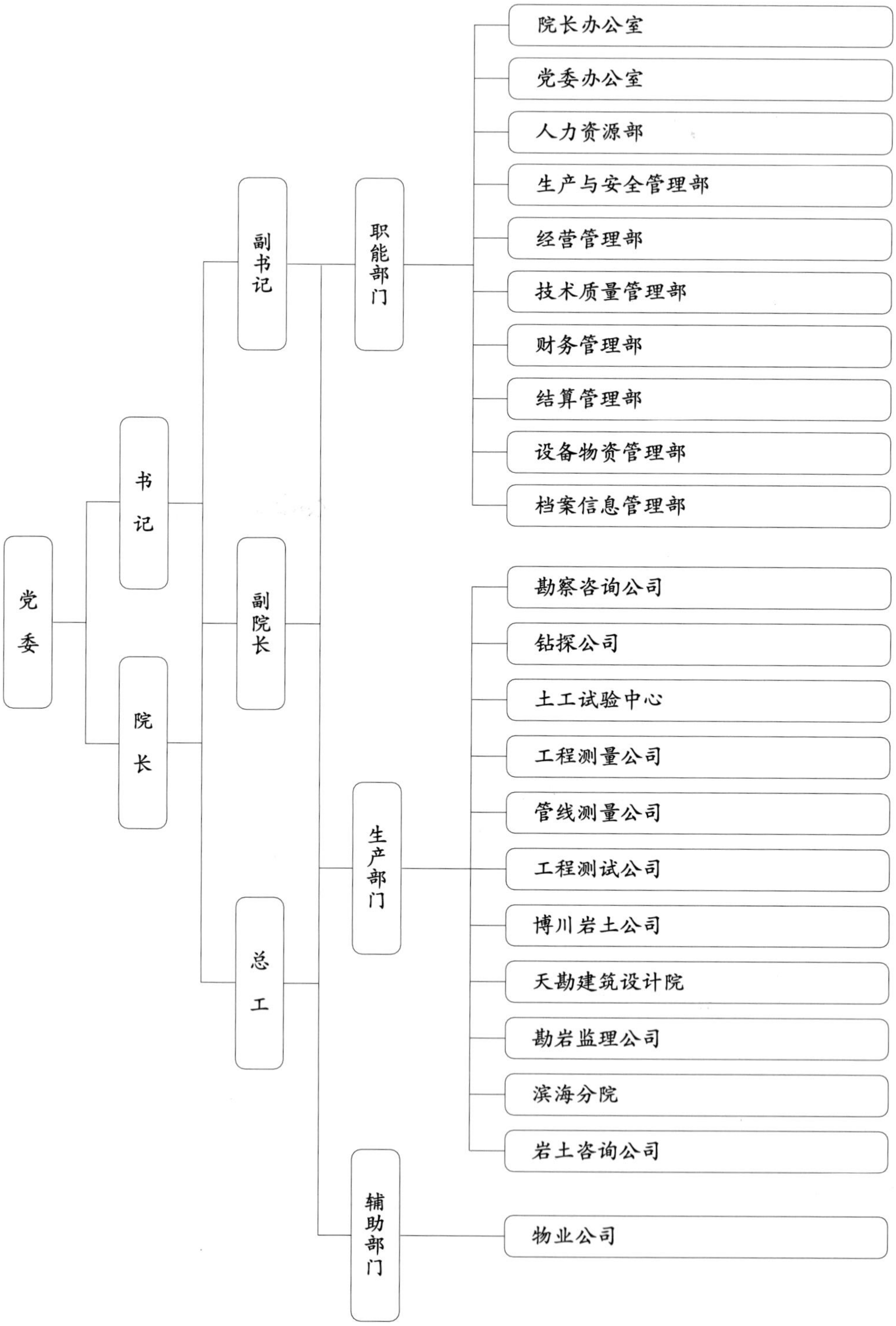

（宋文菊）

天津市城市建设档案馆（天津市城市建设档案管理处）

【概况】 2011年，天津市城市建设档案馆（简称市城建档案馆）深入贯彻科学发展观，紧密结合天津经济发展的新形势和城建档案管理工作的新特点，坚持依法治档，不断加强城建档案管理体制、机制建设，逐步强化城建档案管理职能，重点加大城建档案和资料的收集、征集力度，整合城建档案信息资源，深化数字城建档案馆建设，全面提高城建档案管理工作的效能，优质高效地服务好建设领域、服务好经济发展、服务好公众需求。2011年被住房和城乡建设部评为全国城乡建设档案工作做出突出贡献单位，被市委规划建设交通工委授予“为民服务创先争优示范窗口”。

【机构人员】

馆长、党支部书记　章培新
副馆长　彭哨农
副馆长　秦屹梅
总工　宋宝贵（4月起）

截至2011年底，市城建档案馆事业编制73名，在职职工50名。馆内下设8个部门：综合办公室、行政保卫室、城建档案管理科、信息声像室、档案保管室、工程档案技术服务一室、工程档案技术服务二室和工会。

【依法治档】 2011年市城建档案馆坚持依法治档，不断完善城建档案法规体系建设。组织编制国家级行业标准《城市轨道交通工程档案整理标准》，并通过住房和城乡建设部专家组审定；修编《天津市建设工程文件归档整理规程》，已通过专家组评审并获市建委审批，2012年3月1日执行；修改《天津市城建档案管理规定》，上报市政府法制办待批；加强对新建工程档案的审验力度，办理档案预验收证明624个工程、确认函83个工程，保证工程档案的内在质量。

【区县档案工作】 为加强区县城建档案工作，市城建档案馆多次组织赴蓟县、宝坻、滨海等区县进行城建档案工作开展情况调研，写出专题报告供领导参考；以住房和城乡建设部领导视察天津市城建档案管理工作为契机，协助组织召开各区县规划局领导参加的城建档案工作座谈会；随同住房和城乡建设部、市规划局领导进行滨海新区城建档案工作调研；主动加强与区县规划局有关部门的沟通，协助市规划局在宝坻区召开区县城建档案工作推动会，为完善全市城建档案管理体系奠定了基础。

【档案管理】 加强城建档案资源建设，不断优化馆藏。开展2009–2010年规划编制成果档案接收工作，明确规划项目归档范围和规划编制成果归档内容和质量要求，确定可归档规划编制项目156个，接收规划成果43个，建立规划成果档案常态管理办法。结合城建档案信息管理特点，调整《天津市地名档案信息系统》数据库结构，将单机版地名档案信息系统接收进馆，并接收地名档案37563卷。以新建工程档案质量为重点，拓展工程档案进馆渠道，接收各类竣工档案541个工程，21402卷。截至2011年底，馆藏纸质档案406788卷，工程底图69448张，规划彩图391张。丰富档案载体，做好工程声像档案的拍摄与接收，年内拍摄西站、梅江会展中心等重点工程录像资料共计415分钟，拍摄文化中心、意式风情区等重点工程及城市新、旧面貌照片共计325张，接收80个工程的照片档案121卷、光盘120张、照片2691张。截至2011年底，馆藏照片26457张，录像带1269盒。

【档案服务】 市城建档案馆以服务为立馆之本，深入一线主动服务，针对地铁建设、高速公路、文化中心、海河教育园、天津西站等重点工程，采取联合制定规章、协助培训、跟踪服务和现场服务的方法，确保工程档案及时收集、整理、归档。提高服务质量，馆内设立接待大厅，公示收费标准、服务公约，推出“一站式办公”窗口服务方式，集档案接收、咨询、利用等多种功能为一体，为建设单位和社会各界提供公开便捷的服务。年内为建设单位举办告知培训4次，现场服务278个单位419次，馆内业务接待1451个单位3045次，委托收集资料项目208个，整编工程档案235个工程，完成建筑工程档案业务咨询服务223个工程。为市规划局50余次会议、活动提供摄、照相服务，形成录像资料4665分钟、数码照片3465张，并完成18部会议专题片的制作。

【档案利用】 充分发挥馆藏档案信息优势，简化利用程序，提高查询效率，为城市规划、建设、管理工作以及相关利用者提供快捷的档案信息。全年共接待利用单位621个，951人次，调阅纸质档案1500卷，提供照片档案1100余张，光盘20张，满足了社会各界对档案信息的需求，档案利用率逐年上升。承担市规划局机关档案室日常管理工作，做好文书档案、业务档案的接收、管理和提供利用，市规划局机关档案室荣获天津市机关档案工作先进集体称号。

【科技进步】 推进市规划局系统档案数字化工作，10个规划分局业务档案管理实施数字化。与市规划局相关部门密切配合，完成档案管理现状核查；档案信息管理系统升级完善；档案人员的培训；系统试运行测试和各分局人员、设备、场地配置的督办工作等。积极配合市规划局信息中心研发电子文件自动归档系统，利用“一网通”规划业务管理平台，基本实现业务办件网上自动归档程序开发。做好电子文件制作，推进数字城建档案馆建设，完成570个工程28225卷电子文件著录，电子文件上传图纸103个工程3587卷。扫描文件157120页，图纸61180页。导入数据库195个工程，11527卷。

【队伍建设】 按照《干部选拔任用管理规定》的要求，严格履行选拔任用程序，任用3名科级干部，并向市规划局党组推荐1名总工人选，充实了馆领导班子和干部队伍。按照市人力资源和社会保障局的要求，完成事业单位公开招聘工作，2011年接收进馆2名应届大学毕业生，充实了馆职工队伍。

【政治保障】 以创先争优活动为突破口，推动各项工作深入开展。努力实践《党员公开承诺践诺书》，开展窗口科室“三亮、三比、三评”活动，迎接市委规划建设交通工委创先争优活动领导小组检查。结合纪念建党90周年，组织党员职工赴井冈山进行红色教育、纪念建党90周年摄影比赛、文艺演出等系列活动。组织党员职工开展廉政教育，举办廉政讲座，推进干部职工廉洁自律。结合建馆30周年纪念活动，开展馆史教育，增强了全馆职工凝聚力。编辑出版《建馆30周年纪念图册》，制作反映天津城市建设和城建档案工作的专题片《站在新起点》，召开建馆三十周年纪念大会，印发纪念建馆30周年专刊等纪念活动，增强全馆职工事业心、使命感及对城建档案事业的热爱。

（谢静蓉）

天津市规划展览馆

【概况】 天津市规划展览馆（以下简称市规划馆）秉承“打基础、上水平、求突破”的三年三步走发展目标，坚持高起点、高效率、高品质，积极寻求新突破，确保整体工作稳中求进、稳中求好、稳中求新。开馆以来，规划馆累计接待260余万人次，讲解3万余场次，其中接待中央领导人和有关部委领导618场次，12358人次；市领导和有关单位2062场次，47205人次；本地团体23782场次，1529025人次。党和国家领导人胡锦涛、习近平等先后参观规划馆；圆满完成哈萨克斯坦总统纳扎尔巴耶夫、英国前首相布朗、越南副总理范家谦、美国前国防部长、科恩集团董事长威廉·科恩、喀麦隆共和国总统保罗·比亚等重要接待任务。市规划馆以一流的环境、一流的展示、一流的服务，赢得各方面好评，2011年先后被共青团天津市委员会授予“青年文明号”，被市委规划建设交通工委授予“先进基层党组织”、民服务创先争优活动“示范窗口”和“平安单位”，被市规划局党组授予的

“最佳党性实践活动党支部”。

【机构人员】
馆长、党支部书记 诸 铭
副馆长、工会主席 李 茜
副馆长 赵利华
见习副馆长（挂职） 马欣扬

市规划馆编制 20 名，现有职工 34 名。下设 6 个部门：综合部、设备部、导览部、布展部、财务部和团支部。

【展品陈设】 市规划馆以独特的创意理念为核心，以前沿媒体科技为手段，并多次到国内外相关展馆学习考察，使其展陈技术颇具国际视野和本土创新意识。通过展品定期更新机制，确保展示内容的完整性、现势性，真正搭建起政民沟通的桥梁，成为展示城市魅力的窗口。

【规划公示与成果展示】 2011 年规划馆积极开展公示活动，先后完成天津市公交系统和轨道交通专项规划、天南大新校区规划等公示活动的准备工作；开展了杨柳青历史文化名镇保护规划、天津市中心城区雕塑总体规划设计方案和天津市建筑设计院《理想与现实——天津院里的年轻人》展览暨论坛等展览展示活动。定期更新网站内容，使公众可以及时、迅速、准确地了解规划馆的发展动态；及时汇总观众留言，广泛听取群众意见，加大社会公众参与力度，在全社会营造出关心、支持、参与规划的浓厚氛围。

【接待服务】 规划馆始终秉承“服务规划、奉献社会”的服务理念，做好、做强接待服务工作。全年早开馆 21 次，晚闭馆 89 次，法定节假日和公休日 107 天全部开馆，闭馆日 56 天中因重要接待任务开馆 41 天。根据最新的城市规划资讯和城市发展动态，及时充实更新讲解词，保证讲解内容的时效性和准确性。通过加强培训、明确重要团体接待流程，规范物业、保洁及花卉工作人员的工作制度和服务标准，进一步提升接待服务水平和展馆环境。制定《治安消防管理规定》、《突发事件应急预案》和落实每日巡查制度，消除安全隐患，保证一个全新、安全、舒适的天津馆呈现在世人面前，确保顺利完成各项接待任务。

【展品更新改造】 为提高展品现势性和完整性，加强规划宣传力度，规划馆根据展品更新工作机制，组织完成海河两岸夜景灯光规划、文化中心模型展板和灯箱的展示。更新 46 处最新规划成果，并多次更新中心城区总规模型宣传片，使公众在参观的过程中及时掌握城市发展的最新规划动态。

【设施升级管养】 规划馆进一步深化设施设备升级管养工作，升级改造导览系统，确保导览设备的音质、音效、信号、覆盖范围得到显著提升；对滨海新区、海河上游、中心城区规划模型的舞台灯光系统进行升级改造，并开展城市映像影厅影片更新工作，力求每一处细节都精益求精、至善至美，以更好的诠释规划展示事业的独有内涵和城市规划蓝图的崇高神圣。

【科技调研】 制订完成《天津市规划展览馆“十二五”科技发展规划》。积极营造学术氛围，推进科研工作，组织职工赴国内外相关展馆开展调研考察，发动全馆职工参加中国城市规划学会、天津市城市规划学会组织的论文征集活动。报送科技论文 9 篇，其中在《城市建设》、《建设科技》刊发布展设计专题论文两篇；申报《城市规划展览馆布展设计通则》科研课题，获得住房和城乡建设部批准，组织馆内业务技术骨干在充分调研考察、收集资料基础上，与同济大学合作编撰《城市规划展览馆布展设计通则》，填补了全国规划展示行业没有法规性文件的空白，推动城市规划展览馆布展设计工作逐步走向标准化、规范化。

【宣传交流】 规划馆广开渠道，不断加强对外宣传和交流工作。先后在馆内开展“窗口服务”的创先争优活动；组织职工参加市规划局纪念“建党 90 周年文艺汇演”和局系统“全家福”活动；参加“规划杯”交通知识辩论赛，取得亚军的好成绩；举办规划馆“开馆三周年庆典活动”、“规划馆参观人数过 200 万”庆祝仪式和“天津—墨尔本现代城市规划理念与实践论坛”等活动，既展示规划馆职工的良好精神面貌，也为行业提供一个学术交流的平台。组织编撰《规划馆开馆三周年纪念册》，通过总结回顾规划馆筹建以来的发展历程，激励职工保持旺盛的工作激情，找准定位、励精图治，向全国一流规划馆的目标迈进。

【队伍建设】 市规划馆坚持将队伍建设做为重点工作，注重在工作中发现人才、培养人才。2011年组织制定《中层干部竞争上岗实施方案》，通过召开动员大会、笔试、竞争演讲、民主测评、差额考察、公示等环节，选拔出规划馆自筹建以来的首批馆内培养的中层干部，改变规划馆中层全部为挂职干部的历史，完善管理体制。加强职工队伍建设，深入开展职业道德教育实践活动，引导广大职工团结协作、锐意进取。积极开展规划知识、专业外语等多项培训，组织职称申报工作，为规划馆专业技术人才储备奠定基础。

【政治保障】 2011年市规划馆进一步提高领导班子的理论素养、科学决策水平和领导创新能力。坚持中心组学习制度，强化民主集中制建设，认真落实"三重一大"制度，抓好党风廉政建设，按照市规划局开展"一网保廉"的工作要求，明确重要部门关键岗位的廉政风险点，并签订承诺书引导干部树立正确的人生观和价值观；严格按照组织发展程序，做好两名预备党员的培养发展工作；积极开展"为党旗增辉、展规划风采"纪念建党90周年"八个一"等创先争优活动，在广大干部职工中营造出学习先进、立足本职、争做贡献的良好氛围，为规划馆整体工作的完成提供强有力的政治保障。年内完成事业单位分类改革的初步定位及工资摸底调查工作，为事业单位改革做好准备。

（吴　莹）

天津市规划执法监察总队

【概况】 天津市规划执法监察总队为市规划局所属处级行政执法机构，主要负责贯彻执行国家和本市城乡规划、测绘、地名、城建档案法律、法规和规章；协助市规划局对全市城乡规划、测绘、地名、城建档案法律、法规和规章的执行情况进行监督和检查；依法对公民、法人或其它组织遵守城乡规划、测绘、地名、城建档案管理的法律、法规和规章的情况开展巡回检查；协助市规划局查处职责范围内城乡规划、测绘、地名、城建档案的违法行为和全市城乡规划、地名、城建档案重大违法行为；协助市规划局对职责范围内的建设工程进行规划验线、跟踪检查和规划验收等证后管理工作，核发建设工程规划验线合格通知书和规划验收合格证；协助市规划局对区县城乡规划、测绘、地名、城建档案违法行为的查处和证后管理工作执行情况进行监督和检查；协助市人民政府和人民法院对城乡规划、测绘、地名、城建档案违法案件进行强制执行。2011年，执法监察总队紧紧围绕局机关的中心工作，不断推进执法监察管理体制改革，不断加强执法监察队伍建设，不断提高依法行政水平，坚持"惩防并举，注重预防"的原则，发挥好行政监察作用，履行好行政职能，提高行政效率。勇于创新，奋力拼搏，扎实工作，圆满完成执法监察工作任务。

【机构人员】

总队长	张占佳
政委	张宝祥
副调研员	张云桐

天津市规划执法监察总队核定事业编制43名，在岗人员28名，下设一个指挥中心、3个执法监察大队。人员参照国家公务员制度进行管理，所需人员经费由市财政全额拨款。

【违法建设巡查】 为实现城乡规划巡查工作"全覆盖、不漏项"的工作目标，在全市域实施以街区为单位的网格化巡查责任制。以项目巡查为主，区域巡查为辅，重点突出建筑外檐立面的证后管理工作，强化建设项目的过程查验和规划验收等阶段的管理，坚持依法依规管理，确保对违法建设行为及时发现，及时制止，及时处理。2011年共出动巡查人员约650人次，巡查区域130个，巡查发现违法建设行为为28起，其中，建筑违法案件19起，地名、测绘违法案件5起，市政违法案件4起。

【证后管理和重点服务保障】 根据《中华人民共和

国城乡规划法》、《天津市城乡规划条例》等有关法律、法规、规范性文件和技术规范，结合证后管理职能调整情况，参与修订和完善建筑工程、市政工程证后管理相关规定和规程。积极配合“解促上”活动市服务业项目四组，对建设项目过程中问题进行帮扶，解决率为100%。继续坚持24小时动态验线（槽）机制，全年共办理市政工程规划验线工作2项，市政工程规划验槽工作29项。积极做好服务和调研工作，到各区县（分）局和供热、电力等单位进行服务和调研，解决实际问题，促进证后管理的落实，全年共进行服务和调研44次。

【住建部转办案件查处】 2011年，国家住房和城乡建设部稽查办批转天津规划局办理违法案件3起。针对转办的《关于请说明金月湾小区规划建设有关情况的函》（建稽一函〔2011〕6号）、天津市汉沽搬运公司职工反映搬运公司擅自改变用地性质建设别墅问题（建稽举一查〔2011〕37号）和天津天马国际公司在手续不全的情况下开发建设“林溪地”项目的问题（建稽举一查〔2011〕117号）案件，及时深入调查，依法认真查处，全部办理结案。

【专项整治】 开展地理信息市场专项整治工作，组织地理信息从业单位开展整治工作“回头看”行动检查，制定工作方案，对450个网站地图进行检查，切实将专项整治工作落到实处。开展市内六区房地产开发领域违规变更规划调整容积率问题专项治理工作督查，针对尚未补交土地出让金及配套费的项目进行排查，并逐一落实处理意见。开展临时建设项目清理工作，针对市内六区和环城四区2009年4月前审批的228项临时建设项目进行摸底，逐一调查项目地点、建设单位、规划性质、建设规模、审批时间、现状用途、现状使用单位等情况，汇总并提出规划处理意见。开展全市保障性住房配套设施规划编制、审批及建设情况专项检查，涉及保障性住房项目145个,其中廉租住房项目12个，经济适用住房项目112个，限价商品住房项目15个，租赁型经济适用住房项目6个。

【科技研发】 为突破传统人工巡查方式的局限，通过对全市规划巡查工作现状的调研，会同东丽区规划分局研发单机版建设项目跟踪检查系统，利用相关软件制作项目电子巡查图，将项目规划审批情况、现场监控进行整合，使规划主管部门及时掌握在建项目的实施情况，完善建设项目跟踪检查机制，实现有效监管。2011年全市规划部门已按照要求完成单机版建设项目跟踪检查系统的安装、调试工作，并已完成400余个项目的录入工作。参与深化违法建设项目监督管理体系的研究，年底已进入违法建设项目监督管理系统调试阶段，准备中期验收工作。参与违法建设遥感监测工作，以红桥区为试点，对203个建设项目进行清理、核查。

【队伍建设】 狠抓干部教育，结合2011年干部队伍调整，在实际工作中始终做到“三个经常”，即：经常性的思想教育，经常性的政治学习，经常性的业务培训。保证干部队伍思想上相互交流，工作上相互支持，生活上相互关心，原则上相互监督。以求真务实的工作作风认真履行职责，不断增强队伍的创造力、凝聚力和战斗力。强化学习型执法监察队伍建设，注重全系统执法监察队伍的业务培训，以改革创新为动力，以培训教育为重点，通过集中培训、片会、座谈、业务学习会等方式，加大业务培训力度，提高执法人员政治素质和专业知识。组织执法监察队伍内部轮岗锻炼，发挥业务骨干表率作用，搞好传帮带；组织部分人员到局系统其他业务岗位进行轮岗锻炼，全面了解和掌握规划管理业务，在实际工作中提高业务素质，打造一支政治水平过硬、业务素质全面的执法监察队伍。全年派出11人进行学习锻炼，并有2名外单位人员来总队轮岗交流，真正达到了“送出去”与“请进来”相结合的人才交流目的。

【政治保障】 强化政治理论学习。根据年初制定全年政治教育学习计划，将学习目标与学习任务层层分解，并制定考核评价标准，保证高标准、高质量地完成学习任务。加强党风廉政建设，强化廉洁自律意识，组织全体党员干部认真学习并贯彻落实《廉政准则》，积极开展以“廉洁做事，秉公用权”为主题的廉政教育活动。逐级签订党风廉政建设责任书，形成“一把手负总责，各部门负责人按职定责，领导作表率，一级抓一级，一级带一级，层层抓落实”的良好氛围。健全完善监督机制，深入查找总队监督管理上的薄弱环节，查找廉政风险防控点，有针对性地制定防范措施，为执法监察工作的顺利开展提供坚实的监督保障。加强和完善“三重一大”集体决策制度、行政执法违法责任追究制度，保证权利正确行使和干净运行。开展思想政治调研，成立思想政治研究小组，针对文化建设、职业道德建设方面制定计划，开展调研，形成成果，有力推动执法监察总队思想政治教育的深层次发展。

【文化建设】 在执法监察总队党支部的领导下，由团支部引领，开展“读书会”活动，以实现核心价值理念、和谐执法形象、规范有序行为建设以及高素质人才队伍建设为主题，组织读书交流活动10次，通过多读书、读好书以及充分交流读书感想的文化活动，达到了陶冶情操、丰富知识、开拓眼界、深化思想，提升执法监察队伍的整体素质的目的。积极组织干部职工参加局各项大型体育比赛、联欢等活动。如局羽毛球、保龄球、篮球比赛，局机关集体舞节目等。参与各项文体活动缓解了工作压力，陶冶了情操，有利于创建积极向上的工作氛围。以加强学习为契机，培养团队内在动力，树立“一流的工作业绩、一流的执法形象、一流的政治品格、一流的作风纪律”的团队精神，逐渐形成队伍团结、作风严谨、工作认真、生活愉悦的学习型执法监察队伍。

（赵晶晶）

天津市规划信息中心

【概况】 天津市规划信息中心（以下简称“信息中心”）为市规划局所属事业单位。负责全市规划系统的信息化建设；管理全市规划系统数据信息；建设市规划局信息发布网站，负责网络应用与开发；建立各类数据标准、规范，接受、整合全市规划系统的各类信息；参与政府信息港建设，经允许可发布规划信息；向全市规划系统、社会提供有关规划信息服务及技术支持。2011年信息中心按照局党组统一部署，紧紧围绕天津市城乡规划信息化建设“十二五”规划发展目标和局重点工作，加大资源整合和科技创新力度，深化完善“一网通”信息系统建设，深入开展三类数据框架体系研究，应用自主创新技术，全面推进规划编制、规划实施、规划监督管理全过程的网络化、数字化和智能化。

【机构人员】

主任	才　睿
副主任	高文君
总工	俞　斌

截至2011年底，信息中心编制12名，实有人员13名，其中，正高级工程师3名，副高级工程师3名，工程师5名，助理工程师2名。下设3个部门：系统部、数据部、项目管理部。

【建设项目e图管理系统】 建设项目e图管理系统旨在构建建设项目审查审批、系统监管、决策研究的一体化管理平台，自2010年9月实施以来，已完成一期展示平台开发，于2011年9月在全市域运行。该项目整合3大类、20中类、150多图层的空间数据，建立涵盖47100多个业务案件，19800多个项目的多层次、多形式、多视角建设项目e图数据集。采用海量时态数据云、项目数据仓库、负载均衡等创新技术，实现域用户权限管理、指标对比、统计模板、三维审批、二三维联动、多窗口对比等功能。2011年底项目进入二期城乡规划业务综合统计及空间分析功能开发，以医院为例开展基础设施和容量研究，建立多样化的空间分析应用模型，利用GIS的空间信息综合分析和直观表现能力，定性、定量指导城市发展，为规划管理与决策提供高端的信息载体。该系统在今年海峡两岸、常州信息化年会交流，获得了一致好评。

【“一网通”系统】 2011年“一网通”系统工程向纵深化发展，全面搭建集效率、质量、廉政、服务和管控为一体规划管理平台。完成市规划局建管、用地、地名三处室并联审核五区县规划条件、滨海分局审核滨海功能区重点项目、修详规管理系统、建设用地审批阶段强制性带图作业、测绘事权下放

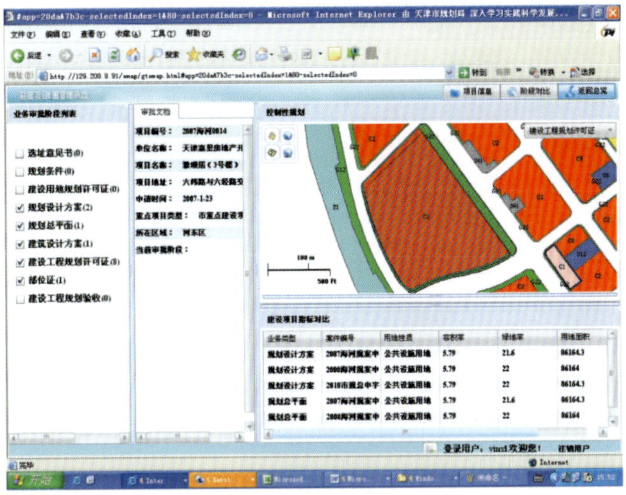

图 1　项目综合信息
（业务阶段信息、图形、指标展示）

图 2　二三维联动对比图

等 10 余个应用模块开发，拥有建设用地、修详规、建设工程、规划验收、地名审批图形数据与业务审批同台运行、同步更新技术。及时适应规划审批业务流程变化，对城乡规划业务管理系统中涉及 6 个审批阶段的 14 类业务表格全面升级改版。借助自主研发新技术，使全市业务审批案件带图作业率显著提高，截至 2011 年底，全系统建设用地管理阶段带图率达 95%，证后管理阶段的带图率达 99%。同时，“一网通”覆盖范围不断扩大，将管网中心、滨海旅游区、中新天津生态城、海河教育园区、市规划执法监察总队、市规划院等单位纳入局系统办公网络，全市 27 个规划管理机构、7 个辅助管理单位全部实现联网运行。

【三类数据框架体系】 深入开展天津市城乡规划三类数据框架体系研究，对与城乡规划编制、实施管理密切相关的基础数据、规划数据、管理数据进行全面梳理，按照“基础数据要准、规划数据要全、管理数据要实”的建设要求和统筹规划、集中管理、共建共享的建设原则，从空间信息、属性信息、信息来源、更新方式、数据格式以及数据标准等六方面进行归纳总结，综合考虑数据的生产、处理、利用各个环节，确定出三类数据建设框架体系、三类数据目录、数据内容及电子数据标准，为下一步全系统规划数据整合、应用及数据建设奠定基础。

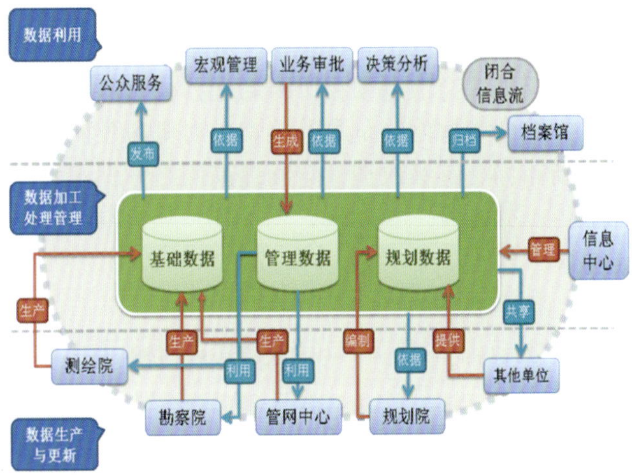

图 3　三类数据框架体系

【建设项目监督管理系统】 2011 年建设项目监督管理系统开发完成并进入试运行阶段，该系统集成 RS、GIS 等技术，以规划审批流程为基础，挖掘规划业务审批成果信息，创新执法手段，组织建立建设项目违法监督过程、审批成果数据库，建成违法监察管理平台，并与城乡规划业务系统、图形系统进行集成，运用科技手段对审批后建设项目进行实时监控及动态跟踪管理，实现违法监察工作的自动化管理机制。

【档案数字化管理】 针对历史档案资料，已完成档案著录系统的开发测试工作，并进行试点运行。同时，开展规划审批自动归档系统建设，与“一网通”综合信息平台集成，实现增量文件的电子化归档，形成档案目录数据库、建立完善的数字档案资源库，实现实体档案与数字档案相结合的档案管理新模式，促进规划成果数字化，形成网上调阅，在线利用的工作模式，全面实现数字档案的在线利用与共享服务。

【基础设施保障】 对核心机房UPS电源设备、服务器、网络、存储备份设施等进行有效整合，探索引进“云计算”、“虚拟化”等新技术手段，实现服务器集群管理，搭建安全稳定、低碳环保的系统环境。开展负载均衡部署，优化SDE数据库访问方式，提升用户系统访问速度。实施服务器备份管理软件升级及核心数据库系统迁移工程，迁移后的数据库，硬件性能显著提高，数据库缓存达20GB（为原容量4倍）；数据库运行参数得到优化；各个应用系统访问能力、读写操作性能明显提升。结合局信息综合楼建设项目，采用前沿技术，精心实施，建成高水平的信息综合楼大屏幕演播系统。配合局办公楼综合改造项目，对新老办公楼网络重新规划，综合考虑网络负载等因素，对机房及网络设备重新布局、升级改造，全面提高网络管理水平。

【科研创新】 信息中心注重科技创新，加大科研投入力度，获国家级奖项3项，完成软件著作权申报4项，正在申报2项，科技成果登记4项，核心期刊发表论文5篇。其中，“天津市地名管理信息系统”项目荣获2011年中国GIS优秀工程银奖，“GTPlan城乡规划空间信息服务平台”项目荣获2011中国地理信息科技进步三等奖，“一网保廉”系统荣获“住房和城乡建设领域2011年信息化优秀工程”，此外，该系统被列为住建部科技课题，成为全市廉政建设示范工程。在网站建设方面，市规划局的政务外网在天津市2011年度政府系统网站绩效评估活动中，获先进政府网站。

（常　欣）

天津市地下空间规划管理信息中心

【概况】 天津市地下空间规划管理信息中心（简称地下空间信息中心）是天津市规划局下属对全市地下空间规划管理信息实施集中统一管理的事业单位。其主要职责是：建立地下空间综合信息管理系统，对本市地下空间信息实施集中统一管理；搭建地下空间信息共享平台，为地下空间规划管理和城市建设提供信息服务及相关技术咨询、技术服务；负责地下空间信息产品的技术开发与利用。2011年是地下空间信息中心各项工作全面步入正轨的关键之年，地下空间信息中心以服务于局规划管理工作为目标，数据建设为核心，团结一致，内抓管理，外创环境，很好地完成了全年各项工作任务。

【机构人员】

主任、党支部书记	王　超
副主任	夏吉祥
主任工程师	孙晓洪
见习副主任	李　伟

地下空间信息中心现有职工45名。下设4个部门：综合部、系统开发部、技术质量保障部、外业复核组。

【重点规划服务】 2011年本着“边接收、边整理、边建库、边服务”的原则，全年为局市政管线规划和重点工程规划审批工作提供全天候信息保障，高效优质完成信息服务工作。为51个项目提供管线数据517公里，提供地下管线现状图272张。及时保证第一热电厂蒸汽管网替代项目、2011年市容整治架空线入地项目等重点工程规划管理用图。积极参加各类规划管理会议，掌握规划动态和城市建设信息，对工程项目提前介入，对重点工程重点服务。

【信息利用服务】 为了有针对性地提供信息服务，方便建设单位查询利用，根据服务对象的不同需求，简化手续，制定不同的管理流程，发挥地下空间规划信息中心优势，加强规划管理部门与建设单位之间的信息协调，为社会各界提供优质服务。2011年为612个建设单位1386个工程项目提供地下管线信息查询服务，管线长度2898公里。

【地下空间信息管理】 2011年在巩固市内六区地下管线信息集中统一管理前提下，认真抓好《关于进一步加强环城四区地下管线信息管理工作的通知》的落实工作，在市局及各规划分局的大力支持下，环城四区地下管线信息管理已纳入局规划审批业务流程。加强与测绘院、勘察院和档案馆的紧密联系，多次召开座谈会，从提高现状图一次报验合格率、组织重点工程测绘、信息档案汇交等多方面进行充分探讨并制定针对性的措施，在服务于建设单位方面初步形成合作双赢的局面。继续坚持重点工程服务机制，2011 年以刘荣副局巡带队赴城投集团服务为契机，安排专人跟踪，接收西站等重点工程 204 项竣工数据。完成自来水集团数据更新及中水公司数据汇交工作，与燃气集团、排水公司、中水公司及移动公司等专业管线单位，建立了数据共享机制。

【信息系统建设】 根据市地下空间信息化建设规划，组织力量完成了《天津市地下管线动态管理决策支持平台》建设工作，集中统一管理天津市地下管线信息数据，平台具有强大的应用服务功能，能够满足地下管线信息管理工作需要。该项目顺利通过住建部验收，获得科学技术计划项目“示范项目”荣誉称号。在决策支持平台建设基础上，综合应用虚拟现实技术、三维可视化及空间分析技术、GIS 技术、数据库技术、网络技术等先进信息技术手段，建立天津市地下空间信息综合管理系统，使地下空间信息化由二维向三维发展，由管线向建筑等多种数据延伸，初步实现对天津市地下空间综合信息数据的集中统一管理与服务，达到及时准确地为天津城市规划、建设和管理提供全面、高质量服务的目标。

【信息数据建设】 在地下空间信息数据收集内容上，突破只有管线单一数据的现状，实现了现状、规划审批、竣工验收数据全覆盖，管线以外的建构筑物信息开始进行收集；收集范围从只有中心城区数据，扩展到环城四区，并向滨海新区和五县延伸；同时整合以地下管线为主的地下空间各类信息数据，初步形成三维立体的信息数据，信息数据管理向管线以外的地下空间发展。

【法规建设】 市政府第 76 次常务会审议通过《天津市地下空间信息管理办法》，于 2011 年 12 月 1 日施行。完成了 2011 年度地方标准（《天津市地下建（构）筑物信息管理技术规程》）申报及立项工作，组织该规程编写，已完成征求意见稿。结合文化中心、九号线等工程多次与测绘院、勘察院、师大研究修改《天津市地下建（构）筑物工程竣工数据汇交规定》。参与起草《关于进一步加强本市地下空间规划建设管理工作的通知》《天津市规划管理证后管理规定》《天津市地下管线测绘管理规定》，严格依法管理地下空间信息管理工作。

【科研及课题研究】 完成住建部课题《天津市地下管线信息管理决策支持平台》结题项目验收并获得住建部科学技术计划项目“示范项目”荣誉称号；完成《天津市地下空间信息系统集成与管理研究》终期验收及结项工作；完成《地下管线数据建库系统》《地下管线辅助规划管理系统》《地下管线“一张图”管理系统》《地下管线数据库应用系统》的软件著作权登记工作。申报《城市地下管线四维数据库建设与管理》和《地下空间规划与建设管理研究——以天津为例》两项住建部课题，已获批准。针对地下空间信息管理的难点问题，进一步深化研究并制定措施。完成庭院、小区地下管网现状管理调研工作。

【管线普查】 启动滨海新区工业管线及危险场站点普查工作，基本完成《天津市危险品管线及重点地区管线普查工作方案》修改稿，开展 470 公里长输油气等危险品管线现状数据收集与整理工作，并列入市规划局指令性任务。滨海新区工业管线普查工作，已完成方案修改和汇报，召开项目动员会，启动了财政、政府采购等相关程序，已进入项目实施阶段。

【地下空间规划】 完成绿荫里、西站南广场、金钟河大街、咸阳路等重点地区，地下空间规划研究的前期协调、规划调整、规划研究预算、汇报审查等工作。完成地铁二号线咸阳路站地块周边地下空间规划研究的合同签订、设计研究、汇报、专家评审、资金督办等工作，正在组织开展红旗路站地块、王顶堤站地块的地下空间规划研究工作。积极参与地下空间总体规划提升工作。

（陈可轶）

天津市规划局教育培训中心

【概况】 天津市规划局教育培训中心（天津市规划局干部学校），为正处级全额拨款事业单位。天津市规划局教育培训中心（简称培训中心）与天津市规划局干部学校为一套机构两块牌子，主要负责天津市规划系统和规划行业干部职工岗前、岗位培训和专业知识培训；规划系统和规划行业干部职工学历教育；全国注册城市规划师天津市行政区内的考务服务、继续教育和证后管理；天津市建筑设计、城市规划、测绘勘察专业职称评审的基础性工作；市规划局系统人事代理服务、人才派遣服务和档案管理服务。2011 年培训中心坚持以科学发展观为指导，以建设知识更新的基地、提高管理能力的基地、提供人才服务的基地、人才挖掘开发的基地为目标，以实现“行政、业务、素质、综合能力”明显提高为培训工作总要求，坚持精细化设计、精细化管理、精细化服务的原则，以培训工作为中心，以学历教育和人才服务为重点，圆满完成全年各项工作任务。

【机构人员】

主任、党支部书记	张翰清
副主任	刘鹏飞
副主任	张建平

培训中心编制人数 26 名，实有人员 16 名，其中在编人员 11 名，合同制人员 3 名，退休 2 名。下设 4 个职能管理部门：教育培训部、执业职称部、人才服务部、综合服务部。

【教育培训】 认真搞好调研，积极协助市规划局主管部门，以能力建设为核心，科学制定本年度教育培训计划。主动协调推动、精心抓好落实，规范培训工作，每次培训抓好“五个环节”和“五个见”，即制定具体培训方案、制作完整培训课件、选择理想培训场地、提出明确培训要求、拟定针对性强的试卷，培训结束要见到学员评估表、教师意见表、考试成绩表、考勤登记表和完整的培训档案。积极抓好指令性培训任务，配合局机关十几个部门完成法律法规、业务流程、入党积极分子和人事干部等专项培训。培训计划完成率 100%、满意率 100%、合格率 100%。全年完成各类培训 18 期，讲座 6 期，培训人员 2400 多人（次）。

【学历教育】 为提升局系统人员学历层次，积极拓展渠道，加强与办学协作院校联系沟通，稳妥地抓好在职人员的学历教育。加大与有关院校的沟通协调，对 134 名在学人员进行动态管理，协调解决学员反映的各种问题。根据需求拓展办学渠道，完成测绘行业成人专科、本科学历班 269 人注册开班；完成天大规划专业和武大测绘专业工程硕士 70 余人的报名工作。为实现局人才发展战略，提高全局系统人才学历水平搭建了平台。

【执业职称】 坚持科学化、法制化、规范化的行业管理，努力培养造就优秀的专业技术人才队伍。组织全国注册测绘师天津考区 1260 人报考资格审核、考前辅导和考务工作，其中 100 人获得测绘师证书；根据住房和城乡建设部要求，对天津市现有 240 余名注册城市规划师和 40 余家资质单位进行梳理和统计，完成 400 多人继续教育和考前辅导工作；精心做好执业管理工作，为 77 人办理注册城市规划师初始、变更注册（登记）；完成建筑设计、城市规划、测绘勘察专业职称评审的事务性工作。全年接收、整理、初审、返还各类评审材料 850 余份，无一差错，获得参评人员普遍好评。

【人才服务】 全年上门走访 24 家单位，并与新增 4 家单位签订代理服务协议。做好 1825 卷档案管理清整工作（含人事档案 1718 卷、技术档案 107 卷），其中新增 324 卷；为 55 个单位、1553 人做好社会保险代理服务，其中新增 228 人；为 14 个单位、630 人做好工资管理和发放工作；为 12 个单位、256 人做好公积金代缴服务工作。以“搭建平台、增进友谊、提升形象、促进发展”为主题，组织市规划局系统青年联谊会，为年轻人搭建友谊平台。人才服务工作顺利开展，为局系统各单位节约了大量的人力和财力。

【内部建设】 培训中心党支部积极开展建设学习型党组织活动，以创先争优和纪念建党 90 周年活动为载体，不断加强党建工作，广泛开展“五好”、“五带头”评比，获得 2011 年局级先进党支部称号，崔立海同志获局优秀党员称号。严抓制度建设，结合工作实际，修订《内部管理补充规定》，为实施科学管理提供依据。始终把安全稳定工作放在头等位置，多次组织面向全体职工的安全和防火知识讲座，进一步提高干部职工安全意识，保障各项工作顺利开展。工会小组坚持定期开展文化体育活动，丰富干部职工业余生活，提高大家的团队意识。财务工作良性循环，特别是在服务于中心整体建设上，起到很好的保障和促进作用。积极创办《培训动态》，宣传培训中心先进事迹和优秀典型，弘扬正气，形成团结奋进、艰苦创业、服务至上、争创一流的良好氛围。

（毛偲迪）

天津市规划局机关服务中心

【概况】 天津市规划局机关服务中心（以下简称服务中心）是正处级自收自支事业单位，承担着天津市规划局机关的后勤保障工作。主要职责是局授权委托的管理职能，局计划生育管理工作、基本建设、局机关固定资产管理工作、局机关公务员医疗保险管理工作、机关安全保卫工作、局机关物业管理、会议服务、公务车辆管理、机关食堂管理以及局领导交办的应急任务等。2011 年服务中心坚持服务宗旨，贯彻落实精细化管理，统筹安排、落实责任，优化服务、细化管理。切实改进服务方式，努力提高机关后勤服务质量。为天津城乡规划事业的科学发展、和谐发展做出贡献。

【机构人员】

主任	黄　甡（至 10 月）
副主任	庞　浩（10 月起主持工作）
副主任	徐淑娟
副主任	吴　高（挂职）
副主任	胡俊朝（挂职）

服务中心编制 30 名，在编职工 21 名，非在编职工 68 名。下设 5 个部门：办公室、综合服务部、物业管理部和车务科。

【计划生育】 落实人口与计划生育政策，加大宣传力度，确保局系统低生育水平。按计划完成人口与计划生育管理工作，并完成局系统计划生育摸底调查活动。局系统所属 12 个单位，职工总数 3118 人，育龄职工总数 1863 人，领取独生子女父母奖励费 302 人；当年生育数为 59 人，其中局内申请二胎人数 2 人，局属单位申请二胎人数 2 人，确保无违法生育案例。

【基建工作】 积极主动，通力配合，做好局信息楼施工建设和综合配套设施建设；协调局机关办公楼装修；完成局机关办公家俱更新及旧家俱报废处理；完成局机关食堂改造工作。

【资产管理】 固定资产管理清晰准确，完成固定资产的报废、登记、划拨、审批等相关手续，完善审批制度。并以 2011 年 12 月 31 日为节点，进行资产立账立册工作。

【医疗保健】 积极筹建医务室，申请医保定点医疗机构资质，目前医务室筹备已完成。组织局机关人员进行健康体检和医疗服务工作。并组织第一中心医院专家来局义诊。

【安全保卫】 加强机关的安全保卫工作，在信息楼建设及局办公楼装修期间，采取有效措施，保证办公和施工区域、车辆及人员安全。集中对局机关 189 个灭火器及办公楼内消防设施进行更换和检查，节假日安排安全检查，责任到人，认真作好检查记录，发现漏洞及时处理，创建良好的工作及生活秩序，确保机关安全。

【物业管理】 提升物业管理是本年度服务中心的核心工作。强化管理职能，实施精细化管理。物业管理中坚持“三级管理、三级预案、三级巡查”制度，发现问题，迅速解决，确保各项办公设施完好、运转正常。全面提升保洁质量，落实岗位责任制，卫生清洁不留死角，保洁服务及时到位，保证办公环境整洁。严格执行会议服务标准，提高服务人员综合素质，确保会议服务优质，全年完成市级领导会议 75 次，局会议服务 2368 次。针对特殊岗位，积极组织培训，制定应急预案，圆满完成各项任务。

【车辆管理】 强化安全服务意识，做好车辆行驶、检修和停放管理工作。加强安全行车教育，建立驾驶员工作日志，做到规范行车、文明服务，合理调度、节能考核；坚持车辆的定期检测、维修，在确保局机关处室定向服务基础上，全年完成约 1000 人次出车，累计行驶 100 万千米未发生安全责任事故。信息楼施工期间，通过采取有效措施，调用可用资源，确保车辆安全、有序停放，全年未发生车辆失窃等责任事故。承担局系统公务用车专项治理工作，圆满完成任务。

【食堂管理】 以食堂改造为契机，提升食堂管理水平，改进服务措施，以保证食品安全为根本，合理调配营养，精心研究花色品种，力争餐餐色香味美、营养均衡、膳食合理。以征求意见表等形式，广泛听取局机关各部门的意见，对提出的问题和建议及时归纳总结，不断改进工作，提高服务质量。

【内部建设】 2011 年服务中心加强管理，落实精细化管理方案，从制度建设、岗位职责、工作标准、考核办法、监督机制五个方面入手，实施精细化管理。充分发挥领导班子的核心作用，进一步理顺内部管理体制，明确各部门职责，重点规范行政管理。通过加强办公室综合协调、沟通联络、督查督办的职能，各项工作效率明显提高。通过完善财务管理制度，严格执行财务预算，加强资金流管控，实施每季度通报财务状况，接受群众监督等措施，规范了财务管理，杜绝了资金使用“一支笔”现象，工作效率和水平得到显著提高。

（王蓓蓓）

天津市规划局人才开发交流服务中心

【概况】 天津市规划局人才开发交流服务中心是局系统内提供人才交流服务的单位。主要负责为规划系统各单位提供人事代理服务、人才招聘服务、工资管理服务、社险管理服务和档案管理服务。2011 年人才开发交流服务中心在局人事处的指导下，共为局系统 55 家单位、5000 人（次）提供各类代理服务，累计上门走访调研 120 余次，车辆保障数百次。全年与 12 家单位续签代理协议，与 5 家单位新签订代理协议，尽心竭力为规划系统各代理单位提供最优质的人事人才代理服务。

【机构人员】

主任　　张翰清（兼）

局人才开发交流服务中心编制 6 名，实有人员 6 名。下设 4 个岗位：人事代理岗、劳资管理岗、社险管理岗、档案管理岗。

【档案管理】 按照市委组织部对档案管理的有关要求，继续做好人事代理的 28 家单位、博才公司派遣服务 14 家单位、津宇公司派遣服务 13 家单位，共计 1996 卷档案的管理工作，其中人事档案 1896 卷，技术档案 100 卷。2011 年，新接收人事档案 191 卷；新订人事档案 241 卷；续订人事档案 946 卷；接收档案零散材料 3879 份；转出人事档案 105 卷；转出档案零散材料 728 份；完成各代理单位的档案索引目录的打印和装订，对所有转入、转出档案及零散材料做好登记造册工作。

【社险代理】 认真履行工作流程，扎实做好社会保险代理服务。2011 年为人事代理 28 家单位 534 人、博才公司 16 家单位 795 人、津宇公司 13 家单位 326 人，共计 1655 人提供社会保险、劳务派遣及相关服务。办理各单位新增、调入人员 228 人、调出 125 人、退休 7 人、死亡 6 人；办理合同登记及认证 279 人（次），合同续聘 6878 人（次），办理医药费报销 43 人（次）。

【工资代理】 严格劳资管理制度，认真做好工资管理和发放工作。全年共为 14 家代理单位 259 人，代发工资 4978 人（次）。其中，完成天津市滨海新区规划和国土资源局、天津市滨海高新技术产业开发区规划处等 3 家公务员单位 7 人（次）级别工资、42 人（次）考核晋档工资的调整工作；完成 12 家事业单位 209 人薪级工资和工作津贴的调整工作；完成了 2011 年度 8 家单位的干部年报和工资年报填报工作；协助 5 家单位完成了绩效工资摸底工作；按市人事局的统一格式要求，为各代理单位 251 人编制、记载工资档案。

【公积金代理】 细化服务内容和项目，大力做好公积金代缴和管理工作。2011 年继续为 12 家单位 460 人提供公积金代理服务，每月按时做好公积金汇缴工作，全年完成汇补缴业务达 4943 人（次）；完成各单位新增 100 人，其中新开户 85 人，转入 15 人汇缴业务，转出及减少封存 16 人，完成 96 人次的公积金补缴业务；完成各单位 74 人龙卡信息收集打印、信息表发放、核对等业务。

【内部建设】 打造过硬的人才服务队伍。加强学习与培训，熟练掌握最新的政策规定；优化人员配置，适时进行轮岗，发挥服务队伍的最大潜能。进行目标考核管理，具体落实到个人，并在每季度末进行分析与考核。进一步理顺内部管理机制，修改完善工作机制与流程，合理规避风险，使人才中心工作平稳健康发展；加强调研与走访，捕捉新信息、发现新情况、提出新举措，及时与各服务单位做好信息沟通与反馈，传达最新的政策与规定，了解用人单位的需求，协助解决矛盾与问题，保证各项工作的圆满完成。

（毛偲迪）

社团组织

天津市城市规划学会

【承办科协年会专题论坛】 为深入探讨环渤海一体化发展大计，承办了中国科协第十三届年会（天津）“特大型沿海城市群发展模式”专题论坛，组织国内规划界顶级专家领衔成立课题组，并专程赴国外考察，完成了会议主旨报告《世界级城市群—环渤海的共同责任》编写工作。邀请周干峙、邹德慈、彭一刚等京津两地部分院士及国家住建部领导和上海、北京、广东、深圳、唐山、沈阳、石家庄，青岛、潍坊、大连、秦皇岛等长三角、珠三角和环渤海十余个城市的规划局领导和专家共300余人参加会议。邀请吴良镛院士来津参加天津市党政领导座谈会，针对天津如何在环渤海地区发挥更大作用等热点问题提出了真知灼见。同时，完成会议论文的征集与出版工作。此次会议得到中国科协、中国城市规划学会和市领导高度评价。

【学术活动】 中国城市生态规划学术委员会2011年会暨“绿色中国·生态天津”高峰论坛在津召开。周干峙院士、邹德慈院士、国家住建部唐凯和孙安军等有关领导及来自全国城市生态规划方面的专家学者150余人到会。年会交流城市生态规划建设方面的最新成果，天津市“生态城市”建设经验得到业界广泛认可与推广。此外，还成功承办中国城市规划学会国外城市规划学术委员会及《国际城市规划》杂志编委会2011年年会。美国哈佛大学著名学者，《城市设计》及《城镇和城市规划原则》的作者阿里克思·魁戈教授，新都市主义创始人、美国伯克利大学丹尼尔.所罗门教授等国外规划大师出席会议并举办讲座，近500余人参加。为国际间学术交往与合作搭建良好平台。

【学术研究成果】 以“转型与重构”为主题，2011年第二届“魅力天津·学会杯”论文征集活动征集论文310篇，其中98篇分获一、二、三等奖，68篇获优秀奖，并出版《2011年魅力天津·学会杯优秀学术论文集》。组织部分会员参加在南京市举行的2011中国城市规划年会，推荐论文231篇，入围91篇，大会宣讲6篇，再创历年天津市入围全国年会论文总数之最。经推荐，大会授予天津市城市规划设计研究院2011年中国城市规划年会优秀组织奖。

【启动首届规划师沙龙】 为进一步促进规划行业学术交流，天津规划师沙龙在天津市建筑设计院正式启动，同时举办主题为“城市设计的应用和实践”沙龙活动，理事长尹海林到会并作重要发言。来自天津市50余位知名专家学者出席启动仪式。该沙龙是本市规划科技工作者及规划行业各单位自愿组成的专业性学术活动方式，与会专家学者畅所欲言，围绕主题，结合天津城市设计实践应用，学习借鉴国内外城市设计先进经验，在城市形态价值标准、城市空间与功能融合以及历史文化保护理念的城市设计等方面进行交流。

（王学斌）

天津市城市规划协会

【行业建设】 针对天津市规划行业中存在的问题，规划协会上半年开展行业自律、诚信建设活动。1

月份动员部署，2-4 月份自查自律，5-6 月份整改总结。各单位在学习文件、提高认识基础上，认真查找在规划编制和设计、生产经营活动中是否遵纪守法、遵守职业道德、廉洁自律、自觉维护国家和行业利益，并对查找出的问题分析原因，制定整改措施，汲取教训，提高防范意识。协会进一步修订《天津市城市规划行业自律公约》，制定《天津市规划行业自律、诚信建设及设计质量检查评审办法》、发布《关于开展行业自律、诚信建设活动倡议书》。组织检查组深入市规划院、天大规划建筑总院、中怡公司、大地天方公司、天勘设计院和新世纪公司等单位进行互检互查。协会领导还征求各单位对加强协会管理工作的建议意见。

【规划评优】 2010 年底进行优秀规划设计成果预申报工作。2011 召开评优工作动员会，并请知名专家对上届获奖项目进行点评和培训。经过专家委员会认真评审，共评出 2011 年度天津市优秀规划设计特等奖 1 项、一等奖 6 项、二等奖 22 项、三等奖 25 项、表扬奖 7 项；2011 年度天津市优秀村镇规划设计一等奖 1 项、二等奖 4 项、三等奖 4 项、表扬奖 2 项。拟推荐获二等奖以上项目参加全国优秀城乡规划设计评选。11 月底请全国知名专家对典型项目进行点评指导、提升和完善，力争在全国评选中取得最佳成绩。

【重要活动】 2011 年 8 月 27~28 日，在兰州组织召开中国城市规划协会规划管理专业委员会（以下简称中规协，挂靠在津）三届三次年会暨大城市规划局长座谈会。来自国家住房建设部、中规协和全国 27 个城市的近百名代表参会。住建部和兰州市主要领导作主题报告，天津市规划局局长尹海林作“深入开展精细化管理、全面提升天津城市规划工作水平”的经验介绍。会议对“十二五”时期的规划管理工作面临的新形势、新任务进行研讨并取得共识。

参与组织了在常州召开的 2011 年中国城市规划信息化年会，专题研究新形势下城市规划信息化可持续发展问题。

在四川什邡市主持召开了规划管理专业委员会技术管理组（中小城市组）第十四次会议。专题研究“十二五”时期中小城市规划管理工作形势任务，并提出对策性意见。

组织会员单位排练文艺节目于 8 月 31 日参加第三届京津地区规划单位汇演，并获优秀组织奖。

【组织建设】 完成了规划管理专业委员会、规划评优工作委员会、行业交流委员会三个二级组织的组建工作，制定工作规则和工作计划，举办会员单位联络员培训会。

【信息交流】 组织市局相关部门完成《天津运用城市设计加强城乡规划管理的实践》调研材料，参加 2011 年 3 月由中国城市规划协会、九三学社中央委员会等组织的“城市规划与科学发展”研讨会，并由局主要领导作专题发言，受到与会者好评。

全年编辑《城市规划信息》4 期，《中国城市规划管理》1 期。

（王东海）

天津市测绘学会

【组织建设】 2011 年召开理事会、常务理事会两次，发展团体会员 2 个、个人会员 73 名，学会现有个人会员 1549 名，团体会员 48 个。完善网络信息建设，召开会员单位信息联络员工作会议，整理全国各省测绘信息及文件，规范学会管理，使管理信息化、制度化、科学化。2011 年 7 月 15 日成立“中共天津市测绘学会支部”。完成 2011 年度社团年检、审计工作和“天津测绘”期刊年检工作。被天津市科协评为“2010-2011 年度学会之星”。

【协办中国科协年会】 2011 年 9 月 21-23 日天津市测绘学会协助中国测绘学会，在天津举办中国科协 13 届年会第 12 测绘分会场研讨会暨天津市测绘学会 2011 学术年会，中国测绘学会秘书长马赟、天津市规划局副局长沈磊到会并讲话，天津市各会员单位的 80 多位领导、测绘技术人员和全国各省市 36 位代表参加，邀请武汉大学李德仁、李建成院士做“从数字地球到智慧地球”和“应急测绘技术”专题学术报告，另有 12 位测绘专家也做了学术报告。从不同角度讲述测绘服务与应急管理的先进技术和成果。

大会向获得2011年天津市测绘学会优秀测绘工程奖单位和个人颁发证书。

【测绘工程奖评选】 根据“天津市优秀测绘工程奖评选细则”和“天津市2011年度优秀测绘工程奖评选工作规则”，8月30日~9月1日组织天津市2011年度优秀测绘工程奖评选工作，共收到25个会员单位申报的66个测绘项目，经评审委员会评审，评选出天津市2011年度优秀测绘工程奖47项，其中一等奖5项、二等奖16项、三等奖26项，获奖率70%。

上报中国测绘学会的2011年评优项目，分别获科技进步奖1项、优秀测绘工程金奖3项、银奖2项、铜奖4项。

【学术活动】 8个专业委员会共开展学术活动20场次，参加人数2136人次。2011年9月28日举行测绘新技术讲座报告会，86位会员单位领导和测绘技术人员参加培训。

【出版刊物】 2011年《天津测绘》出版2期，发表论文68篇，国内发行1100册。该刊物得到测绘行业广大会员单位和读者的大力支持，同时为广大测绘工作者了解、参与学会工作建立了技术交流、互相学习、相互促进和个人成长进步的科技园地。

（苏文强）

交流合作

国内交流合作

【五市规划交流会】 天津市规划局副局长沈磊带队赴上海参加京、津、沪、穗、渝五城市规划交流会。会议议题是创新理念，低碳生态城市的规划编制与实施管理；城乡统筹环境下的新城规划建设；《城乡规划法》实施后的规划编制办法探讨；规划管理技术应用创新。国家住建部总规划师唐凯和规划司司长孙安军分别讲话。沈磊作题为《天津市"一控规两导则"编管体系的探索与实践》报告。与会代表参观了上海市规划国土资源局信息中心信息化建设项目，考察了上海市有关规划建设案例。

【专题论坛】 京津两地部分院士和上海、北京、广东、深圳、唐山、沈阳、石家庄，青岛、潍坊、大连、秦皇岛等长三角、珠三角和环渤海十余个城市的规划局领导和专家300余人参加"特大型沿海城市群发展模式"专题论坛。共同探讨环渤海一体化发展大计。

【高峰论坛】 中国城市生态规划学术委员会2011年年会暨"绿色中国·生态天津"高峰论坛在津召开。来自全国城市生态规划方面的专家学者交流了城市生态规划建设方面的最新成果，共同探讨中国城市生态规划问题和未来发展之路，建立可持续生态系统管理作为城市生态规划管理的战略的建设性经验得到业内广泛认可与推广。

【来访交流】 2011年接待北京、上海、重庆、广州等43个城市规划部门约500多名同行来津学习交流。就规划编制与研究、规划管理与体制建设、规划决策与规划修改、规划公开与宣传、规划立法及信息化工作等多方面问题进行深入交流。

国际交流合作

【概况】 2011年初对全年因公出国工作进行统一部署和安排，制定出《天津市规划局2011年度因公出国（境）计划》，确定学习考察主题，责任部门和时间安排，全年计划安排29批次出国学习考察。全年由市局组团出国学习考察共15批次，91人次，随外单位团组12批次，20人次。与往年相比，2011年因公出国任务与规划项目结合得更紧密，更具针对性。

【考察印度规划建设】 按照市长黄兴国要求，为进一步提高海河教育园区及海河沿线重点项目方案设计水平，由局长尹海林、副局长郑嘉轩带队，市规划局、海河教育园区管委会、天大、南大、市规划院、建院及相关设计单位一行12人组成印度考察小组，于2011年9月15日至21日赴印度孟买、阿格拉和新德里三个城市进行考察调研。通过有针对性、有目的、有计划的现场勘查，从建筑形式、建筑色彩、建筑细部等方面，深入地了解具有代表印度特色的建筑。

主要体会与启迪：天津市新建建筑的设计特色还不够鲜明，处理手法还不够丰富，在建筑色彩搭配和细部处理还有待提升。

充分利用海河自然和历史资源搞好风貌保护区

建设创建海河沿岸景观。

（汪　勇）

【城市规划培训】 2011年6月8至15日，组织机关部分专业管理领衔人培养对象和各派出机构业务骨干共计25人，赴新加坡参加城市规划培训。通过培训，对新加坡城市规划先进理念和管理经验深有感受。在审查城市设计编制策划方案时，应邀请开发企业、项目所在区有关部门代表参加，提前与市场相结合，避免土地出让后修改规划，增强规划可操作性。在重点地区城市设计编制前，要提前将建设管理有关规定纳入规划设计条件。如建筑间距、高宽比等，避免出现选定的城市设计方案在实施时不符合管理规定的情况，保证城市设计导则可实施性。在历史文化保护规划方面，正确处理保护与发展的关系，实现文化和经济价值的双赢。保护规划注重对功能的引导，加强规划的实施性和操作性。建立以政府为主导、市场参与的保护与利用模式；工业园区在用地性质和建筑使用上，鼓励多功能配套发展，集约节约利用土地。增强园区发展弹性需求，应对市场变化，提高实施灵活性。提供完善的基础设施、生态环境和便捷服务，增强园区软实力；市政设施规划要制定地下管廊道路两侧绿化带敷设技术标准和规范，减少重复破路对交通的影响。突出天桥人性化管理，立体绿化作为规划条件要件之一，在设计方案时加以认真审查；城市住宅规划要着重征求公众机构和团体组织的意见。

（王宗树）

综合统计

概 况

2011年，天津市常住人口1354.58万人，全市规划总面积11919.7平方公里。全市建成区面积754.08平方千米（2010年数据）。地区生产总值完成11190.99亿元，比上年增长16.4%；地方财政收入1454.87亿元；全社会固定资产投资7510.67亿元，比上年增长31.1%；基础设施投资完成1567.78亿元，比上年增长8.8%；全市城镇化率达到80.50%，比上年提高0.95个百分点；全市土地供应总量8628.15公顷，比上年增长27.9%；滨海新区生产总值完成6206.87亿元。港口吞吐量4.53亿吨，集装箱吞吐量1159万标准箱。城市居民人均可支配纯收入26921元，比上年实际增长10.8%；农村居民人均纯收入13572.2元，比上年增长15.5%。

业务案件审批统计

【核发《建设用地规划许可证》统计】 2011年度全市核发《建设用地规划许可证》1466件，界内用地面积7243.14公顷。其中居住用地2433.39公顷，公共设施用地876公顷，工业用地2832.89公顷，仓储用地465.17公顷，对外交通用地29.23公顷，道路广场用地132.61公顷，市政公用设施用地124.54公顷，绿地339.72公顷，储备用地1.75公顷，特殊用地7.86公顷。全市建设用地审批规模与去年相比减少5.52%，审批工业用地规模同比增长3.31%，审批居住用地规模同比下降11.94%，审批公共设施用地规模同比下降30.78%。

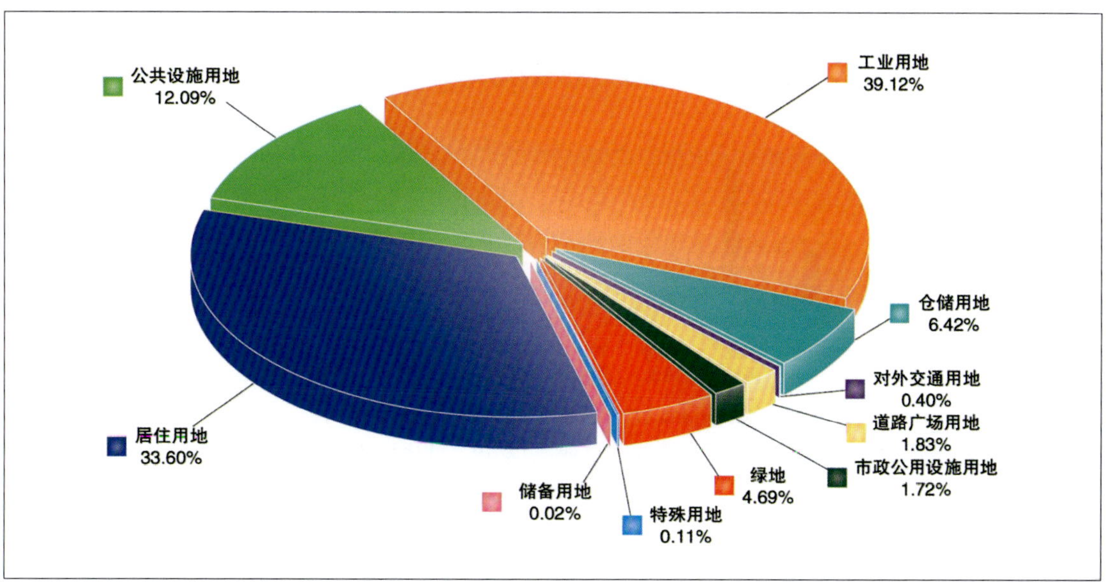

2011年1–12月天津市建设用地审批规模分类示意图

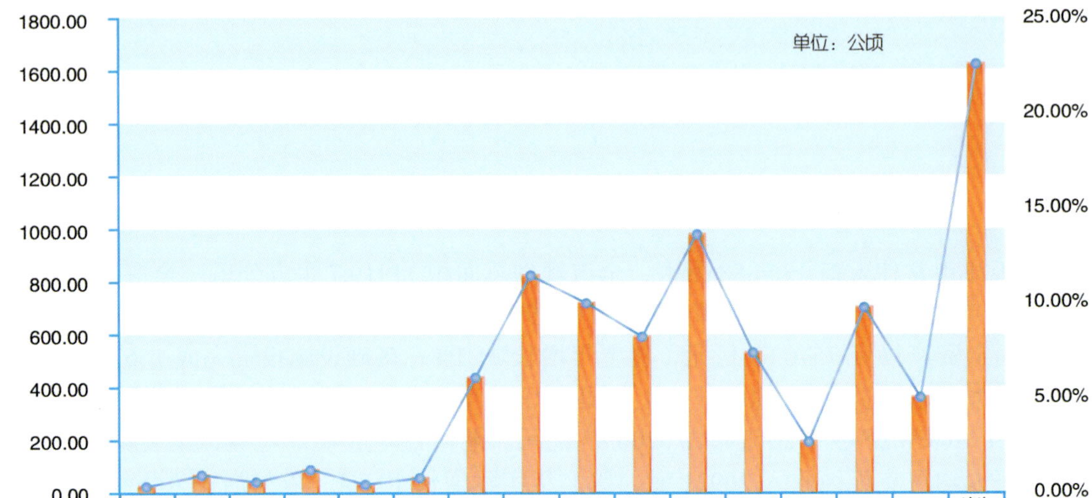

	和平区	河北区	河东区	河西区	南开区	红桥区	东丽区	津南区	西青区	北辰区	武清区	宝坻区	蓟县	静海县	宁河县	滨海新区
行政区划	21.60	62.98	36.59	81.84	26.39	52.34	436.96	825.49	717.67	588.55	982.15	527.14	188.76	703.87	357.94	1632.90
比重	0.30%	0.87%	0.51%	1.13%	0.36%	0.72%	6.03%	11.40%	9.91%	8.13%	13.56%	7.28%	2.61%	9.72%	4.94%	22.53%

2011 年 1–12 月天津市建设用地审批规模示意图

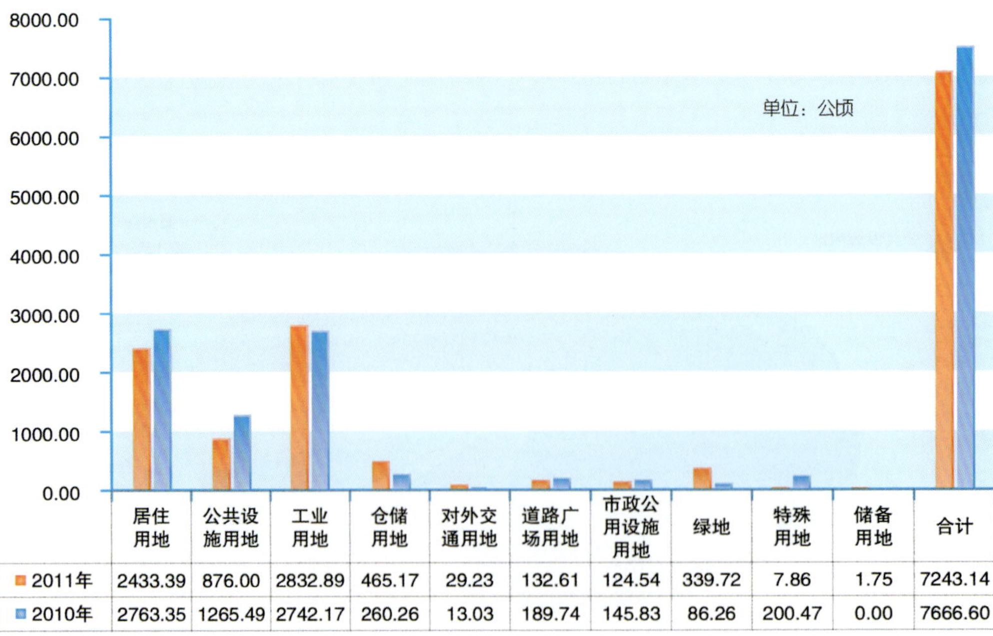

	居住用地	公共设施用地	工业用地	仓储用地	对外交通用地	道路广场用地	市政公用设施用地	绿地	特殊用地	储备用地	合计
2011年	2433.39	876.00	2832.89	465.17	29.23	132.61	124.54	339.72	7.86	1.75	7243.14
2010年	2763.35	1265.49	2742.17	260.26	13.03	189.74	145.83	86.26	200.47	0.00	7666.60

2010、2011 年天津市建设用地审批规模同期比较示意图

【审定修建性详细规划方案统计】 2011 年全市共审定修建性详细规划方案 634 件，总建筑面积 7279.88 万平方米。其中居住建筑面积 4438.6 万平方米，公共设施建筑面积 1703.2 万平方米，工业建筑面积 855.16 万平方米，市政基础设施建筑面积 44.01 万平方米，道路广场建筑面积 67.70 万平方米，仓储建筑面积 81.18 万平方米，特殊用地建筑面积 0.77 万平方米，对外交通建筑面积 58.33 公顷，绿地建筑面积 30.95 公顷。

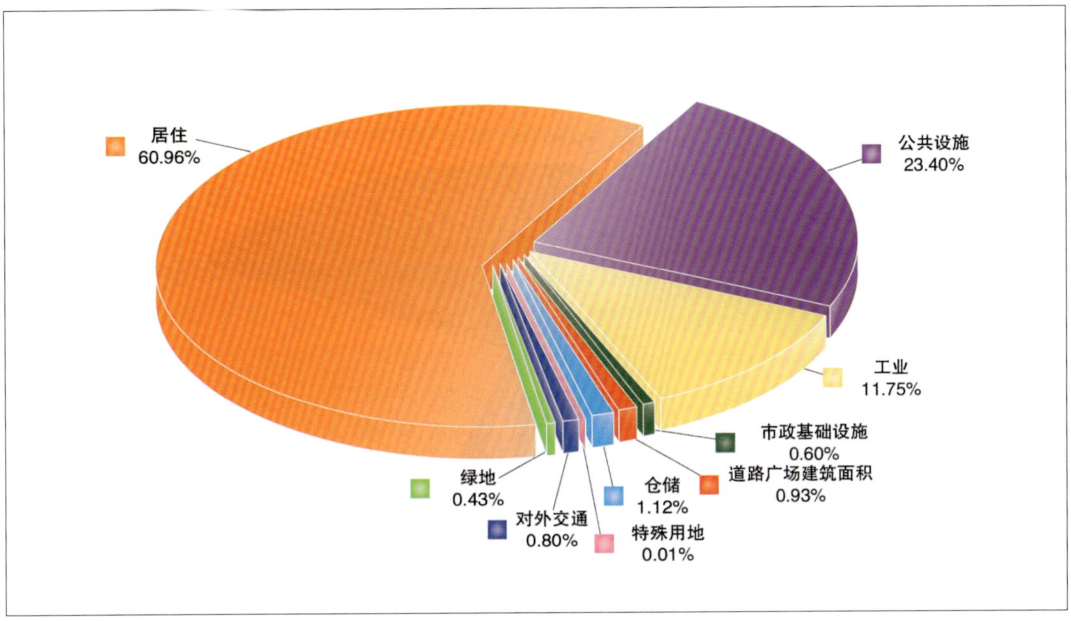

2011 年天津市修建性详细规划审批情况

【审定总平面方案统计】 2011 年全市共审定总平面方案 1181 件，总建筑面积 5010.31 万平方米。其中居住建筑面积 2494.90 万平方米，公共设施建筑面积 668.56 万平方米，工业建筑面积 1575.40 万平方米，市政基础设施建筑面积 64.75 万平方米，道路广场建筑面积 9.41 万平方米，仓储建筑面积 180.11 万平方米，对外交通建筑面积 3.26 万平方米，绿地面积 11.27 万平方米，特殊用地建筑面积 2.75 万平方米。

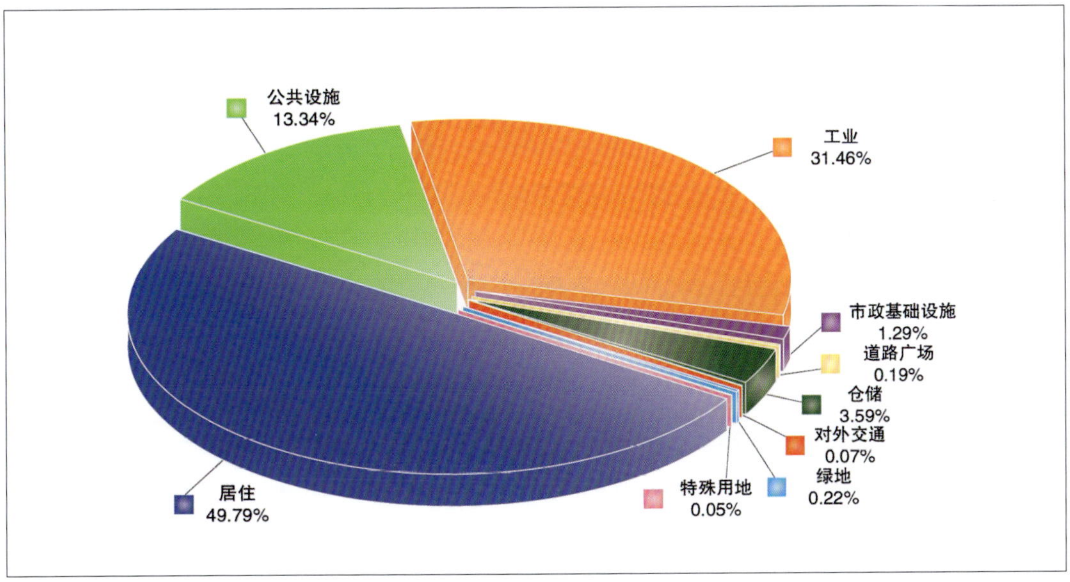

2011 年天津市总平面方案审批情况

【核发《建设工程规划许可证》统计】 2011年核发《建设工程规划许可证》2452件，总建设面积5755.99万平方米。其中居住2658.09万平方米，公共设施1124.59万平方米，工业1660.27万平方米，仓储111.04万平方米，对外交通2.68万平方米，道路广场25.5万平方米，市政公用设施17.91万平方米，绿地122.07万平方米，特殊33.85万平方米。全市建设工程审批规模与去年相比减少1.77%，市内六区和环城四区审批规模同比下降14.42%，五区县审批规模同比增长31.76%，滨海新区审批规模同比下降6.52%。全市审批工业项目建设规模同比增长21.80%，审批居住和公共设施项目建设规模同比分别下降10.19%和10.06%。

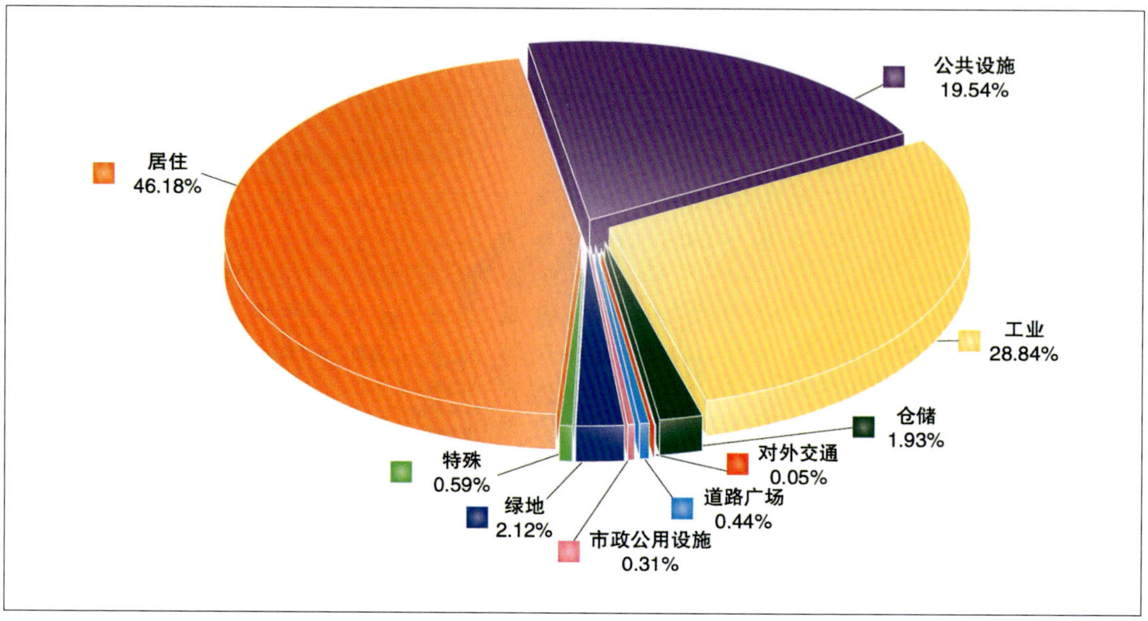

2011年1-12月天津市建设工程审批规模分类示意图

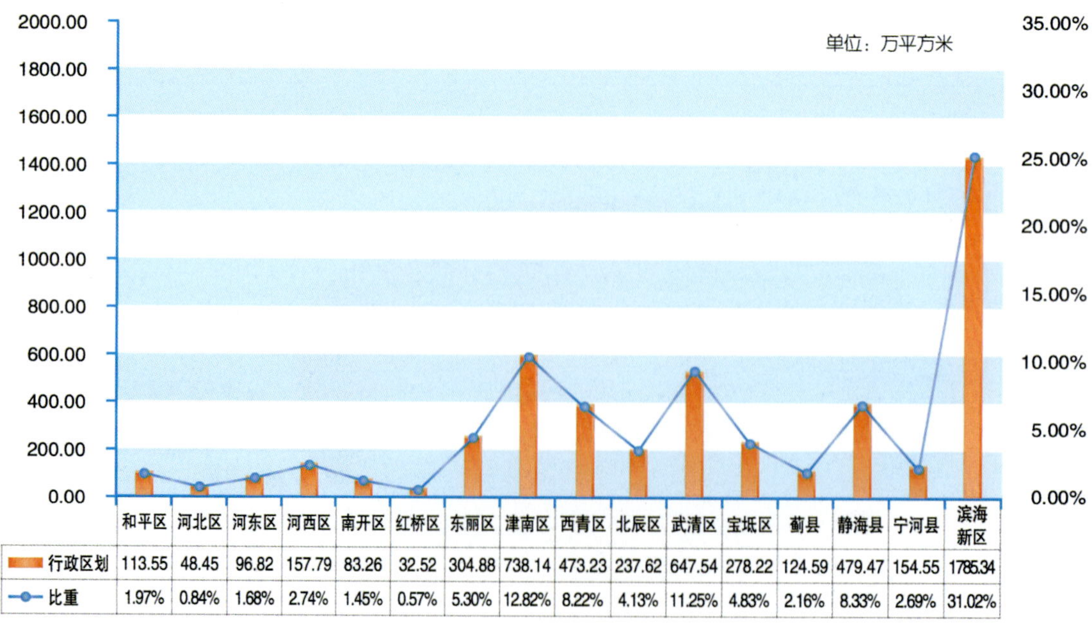

	和平区	河北区	河东区	河西区	南开区	红桥区	东丽区	津南区	西青区	北辰区	武清区	宝坻区	蓟县	静海县	宁河县	滨海新区
行政区划	113.55	48.45	96.82	157.79	83.26	32.52	304.88	738.14	473.23	237.62	647.54	278.22	124.59	479.47	154.55	1785.34
比重	1.97%	0.84%	1.68%	2.74%	1.45%	0.57%	5.30%	12.82%	8.22%	4.13%	11.25%	4.83%	2.16%	8.33%	2.69%	31.02%

2011年1-12月天津市建设工程审批规模示意图

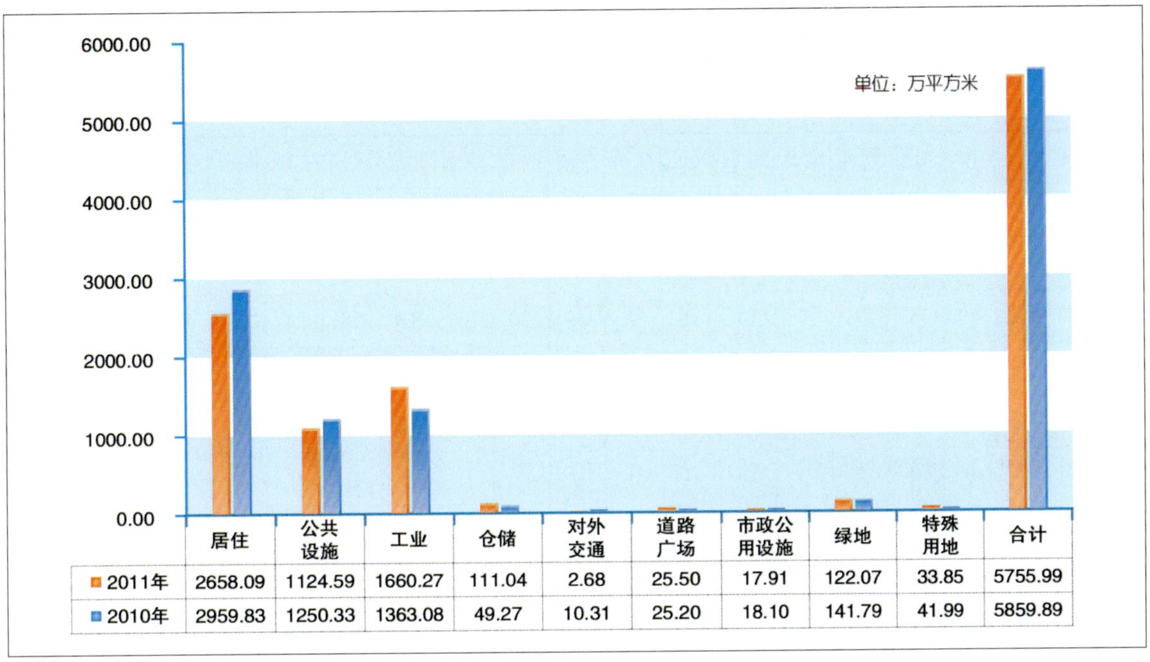

2010、2011 年天津市建设工程审批规模同期比较示意图

2011 年天津市各行政区域规划许可审批统计表

行政区划	建设用地规划许可			建设工程规划许可		
	件数	用地规模（公顷）	百分比	件数	建设规模（万平方米）	百分比
中心城区	122	281.73	3.89	223	532.40	9.25
和平区	19	21.60	0.30	41	113.55	1.97
河北区	28	62.98	0.87	24	48.45	0.84
河东区	15	36.59	0.51	50	96.82	1.68
河西区	22	81.84	1.13	37	157.79	2.74
南开区	20	26.39	0.36	49	83.26	1.45
红桥区	18	52.34	0.72	22	32.52	0.57
环城四区	439	2568.66	35.46	632	1753.88	30.47
东丽区	48	436.96	6.03	103	304.88	5.30
津南区	178	825.49	11.40	235	738.14	12.82
西青区	109	717.67	9.91	180	473.23	8.22
北辰区	104	588.55	8.13	114	237.62	4.13
五区县	551	2759.86	38.10	926	1684.37	29.26
武清区	217	982.15	13.56	338	647.54	11.25
宝坻区	123	527.14	7.28	213	278.22	4.83
蓟县	34	188.76	2.61	113	124.59	2.16
静海县	135	703.87	9.72	203	479.47	8.33
宁河县	42	357.94	4.94	59	154.55	2.69
滨海新区	354	1632.90	22.53	671	1785.34	31.02
合计	1466	7243.14	100.00	2452	5755.99	100.00

2011 年全市市政业务案件各审批阶段审批数量统计表（不含滨海各功能区）

单位：件

审批阶段	市	和平	河西	南开	河东	河北	红桥	东丽	西青	津南	北辰	武清	宝坻	蓟县	静海	宁河	滨海	园区	合计
选址意见书	47	1	25	3	20	21	4	67	101	62	35	80	34	21	42	13	31	10	617
规划条件	44	9	111	19	19	11	18	22	67	16	32	19	53	21	12	2	28	13	416
建设用地规划许可证	49	5	7	5	14	5	9	31	20	32	13	58	21	5	84	3	16	10	387
规划设计方案	137	33	56	49	48	37	36	65	138	59	60	37	53	35	23	15	74	16	971
建设工程规划许可证	111	29	53	43	56	17	39	36	61	21	34	21	43	6	52	1	33	69	725
规划验收	9	0	0	0	0	0	0	0	3	0	0	0	0	0	2	0	3	17	34
合计	397	77	152	119	157	91	106	221	390	190	174	215	204	88	215	34	185	135	3150
占全局业务案件量的比例	13%	2%	5%	4%	5%	3%	3%	7%	12%	6%	6%	7%	6%	3%	7%	1%	6%	4%	100

2011 年建筑工程规划验收情况统计表

单 位	2011 年	
	数量（件）	面积（万平方米）
和平	20	100.76
河北	30	80.34
河东	37	91.11
河西	28	91.58
南开	34	136.73
红桥	18	84.43
新四区	418	1228.95
五区县	583	832.1
滨海新区	389	1093.4
合计	1557	3739.40

2011 年办理测绘管理行政许可事项统计表

序号	行政许可项目	件数
1	地图编制审核	16
2	国家基础测绘成果资料提供使用审批	34
3	测绘资质审批	4
4	对外提供测绘成果审批	21
5	测绘作业证审核	5

行政复议、应诉与信访

行政复议工作统计表

		受理（件）	结案（件）	维持（件）	撤销（件）	终止（件）	驳回（件）	调解（件）	备注
2010年	市局立案	15	10	5	1	3	0	1	5件正在审理
	市政府立案	7	7	7	0	0	0	0	
	合计	22	17	12	1	3	0	1	
2011年	市局立案	24	23	12	0	6	3	0	2件责令限期履行，1件正在审理
	建设部立案	3	3	2	0	1	0	0	
	合计	27	26	14	0	7	3	0	

行政应诉工作统计表

	受理（件）	维持（件）	撤诉（件）	备注
2010年	93	90	0	3件正在审理
2011年	11	8	0	3件正在审理

信访工作统计表

	接待群众来访批次（批）	接待群众来访人次（人）	收到群众来信（件）	接听专线电话（个）	列入督查事项（件）	督查案件办结（件）
2010年	322	1174	249	4658	9	9
2011年	378	1476	150	4569	12	12

天津市 2010 年建成区面积构成

单位：平方千米

城市（县城）名称		2009 年建成区面积	2010 年建成区面积	增减值	城市建设用地情况									
					小计	居住用地	公共设施用地	工业用地	仓储用地	对外交通用地	道路广场用地	市政公用设施用地	绿地	特殊用地
中心城区		280.72	280.83	0.11	280.83	112.01	39.89	39.61	8.73	7.42	33.93	6.78	27.22	5.24
滨海新区	塘沽	83.75	86.52	2.77	86.52	19.84	9.25	22.98	6.56	6.02	6.45	4.92	9.18	1.32
	港口	35.05	41.55	6.50	41.55	0.00	0.00	0.00	0.00	41.55	0.00	0.00	0.00	0.00
	开发区	49.43	53.52	4.09	53.52	5.06	5.38	26.61	1.01	0.24	8.53	1.62	5.07	0.00
	保税区	23.41	27.99	4.58	27.99	0.41	2.74	13.36	2.43	0.00	5.06	0.62	3.36	0.00
	汉沽	18.80	19.12	0.32	19.12	5.38	1.93	5.47	0.63	0.83	1.34	0.25	3.29	0.00
	大港	73.69	74.10	0.41	74.10	12.60	9.70	19.80	1.20	0.40	6.60	1.80	20.90	1.10
	高新区		1.64	1.64	1.64	0.29	0.20	1.12	0.00	0.00	0.00	0.02	0.00	0.00
其他区县	津南区	22.02	23.39	1.37	23.39	6.41	3.73	2.80	0.31	3.06	1.50	1.93	3.63	0.02
	西青区	15.49	15.49	0.00	15.49	2.57	3.84	2.35	0.45	0.58	1.66	0.72	0.68	2.64
	武清区	42.93	44.74	1.81	44.74	13.81	2.90	18.83	1.61	1.66	2.32	1.05	2.28	0.28
	宝坻区	17.34	17.82	0.48	17.82	8.14	1.98	2.72	0.53	0.22	2.61	0.17	1.40	0.05
	静海县	17.50	17.50	0.00	17.50	9.25	0.81	2.86	0.95	1.08	0.43	0.55	0.87	0.70
	宁河县	16.26	23.78	7.52	23.78	5.15	1.22	10.62	0.62	0.72	3.66	0.35	0.84	0.61
	蓟县	25.13	26.09	0.97	26.09	11.37	4.63	2.49	0.57	1.21	3.47	0.89	1.25	0.20
合计		721.52	754.08	32.56	754.08	212.30	88.21	171.62	25.61	64.99	77.57	21.67	79.97	12.15

附 录

天津市人大常委会关于批准《天津市空间发展战略规划》的决议

（2011 年 9 月 14 日天津市第十五届人大常委会第二十六次会议通过）

天津市第十五届人民代表大会常务委员会第二十六次会议，审议了《天津市空间发展战略规划》（以下简称《战略规划》）。会议认为，《战略规划》体现了胡锦涛总书记对天津工作提出的“两个走在全国前列”、“一个排头兵”的重要要求，以及市委九届三次全会精神，是全面深入贯彻落实科学发展观的重要举措。规划充分结合我市发展实际和新的发展要求，提出实施“双城双港、相向拓展、一轴两带、南北生态”的总体战略，对于加快推进滨海新区开发开放，实现天津城市定位，优化城市空间布局结构，拓展城市发展空间，提升城市载体功能，促进三个层面联动协调发展，具有十分重要的意义。会议决定批准《天津市空间发展战略规划》。

会议指出，《战略规划》集中体现了全市人民的意志和愿望，是对今后天津城市发展方向、空间布局、城市功能等重大问题做出的战略性展望和安排，是编制城乡规划、土地利用总体规划、国民经济和社会发展规划、各项事业发展规划和进行各项建设活动、实施城市管理的依据。各级人民政府和有关部门应当严格遵守，不得擅自改变，保持《战略规划》的长期性和稳定性。会议要求，各区县、各部门要充分认识实施《战略规划》的重要意义和作用，明确职责，加强协调，增强合力，切实加大实施《战略规划》的力度，自觉维护《战略规划》的权威性和严肃性。要按照《战略规划》的要求，加快城市总体规划的修改工作，深化和完善各区县规划和专项规划，推进空间发展战略的实施。要充分发动人民群众，提高规划意识，加强对规划的学习和宣传，宣传部门要充分利用各种媒介广泛宣传，使规划主要内容，家喻户晓、人人皆知，增强全社会的规划意识，形成全社会了解规划、执行规划、监督规划实施的局面。要按照市委市政府的统一部署，在《战略规划》的指导下，坚持高起点规划，高水平建设，高效能管理，立足当前，着眼长远，整体推进，重点突破，展现天津大气洋气、清新靓丽、中西合璧、古今交融的城市特色和风格。把天津建设成为独具特色的国际性、现代化宜居城市，加快实现国际港口城市、北方经济中心和生态城市的定位。

关于天津市空间发展战略规划的报告

——2011年9月14日在天津市第十五届人大常委会第二十六次会议上

天津市人民政府副市长 李文喜

主任、各位副主任、秘书长、各位委员：

下面，我向大家报告《天津市空间发展战略规划》（以下简称《战略规划》）的编制工作和主要内容。

一、《战略规划》的编制背景和过程

2006年7月，国务院批复《天津市城市总体规划（2005-2020年）》（以下简称《总体规划》）。该规划进一步明确了天津国际港口城市、北方经济中心和生态城市的城市定位，拓展了城市发展空间，在促进全市经济社会发展和指导城市建设等方面发挥了重要作用。

《总体规划》实施以来，特别是滨海新区纳入国家区域发展总体战略以来，天津的发展速度远超过规划预期。在国家有关部委的大力支持下，一批《总体规划》制定时尚未确定的重大项目先后落户新区建设。中新天津生态城、天津东疆保税港区、海河教育园区、子牙循环经济产业园区、空客A320系列飞机总装及20多个配套项目、新一代运载火箭、无人飞机、国家超级计算天津中心、海水淡化循环经济项目、铁道部综合维修基地、中俄合资大炼油项目、300万吨造船等近100项高水平大项目加快建设。滨海新区现有的发展空间规模、交通组织、产业布局等难以适应天津发展新要求。

按照胡锦涛总书记对天津工作提出的“两个走在全国前列”、“一个排头兵”的重要要求，以及市委九届三次全会精神，为深入贯彻落实科学发展观，应对和解决城市发展中的新情况、新问题，加快推进天津滨海新区开发开放，深化和完善《总体规划》，促进中心城区、滨海新区、外围区县三个层面联动协调发展，加快实现天津城市定位，按照市委、市政府的总体安排，自2008年5月开始，按照“政府组织、专家领衔、部门合作、公众参与、科学决策”的工作模式，开展了《战略规划》的编制工作。

高丽书记、兴国市长对这项工作高度重视，多次听取汇报，提出重要的指导意见。建平副市长亲自抓，多次主持研究修改。市委、市政府有关部门和各区县政府积极参与，提出了许多很好的意见和建议。

在《战略规划》的编制过程中，我们组织召开了40多次专题会议，充分征求有关部门的意见和建议，并邀请规划、经济、生态、港口、交通等领域的30多位专家学者进行了反复研讨和论证。同时，还开展了区域关系、港口集疏运、盐田利用、生态体系等多项专题研究，并与相关专项规划进行了衔接。

2009年5月6日和5月27日，《战略规划》分别经市政府第28次常务会议和市委常委会第16次（扩大）会议审议并原则通过。6月3日—12日，《战略规划》通过新闻媒体、规划展览馆展示等方式公开向全市人民征求意见，产生了强烈的社会反响。征求意见期间，参观市民达3万余人，整理形成意见2000余条，新闻媒体发布新闻稿件1000余篇（条）。我们对意见逐条进行了认真研究，充分吸纳，对《战略规划》进一步深化完善。7月12日，第35次市长办公会议审议通过了《关于〈天津市空间发展战略规划〉征求意见情况》的汇报。

二、《战略规划》的主要内容

《战略规划》主要由总体战略和发展策略两个部分组成。

（一）总体战略

规划紧紧围绕市委“一二三四五六”的奋斗目标和工作思路，依托京津冀，服务环渤海，面向东北亚，用区域和国际视野，着眼天津未来长远发展，着力优化空间布局、提升城市功能，提出了实施“双城双港、相向拓展、一轴两带、南北生态”的总体战略。

1.双城双港

双城是指中心城区和滨海新区核心区，是天津城市功能的核心载体。中心城区通过有机更新，优化空间结构，发展现代服务业，传承历史文脉，全面提升城市功能和品质。滨海新区核心区通过集聚先进生产要素，实现城市功能的跨越，成为服务和带动区域发展的新的经济增长极。

双港是指天津港的北港区和南港区，是城市发展的核心战略资源，是天津发展的独特优势。北港区包括北疆港区、南疆港区、东疆保税港区以及临港经济区，重点发展集装箱运输、旅游和客运等综合功能以及重型装备制造业。南港区主要是独流减河以南规划建设的新港区。近期主要依托石化、冶金等重化工业，建设工业港区，远期将建设成为现代化的综合性港区。

通过加快滨海新区核心区建设，实现市域空间组织主体由“主副中心”向“双中心”结构转换提升，构成双城发展的城市格局。通过加快南港区建设，扩大天津港口规模，培育壮大临港产业，调整优化集疏运体系，促进港城协调发展，加快建设我国北方国际航运中心和国际物流中心，增强港口对城市和区域的辐射带动功能。

2.相向拓展

相向拓展是指双城及双港相向发展，是城市发展的主导方向。中心城区沿海河向下游区域主动对接，为滨海新区提供智力支持和服务保障。滨海新区核心区沿海河向上游区域扩展，放大对中心城区的辐射带动效应，实现优势互补，联动发展。重点开发双城之间的海河中游地区，逐步发展成为天津市的行政文化中心和我国北方重要国际交流中心。同时，统筹推进双港开发建设，相向发展，实现双港分工协作，临港产业集聚，南北功能互补，做大做强天津的港口优势。

通过双城及双港相向拓展，引导城市轴向组团式发展，形成老区支持新区率先发展、新区带动老区加快发展，海河上、中、下游区域协调发展、良性互动、多极增长的新格局。

3.一轴两带

一轴是指“京滨综合发展轴”，依次连接武清区、中心城区、海河中游地区和滨海新区核心区，有效集聚先进生产要素，承载高端生产和服务，强化国际职能，集中体现城市历史底蕴的科技文化带，是天津城市发展的主体脊梁。两带是指贯穿区县的“东部滨海发展带”和“西部城镇发展带”。“东部滨海发展带”贯穿宁河、汉沽、滨海新区核心区和大港，向南辐射河北南部及山东半岛沿海地区，向北与曹妃甸和辽东半岛沿海地区遥相互动。“西部城镇发展带”贯穿蓟县、宝坻、中心城区、西青和静海，向北对接北京并向河北北部和内蒙延伸，向西南辐射河北中南部，并向中西部地区拓展。

通过“一轴两带”，拓展城市发展空间，提升新城和城镇功能，统筹区域和城乡发展；进一步加强与北京的战略对接，扩大同城效应，与北京共建世界级城市；进一步加强与河北省的产业协作；强化天津服务带动作用，促进和扩大与环渤海地区、中西部地区的经济交流与合作，加快形成我国东中西互动、南北协调发展的区域发展格局。坚持开放带动战略，强化滨海新区改革示范效应，增强天津参与经济全球化和区域经济一体化的能力。

4.南北生态

南生态是指以京滨综合发展轴以南的“团泊洼水库—北大港水库”湿地生态环境建设和保护区为核心，构建南部生态体系。

北生态是指以京滨综合发展轴以北的蓟县山地生态环境建设和保护区、“七里海—大黄堡洼”湿地生态环境建设和保护区为核心，构建北部生态体系。

通过“南北生态”保护区的建设，完善城市大生态体系，构建天津城市生态屏障。同时，大力发展循环经济和清洁产业，建设循环经济产业链，促进资源集约利用和循环利用，增强天津的环境承载力，提高城市的可持续发展能力。建立资源节约型、环境友好型城市发展模式，实现建设生态城市的发展目标。

（二）发展策略

规划依据总体战略，统筹三个层面联动协调发展，调整完善空间结构和发展策略，进一步明确滨海新区、中心城区和各区县的功能定位和发展方向，优化要素资源配置，形成多点支撑、多元发展、多极增长的市域空间格局。

1.滨海新区发展策略

为充分发挥滨海新区的引擎、示范、服务、门户和带头作用，统筹空间布局，优化产业结构，提升综合功能，实现率先发展，滨海新区实施“一核双港、九区支撑、龙头带动”的发展策略。

一核是指滨海新区金融商务核心区，由于家堡金融商务区、响螺湾商务区、解放路和天碱商业区、蓝鲸岛及大沽炮台生态区等组成。重点发展金融服务、现代商务、高端商业，建设成滨海新区的标志区和国际化门户枢纽。双港是指总体战略中天津港的北港区和南港区，形成以南北港区为核心的港口布局体系。

九区是指滨海新区的九个功能区，包括：滨海新区中心商务区、临空产业区、滨海高新区、先进制造业产业区、中新天津生态城、滨海旅游区、海港物流区、临港经济区、南港工业区。九区支撑是指通过九个功能区的产业布局调整、空间整合，打造航空航天、石油化工、装备制造、电子信息、生物制药、新能源新材料、轻工纺织、国防科技等 8 大支柱产业，形成产业特色突出、要素高度集聚的功能区，成为高端化、高质化、高新化的产业发展载体，支撑新区发展，发挥对区域的产业引导、技术扩散、功能辐射作用。

龙头带动是指通过加快“一核双港九区”的开发建设，提升综合服务功能，营造一流发展环境，凸显滨海新区作为新的经济增长极的龙头带动作用，在加快天津发展，促进环渤海地区经济振兴，推动全国区域协调发展中发挥更大作用。

2.中心城区发展策略

为缓解城市功能过度集中，人口、交通和环境压力不断加大等问题，塑造中心城区现代化大都市形象，提高城市综合服务功能，实施“一主两副、沿河拓展、功能提升”发展策略。

一主两副是指“小白楼、解放南路、文化中心周边地区”城市主中心和“西站地区”、“天钢柳林地区”两个综合性城市副中心。通过构建“一主两副”的中心结构，实现中心城区由单中心向多中心转变，完善综合服务功能，塑造更加科学合理的城市空间形态。

沿河拓展是指以“一主两副”为重点，实施沿海河拓展策略，进一步加强海河两岸综合开发改造，把海河两岸打造成特色鲜明、独具魅力的现代服务业集聚区。

功能提升是指通过合理控制中心城区规模，调整优化用地布局和产业结构，重点发展金融、商贸、文化、教育、科研、旅游等现代服务业，提升城市载体功能、文化品位和宜居程度，实现中心城区功能全面提升。

3.外围区县发展策略

为提高外围区县综合实力，突出区县发展特色，加强城乡互动，实现各区县加快发展，规划提出外围区县实施“新城集聚、多点布局、特色发展”的策略。

新城集聚主要是指武清、宝坻、静海、宁河、蓟县、京津和团泊等新城，要按照其功能定位发展，形成合理规模，进一步完善载体功能，壮大经济实力，带动区县发展。

多点布局主要是通过构建中心镇—一般镇—中心村三级镇村体系，统筹城乡居民点、产业、基础设施布局，促进人口和产业合理聚集，提升城镇综合实力和服务带动能力，成为带动区县加快发展新的增长点。

特色发展主要是立足本地资源条件、产业基础和比较优势，明确功能定位和发展方向，彰显产业特色、环境特色、文化特色和建筑特色，推进农村居住社区、示范工业园区、农业产业园区“三区”统筹联动发展，促进各区县与滨海新区、中心城区的产业对接和互动。

通过《战略规划》，进一步确立了城市发展主轴，强化了滨海新区的地位，提升了城市职能，构建生态体系，城市空间布局更加合理，为天津跨越式发展打开了巨大承载空间，为城市面貌的根本性改变奠定了基础。

下一步，按照市委、市政府的统一部署，在《战略规划》的指导下，坚持高起点规划，高水平建设，高效能管理，立足当前，着眼长远，整体推进，重点突破，展现天津大气洋气、清新亮丽、中西合璧、古今交融的城市特色和风格，把天津建设成为独具特色的国际性、现代化宜居城市，实现国际港口城市、北方经济中心和生态城市的定位。

以上是对《战略规划》编制过程和主要内容的汇报，请市人大常委会审议。

天津市空间发展战略规划条例

（2011年11月18日天津市第十五届人大常委会第二十八次会议通过）

第一条 为了贯彻落实科学发展观，保证本市空间发展战略规划和布局的连续性，彰显城市特色，把天津建设成为独具特色的国际性、现代化宜居城市，实现国际港口城市、北方经济中心和生态城市的定位，制定本条例。

第二条 本市空间发展战略规划是对城市发展方向、空间布局、城市功能等重大问题做出的战略性展望和安排。

第三条 本市空间发展战略规划由市人民政府组织编制和实施，具体工作由市规划主管部门负责，市各有关部门和各区、县人民政府应当予以配合。

第四条 编制本市空间发展战略规划，应当落实国家发展战略要求，坚持以人为本、区域协调和可持续发展，突出发展特色和优势，优化空间布局结构，改善生态环境，保护历史文化遗产，促进资源集约合理利用。

第五条 编制本市空间发展战略规划遵循下列程序：

(一) 对本市空间布局现状和发展趋势进行评估和预测，提出编制或者修改建议，报市人民政府决定；

(二) 组织有关单位编制本市空间发展战略规划方案；

(三) 组织有关方面专家进行科学论证；

(四) 向社会公示，公开征求意见；

(五) 对专家和公众意见进行研究吸纳，并采取适当方式予以反馈说明。

第六条 本市空间发展战略规划经市人民政府常务会议审查同意后，提请市人民代表大会常务委员会审议批准。

修改本市空间发展战略规划，应当按照本条例规定的编制和审批程序进行；未经法定程序不得修改。

第七条 经市人民代表大会常务委员会批准的本市空间发展战略规划，应当向社会公布，接受社会监督。

第八条 本市空间发展战略规划，应当作为编制本市城乡规划、土地利用总体规划、国民经济和社会发展规划、各项事业发展规划的依据。

各级人民政府和有关部门应当严格遵守本市空间发展战略规划，不得擅自改变空间发展战略布局。

第九条 本市实施“双城双港、相向拓展、一轴两带、南北生态”的总体战略，优化空间布局结构，提升城市功能。

第十条 本市构建以中心城区和滨海新区核心区为双城、天津港南港区和北港区为双港的相向发展格局，坚持双城双港合理分工，功能互补，促进港城协调发展。

第十一条 本市沿京滨综合发展轴和东部滨海发展带、西部城镇发展带,拓展城市发展空间，促进与周边省市及其他地区的协作与交流。

第十二条 本市建设以“团泊洼水库—北大港水库”湿地为重点的南部生态体系，以蓟县山地和“七里海—大黄堡洼”湿地为重点的北部生态体系，形成南北生态屏障，完善城市生态体系。

第十三条 实施本市空间发展战略规划，应当统筹滨海新区、中心城区和其他区县联动协调发展，明确各自功能定位和发展方向，调整完善空间结构和发展策略，优化要素资源配置。

第十四条 实施本市空间发展战略规划，应当发挥规划设计导则的作用，加强对建筑和景观的管理，体现大气洋气、清新亮丽、中西合璧、古今交融的城市特色和风格。

第十五条　市和区、县人民代表大会常务委员会，应当定期听取本级人民政府实施空间发展战略规划情况的报告，加强对空间发展战略规划实施情况的监督。

第十六条　市和区、县人民政府应当加强本市空间发展战略规划实施的管理，对本级人民政府组成部门和下级人民政府违反本市空间发展战略规划的行为，应当责令改正；拒不改正的，依法追究有关人员的责任。

第十七条　本条例自公布之日起施行。

关于《天津市空间发展战略规划条例（草案）》的说明

——2011年9月14日在天津市第十五届人大常委会第二十六次会议上

天津市规划局局长 尹海林

主任、各位副主任、秘书长、各位委员：

我受市人民政府委托，就《天津市空间发展战略规划条例（草案）》（以下简称《条例（草案）》）作如下说明。这个《条例（草案）》已于2011年8月29日经市人民政府第75次常务会议讨论通过，请予审议。

一、制定《条例（草案）》的必要性

2009年6月，市委、市政府为进一步深化实施天津市城市总体规划，在广泛征求全市人民意见建议的基础上，编制了天津市空间发展战略规划，该规划用科学的理念和方法，对城市发展方向、空间布局结构等重大问题做出展望和安排，为城市发展和建设提供了科学依据和有力保障。根据高丽书记提出要通过专家科学论证、人民公示提意见确定的天津市空间发展战略布局和大气洋气、清新靓丽、中西合璧、古今交融、独具特色、国际性、现代化宜居城市用立法的形式基本固定下来，以后在此大框架下不断完善、提高，按此原则制定地方法规条例的要求，为了贯彻落实科学发展观，紧紧围绕国家对天津的城市定位和加快推进滨海新区开发开放战略，有必要制定一部切实保证本市空间发展战略规划有效实施的地方性法规。

二、《条例（草案）》的主要内容

《条例（草案）》共二十一条，主要依据《中华人民共和国城乡规划法》、《中华人民共和国各级人民代表大会常务委员会监督法》及有关规定，并结合本市实际情况，主要规范了以下内容：

（一）明确空间发展战略规划的定义。《条例（草案）》第二条规定："本市空间发展战略规划是对城市发展方向、空间布局、城市功能等重大问题做出的战略性展望和安排。"通过地方性法规的形式对本市空间发展战略规划做出法定解释和科学界定。

（二）明确本市空间发展战略规划的编制和实施机关。《条例（草案）》第三条规定："本市空间发展战略规划由市人民政府组织编制和实施，具体工作由市规划主管部门负责，市各有关部门和各区县人民政府应当予以配合。"

（三）关于编制本市空间发展战略规划的程序。《条例（草案）》第四条明确规定了编制本市空间发展战略规划应当遵循的程序要求，以立法形式将编制的程序法定化、固定化，确保本市空间发展战略规划的编制符合法定程序，力求做到科学、公开、透明。

（四）关于本市空间发展战略规划批准的程序。《条例（草案）》第五条规定："本市空间发展战略规划经市人民政府常务会议审议同意后，报请市人民代表大会常务委员会批准，未经法定程序不得修改。"以法定形式明确本市空间发展战略规划审议、批准的程序，空间发展战略经批准后不得随意修改，确需修改的必须经过法定程序进行，以体现其严肃性、权威性和连续性。

（五）明确本市空间发展战略规划的地位。《条例（草案）》第七条规定："经批准的本市空间发展战略规划，是编制城乡规划、土地利用总体规划、国民经济和社会发展规划、各项事业发展规划和进行各项建设活动、实施城市管理的依据，各级人民政府和有关部门应当严格遵守，不得擅自改变。本市城市总体规划、区县总体规划、各类功能区总体规划以及各项专业规划，必须符合本市空间发展战略规划的要求。"确立了空间发展战略规划在全市经济社会发展中的重要地位。

（六）关于本市空间发展战略规划编制的原则。《条例（草案）》第八条规定：“本市空间发展战略规划的编制应当落实国家发展战略，坚持区域协调发展，坚持可持续发展，突出本市发展特色和优势，优化空间布局，改善生态环境，保护历史文化遗产，促进资源的集约合理利用。”这是对空间发展战略规划编制的原则要求，并体现本市特点。

（七）明确本市空间发展布局的总体战略。《条例（草案）》第九条规定：坚持“双城双港、相向拓展、一轴两带、南北生态”的城市空间发展布局，优化空间结构、提升城市功能。第十条至第十三条对总体战略的各项内容分别做出具体规定。

（八）明确本市空间发展布局的发展策略。《条例（草案）》第十四条规定：“本市实施空间发展战略规划应当统筹滨海新区、中心城区和其他区县联动协调发展，明确各自功能定位和发展方向，调整完善空间结构和发展策略，优化要素资源配置。”第十五条至第十七条对发展策略的各项内容分别做出具体规定。

（九）明确本市需要坚持的城市特色和风格。《条例（草案）》第十八条规定：“本市城乡规划、城市建设、城市管理应当体现大气洋气、清新靓丽、中西合璧、古今交融的城市特色和风格。城乡规划管理应当注重发挥规划设计导则的作用，加强对建筑和景观的管理，体现本市城市特色和风格。”使全市上下通过连续600天开展市容环境综合整治活动，形成的大气洋气、清新靓丽、中西合璧、古今交融的城市风格，以法定形式予以固定并坚持下去。

（十）关于对本市空间发展战略规划实施的监督。《条例（草案）》第十九条、第二十条分别对人大常委会的监督和政府的层级监督及其监督方式做出规定。

天津市地下空间信息管理办法

（2011年11月9日天津市人民政府令第42号）

第一条　为了规范地下空间信息管理，健全地下空间信息动态管理机制，合理有效开发利用地下空间资源，根据《天津市地下空间规划管理条例》，制定本办法。

第二条　本市行政区域内地下空间信息的收集、整理、利用、更新、维护和管理活动，应当适用本办法。

第三条　本办法所称地下空间信息，是指在本市行政区域内由城市规划控制开发利用地表（含水面）以下空间进行开发建设活动所产生的信息。地下空间信息包括：

（一）城市供水、排水、燃气、电力、供热、电信、工业等管线及其附属设施；

（二）地下交通、人防等地下设施；

（三）各类建（构）筑物的地下主体、地下基础及其围护；

（四）各类水井、地源热泵（井）等。

第四条　地下空间信息是城乡规划、建设和管理的重要基础数据。地下空间信息的管理应当实行集中统一、信息共享、服务社会、保障安全的原则。

第五条　市城乡规划主管部门负责本市地下空间信息统一管理工作。市地下空间规划管理信息中心是地下空间信息日常管理机构，负责本市地下空间信息的收集、整理、利用、更新、维护和日常管理等具体工作。

滨海新区、武清区、宝坻区、宁河县、静海县、蓟县城乡规划主管部门负责本行政区域内的地下空间信息管理工作，可以委托有关单位从事本行政区内域地下空间信息具体工作。

发展改革、建设、人防、水务、国土房管、电力、电信、市政等管理部门根据各自职责做好相关工作。

第六条　市城乡规划主管部门根据本市地下空间信息管理的实际需要，制定本市地下空间信息发展规划，并纳入市信息化发展相关规划。

第七条　本市地下空间信息综合管理系统建设应当符合国家和本市的有关规定，采用统一的技术标准，实行动态管理。

各相关管理部门取得的地下空间信息应当纳入地下空间信息综合管理系统，实现信息资源共建共享。

第八条　地下空间信息通过汇交、普查、补（修）测等方式取得、更新。

第九条　新建、改建、扩建的地下建设工程，其地下空间信息由项目建设单位汇交，建设单位应当在建设工程规划验收前汇交下列纸质材料及相应的电子数据：

（一）地下建设工程的实测平面图、剖面图或者纵断面图、横断面图等图纸；

（二）反映地下建设工程相关属性的数据成果；

（三）地下空间信息相关技术报告和工程勘察报告。

第十条　报废地下管线、地下建（构）筑物等，其管理单位、产权单位或者使用单位应当在报废后三十日内汇交相关信息的纸质材料和电子数据。

第十一条　汇交地下空间信息应当采用1990年天津市任意直角坐标系、1972年天津市大沽高程系，符合市城乡规划主管部门确定的高程年代，符合地下空间信息管理技术要求。

汇交的地下空间信息应当真实、准确、完整，不得涂改、伪造。

第十二条　新建、改建、扩建的地下建设工程，建设单位应当委托具有相应资质的单位根据工程进度进行同步监测或者竣工跟踪测量。

第十三条　中心城区、环城四区的地下空间信息以及跨区县的地下空间信息应当向市地下空间规划管理信息中心汇交；其他区县的地下空间信息向所在区、县城乡规划主管部门或其委托的单位汇交。

按照前款规定接受汇交的单位统称为地下空间信息管理单位。

第十四条　地下空间信息管理单位收到汇交的地下空间信息后，应当在五个工作日内进行审核；审核符合要求的应当在五个工作日内纳入地下空间信息综合管理系统并告知汇交单位，不符合要求的应当退回汇交材料并要求其修改后重新汇交。

第十五条　建设单位对地下空间现状进行测量的，应当委托具有相应资质的单位进行实地测绘，并按照本办法规定汇交。

第十六条　本市建立地下空间信息普查制度。

市城乡规划主管部门根据规划建设需要，制定地下空间信息普查工作方案，报市人民政府批准后组织实施。

市城乡规划主管部门可以根据实际工作需要制定地下空间信息年度补（修）测计划，并由地下空间信息管理单位组织实施。

地下空间信息普查、年度补（修）测活动涉及其他管理部门或者地下建（构）筑物产权单位、管理单位、使用单位、建设单位的，相关单位应当予以配合。

第十七条　市和区、县人民政府应当将地下空间信息普查、年度补（修）测以及地下空间信息综合管理系统建设、维护经费纳入财政预算。

第十八条　普查、补（修）测取得的地下空间信息，经审核符合要求的应当及时纳入地下空间信息综合管理系统。

第十九条　地下空间信息管理单位应当加强对地下空间信息综合管理系统的更新、维护，开发利用地下空间信息资源，为市和区、县人民政府及其各行政主管部门处理公共突发事件、防灾减灾等提供信息，为规划、建设和管理提供服务。

第二十条　利用地下空间进行建设的项目，应当符合地下空间规划。建设单位编制修建性详细规划、总平面设计方案或者市政工程规划方案前，应当向地下空间信息管理单位查询相关区域地下空间现状信息。

第二十一条　地下空间信息的收集、整理、利用、更新、维护和管理活动应当遵守国家和本市有关保密的规定。

第二十二条　市和区、县城乡规划主管部门应当加强对地下建设工程的跟踪管理，及时掌握工程建设进度，做好竣工测量的监督检查。

第二十三条　地下空间信息管理单位提供地下空间信息利用和相关技术咨询、技术服务的，可以按照本市有关规定收取相应费用。

第二十四条　违反本办法第九条、第十条规定，未汇交地下空间信息的，由城乡规划主管部门责令限期补报；逾期不补报的，处以一万元以上五万元以下的罚款。

第二十五条　违反本办法第十一条规定，汇交信息不真实、不准确、不完整的，汇交单位应当承担相应责任；涉及测绘单位的，由城乡规划主管部门依据测绘管理规定予以处理。

第二十六条　违反本办法第二十条规定，建设单位未查询、取得施工区域地下空间信息而擅自组织施工的，由城乡规划主管部门责令改正；因擅自组织施工违反相关规定的，由建设单位依法承担相关责任。

第二十七条　城乡规划主管部门以及地下空间信息管理单位工作人员，滥用职权、玩忽职守、泄露国家秘密的，依法给予处分；构成犯罪的，依法追究刑事责任。

第二十八条　本办法自 2011 年 12 月 1 日起施行。

转发市规划局拟定的天津市
2011 年度城乡规划编制计划的通知

（2011 年 5 月 23 日天津市人民政府办公厅　津政办发〔2011〕62 号）

各区、县人民政府，各委、局，各直属单位：

市规划局拟定的《天津市 2011 年度城乡规划编制计划》已经市人民政府同意，现转发给你们，请照此执行。

天津市 2011 年度城乡规划编制计划

为落实我市“十二五”规划确定的发展目标，加快实现国务院对天津的城市定位，进一步发挥规划引领城市发展的作用，更好地为经济社会发展提供规划保障，现制定 2011 年度城乡规划编制计划：

一、制定规划编制计划的原则

（一）贯彻落实我市“十二五”规划确定的目标和任务，结合新一轮城市总体规划修改工作，为全市经济社会发展做好规划保障。

（二）完善市域综合交通体系，优化交通布局结构，提升城市交通环境。

（三）注重城市历史文化和生态景观保护，为建设生态宜居城市、实现城市可持续发展提供规划保障。

（四）提高城市综合防灾减灾能力，增强城市载体功能。

二、深化完成列入 2010 年城乡规划编制计划的规划编制工作

加快列入 2010 年城乡规划编制计划但尚未完成的规划编制工作，包括总体规划 6 项、专项（业）规划 7 项、重点地区规划和城市设计 2 项，要在 2011 年 9 月底前完成编制及审批工作。

三、启动完成列入 2011 年城乡规划编制计划的规划编制工作

列入 2011 年度城乡规划编制计划的规划共有 34 项，其中总体规划 11 项、分区（功能区）规划 6 项、专项（业）规划 9 项、控制性详细规划 6 项、重点地区城市设计 2 项（详见附件）。

四、工作要求

各规划组织编制单位要切实加强组织领导，按照程序依法组织开展规划编制工作。市规划局要做好规划编制的督促、检查及综合协调工作，定期对各规划组织编制单位的执行情况进行考核，并将相关情况上报市人民政府。

附件：天津市 2011 年度城乡规划编制计划表

附件

天津市2011年度城乡规划编制计划表

序号	规划类别	规划名称	组织编制单位	计划完成时间	备注
1	总体规划（11项）	天津市城市总体规划（2005-2020年）修改	市规划局	2011年12月	结转项目
2		天津市滨海新区城市总体规划（2009-2020年）	滨海新区人民政府	2011年12月	结转项目
3		天津市东丽区总体规划提升	东丽区人民政府	2011年6月	结转项目
4		天津市津南区总体规划提升	津南区人民政府	2011年6月	结转项目
5		天津市西青区总体规划提升	西青区人民政府	2011年6月	结转项目
6		天津市北辰区总体规划提升	北辰区人民政府	2011年6月	结转项目
7		天津市宝坻区城乡总体规划（2008-2020年）修改	宝坻区人民政府	2011年12月	结转项目
8		天津市静海县城乡总体规划（2008-2020年）修改	静海县人民政府	2011年12月	结转项目
9		天津市蓟县城乡总体规划（2008-2020年）修改	蓟县人民政府	2011年12月	结转项目
10		天津市宁河县城乡总体规划（2008-2020年）修改	宁河县人民政府	2011年12月	新编项目
11		天津市武清区城乡总体规划（2008-2020年）修改	武清区人民政府	2011年12月	新编项目
12	分区（功能区）规划（6项）	七里海地区保护与利用总体规划	市规划局 宁河县人民政府	2011年6月	新编项目
13		滨海新区中心商务区分区规划	滨海新区人民政府 滨海新区中心商务区管理委员会	2011年12月	新编项目
14		滨海新区临港经济区分区规划	滨海新区人民政府 滨海新区临港经济区管理委员会	2011年12月	新编项目
15		京杭大运河（天津段）保护与发展规划	市文物局市规划局	2011年12月	结转项目
16		长城天津段保护规划	市文物局市规划局	2011年12月	新编项目
17		盘山风景名胜区规划	市规划局 蓟县人民政府	2011年12月	新编项目
18	专项（业）规划（9项）	天津市商业布局规划（2011-2020年）	市商务委市规划局	2011年6月	新编项目
19		天津市市域综合交通规划深化	市规划局 市发展改革委 市建设交通委	2011年12月	结转项目
20		天津市造林绿化规划（2011-2015年）	市林业局	2011年9月	新编项目
21		天津市人民防空工程规划	市人防办	2011年12月	新编项目
22		天津市消防规划	市公安消防局	2011年6月	结转项目
23		天津市滨海新区防潮规划	市水务局 滨海新区人民政府	2011年6月	结转项目
24		天津市体育设施布局规划	市体育局	2011年9月	结转项目
25		天津市医疗卫生机构设置布局规划	市卫生局	2011年6月	结转项目
26		环城四区环外部分地名规划	市规划局	2011年12月	新编项目

续表

序号	规划类别	规划名称	组织编制单位	计划完成时间	备注
27	控制性详细规划（6 项）	津南葛沽历史文化名镇保护规划	市规划局 津南区人民政府	2011 年 9 月	新编项目
28		蓟县古城历史文化街区保护规划	市规划局 蓟县人民政府	2011 年 12 月	新编项目
29		宝坻陈家口村村庄保护规划	市规划局 宝坻区人民政府	2011 年 9 月	新编项目
30		汉沽蔡家堡村村庄保护规划	市规划局 滨海新区人民政府	2011 年 9 月	新编项目
31		蓟县独乐寺及周边地区保护规划	市文物局 市规划局 蓟县人民政府	2011 年 12 月	结转项目
32		国家安全控制区规划	市规划局 市安全局	2011 年 12 月	新编项目
33	重点地区城市设计（2 项）	侯台周边地区城市设计	市规划局	2011 年 6 月	新编项目
34		北部新区城市设计	市规划局	2011 年 12 月	结转项目

关于印发《天津市建设用地容积率调整管理规定》的通知

(2011年1月14日天津市规划局、天津市城乡建设和交通委员会、天津市国土资源和房屋管理局、天津市监察局 规法字〔2011〕28号)

各区县建设交通委、规划局、国土房管局、监察局：

根据住房和城乡建设部、监察部联合发布的《关于加强建设用地容积率管理和监督检查的通知》(建规〔2008〕227号)要求，为进一步加强和规范我市城市建设用地容积率调整管理工作，结合实际情况，制定《天津市建设用地容积率调整管理规定》。现印发你们，请遵照执行。

天津市建设用地容积率调整管理规定

第一条 为进一步规范和加强本市城市建设用地容积率调整的规划管理，维护规划的权威性和严肃性，根据《中华人民共和国城乡规划法》、《天津市城乡规划条例》等法律法规和住建部、监察部《关于加强建设用地容积率管理和监督检查的通知》等文件要求，结合本市实际，制定本规定。

第二条 本规定适用于本市行政区域内，国有土地使用权出让后建设用地容积率调整的规划管理、土地管理以及相关的监督检查工作。

第三条 规划、土地、建设、监察等主管部门按照各自职责，做好相关工作。

第四条 建设单位或者个人应当严格按照规划主管部门提出的规划条件中所确定的容积率进行建设，任何单位或者个人无权擅自调整建设用地容积率。

第五条 国有土地使用权出让后，原则上不得调整建设用地容积率。

有下列情形的，建设单位或者个人可以申请调整建设用地容积率：

(一) 因经济社会发展、城乡规划修改、国家及本市政策变化等原因，造成地块开发建设条件发生客观变化的；

(二) 因公益性公共设施、城市基础设施、重大项目建设等原因，导致地块的建设条件发生变化的；

(三) 在紫线范围内，因恢复建设已灭失的老建筑或者经专家委员会论证提出特殊要求的；

(四) 法律、法规、规章或者国家及本市政策等规定的其他情形。

申请调整建设用地容积率，不得影响国家利益和社会公众合法权益。

第六条 建设用地容积率调整涉及控制性详细规划修改的，按照《中华人民共和国城乡规划法》和《天津市城乡规划条例》关于控制性详细规划修改的有关规定办理。

建设用地容积率调整涉及细分导则修改的，按照本市的相关规定办理。

第七条 在符合控制性详细规划和细分导则的情况下，调整建设用地容积率按照下列程序办理：

(一) 中心城区和环城四区范围的，由建设单位或者个人向市规划主管部门提出申请；其他地区的，由建设单位或者个人向所在地区、县规划主管部门提出申请。申请材料要说明调整理由，并附具体调整方案。

(二) 规划主管部门应当从建立的专家库中随机抽调专家，会同建设、国土房管等相关部门，对调整的必要性和调整方案的合理性进行论证，提出专家论证意见；不同意的，书面通知建设单位或者个人。

（三）经专家论证可行的，规划主管部门应当在官方网站公示，并采取多种形式征求利害关系人的意见；必要时，可以组织听证。

（四）经论证、征求利害关系人意见后，规划主管部门依法提出容积率调整建议并附论证、公示（听证）等相关材料报同级人民政府批准。

（五）经同级人民政府批准后，规划主管部门应当正式函告建设单位或者个人，并及时将依法变更的容积率调整情况抄告土地、建设行政主管部门。

（六）土地主管部门应当将有关变更情况公示 20 天。在公示期内如无竞买申请的，重新签订土地使用权出让合同或者签订补充合同，相应调整土地使用权出让金，建设行政主管部门同步调整配套费收费面积及金额；如有竞买申请的，应当重新进行公开出让。

第八条 建设用地容积率调整后，建设单位或者个人应当持有关批准文件，向规划、土地、建设等主管部门申请办理相关许可审批或变更手续。

第九条 规划主管部门应当及时公布经依法批准的容积率调整情况，接受社会监督。

第十条 调整容积率的相关批准文件、调整理由以及论证意见、公示（听证）材料等应当按照城建档案管理的有关规定，及时移交备查。

第十一条 超容积率建设行为未经处理的，规划主管部门应当对违规工程进行查处，并不得为其继续办理后续规划手续。相关处罚结果函告建设部门。

第十二条 违规调整建设用地容积率，由上级城乡规划主管部门或者同级政府撤销其相关规划许可审批。

第十三条 对违反规定和法定程序调整建设用地容积率以及在规划管理中玩忽职守、权钱交易等违法违纪行为，监察部门按照有关规定追究相关人员责任。

第十四条 本规定自 2011 年 3 月 1 日起施行。

关于规范建筑工程类规划许可证件变更管理的通知

（2011年3月22日天津市规划局　规建字〔2011〕146号）

各区县规划（分）局、功能区规划管理部门：

为进一步加强城乡规划建设管理工作，严格控制和管理规划许可证件的变更行为，现将规范我市建筑工程类规划许可证件变更管理的有关要求通知如下：

一、本通知所称规划许可证件的变更，是指建筑工程项目的建设用地规划许可证、建设工程规划许可证发出后，因城乡规划调整、建设单位名称调整等原因确需对证件和附图进行修正的行为。

二、有下列情形之一的，可申请变更规划许可证件。

（一）因国家、市政府有关政策变化或者城市规划调整等原因，如继续实施已经生效的规划许可将影响公共利益的。

（二）因建设单位名称或者项目名称发生变化，需要对许可证件中的单位名称或者项目名称进行变更的。

（三）原规划方案实施前或实施中引发重大争议和纠纷，经协商一致后变更方案，并且满足规划要求的。

（四）经有相应资质的设计单位出具文件，属于方案设计、文字表述、数值标注中的遗漏或笔误需要进行变更的。

（五）其他需要对证件和附图进行变更的情形。

三、有下列情形之一的，应满足相应要求后，方可申请变更规划许可证件。

（一）规划证后管理过程中发现违法建设行为的，经规划主管部门认定保留或者局部整改后能够满足规划要求的，应先行履行完毕违法建设处罚程序后，方可申请变更规划许可证件。

（二）许可变更涉及房屋销售合同当事人权益变化的，应取得房屋销售当事人的书面认可证明后，方可申请变更规划许可证件。

（三）根据文物、人防、环保等相关部门的要求需要进行变更且满足规划要求的，应先行取得相关部门书面意见后，方可申请变更规划许可证件。

四、变更许可内容涉及调整上位规划要求的，应先行按程序办理上位规划调整审批后，方可申请变更规划许可证件。

五、规划许可变更后，原许可有效期起止时间不变。

六、建设单位申请变更规划许可证件，应持相关报建材料到规划行政部门窗口申报，纳入业务管理系统统一办理。

七、原许可证件已失效或者已取得规划验收合格证，需要对原设计方案进行调整的，应当重新办理规划许可手续。

八、本通知自发布之日起执行。

关于印发《天津市地下管线测量管理规定》的通知

（2011年3月24日天津市规划局　规法字〔2011〕158号）

局系统各单位、各有关单位：

《天津市地下管线测量管理规定》业经2011年3月11日第3次局长办公会审议通过。现印发你们，请遵照执行。

天津市地下管线测量管理规定

第一条　为做好本市地下管线测量工作，保证地下管线综合数据的准确性和完整性，为城市规划建设管理服务，依据《中华人民共和国测绘法》、《天津市测绘管理条例》和《天津市地下空间规划管理条例》等法律法规，制定本规定。

第二条　在本市行政区域内从事地下管线测量活动，应当遵守本规定。

第三条　地下管线测量包括地下管线现状探测、地下管线规划定线测量、地下管线竣工测量。

第四条　本市行政区域内的地下管线测量，建设单位应当委托具有相应测绘资质且具备地下管线测量专业范围的测绘单位承担。

第五条　测绘单位在资质作业范围、作业限额允许范围内从事地下管线测量。禁止超越资质、作业范围或者转包、委托他人进行地下管线测量。

第六条　建设单位在地下管线测量前应当按照有关规定，到天津市地下空间规划管理信息中心或者区、县规划局进行既有成果查询，避免重复测绘。

第七条　测绘单位在实施地下管线测量时，严格执行国家和本市行业技术规范、标准，并对测绘产品质量负责。

第八条　测绘单位应当按照有关要求汇交地下管线测绘成果目录，并接受测绘产品质量监督检查。

第九条　地下管线测量的成果数据应当符合《天津市地下管线信息管理技术规程》（DB/T29-152-2010）要求。

第十条　违反以上规定，或者经测绘产品质量监督检查（批）不合格的，按照有关规定进行处罚。

第十一条　本规定自2011年4月1日起执行。

关于印发《天津市测绘质量管理规定》的通知

（2011 年 3 月 24 日天津市规划局　规法字〔2011〕159 号）

局系统各单位、各有关单位：

《天津市测绘质量管理规定》业经 2011 年 3 月 11 日第 3 次局长办公会审议通过。现印发你们，请遵照执行。

天津市测绘质量管理规定

第一条　为加强我市测绘质量管理，提高测绘产品质量，根据《中华人民共和国测绘法》、《天津市测绘管理条例》、《测绘成果质量监督抽查管理办法》、《测绘质量监督管理办法》等法律法规规章，制定本规定。

第二条　在本市行政区域内从事测绘活动及实施测绘质量监督管理适用本规定。

第三条　市测绘行政主管部门负责本市行政区域内测绘质量的统一监督管理，区县或者功能区测绘行政主管部门负责辖区内测绘质量的统一监督管理。

第四条　天津市测绘产品质量监督检验站负责实施本市测绘产品质量监督检查工作。

第五条　测绘单位应当遵守国家和本市有关测绘产品质量的法律法规和行业技术标准、规范，对完成的测绘成果质量负责，并接受测绘行政主管部门的监督检查。

第六条　测绘单位应当全面推行质量管理，建立和完善测绘质量体系，健全质量管理的规章制度，并保障有效运行。

第七条　测绘行政主管部门应当通过组织年度检查、专项检查以及其它形式的质量监督检查，促进测绘成果质量不断提高，保障测绘成果质量。

第八条　测绘产品质量监督检查依据国家有关法律法规和测绘技术规范、标准进行。

第九条　测绘产品质量监督检查内容包括测绘质量保障体系以及运行情况和测绘产品质量情况。

第十条　实施测绘产品质量监督检查，测绘单位应当提交质量保障体系及运行情况和测绘产品成果资料。

测绘产品成果资料包括项目合同、技术设计书或者技术要求、原始资料、检查报告、技术总结、测绘成果、作业期间使用仪器的鉴定证书及其它相关资料。

第十一条　测绘产品质量监督检查结果分为优秀、（批）合格、（批）不合格。

第十二条　实施测绘产品质量监督检查，测绘单位应当无偿提交完整材料并对成果真实性负责。以瞒报、提供虚假材料或者拒绝提供测绘成果材料为手段，拒绝接受监督检查的，其检查结果即为（批）不合格。

第十三条　为增加测绘产品质量监督检查的透明度，市测绘行政主管部门在实施检验过程中选派或者聘请测绘专家参与检查。

第十四条　对检查结果有异议的，由市测绘行政主管部门组织复查。仍有异议的，报国家测绘产品检验测试中心裁决。

第十五条　测绘产品质量监督检查结果作为测绘资质管理的主要依据之一。对检查结果不合格的测绘单位，按照有关规定予以处理。

第十六条　测绘质量监督检查人员应当坚持公平、公开、公正的原则，对在工作中玩忽职守、徇私舞弊的，按情节轻重，给予行政纪律处分；构成犯罪的，依法追究刑事责任。

第十七条　本规定自 2011 年 4 月 1 日起施行。

关于进一步加强本市地下空间规划建设管理工作的通知

（2011 年 4 月 2 日天津市规划局　规法字〔2011〕205 号）

局机关各处室、局系统各单位，各有关单位：

随着我市经济社会的快速发展，开发利用地下空间已成为我市实现科学、有序和可持续发展的一项重要战略选择。针对目前地下空间规划建设管理中存在的缺乏系统性规划引导和规范化管理等问题,为贯彻落实《天津市地下空间规划管理条例》，切实加强本市地下空间开发利用管理，保证城市地下空间合理、有序地开发建设，促进土地节约集约利用，现就进一步加强地下空间规划建设管理工作的有关要求通知如下：

一、切实加强地下空间建设工程的规划管理，保证城市地下空间合理、有序地开发建设

利用地下空间进行建设的建设单位或者个人，应当向城乡规划主管部门申请办理规划行政许可审批手续。

各类规划建设项目的规划审批管理必须符合地下空间规划。

（一）建筑工程规划管理

1. 利用地下空间进行功能性开发建设的，均应在选址意见书或规划条件中明确地下空间使用性质、水平投影最大范围、出入口位置等控制要素和内容。涉及地下设施与周边地区设施相互联通的，应在选址意见书或规划条件中予以明确。

2. 修建性详细规划或者总平面设计方案应当真实反映规划建设项目地下建（构）筑物水平投影最大范围、层数、建筑用途、公共通道和出入口位置、地下空间连通等控制要素和内容。规划设计方案审定通知书和总平面图设计方案审定通知书应明确地下空间的建筑用途、层数。

3. 建设工程设计方案及建设工程规划许可证附图中，建设单位或个人应当提供地下各层平面图、主要剖面图等纸质资料及电子文件。地下各层平面图要求标注建筑用途、建筑尺寸、公共通道和出入口的位置、地下空间连通等控制要素和内容。剖面图要求标明竖向高程等设计要素。

4. 建设工程设计方案审定通知书应当明确地下空间的建筑用途、建设规模、层数。

5. 建设工程规划许可证应当明确地下空间的建筑用途、建设规模、层数及地下主体深度。

（二）市政工程规划管理

1. 地下市政工程项目在选址意见书中应当明确使用性质、工程类型、空间位置、建设规模等控制要素和内容。

2. 市政工程规划设计方案应当明确线路布设方式、规划控制宽度、控制坐标、转弯半径、深度、与关联建（构）筑物的关系。

3. 建设用地规划许可证附图中应当明确核定用地范围、深度、界内（外）面积、与关联建（构）筑物的关系。

4. 建设工程设计方案中应当提供平面图、纵断图及横断图。平面图应当明确线路布设方式、设计宽度、控制坐标、转弯半径、与关联建（构）筑物的关系；纵断图应当明确深度、标高、坡度；横断图应当明确宽度、深度、标高。

5. 建设工程规划许可证附图中应当明确线路布设方式、长宽尺寸、控制坐标、转弯半径、与关联建（构）筑物的尺寸、深度、标高、坡度及地下围护结构范围。

（三）其它要求

1. 地下空间工程及其地下围护设施，一般不得逾越用地界线和规划控制线。

2. 地下空间规划确定的地下空间使用性质和使用条件不得擅自改变；确需改变的，应当按照原审批程序办理变更手续。

二、切实加强地下空间建设工程的监督检查，保证城乡规划实施的严肃性

（一）依法取得建设工程规划许可证的地下建设项目，应当根据证后管理的有关规定进行施工过程检查和规划验收。

（二）地下建设工程应当同步进行竣工跟踪测量，在地下建设工程竣工后，申请规划验收前，按照有关规定及时汇交地下空间信息。

（三）地下建设工程规划验收时，应当以建设工程规划许可证及其附图的审批内容作为查验标准。

（四）地下建设工程不符合规划许可证及其附图要求的，按照违法建设进行查处。

三、有关要求

（一）各级城乡规划部门应当抓紧研究和编制重点地区的地下空间详细规划，为规划用地和建设管理提供依据。

（二）各级城乡规划部门应当高度重视地下空间规划建设管理，并结合实际工作不断加强业务学习和培训。

关于印发《市政管线工程规划审批数据标准（试行）》的通知

（2011 年 6 月 18 日天津市规划局　规市字〔2011〕469 号）

各相关建设单位、各相关规划和设计单位：

为加强和规范我市市政管线工程规划许可审批电子数据管理，我局制定了《市政管线工程规划审批数据标准》，现印发给你们。自 2011 年 7 月 1 日开始凡报各级规划管理部门的市政管线工程项目须符合此标准，望遵照执行。

市政管线工程规划审批数据标准（试行）

为规范建设单位报建的电子数据，便于数据管理与应用，对建设单位提交的电子数据进行规范，确定如下标准：

一、报建数据标准

（一）电子文件要求

名称要准确，报建时提交的电子数据包含在一个文件夹中。文件夹以项目名称、所属审批阶段、管线类型共同来命名，项目名称必须是申报项目时使用的名称，例如，“XX 项目选线规划供热图”，且提交的电子数据文件为 DWG 格式。

（二）坐标系要求

坐标系统采用 1990 年天津市任意直角坐标系，单位为米。图面处理时不能缩放、旋转、偏移。

（三）要素要求

同一属性的管线要连续，无断点，且无重复。

（四）图层及图例要求

依据审批阶段共分为规划方案（选线规划、路径规划、管线综合）、设计方案、许可证附图，提交的 CAD 中仅需提供管线，场站设施、塔或井，标注三层，且管线，场站设施、塔或井、标注图层要素统一要求为线要素。无需提供与项目无关的其他背景数据图层。其中选线规划、路径规划、设计方案、许可证附图阶段项目对应管线为单一种类，而管线综合项目包含多种种类管线，且选线规划、路径规划、管线综合属于规划方案阶段，包含场站设施信息，不包含井或塔信息，而设计方案与许可证附图则同时包含场站设施与井或塔信息，因此 CAD 分层标准有所不同，各阶段 CAD 数据图层详细要求如下：

1、选线规划

若为给水项目，图层要求

类别	实体图层	颜色值	线型	线宽	说明
给水	XXGH-JS	4	虚线	1.2	给水管规划线位存放图层
给水场站设施	XXGH-JSD	4	实线	1.2	给水管线场站设施存放图层
给水标注	XXGH-JSBZ	7			包括线标注与文字标注

若为水源项目，图层要求

类别	实体图层	颜色值	线型	线宽	说明
水源	XXGH-SY	5	虚线	0.5	水源管规划线位存放图层，线层。
水源场站设施	XXGH-SYD	5	实线	0.5	水源管线场站设施存放图层
水源标注	XXGH-SYBZ	7			包括线标注与文字标注

若为中水项目，图层要求

类别	实体图层	颜色值	线型	线宽	说明
中水	XXGH-ZS	40	虚线	1.2	中水规划线位存放图层，线层。
中水场站设施	XXGH-ZSD	40	实线	1.2	中水管线场站设施存放图层
中水标注	XXGH-ZSBZ	7			包括线标注与文字标注

若为雨水项目，图层要求

类别	实体图层	颜色值	线型	线宽	说明
雨水	XXGH-YS	3	虚线	1.0	雨水规划线位存放图层，线层。
雨水场站设施	XXGH-YSD	3	实线	1.0	雨水管线场站设施存放图层
雨水标注	XXGH-YSBZ	7			包括线标注与文字标注

若为污水项目，图层要求

类别	实体图层	颜色值	线型	线宽	说明
污水	XXGH-WS	34	虚线	1.0	污水规划线位存放图层，线层。
污水场站设施	XXGH-WSD	34	实线	1.0	污水管线场站设施存放图层
污水标注	XXGH-WSBZ	7			包括线标注与文字标注

若为合流管道项目，图层要求

类别	实体图层	颜色值	线型	线宽	说明
合流管道	XXGH-HL	170	虚线	1.0	给水管规划线位存放图层
合流管道场站设施	XXGH-HLD	170	实线	1.0	给水管线场站设施存放图层
合流管道标注	XXGH-HLBZ	7			包括线标注与文字标注

若为燃气项目，图层要求

类别	实体图层	颜色值	线型	线宽	说明
燃气	XXGH-RQ	181	虚线	0.5	燃气规划线位存放图层，线层。
燃气场站设施	XXGH-RQD	181	实线	0.5	燃气管线场站设施存放图层
燃气标注	XXGH-RQBZ	7			包括线标注与文字标注

若为电力架空项目，图层要求

类别	实体图层	颜色值	线型	线宽	说明
电力架空	XXGH-DLJK	1	虚线	0.5	电力架空规划线位存放图层，线层。
电力架空场站设施	XXGH- DLJKD	1	实线	0.5	燃气管线场站设施存放图层
电力架空标注	XXGH-DLJKBZ	7			包括线标注与文字标注

若为电力电缆项目，图层要求

类别	实体图层	颜色值	线型	线宽	说明
电力电缆	XXGH-DLDL	1	虚线	0.5	电力电缆规划线位存放图层，线层。
电力电缆场站设施	XXGH-DLDLD	1	实线	0.5	电力电缆管线场站设施存放图层
电力电缆标注	XXGH-DLDLBZ	7			包括线标注与文字标注

若为通讯项目，图层要求

类别	实体图层	颜色值	线型	线宽	说明
通讯	XXGH-TX	126	虚线	0.5	通讯规划线位存放图层，线层。
通讯场站设施	XXGH-TXD	126	实线	0.5	通讯管线场站设施存放图层
通讯标注	XXGH-TXBZ	7			包括线标注与文字标注

若为供热项目，图层要求

类别	实体图层	颜色值	线型	线宽	说明
供热	XXGH-GR	6	虚线	0.5	供热规划线位存放图层，线层。
供热场站设施	XXGH-GRD	6	实线	0.5	供热管线场站设施存放图层
供热标注	XXGH-GRBZ	7			包括线标注与文字标注

若为其他（输油）项目，图层要求

类别	实体图层	颜色值	线型	线宽	说明
其他（输油）	XXGH-QT	7	虚线	0.5	其他类规划线位存放图层，线层，包括输油管道等
其他（输油）场站设施	XXGH-QTD	7	实线	0.5	其他（输油）管线场站设施存放图层
其他（输油）标注	XXGH-QTBZ	7			包括线标注与文字标注

2、路径规划

若为给水项目，图层要求

类别	实体图层	颜色值	线型	线宽	说明
给水	LJGH-JS	4	虚线	1.2	给水管规划线位存放图层
给水场站设施	LJGH-JSD	4	实线	1.2	给水管线场站设施存放图层
给水标注	LJGH-JSBZ	7			包括线标注与文字标注

若为水源项目，图层要求

类别	实体图层	颜色值	线型	线宽	说明
水源	LJGH-SY	5	虚线	0.5	水源管规划线位存放图层，线层。
水源场站设施	LJGH-SYD	5	实线	0.5	水源管线场站设施存放图层
水源标注	LJGH-SYBZ	7			包括线标注与文字标注

若为中水项目，图层要求

类别	实体图层	颜色值	线型	线宽	说明
中水	LJGH-ZS	40	虚线	1.2	中水规划线位存放图层，线层。
中水场站设施	LJGH-ZSD	40	实线	1.2	中水管线场站设施存放图层
中水标注	LJGH-ZSBZ	7			包括线标注与文字标注

若为雨水项目，图层要求

类别	实体图层	颜色值	线型	线宽	说明
雨水	LJGH-YS	3	虚线	1.0	雨水规划线位存放图层，线层。
雨水场站设施	LJGH-YSD	3	实线	1.0	雨水管线场站设施存放图层
雨水标注	LJGH-YSBZ	7			包括线标注与文字标注

若为污水项目，图层要求

类别	实体图层	颜色值	线型	线宽	说明
污水	LJGH-WS	34	虚线	1.0	污水规划线位存放图层，线层。
污水场站设施	LJGH-WSD	34	实线	1.0	污水管线场站设施存放图层
污水标注	LJGH-WSBZ	7			包括线标注与文字标注

若为合流管道项目，图层要求

类别	实体图层	颜色值	线型	线宽	说明
合流管道	LJGH-HL	170	虚线	1.0	给水管规划线位存放图层
合流管道场站设施	LJGH-HLD	170	实线	1.0	给水管线场站设施存放图层
合流管道标注	LJGH-HLBZ	7			包括线标注与文字标注

若为燃气项目，图层要求

类别	实体图层	颜色值	线型	线宽	说明
燃气	LJGH-RQ	181	虚线	0.5	燃气规划线位存放图层，线层。
燃气场站设施	LJGH-RQD	181	实线	0.5	燃气管线场站设施存放图层
燃气标注	LJGH-RQBZ	7			包括线标注与文字标注

若为电力架空项目，图层要求

类别	实体图层	颜色值	线型	线宽	说明
电力架空	LJGH-DLJK	1	虚线	0.5	电力架空规划线位存放图层，线层。
电力架空场站设施	LJGH- DLJKD	1	实线	0.5	燃气管线场站设施存放图层
电力架空标注	LJGH-DLJKBZ	7			包括线标注与文字标注

若为电力电缆项目，图层要求

类别	实体图层	颜色值	线型	线宽	说明
电力电缆	LGGH-DLDL	1	虚线	0.5	电力电缆规划线位存放图层，线层。
电力电缆场站设施	LGGH-DLDLD	1	实线	0.5	电力电缆管线场站设施存放图层
电力电缆标注	LGGH-DLDLBZ	7			包括线标注与文字标注

若为通讯项目，图层要求

类别	实体图层	颜色值	线型	线宽	说明
通讯	LGGH-TX	126	虚线	0.5	通讯规划线位存放图层，线层。
通讯场站设施	LGXGH-TXD	126	实线	0.5	通讯管线场站设施存放图层
通讯标注	LGGH-TXBZ	7			包括线标注与文字标注

若为供热项目，图层要求

类别	实体图层	颜色值	线型	线宽	说明
供热	LGGH-GR	6	虚线	0.5	供热规划线位存放图层，线层。
供热场站设施	LGGH-GRD	6	实线	0.5	供热管线场站设施存放图层
供热标注	LGGH-GRBZ	7			包括线标注与文字标注

若为其他（输油）项目，图层要求

类别	实体图层	颜色值	线型	线宽	说明
其他（输油）	LGGH-QT	7	虚线	0.5	其他类规划线位存放图层，线层，包括输油管道等
其他（输油）场站设施	LGGH-QTD	7	实线	0.5	其他（输油）管线场站设施存放图层
其他（输油）标注	LGGH-QTBZ	7			包括线标注与文字标注

3、管线综合

管线综合包含多种工程种类管线，其图层具体要求如下：

类别	实体图层	颜色值	线型	线宽	说明
给水	GXZH-JS	4	虚线	1.2	给水管规划线位存放图层，线层
给水场站设施	GXZH-JSD	4	实线	1.2	给水管线场站设施存放图层
给水标注	GXZH-JSBZ	7			包括线标注与文字标注
水源	GXZH-SY	5	虚线	0.5	水源管规划线位存放图层，线层
水源场站设施	GXZH-SYD	5	实线	0.5	水源管线场站设施存放图层
水源标注	GXZH-SYBZ	7			包括线标注与文字标注
中水	GXZH-ZS	40	虚线	1.2	中水规划线位存放图层，线层。
中水场站设施	GXZH-ZSD	40	实线	1.2	中水管线场站设施存放图层
中水标注	GXZH-ZSBZ	7			包括线标注与文字标注
雨水	GXZH-YS	3	虚线	1.0	雨水规划线位存放图层，线层
雨水场站设施	GXZH-YSD	3	实线	1.0	雨水管线场站设施存放图层
雨水标注	GXZH-YSBZ	7			包括线标注与文字标注
污水	GXZH-WS	34	虚线	1.0	污水规划线位存放图层，线层

续表

类别	实体图层	颜色值	线型	线宽	说明
污水场站设施	GXZH-WSD	34	实线	1.0	污水管线场站设施存放图层
污水标注	GXZH-WSBZ	7			包括线标注与文字标注
合流管道	GXZH-HL	170	虚线	1.0	给水管规划线位存放图层
合流管道场站设施	GXZH-HLD	170	实线	1.0	给水管线场站设施存放图层
合流管道标注	GXZH-HLBZ	7			包括线标注与文字标注
燃气	GXZH-RQ	181	虚线	0.5	燃气规划线位存放图层，线层。
燃气场站设施	GXZH-RQD	181	实线	0.5	燃气管线场站设施存放图层
燃气标注	GXZH-RQBZ	7			包括线标注与文字标注
电力架空	GXZH-DLJK	1	虚线	0.5	电力架空规划线位存放图层，线层
电力架空场站设施	GXZH- DLJKD	1	实线	0.5	电力架空管线场站设施存放图层
电力架空标注	GXZH-DLJKBZ	7			包括线标注与文字标注
电力电缆	GXZH-DLDL	1	虚线	0.5	电力电缆规划线位存放图层，线层
电力电缆场站设施	GXZH-DLDLD	1	实线	0.5	电力电缆管线场站设施存放图层
电力电缆标注	GXZH-DLDLBZ	7			包括线标注与文字标注
通讯	GXZH-TX	126	虚线	0.5	通讯规划线位存放图层，线层。
通讯场站设施	GXZH-TXD	126	实线	0.5	通讯管线场站设施存放图层
通讯标注	GXZH-TXBZ	7			包括线标注与文字标注
供热	GXZH-GR	6	虚线	0.5	供热规划线位存放图层，线层。
供热场站设施	GXZH-GRD	6	实线	0.5	供热管线场站设施存放图层
供热标注	GXZH-GRBZ	7			包括线标注与文字标注
其他（输油）	GXZH-QT	7	虚线	0.5	其他类规划线位存放图层，线层。包括输油管道等。
其他（输油）场站设施	XKZ-QTD	7	实线	0.5	其他（输油）管线场站设施存放图层
其他（输油）标注	XKZ-QTBZ	7			包括线标注与文字标注

4、设计方案

若为给水项目，图层要求

类别	实体图层	颜色值	线型	线宽	说明
给水	SJFA-JS	4	虚线	1.2	给水管规划线位存放图层
给水场站设施	SJFA-JSD	4	实线	1.2	给水管线场站设施存放图层
给水标注	SJFA-JSBZ	7			包括线标注与文字标注

若为水源项目，图层要求

类别	实体图层	颜色值	线型	线宽	说明
水源	SJFA-SY	5	虚线	0.5	水源管规划线位存放图层，线层。
水源场站设施	SJFA-SYD	5	实线	0.5	水源管线场站设施存放图层
水源标注	SJFA-SYBZ	7			包括线标注与文字标注

若为中水项目，图层要求

类别	实体图层	颜色值	线型	线宽	说明
中水	SJFA-ZS	40	虚线	1.2	中水规划线位存放图层，线层。
中水场站设施	SJFA-ZSD	40	实线	1.2	中水管线场站设施存放图层
中水标注	SJFA-ZSBZ	7			包括线标注与文字标注

若为雨水项目，图层要求

类别	实体图层	颜色值	线型	线宽	说明
雨水	SJFA-YS	3	虚线	1.0	雨水规划线位存放图层，线层。
雨水场站设施	SJFA-YSD	3	实线	1.0	雨水管线场站设施存放图层
雨水标注	SJFA-YSBZ	7			包括线标注与文字标注

若为污水项目，图层要求

类别	实体图层	颜色值	线型	线宽	说明
污水	SJFA-WS	34	虚线	1.0	污水规划线位存放图层，线层。
污水场站设施	SJFA-WSD	34	实线	1.0	污水管线场站设施存放图层
污水标注	SJFA-WSBZ	7			包括线标注与文字标注

若为合流管道项目，图层要求

类别	实体图层	颜色值	线型	线宽	说明
合流管道	SJFA-HL	170	虚线	1.0	给水管规划线位存放图层
合流管道场站设施	SJFA-HLD	170	实线	1.0	给水管线场站设施存放图层
合流管道标注	SJFA-HLBZ	7			包括线标注与文字标注

若为燃气项目，图层要求

类别	实体图层	颜色值	线型	线宽	说明
燃气	SJFA-RQ	181	虚线	0.5	燃气规划线位存放图层，线层。
燃气场站设施	SJFA-RQD	181	实线	0.5	燃气管线场站设施存放图层
燃气标注	SJFA-RQBZ	7			包括线标注与文字标注

若为电力架空项目，图层要求

类别	实体图层	颜色值	线型	线宽	说明
电力架空	SJFA-DLJK	1	虚线	0.5	电力架空规划线位存放图层，线层。
电力架空场站设施	SJFA- DLJKD	1	实线	0.5	燃气管线场站设施存放图层
电力架空标注	SJFA-DLJKBZ	7			包括线标注与文字标注

若为电力电缆项目，图层要求

类别	实体图层	颜色值	线型	线宽	说明
电力电缆	SJFA-DLDL	1	虚线	0.5	电力电缆规划线位存放图层，线层。
电力电缆场站设施	SJFA-DLDLD	1	实线	0.5	电力电缆管线场站设施存放图层
电力电缆标注	SJFA-DLDLBZ	7			包括线标注与文字标注

若为通讯项目，图层要求

类别	实体图层	颜色值	线型	线宽	说明
通讯	SJFA-TX	126	虚线	0.5	通讯规划线位存放图层，线层。
通讯场站设施	SJFA-TXD	126	实线	0.5	通讯管线场站设施存放图层
通讯标注	SJFA-TXBZ	7			包括线标注与文字标注

若为供热项目，图层要求

类别	实体图层	颜色值	线型	线宽	说明
供热	SJFA-GR	6	虚线	0.5	供热规划线位存放图层，线层。
供热场站设施	SJFA-GRD	6	实线	0.5	供热管线场站设施存放图层
供热标注	SJFA-GRBZ	7			包括线标注与文字标注

若为其他（输油）项目，图层要求

类别	实体图层	颜色值	线型	线宽	说明
其他（输油）	SJFA-QT	7	虚线	0.5	其他类规划线位存放图层，线层，包括输油管道等
其他（输油）场站设施	SJFA-QTD	7	实线	0.5	其他（输油）管线场站设施存放图层
其他（输油）标注	SJFA-QTBZ	7			包括线标注与文字标注

5、许可证附图

若为给水项目，图层要求

类别	实体图层	颜色值	线型	线宽	说明
给水	XKZ-JS	4	虚线	1.2	给水管规划线位存放图层
给水场站设施	XKZ-JSD	4	实线	1.2	给水管线场站设施存放图层
给水标注	XKZ-JSBZ	7			包括线标注与文字标注

若为水源项目，图层要求

类别	实体图层	颜色值	线型	线宽	说明
水源	XKZ-SY	5	虚线	0.5	水源管规划线位存放图层，线层。
水源场站设施	XKZ-SYD	5	实线	0.5	水源管线场站设施存放图层
水源标注	XKZ-SYBZ	7			包括线标注与文字标注

若为中水项目，图层要求

类别	实体图层	颜色值	线型	线宽	说明
中水	XKZ-ZS	40	虚线	1.2	中水规划线位存放图层，线层。
中水场站设施	XKZ-ZSD	40	实线	1.2	中水管线场站设施存放图层
中水标注	XKZ-ZSBZ	7			包括线标注与文字标注

若为雨水项目，图层要求

类别	实体图层	颜色值	线型	线宽	说明
雨水	XKZ–YS	3	虚线	1.0	雨水规划线位存放图层，线层。
雨水场站设施	XKZ–YSD	3	实线	1.0	雨水管线场站设施存放图层
雨水标注	XKZ–YSBZ	7			包括线标注与文字标注

若为污水项目，图层要求

类别	实体图层	颜色值	线型	线宽	说明
污水	XKZ–WS	34	虚线	1.0	污水规划线位存放图层，线层。
污水场站设施	XKZ–WSD	34	实线	1.0	污水管线场站设施存放图层
污水标注	XKZ–WSBZ	7			包括线标注与文字标注

若为合流管道项目，图层要求

类别	实体图层	颜色值	线型	线宽	说明
合流管道	XKZ–HL	170	虚线	1.0	给水管规划线位存放图层
合流管道场站设施	XKZ–HLD	170	实线	1.0	给水管线场站设施存放图层
合流管道标注	XKZ–HLBZ	7			包括线标注与文字标注

若为燃气项目，图层要求

类别	实体图层	颜色值	线型	线宽	说明
燃气	XKZ–RQ	181	虚线	0.5	燃气规划线位存放图层，线层。
燃气场站设施	XKZ–RQD	181	实线	0.5	燃气管线场站设施存放图层
燃气标注	XKZ–RQBZ	7			包括线标注与文字标注

若为电力架空项目，图层要求

类别	实体图层	颜色值	线型	线宽	说明
电力架空	XKZ–DLJK	1	虚线	0.5	电力架空规划线位存放图层，线层。
电力架空场站设施	XKZ– DLJKD	1	实线	0.5	燃气管线场站设施存放图层
电力架空标注	XKZ–DLJKBZ	7			包括线标注与文字标注

若为电力电缆项目，图层要求

类别	实体图层	颜色值	线型	线宽	说明
电力电缆	XKZ–DLDL	1	虚线	0.5	电力电缆规划线位存放图层，线层。
电力电缆场站设施	XKZ–DLDLD	1	实线	0.5	电力电缆管线场站设施存放图层
电力电缆标注	XKZ–DLDLBZ	7			包括线标注与文字标注

若为通讯项目，图层要求

类别	实体图层	颜色值	线型	线宽	说明
通讯	XKZ–TX	126	虚线	0.5	通讯规划线位存放图层，线层。
通讯场站设施	XKZ–TXD	126	实线	0.5	通讯管线场站设施存放图层
通讯标注	XKZ–TXBZ	7			包括线标注与文字标注

若为供热项目，图层要求

类别	实体图层	颜色值	线型	线宽	说明
供热	XKZ-GR	6	虚线	0.5	供热规划线位存放图层，线层。
供热场站设施	XKZ-GRD	6	实线	0.5	供热管线场站设施存放图层
供热标注	XKZ-GRBZ	7			包括线标注与文字标注

若为其他（输油）项目，图层要求

类别	实体图层	颜色值	线型	线宽	说明
其他（输油）	XKZ-QT	7	虚线	0.5	其他类规划线位存放图层，线层，包括输油管道等
其他（输油）场站设施	XKZ-QTD	7	实线	0.5	其他（输油）管线场站设施存放图层
其他（输油）标注	XKZ-QTBZ	7			包括线标注与文字标注

二、建库标准（选线规划、路径规划、管线综合、设计方案及许可证附图）

（一）数据库表结构

依据不同业务审批阶段，在SDE中分别创建选线规划、路径规划、管线综合、设计方案、许可证附图等表空间，数据库表结构统一如下：

序号	字段名称	类别	宽度	精度	主码	外键	单位	文本说明
1	项目总编号							
2	申请编号							
3	单位名称							
4	规划种类							
5	申请日期							
6	承办人							
7	许可证编号							
8	项目名称							
9	项目地址							
10	项目四至范围-东至							
11	项目四至范围-南至							
12	项目四至范围-西至							
13	项目四至范围-北至							
14	设计单位							
15	总长度							
16	证书编号或通知书号							
17	发证日期							
18	工程编号							
19	管径大小							
20	埋深							
21	电力等级							
22	通信孔数							

续表

序号	字段名称	类别	宽度	精度	主码	外键	单位	文本说明
23	控制线宽度							
24	设计横断面							
25	工程种类							

（二）数据图层

按业务审批阶段进行分层，每一阶段共分三层，共计 15 个数据图层。即每个审批阶段均包含管线，场站设施、塔、井，标注三层，管线层中的各要素以管线种类字段（用不同颜色）来区分，无需将每个审批阶段的不同种类管线进行单独分层，因选线规划、路径规划、管线综合为规划阶段，不存在井或塔信息，而设计方案与许可证附图则有井或塔信息，各个阶段具体分层如下：

选线规划

管线

场站设施

标注

路径规划

管线层

场站设施

标注

管线综合

管线

场站设施

标注

设计方案

管线

场站设施、井、塔

文字标注层

许可证附图

管线

场站设施、井、塔

标注层

关于加强历史文化街区建设项目停车配建规划管理工作的通知

（2011年8月25日天津市规划局　规市字〔2011〕594号）

局机关各处室、局系统各单位，各有关单位：

根据《中心城区历史文化街区保护规划》，历史文化街区划分为核心保护范围和建设控制地带。为进一步加强历史文化街区内建设项目停车配建规划管理，依据《天津市建设项目配建停车场（库）标准》（DB/T 29-6-2010），现将不同范围内建设项目停车配建要求通知如下：

一、核心保护范围停车配建要求

核心保护范围内建设项目的停车配建应在恢复原有停车功能的前提下，结合实际用地条件自行合理配建，核心保护范围内一般不得设置坡道式机动车地下车库出入口。同时，结合项目类型分别提出配建要求。

（一）对于规模不变，整修外檐，用地性质不变的建设项目，维持现有停车设施规模不变。

（二）对于规模不变，调整用地性质的建设项目，应恢复原有停车功能，结合实际用地条件自行合理配建。

（三）对于原拆原建的建设项目，应恢复原有停车功能，结合实际用地条件自行合理配建。

（四）对于新建项目，应结合实际用地条件自行合理配建。

二、建设控制地带停车配建标准

各建设项目应严格按照现行《天津市建设项目配建停车场（库）标准》（DB/T 29-6-2010）统一核算。对于符合《天津市交通影响评价规划管理暂行办法》相关规定的建设项目应通过交通影响评价论证，以交通影响分析结论作为项目停车配建标准。

此通知

关于印发《天津市规划局政府信息公开规定》的通知

（2011 年 8 月 25 日天津市规划局　规法字〔2011〕596 号）

局机关各处室、局系统各单位，各有关单位：

《天津市规划局政府信息公开规定》业经 2011 年 8 月 12 日第 9 次局长办公会审议通过，自 2011 年 10 月 1 日起施行。现印发你们，请遵照执行。

天津市规划局政府信息公开规定

第一章　总则

第一条　为加强政府信息公开工作，保障公民、法人和其他组织依法获取政府信息，依据《中华人民共和国政府信息公开条例》、《天津市政府信息公开规定》以及有关法律法规要求，制定本规定。

第二条　本规定所称政府信息，是指本机关在履行行政管理职责过程中制作或者获取的，以一定形式记录、保存的信息。

第三条　局成立政府信息公开领导小组，负责政府信息公开工作总体部署和重大事项决策。领导小组组长由局长担任，副组长由常务副局长担任，其他局领导、机关各处室主要负责人为成员，领导小组下设局政府信息公开办公室。

第四条　政府信息公开办公室负责政府信息公开领导小组的日常工作，负责全系统政府信息公开工作的组织、推动、指导、协调和督查。

政府信息公开办公室日常工作由业务处负责，各有关处室分工配合。业务处具体负责组织行政许可、行政审批类政府信息公开工作；办公室具体负责组织行政公文类政府信息公开工作；信访办具体负责依申请政府信息公开的受理、督办、答复工作；政策法规研究处具体负责法律、法规、规章以及行政规范性文件类政府信息公开工作。

信息中心为政务网、市政府信息公开网的维护提供技术支持。

第五条　机关各处室负责职责范围内政府信息的主动公开工作，并负责具体办理职责范围内政府信息的依申请公开工作。

机关各处室应当确定一名政府信息公开联络员，负责政府信息公开有关工作。

第六条　局保密委员会负责政府信息保密审查工作。

第七条　各区县规划局、派出机构应当成立政府信息公开领导小组，确定政府信息公开责任部门，在政府信息公开内容、方式、程序等方面执行本规定。

各区县规划局、派出机构应当依法公开各自职责范围内的政府信息，接受市局和区县政府信息公开主管部门的领导和监督。

第二章　主动公开政府信息

第八条　下列政府信息应当主动公开：

（一）职责权限、机构设置、人事任免、工作计划、工作总结以及行政公文等信息。

（二）城乡规划、测绘、地名、城建档案等法律、法规、规章和行政规范性文件。

（三）由本局组织编制并依法批准或者由本局审批的城乡规划、地名规划；

（四）行政许可、审批事项的办事指南和办理结果；

（五）测绘成果目录；

（六）报市人民政府批准公布的乡镇行政区域界线的标准画法图和国家审核公布范围以外的本市重要地理信息数据；

（七）城乡规划以及行政许可事项的监督检查情况和处理结果；

（八）法律、法规、规章规定主动公开的其他信息。

第九条　主动公开的政府信息，应当于信息生成或者变更之日起20个工作日内公开。法律、法规另有规定的，从其规定。

第十条　机关各处室在生成政府信息时，对于属于主动公开范围的应当依法公开。各处室主要负责人对拟公开的政府信息进行审核，报分管局领导批准后发布。

机关各处室应当在政府信息发布之日起5个工作日内，报局政府信息公开办公室备案。

第十一条　机关各处室拟定公文应当依法标注政府信息公开意见。未依法标注公开意见的，不得履行发文程序。

第十二条　主动公开的政府信息，可以在办公场所或者行政许可服务中心、规划展览馆等固定场所公开，或者通过公报、政务网、新闻发布会以及报刊、广播、电视等便于公众知晓的方式公开。

第三章　依申请公开政府信息

第十三条　除主动公开和不予公开的政府信息以外，公民、法人或者其他组织可以根据自身生产、生活、科研等特殊需要，申请获取相关政府信息。

第十四条　公民、法人或者其他组织申请获取政府信息，应当采用书面形式。采用书面形式确有困难的，申请人可以口头提出，由受理该申请的工作人员代为填写政府信息公开申请，由申请人签字或者按指膜确定。

公民、法人或者其他组织的一个申请，应当对应一个政府信息。申请多个政府信息公开的，应当对应提出多个申请。

第十五条　申请人申请获取政府信息，应当提供下列文件：

（一）身份证、护照、军官证等身份证明文件原件及其复印件，未成年人的户口本及复印件及其法定代理人的身份证明文件原件及复印件；

（二）申请书。内容包括申请人的姓名或者名称、联系方式，申请公开信息的内容描述，获取信息的形式要求等；

（三）证明信息与申请人生产、生活、科研等特殊需要相关的文件。当事人身份证明文件能够证明需要的除外。

第十六条　申请人可以委托代理人提出政府信息公开申请。除提交第十五条规定的文件外，还应当出示代理人的有效身份证明文件以及授权委托书。律师代理的，应当出示执业证书。

第十七条　需要当面核实有关身份证明的，可以要求申请人到指定的受理点接受核实，或采取其他有效形式核实。

申请人不提供有关证明文件或者申请代理人不出示申请人、代理人有效证件以及授权委托书的，不予受理。

不予受理的，应当将情况登记保存，并告知申请人。

第十八条 依申请公开政府信息由信访办统一受理、答复，相关处室负责具体办理。

政府信息公开事项需要当面接待的，由相关处室负责。

第十九条 对申请人的申请能够当场答复的，应当当场答复；不能当场答复的，自收到申请之日起15个工作日内答复申请人。

需要延长答复期限的，由相关处室报分管局领导同意后可以适当延长，延长期限不得超过15个工作日。延期答复意见由信访办书面告知申请人。

第二十条 因不可抗力或者其他法定事由不能在规定的期限内答复申请人或者向申请人提供政府信息的，期限中止，待障碍消除后恢复计算。

期限的中止和恢复，应当及时书面通知申请人。

第二十一条 申请公开的政府信息涉及商业秘密、个人隐私以及公开后可能损害第三方合法权益的，应当书面征求第三方意见，并明确答复期限。第三方同意公开的，可以公开；第三方不同意公开的，不得公开；第三方未在要求的期限内答复的，视为不同意公开。但本机关认为不公开可能对公共利益造成重大影响的，应当予以公开，并将决定公开的政府信息内容和理由书面通知第三方。

征求第三方意见所需时间不计算在政府信息答复期限内。

第二十二条 依申请公开政府信息，经过审查，视不同情况分别作出答复：

（一）属于依申请公开范围的，应当按照规定及时答复申请人；

（二）属于主动公开范围并已主动公开的，应当告知申请人获取该政府信息的方式和途径，尚未主动公开的，及时向申请人提供其所需政府信息；

（三）属于不予公开的，应当告知申请人并说明理由；

（四）信息不存在的，应当明确告知申请人；

（五）依法不属于本机关公开的，应当告知申请人，对能够确定该政府信息公开机关的，应当告知申请人该行政机关的名称、联系方式；

（六）与本人生产、生活、科研等特殊需要无关，或者需要汇总、加工以及重新制作的政府信息，可以不予提供。

第二十三条 申请内容不明确或者申请形式要件不齐备的，应当一次性告知申请人作出更改、补充。申请人进行更改、补充后重新提交申请的，以提交新的申请时间计算答复期限。

第二十四条 同一申请人就同一内容反复提出政府信息公开申请，且本机关已经答复的，可以不再答复。

申请公开的政府信息中含有不予公开的内容，但是能够作区分处理的，应当向申请人提供可以公开的信息内容。

按照申请人提供的联系方式无法提供政府信息的，应当将该申请登记留存，保存一年。

第二十五条 应当按照申请人要求的形式提供政府信息。无法按照申请人要求的形式提供的，可以通过安排申请人查阅相关资料、提供复制件或者其他适当形式提供。

依申请提供的政府信息，应当依法向申请人送达。

第二十六条 依申请提供政府信息，可以按照物价部门规定的标准，向申请人收取公开过程中发生的检索费、复制费、邮寄费。

申请人符合低保和低收入困难条件的，凭有关证明，经分管局领导批准，可以减免收费。

申请人属于非盈利组织或者其他公益团体的，凭有关证明，经分管局领导批准，可以减免收费。

第四章　不予公开的政府信息

第二十七条　依照有关规定，下列政府信息不予公开：

（一）属于国家秘密的。

（二）属于工作秘密的。

（三）依法受保护的商业秘密或者公开后可能导致商业秘密被泄漏的。

（四）依法受保护的个人隐私或者公开后可能导致个人合法权益受到损害的。

（五）公开后可能危及国家安全、公共安全、经济安全和社会稳定的。

（六）发布信息依照有关规定需要批准，但尚未批准或者未获批准的。

（七）日常工作中制作或者获取的内部管理信息。

（八）处于讨论、研究或者审查中的过程性信息。

（九）有关法律、法规、规章和规定禁止公开的其他政府信息。

前款第（三）项、第（四）项规定的政府信息，经权利人同意公开或者不公开可能对公共利益造成重大影响的，可以予以公开。

第二十八条　本规定所称国家秘密，主要包括下列内容：

（一）党政军首脑机关、党和国家主要领导人寓所和经常性活动场所的地下专业工程的规划设计和管线综合图文资料；

（二）不对外开放的国防科研生产、试验、训练基地的城市现状图、规划总图的图文资料；

（三）国防工程、国家级科研工程（课题）的关键部位的勘察、设计、施工资料；

（四）电力、燃气、热力、通信、给排水、污水处理、供气、防洪、人防、地铁等城市基础设施现状和规划图文信息；

（五）信息载体上记有国家秘密标志的；

（六）其他属于国家秘密的政府信息。

第二十九条　本规定所称工作秘密主要包括下列内容，但经一定程序确定公开的除外：

（一）市领导批示意见；

（二）局领导召开的各种会议内容；

（三）党组会、局长办公会、局长业务会会议记录及纪要；

（四）业务案件和公文运转过程中的信息；

（五）内部资料；

（六）其他属于工作秘密的事项。

第三十条　本规定所称商业秘密和个人隐私主要包括下列内容：

（一）审批过程中，有关中介服务机构或者建设单位提交的尚未公开的技术信息、经营信息等；

（二）行使行政管理职权过程中涉及企业的人力配备、技术力量、设备状况、工艺流程、尚未公开的经营盈亏状况、管理经验、建设项目的银行存款证明等商业秘密；

（三）行使行政管理职权过程中涉及的个人信息；

（四）其他涉及商业秘密、个人隐私的政府信息。

第三十一条　本规定所称可能危及国家安全、公共安全、经济安全和社会稳定的政府信息，主要包括下列内容：

（一）审查、讨论中的规划方案、建筑设计方案等，尚未决定公开的；

（二）草拟、审议中的地方性法规、规章、行政规范性文件草稿，尚未决定公开的；

（三）与行政执法有关，公开后可能影响执法活动或者危及公民、法人或者其他组织合法权益的；

（四）其他涉及安全与稳定的有关政府信息。

第五章　政府信息保密审查

第三十二条　本规定所称保密审查，是指对拟公开的政府信息是否属于国家秘密、工作秘密、商业秘密、个人隐私，以及公开后是否危及国家安全、公共安全、经济安全和社会稳定的审查。

第三十三条　政府信息公开应当进行保密审查，未经保密审查不得公开。

政府信息公开前，有关处室应当对其进行保密审查。不能确定是否可以公开的，由有关处室提交局保密委员会审查。

法律、法规、规章和依法备案的规范性文件公开，不进行保密审查。

第三十四条　各处室进行保密审查应当有文字记录，载明下列内容：

（一）被审查信息的标题及文号或者内容摘要；

（二）保密审查认为不应公开的依据；

（三）保密审查的结论或者处理意见；

（四）保密审查负责人的签名、日期；

（五）应当记载的其他内容。

第三十五条　本局不能确定是否公开的政府信息，报请有关主管部门或者市保密行政管理部门确定。

第六章　监督

第三十六条　政府信息公开办公室和监察室负责对局系统政府信息公开实施情况进行具体监督检查。

第三十七条　违反本规定，有下列情形之一的，责令改正；逾期未整改的，依法追究有关人员责任：

（一）不依法履行政府信息公开义务的；

（二）擅自公开政府信息的；

（三）不依法进行政府信息保密审查的；

（四）未履行告知义务，导致第三方合法权益受损害的；

（五）有偿或者变相有偿提供政府信息的；

（六）未按规定标准收取费用的。

第七章　附则

第三十八条　政府信息已经移交档案馆的，应当依照档案管理的法律、行政法规和有关规定执行。

第三十九条　本规定施行前局有关规定与本规定不一致的，执行本规定。

第四十条　本规定自 2011 年 10 月 1 日起施行，《天津市规划局政府信息公开规定（暂行）》（规法字〔2009〕32 号）同时废止。

关于《解放南路周边地区城市设计》的批复

（2011 年 3 月 28 日天津市规划局　规详字〔2011〕179 号）

解放南路地区开发建设指挥部：

关于解放南路周边地区城市设计，经我局组织研究，并报市政府审查，现批复如下：

一、原则同意《解放南路周边地区城市设计》（以下简称《城市设计》）确定的“生态型的生活社区 、园林型的迎宾大道 、创意型的办公街区 、专业型的商贸园区”地区定位，该定位符合该地区的实际情况和发展条件，突出了该地区的优势和特色。

二、《城市设计》确定的“两区、三轴、四节点”空间结构清晰明确，布局合理；规划的公共开放空间、绿化系统、建筑高度和空间形态明确，有利于改善人居环境，提升城市品质；规划将轨道交通、公共交通等城市公共交通设施与用地布局紧密结合，有利于土地效益最大化。

三、请同步开展道路交通、生态社区等专项研究，并将成果落实到控制性详细规划中。

关于《文化中心周边地区城市设计》的批复

（2011 年 4 月 22 日天津市规划局　规详字〔2011〕309 号）

市城投集团：

关于文化中心周边地区城市设计，经我局组织审查，并报请第 67 次市政府常务会议审议通过，现批复如下：

一、原则同意《文化中心周边地区城市设计》（以下简称《城市设计》），规划范围：东至解放南路，南至黑牛城道，西至友谊路、隆昌路、黄埔南路，北至大沽南路，规划总用地面积约 2.41 平方公里。

二、同意《城市设计》确定的“天津中心城区文化商务核心区”的规划定位，该定位符合文化中心周边地区的实际情况和发展条件，突出了该地区的优势和特色。

三、《城市设计》确定的“一轴、两园、四区”空间结构清晰明确，布局合理。规划的公共开放空间、绿化系统、建筑高度和空间形态明确，有利于改善人居环境，提升城市品质。

四、《城市设计》将轨道交通、公共交通等城市公共交通设施与用地布局紧密结合，有利于土地效益最大化。

五、请同步开展市政、交通、地下空间利用等专项规划研究，并将专项规划成果落实到控制性详细规划和城市设计导则中，作为该地区规划建设的依据。

关于印发《天津市城市设计导则管理暂行规定》的通知

（2011 年 6 月 30 日天津市规划局　规法字〔2011〕491 号）

局机关各处室、局系统各单位，各有关单位：

《天津市城市设计导则管理暂行规定》业经 2011 年 6 月 9 日第 6 次局长办公会审议通过。现印发你们，请遵照执行。

天津市城市设计导则管理暂行规定

第一条　为加强规划管理，提高城市规划建设水平，保障城市设计实施，规范城市设计导则编制、管理，根据《中华人民共和国城乡规划法》、《天津市城乡规划条例》、《天津市城市规划管理技术规定》等法律法规规章，结合本市实际，制定本规定。

第二条　本市行政区域内，城市设计导则的制定和实施，适用本规定。

第三条　本规定所称城市设计导则，是指结合城市设计方案，与土地细分导则相适应，对整体风格、空间意向、街道、开放空间、建筑和其他要素提出控制要求的行政措施。

第四条　建设项目规划行政审批，应当符合城市设计导则的要求。

第五条　市城乡规划主管部门负责全市城市设计导则管理工作；负责指导监督区县城市设计导则组织编制和实施管理工作。

区县城乡规划主管部门根据各自职责做好本辖区城市设计导则组织编制和实施管理工作。

第六条　编制城市设计导则，应当委托具有规划编制资质的单位，并符合有关规定和技术标准。

第七条　城市设计导则编制和管理经费，应当纳入各级人民政府规划经费。

第八条　城市设计导则主要包括下列内容：

（一）街道设计导则，对建筑退线、建筑贴线率、建筑主立面及入口门厅位置、机动车出入口位置等控制要素提出控制和引导要求。

（二）开放空间设计导则，明确各类城市绿地和广场的性质，提出规划控制要求。

（三）建筑设计导则，对建筑体量、建筑高度、建筑风格、建筑外檐材料、建筑色彩提出控制和引导要求，提出建筑类型和风格意象的引导要求。

（四）其他控制要素的控制和引导要求，以及重点地区的特殊控制要求。

第九条　中心城区、环城四区外环线以外地区、近郊区新城、镇区的城市设计导则，由区县城乡规划主管部门组织编制，报市城乡规划主管部门审批。

滨海新区的城市设计导则，由滨海新区城乡规划主管部门组织编制，报滨海新区人民政府审批，报市城乡规划主管部门备案。必要的，应当在审批前征求市城乡规划主管部门意见。

第十条　城市设计导则由组织编制机关组织专家论证，征求意见。

第十一条　经批准的城市设计导则应当严格执行，任何单位或者个人不得擅自修改。确需修改的，应当按照规定程序办理。

第十二条　修改城市设计导则，应当先编制城市设计调整方案，依据城市设计调整方案对城市设计导则进行修改，按照原审批程序审批。

第十三条　市城乡规划主管部门负责指导区县城乡规划主管部门对城市设计导则进行动态维护管理。

滨海新区城乡规划主管部门负责组织对滨海新区城市设计导则实施动态维护。

第十四条　未按照城市设计导则实施行政许可审批的，按照有关规定追究责任。

第十五条　本规定自 2011 年 8 月 1 日起施行。

关于印发《天津市土地细分导则管理暂行规定》的通知

（2011 年 6 月 30 日天津市规划局 规法字〔2011〕492 号）

局机关各处室、局系统各单位，各有关单位：

《天津市土地细分导则管理暂行规定》业经 2011 年 6 月 9 日第 6 次局长办公会审议通过。现印发你们，请遵照执行。

天津市土地细分导则管理暂行规定

第一条 为加强规划管理，规范土地细分导则的制定、实施，根据《中华人民共和国城乡规划法》、《天津市城乡规划条例》、《天津市城市规划管理技术规定》等法律法规规章，制定本规定。

第二条 本市行政区域内，土地细分导则的制定和实施，适用本规定。

第三条 本规定所称土地细分导则，是指依据控制性详细规划制定的，对地块用地性质、使用强度等规划指标进行控制，确定公益性公共设施、基础设施、公共安全设施、公共绿地等用地的规模、范围和强制性控制要求的行政措施。

第四条 土地细分导则是建设项目规划行政许可审批、土地出让和转让方案制定的直接依据，建设项目审批应当符合土地细分导则。

第五条 市城乡规划主管部门负责全市土地细分导则管理工作，负责指导监督区县土地细分导则组织编制和实施管理工作。

区县城乡规划主管部门根据各自职责负责本辖区土地细分导则组织编制和实施管理工作。

第六条 编制土地细分导则，应当委托具有规划编制资质的单位，并符合有关规定和技术标准。

第七条 土地细分导则编制和管理经费，应当纳入各级人民政府的规划经费。

第八条 土地细分导则应当依据控制性详细规划，按照单元和街坊的控制要求，提出地块具体规划控制要求。土地细分导则应当包括下列内容：

（一）地块的用地范围、用地性质和兼容性要求。

（二）地块的容积率、建筑密度、绿地率等控制指标，各类公益性公共设施和居住服务设施的配置要求，重点地区内地块的建筑限高。

（三）公共绿地的用地范围、规模和分布。

（四）道路红线宽度、断面、交叉口形式和交通组织控制要求，各类交通设施的用地范围、规模等规划指标和控制要求。

（五）各类市政工程场站设施和城市安全设施的用地范围、规模等控制指标和控制要求。

（六）划定黑线、蓝线、紫线、黄线、绿线等规划控制线。

（七）相应建设用地使用和建筑工程规划管理要求。

第九条 中心城区、环城四区外环线以外地区、近郊区新城、镇区的土地细分导则，由区县城乡规划主管部门组织编制，报市城乡规划主管部门审批。

滨海新区的土地细分导则，由滨海新区城乡规划主管部门组织编制，报滨海新区人民政府审批，报市城乡规划主管部门备案。

第十条 编制土地细分导则，组织编制机关应当进行专家论证，征求有关部门和公众意见。

第十一条 经批准的土地细分导则应当严格执行，任何单位和个人不得擅自修改。确需修改的，应当按照规定程序办理。

第十二条 有下列情形之一，可以对土地细分导则进行修改：

（一）控制性详细规划或专业规划修改的；

（二）需要与城市设计相互衔接的；

（三）符合控制性详细规划单元控制要求，对地块用地性质和用地布局进行调整的；

（四）符合控制性详细规划建筑规模总量平衡要求，对局部地块建筑规模进行调整的；

（五）符合控制性详细规划绿地总量平衡要求，对绿化带或者集中绿地进行调整的；

（六）满足城市空间和景观环境需要，对局部地块建筑高度、建筑密度进行调整的；

（七）在控制性详细规划单元内，对市政基础设施和公共安全设施的位置进行调整的；

（八）设立重点建设项目的；

（九）不涉及控制性详细规划修改的其他情形。

第十三条 土地细分导则修改，可以由组织编制机关和审批机关依职权进行，也可以由下列单位提出申请：

（一）因城市发展或行业发展需要，由区县人民政府或行业主管部门提出申请；

（二）涉及城市基础设施建设的，由基础设施项目建设单位提出申请；

（三）涉及军事用地的，由部队土地权属单位提出申请；

（四）其他情形的，由土地权属单位提出申请。

第十四条 中心城区的土地细分导则修改，由市城乡规划主管部门组织区县城乡规划主管部门提出修改论证报告，编制修改方案，经市城乡规划主管部门控制性详细规划和土地细分导则管理专题会审查同意后，报局长业务会审议批准。

环城四区外环线以外地区、近郊区新城、镇区的土地细分导则修改，由区县城乡规划主管部门组织设计单位提出修改论证报告，编制修改方案，报市城乡规划主管部门批准。

滨海新区的土地细分导则修改，由滨海新区城乡规划主管部门组织设计单位提出修改论证报告，编制修改方案，报滨海新区人民政府审批，报市城乡规划主管部门备案。

第十五条 土地细分导则修改，区县城乡规划主管部门应当根据需要组织专家评审、征求意见。

第十六条 市城乡规划主管部门负责指导区县城乡规划主管部门对土地细分导则进行动态维护管理，定期对实施情况进行分析。

滨海新区城乡规划主管部门负责组织对滨海新区土地细分导则实施动态维护，并定期向市城乡规划主管部门提交土地细分导则动态维护实施报告。

第十七条 未按照规定程序编制、审批、修改土地细分导则，或者未按照土地细分导则要求实施行政许可审批的，按照有关规定追究责任。

第十八条 本规定自 2011 年 8 月 1 日起施行。

关于印发《天津市历史文化街区保护规划编制技术标准》的通知

（2011 年 9 月 22 日天津市规划局　规保字〔2011〕631 号）

局机关各处室、局系统各单位，各有关单位：

《天津市历史文化街区保护规划编制技术标准》业经 2011 年 1 月 26 日第 1 次局长办公会审议通过，自 2011 年 10 月 1 日起施行。现印发你们，请遵照执行。

天津市历史文化街区保护规划编制技术标准

第一章　总则

第一条　为了加强天津市历史文化街区的保护和管理，落实《历史文化名城名镇名村保护条例》及《天津市城乡规划条例》的相关内容，规范编制《历史文化街区保护规划》的内容、深度和成果要求，特制定《天津市历史文化街区保护规划技术标准》。

第二条　《天津市历史文化街区保护规划》（以下简称《保护规划》）的编制内容包括历史保护、发展利用研究、用地规划、建筑与环境保护引导、基础设施体系五部分内容，是对历史文化街区内建设活动的全面控制和引导。在天津市历史文化街区范围内的所有建设活动应以《保护规划》为依据。

第三条　《保护规划》应在充分调研现状情况的基础上，进行现状价值分析及评价。对历史文化街区的历史演变、街区特征、城市功能、人口、生活服务设施、绿化环境、道路交通及市政基础设施等现状进行分析，并提出该街区主要历史文化特色、存在的问题及主要的工作方向。

第四条　历史文化街区的发展与利用应以保护为根本目的，遵循合理性、前瞻性原则，促进与周边区域的协调发展，提升历史文化街区在城市中的地位和作用。

第五条　在历史文化街区中,应从有利于历史文化环境和历史建筑保护的角度出发，为历史建筑找到适合的新的使用方式，以为社会提供公共服务为出发点，引导区域合理更新。

第六条　本标准适用于天津市 14 片历史文化街区保护规划的编制，分别为估衣街历史文化街区、老城厢历史文化街区、古文化街历史文化街区、一宫花园历史文化街区、鞍山道历史文化街区、赤峰道历史文化街区、中心花园历史文化街区、劝业场历史文化街区、承德道历史文化街区、解放北路历史文化街区、泰安道历史文化街区、五大道历史文化街区、解放南路历史文化街区及海河历史文化街区。

第二章　编制技术要求

第一节　历史保护

第七条　历史文化街区内应确定核心保护范围和建设控制地带。

第八条　历史文化街区内的历史文化要素一般归纳为四类：

1、建筑：历史形成的各类建筑及对历史环境有积极意义的建筑；

2、空间：主要指历史形成的道路与街巷系统及其线形、宽度、空间尺度、景观特征与各类公园、街头绿地、绿化庭院、古树名木、广场、街道交叉口等；

3、肌理：主要指历史形成的街巷、街廓、建筑及其布局所形成的城市肌理特征，如原有道路和街巷格局、地块的尺度与形状、建筑的体量、建筑密度与群体空间布局等；

4、其他：主要指重要的历史场所及历史、文化、社会生活和社会结构等方面的非物质文化遗产。

第九条　建筑保护与更新。判定历史文化街区内代表其原来固有的物质形态价值和特征而必须得到保护的建筑物或构筑物，以及需要采取其它方式对待的建筑物或构筑物。一般分为五类：

1、不可移动文物：包括全国重点文物保护单位、天津市市级文物保护单位、天津市区级文物保护单位及尚未核定公布为文物保护单位的不可移动文物。

2、历史建筑：指经天津市人民政府确定公布的具有一定保护价值，能够反映历史风貌和地方特色，未公布为文物保护单位，也未登记为不可移动文物的建筑物、构筑物。

3、传统风貌建筑：指具有一定建成历史、能够反映历史文化街区不同历史时期风貌的建筑物、构筑物，是构成历史文化街区街巷空间格局与风貌的重要组成部分。

4、与传统风貌相协调的建筑：指历史文化街区内，在高度、体量、形式等方面与传统风貌建筑相协调的建筑物、构筑物（一般以新建建筑物、构筑物为主）。

5、与传统风貌不协调的建筑：指历史文化街区内，在高度、体量、形式等方面与传统风貌有冲突的建筑物、构筑物（一般以新建建筑物、构筑物为主）及危棚、简屋、违章建筑。

表 1.建筑保护与更新的定义与要求一览表

类别	定义	规划控制要求	规划引导
不可移动文物	全国重点文物保护单位、市级文物保护单位、区级文物保护单位、尚未核定公布为文物保护单位的不可移动文物	按《中华人民共和国文物保护法》的有关规定执行。	保留
历史建筑	指经天津市人民政府确定公布的具有一定保护价值，能够反映历史风貌和地方特色，未公布为文物保护单位，也未登记为不可移动文物的建筑物、构筑物。	应予以维修和再利用。确需拆除时，必须进行详细的建筑测绘，并应在原址原样复建，复建中应当利用原有的有特色的建筑构件。	保留或原拆原建
传统风貌建筑	指具有一定建成历史、能够反映历史文化街区不同历史时期风貌的建筑物、构筑物，是构成历史文化街区街巷空间格局与风貌的重要组成部分。	可以扩建（不包括核心保护范围）、改建或拆除重建，但应当与历史文化街区的传统风貌相协调。	根据情况决定拆除、改建或保留
与传统风貌相协调的建筑	指历史文化街区内，在高度、体量、形式等方面与传统风貌建筑相协调的建筑物、构筑物（一般以新建建筑物、构筑物为主）。	应当进行合理的维修和使用，可以进行扩建、改建和拆除，但应当与历史文化街区的传统风貌相协调。	保留
与传统风貌不协调的建筑	指历史文化街区内，在高度、体量、形式等方面与传统风貌有冲突的建筑物、构筑物（一般以新建建筑物、构筑物为主）及危棚、简屋、违章建筑。	分三种情况提出有针对性的规划控制引导。 1）整治：可以通过改变建筑色彩、屋顶形式、减层、局部拆除等整治措施与历史街区的传统风貌相协调。 2）建议拆除：对传统风貌的负面影响较大，规划建议在条件许可的情况下，结合更新改造予以拆除重建，新建建筑应与历史街区的传统风貌相协调。 3）必须拆除：危棚、简屋及违章建筑不得进行扩建和改建，应当予以拆除，拆除后的空地必须按照规划要求进行建设。	根据情况决定拆除或改造

第十条　历史街道、街巷及河流的保护。

历史街道的保护应分为三个等级，采取分类控制的方法。历史街道的路段，道路红线宽度和转弯半径、两侧建筑高度及行道树等都受到严格控制。见下表：

表 2　历史街道分类及保护措施一览表

历史街道分类	分类依据	保护措施
一类历史街道	道路沿线保护建筑分布集中，历史文化特色十分明显，道路保持着历史宽度，且基本维持原有空间尺度。	一类历史街道的道路规划红线宽度、道路转弯半径、道路断面形式应当保持现状或恢复历史上的道路红线宽度和转弯半径，不得拓宽或压缩。
二类历史街道	道路沿线分布一定数量的保护建筑，其中也分布一定数量的其他建筑和开发地块，历史文化特色略逊于一类历史街道，道路一般保持着历史宽度和原有尺度。	二、三类历史街道的道路规划红线宽度，除保护现状或恢复历史上的道路红线宽度外，可以根据沿街保护建筑的位置、交通、行道树、绿化等因素予以适当调整。
三类历史街道	道路沿线分布的保护建筑所占的比例较小，但道路的路网格局、尺度和线形有一定特色的道路。	

历史街巷是指历史风貌特色十分明显、基本维持原有空间尺度的巷道和里弄。历史街巷的保护应当通过对街巷走向、街巷宽度、两侧建筑高度与界面连续性的控制，以保持现状或恢复历史原有的历史风貌特色及空间尺度。走向与宽度通过街巷控制线进行控制，不允许任意拓宽或取消。

河流的保护应当通过对河道走向、宽度、堤岸景观、通河视线走廊、河道两侧城市肌理、建筑高度与界面的控制等手段，强化河流两岸的文化特色，控制合理的空间尺度。

第十一条　空间尺度控制。历史文化街区在街廓尺度、建筑体量和高度、道路宽度与沿街建筑的高度比值等方面应规定特定的数值，控制指标基本上基于现有的街道空间比例制定。对历史形成的道路，规定沿线绿化在道路拓宽时应尽量予以保留；对一些空间尺度失衡的街道，应通过绿化等方法改善其空间效果，保持街道界面的连续性与丰富性特征。

第十二条　肌理分析与保护。历史文化街区的城市空间肌理蕴含着特定的历史文化意义。应保留和延续城市肌理的完整性和独特性，使之成为强化历史文化街区风貌的显著特征。

第二节　发展利用研究

第十三条　功能定位与兼容。功能定位与兼容的出发点是在尊重历史文化街区既有环境特点和建筑形制的基础上，在发挥土地使用效益的同时，避免相互冲突的城市功能之间的环境干扰。

第十四条　社会结构。社会结构是由城市社会要素构成的一种相对稳定的构成关系和构成形式，包括社会个体、社会群体及由此构成的社会网络等三个层面。社会结构变迁是社会结构各要素（人口构成、社会单元等）关系的变化过程。维持社会结构组成的多样化的目的是保持城市的多样性与活力，延续多元化的城市人居文化特色。

第十五条　发展利用模式引导。在历史文化街区中的发展和利用应采取有机更新的方式，鼓励小规模改造，避免大规模居民外迁，改造标准应是多样化和渐进的，应发挥原住居民的参与作用。

第十六条　人口规模引导。历史文化街区应控制适度的人口规模，使得地区功能运转适应环境资源的承载能力、人口密度合理分布、保证充分的就业以及居民对生活质量较高的满意度等。

第三节　用地规划

第十七条　用地划分。地块的规模和形状应满足其使用功能和有关技术要求，并保证每个地块至少与一条道路相毗邻。确定地块的范围、性质应与已出让地块的边界、性质保持一致。公益性公共设施、交通、市政、城市安全设施和公共绿地以及文物保护单位的地块性质划分至小类。

第十八条　用地功能和指标。用地性质的确定应以符合使用要求、补充公共服务功能及完善基础设施为根本，确定地块的用地范围、用地性质、建筑量、绿地率指标，提出配套设施项目的配置等控制要求。核心保护范围内规划建筑总量不得突破现状建筑规模总量。在地块主导用地性质内允许进行可兼容类别的项目建设。

第十九条　绿化与开放空间。绿地与开放空间的数量、规模和布局以反映历史文化街区的原始特征及风貌特色为原则，明确各类绿地和开放空间的布局、数量和规模。

第二十条　地下空间。新建建筑地下空间部分应在满足相关规范及不影响周边建筑使用的前提下，结合新建筑使用功能的要求适当设置。

第四节　建筑与环境保护引导

第二十一条　对本历史文化街区的建筑和环境构成要素进行合理的控制和引导，以形成能够延续和强化本街区历史文化特征的城市形态和空间环境。

第二十二条　建筑控制引导主要包括建筑形态及建筑风格的控制引导。

建筑形态控制引导是对建筑群体组合的整体形态、新建建筑的位置以及与周边现状重要历史建筑在高度、体量协调等方面提出控制与引导要求。

建筑风格控制引导是根据街区的自然环境和历史文化特征，对建筑的形式、风格、外部材料及色彩基调等方面的协调方式提出控制和引导建议。

第二十三条　环境设计指引是对与历史文化街区外部环境特征相关的环境设施提出设计引导，内容包括街道绿化、街道家具、院落装饰、广告标识、夜景照明等。

第五节　基础设施体系

第二十四条　公共设施。历史文化街区内的公共设施配套应以历史文化遗产保护为前提，采取恰当的方式逐步实现环境的改善和配套设施的完善。要确定各类公益性公共设施和配套公共服务设施的用地范围、规模、建设方式以及规划控制要求。

第二十五条　道路交通。以保持历史文化街区现有道路的宽度和断面形式为主要原则，提出道路交叉口形式、停车方式和交通组织的原则和要求，确定各类交通场、站设施的范围、规模、控制指标和要求。道路交通规划要尊重历史文化街区的现状，在考虑切实可行的前提下，尽力改善交通条件。

第二十六条　市政工程。历史文化街区内的市政工程设施规划应以历史文化遗产保护为前提，采取绿色环保、与环境协调、因地制宜的方式逐步实现配套设施的完善。应确定各类市政工程系统的来源以及各类场站设施的用地范围、规模、控制指标和建设要求。明确新建基础设施须占用地下、地面、上空的控制范围及其相关要求。

第三章　成果要求

第二十七条　《保护规划》的最终成果内容包括：规划文本、图则及说明书。

第二十八条　规划文本和图则是对《保护规划》有关内容提出的规定性要求。文本应采用法规条文格式书写，直接表达《保护规划》的目标和内容，提出强制性要求和指导性意见。文字表述应规范、准确、简洁，体现规划内容的指导性、强制性和可操作性。图则是对应于文本的各要素图示。

第二十九条　说明书的内容包括对《保护规划》内容的说明，以及关于《保护规划》制定的背景和过程的解释性文字，作为制定文本和图则的基础技术支撑和解释性技术说明，及其它相关技术资料。

第三十条　《保护规划》成果分为电子文件和图册文件。电子文件格式为 DOC.PPT.CAD.和 JPG，图册为 A4 彩图图册。

成果内容

包括规划文本（总则、分则、附则）、图则（总图图则、分图图则）和说明书。

一、规划文本

1、总则

1.1 规划编制目的

1.2 主要规划依据

1.3 地位和作用

1.4 规划范围

1.5 历史风貌特征

1.6 功能定位

1.7 保护原则

1.8 保护对象

1.8.1 物质空间特色与保护对象（建筑、空间、肌理和其它）。

1.8.2 历史人文特色与保护内容（宗教活动、历史名人、历史事件）

1.9 建筑保护与更新规划控制

1.9.1 对不可移动文物的规划控制规定

1.9.2 对历史建筑的规划控制规定

1.9.3 对传统风貌建筑的规划控制规定

1.9.4 对与传统风貌建筑相协调的建筑的规划控制规定

1.9.5 对与传统风貌建筑不协调的建筑的规划控制规定

1.10 历史街道、历史街巷、河流规划控制

1.10.1 对历史街道的规划控制要求

1.10.2 对历史街巷的规划控制要求

1.10.3 对河流的规划控制要求

1.11 核心保护范围和建设控制地带规划控制

1.11.1 核心保护范围和建设控制地带的确定

1.11.2 对核心保护范围的规划控制规定

1.11.3 对建设控制地带的规划控制规定

1.12 历史文化街区规划变更及特别论证制定

2、分则

2.1 用地规划

2.1.1 对建设范围的规划控制规定

2.1.2 对用地性质的规划控制规定

2.1.3 对建筑容量的规划控制规定

2.1.4 对建筑间距的规划控制规定

2.1.5 对建筑密度的规划控制规定

2.1.6 对绿地率的规划控制规定

2.2 建筑与环境保护引导

2.2.1 对建筑高度的规划控制规定

2.2.2 对建筑退让的规划控制规定

2.2.3 对建筑贴建的规划控制规定

2.2.4 对建筑形体的规划控制规定

2.2.5 对建筑色彩的规划控制规定

2.2.6 对建筑材质的规划控制规定

2.2.7 环境设计引导（街道、院落、围墙、装饰、灯光、铺装等）

2.3 绿化与公共空间规划

2.3.1 对公园、绿化的规划控制

2.3.2 对公共空间的规划控制

2.4 公共服务设施规划

2.4.1 对社会服务设施的规划控制规定

2.4.2 对基础教育设施的规划控制规定

2.5 道路交通规划

2.5.1 道路规划和交通组织

2.5.2 交叉口规划

2.5.3 轨道交通规划

2.5.4 交通设施

2.5.5 停车设施

2.6 市政工程设施规划

2.6.1 给水工程

2.6.2 排水工程

2.6.3 电力工程

2.6.4 通讯工程

2.6.5 燃气工程

2.6.6 供热工程

3、附则

1.名词解释

2.现状用地构成表

用地名称		用地代码	用地面积（公顷）	比例（%）
居住用地		R		
其中	一类住宅用地	R1		
	二类住宅用地	R2		
	三类住宅用地	R3		
	中小学、幼儿园	Rs		
公共设施用地		C		
其中	行政办公用地	C1		
	商业金融业用地	C2		
	文化娱乐用地	C3		
	体育用地	C4		
	医疗卫生用地	C5		
	教育科研用地	C6		
	文物古迹用地	C7		
	其它公共设施用地	C9		
工业用地		M		
仓储用地		W		
对外交通用地		T		
道路广场用地		S		
市政基础设施用地		U		
绿地		G		
特殊用地		D		
水域和其他用地		E		
合　计				

3.规划用地平衡表（同上）

二、图则

（一）总图图则

总图图则是对应于文本的各要素图示，内容包括:

1.现状部分

1.1 区域位置图

1.2 历史发展演变图（一）——历史地图

1.3 历史发展演变图（二）——历史照片

1.4 现状航拍图

1.5 建筑及环境特征分析图（一）——建筑布局

1.6 建筑及环境特征分析图（二）——建筑细部、材料及色彩

1.7 空间肌理分析图

1.8 道路街巷格局分析图

1.9 建筑年代分析图

1.10 建筑权属分析图

1.11 建筑层数（高度）分析图

1.12 建筑屋顶形式分析图

1.13 建筑使用性质现状图

1.14 用地现状图

1.15 绿地和开放空间现状图

1.16 开发动态分析图

1.17 人口密度分布现状图

2.规划部分

2.1 建筑保护与更新类别规划图

2.2 建筑保护与更新方式规划图

2.3 核心保护范围与建设控制地带规划图

2.4 历史街道、街巷与河流分布图

2.5 用地规划图

2.6 功能结构分析图

2.7 建筑高度控制图（一）

2.8 建筑高度控制图（二）

2.9 建筑与环境规划引导图（一）

2.10 建筑与环境规划引导图（二）

2.11 绿地与公共空间规划图

2.12 公共服务设施规划图

2.13 道路交通规划图

2.14 市政工程规划图

（二）分图图则

针对历史文化街区范围内的每一个街坊提出包括街坊现状、历史保护、用地规划控制、建筑与环境控制引导等方面的详细内容和控制要求。包括:

1.街坊编号索引图

2.XX 街坊现状建筑与环境分析

3.XX 街坊用地规划控制图则

4.XX 街坊历史文化保护图则
5.XX 街坊建筑与环境控制引导图则

三、说明书

1.概况
1.1 区位条件
1.2 规划背景
1.3 规划回顾
1.4 规划依据
1.5 规划地位和作用
1.6 规划范围
2.历史文化特色研究
2.1 历史沿革
2.2 地方社会经济发展
2.3 地方社会文化特色
2.4 历史格局与空间文化特色
2.5 历史文化价值综述
3.历史文化特征及其保护
3.1 历史文化特征
3.2 保护原则
3.3 保护对象与方法
3.4 建筑保护与更新规划控制
3.5 历史街道与历史街巷
3.6 保护范围与建设控制要求
4.功能定位与用地规划
4.1 土地使用现状
4.2 开发动态
4.3 规划目标与功能定位
4.4 土地使用规划（用地范围、用地性质、建筑容量、建筑间距、建筑密度、绿地率）
5.建筑与环境规划引导
5.1 建筑高度
5.2 建筑退让
5.3 建筑贴建
5.4 建筑形体
5.5 建筑色彩
5.6 建筑材质
5.7 其它（街道、院落、围墙、外檐装饰、灯光、铺装等）
6.绿化与公共空间规划
6.1 绿化与公共空间现状
6.2 绿化规划控制
6.3 公共空间规划控制
7.公共服务设施规划
7.1 对社会服务设施的规划控制规定
7.2 对基础教育设施的规划控制规定

8.道路交通规划

8.1 道路交通系统现状

8.2 道路规划及交通组织

8.3 交叉口规划

8.4 轨道交通规划

8.5 交通设施

8.6 停车设施

9.市政工程设施规划

9.1 给水工程

9.2 排水工程

9.3 电力工程

9.4 通讯工程

9.5 燃气工程

9.6 供热工程

基础资料汇编

1.文字资料（本街区相关历史资料）

2.历史照片

3.附表

附表 1　不可移动文物名录

序号	名称	地址	保护等级	类别

附表 2　历史建筑名录

序号	名称	地址	保护等级	类别

关于河西区重点地区城市设计的批复

（2011年10月28日天津市规划局 规详字〔2011〕694号）

河西区规划分局：

《关于批准河西区重点地区城市设计成果的请示》（西规业字〔2011〕6号）收悉，经研究，现批复如下：

原则同意《河西区重点地区城市设计》。该规划符合河西区发展条件，体现了河西区的优势和特色。方案结构明确，布局合理，与文化中心周边地区、解放南路地区等重点地区城市设计进行了充分结合。请你局尽快组织相关单位完善“一控规两导则”成果，报市局审查。

天津市规划局机关处室名录

序号	处室	电话	地址	邮编
1	办公室	23354589	和平区西康路48号	300070
2	业务处	235401239	和平区西康路48号	300070
3	总体处	23540820	和平区西康路48号	300070
4	详规处	23540757	和平区西康路48号	300070
5	建管处	23540758	和平区西康路48号	300070
6	市政处	23540726	和平区西康路48号	300070
7	保护处	23540740	和平区西康路48号	300070
8	法监处	23541189	和平区西康路48号	300070
9	法研处	23541177	和平区西康路48号	300070
10	测管处	23540756	和平区西康路48号	300070
11	地名处	23541165	和平区西康路48号	300070
12	科技处	23541195	和平区西康路48号	300070
13	人事处	23540470	和平区西康路48号	300070
14	财务处	23540475	和平区西康路48号	300070
15	党　办	23540497	和平区西康路48号	300070
16	组干处	23540883	和平区西康路48号	300070
17	纪检组	23540411	和平区西康路48号	300070
18	工　会	23541122	和平区西康路48号	300070
19	老干部处	23511276	南开区水上公园西路68号	300191

天津市规划局派出机构和区县规划工作机构名录

序号	处室	电话	地址	邮编
1	和平分局	23308191	和平区沙市道 1 号	300051
2	河西分局	28287012	河西区利民道 29 号	300201
3	河东分局	24020210	河东区十三经路 2 号增 2 号	300171
4	南开分局	85682003	南开区广开四马路 229 号	300102
5	河北分局	26355688	河北区昆纬路 98 号	300143
6	红桥分局	27729991	红桥区西青道 125 号	300191
7	东丽分局	84375679	东丽区跃进路 40 号	300300
8	西青分局	27395783	西青区杨柳青镇柳口路 8 号	300380
9	津南分局	88510002	津南区咸水沽津歧路 19 号	300350
10	北辰分局	26829230	北辰区京津公路 350 号	300400
11	高新区规划处	83715950	南开区开华道 3 号华科创业中心 601	300384
12	滨海局	66223565	开发区第二大街 42 号	300457
13	天津经济技术开发区建设和交通局	25201538	开发区宏达街 19 号 A 区 4 层	300457
14	天津港保税区、空港经济区规划建设管理局	84906165	空港经济区西三道 166 号	300308
15	天津东疆保税港区管理委员会建设交通和环境市容局	25605033	天津东疆保税港区美洲路联检服务中心	300463
16	中新天津生态城建设局	66328837	滨海新区汉北路 7 号	300480
17	天津滨海旅游区建设交通和环境市容局	67288916	滨海新区汉北路 269 号	300480
18	天津临港经济区建设交通与环境市容局	65266926	滨海新区海滨大道 2669 号	300460
19	武清区局	28100610	武清区泉发路 12 号	300000
20	宝坻区局	29232166	宝坻区东街 6 号	301800
21	宁河县局	69591555	宁河县芦台镇光明路 72 号	301500
22	静海县局	59515626	静海县静海镇胜利大街 41 号	301600
23	蓟县局	29146846	蓟县县城迎宾路 18 号	301900

天津市规划局局属单位名录

序号	处室	电话	地址	邮编
1	规划院	28012327	河西区黄浦南 81 号万顺大厦 B 座	300201
2	建　院	23543000	河西区气象台路 95 号	300074
3	测绘院	23954138	西青区李七庄凌口昌凌路	300381
4	勘察院	23679610	南开区红旗南路 428 号	300000
5	档案馆	23591919	南开区长实道 5 号	300191
6	规划馆	24456505	河北区博爱道 30 号	300000
7	执法监察总队	23661258	南开区水上公园西路 68 号	300191
8	信息中心	23540799	和平区西康路 48 号	300070
9	地下空间信息中心	23593372	南开区水上公园西路 68 号	300191
10	培训中心	83520221	和平区昆明路 98 号	300051
11	服务中心	23540710	和平区西康路 48 号	300070
12	人才开发交流服务中心	83520221	和平区昆明路 98 号	300051

天津市城市规划编制单位名录

序号	单位名称	资质等级	证书编号	单位地址
1	天津市城市规划设计研究院	甲级	[建]城规编第（081011）号	天津市河西区黄埔南路万顺温泉B座
2	天津市建筑设计院	甲级	[建]城规编第（081012）号	天津市河西区气象台路95号
3	天津市渤海城市规划设计研究院	甲级	[建]城规编第（081013）号	天津市塘沽区山东路6号
4	天津大学城市规划设计研究院	甲级	[建]城规编第（081151）号	天津市南开区卫津路92号天大建筑馆内
5	天津中怡建筑设计有限公司	乙级	[津]城规编第（082001）号	天津市南开区灵隐道兴泰里30号
6	天津市房屋鉴定勘测设计院	乙级	[津]城规编第（082002）号	天津市和平区卫津路75号安东大厦
7	中国市政工程华北设计研究总院	乙级	[津]城规编第（082003）号	天津市河西区气象台路99号
8	天津华汇城市规划设计有限公司	乙级	[津]城规编第（082004）号	天津市新技术产业园区华天道8号海泰信息广场F座北楼8层
9	天津市城建设计院有限公司	乙级	[津]城规编第（082005）号	天津市南开区鞍山西道260号
10	天津城市建设学院建筑设计研究院	乙级	[津]城规编第（082006）号	天津市西青区津静公路26号
11	天津市市政工程设计研究院	乙级	[津]城规编第（082007）号	天津市和平区营口道239号
12	中国石油天然气管道工程有限公司天津分公司	乙级	[津]城规编第（082008）号	天津市大港区三号院团结东路
13	天津市轻工业设计院	乙级	[津]城规编第（082009）号	天津市南开区长江道29号
14	天津市天友建筑设计有限公司	乙级	[津]城规编第（082010）号	天津华苑新技术产业园区开华道3号华科创业中心12F-13F
15	天津市天勘建筑设计院	乙级	[津]城规编第（122011）号	天津市南开区红旗南路428号
16	天津市方标建筑设计有限公司	乙级	[津]城规编第（082012）号	河西区永安道罗马花园A座1门8F
17	天津滨海规划建筑设计有限公司	乙级	[津]城规编第（082013）号	天津市和平区保定道35-37号新华大厦A座21层
18	天津大地天方建筑设计有限公司	乙级	[津]城规编第（082014）号	天津市宾水道宾泰公寓B座1802室
19	天津市筑土建筑设计有限公司	乙级	[津]城规编第（082015）号	天津市河西区友谊路广银大厦
20	天津中欧路投资咨询有限公司	乙级	[津]城规编第（082016）号	天津市开发区望海园45-101
21	天津天怡建筑设计有限公司	乙级	[津]城规编第（082018）号	天津市和平区汉口西道18号金帆大厦B座5楼
22	天津国际工程咨询公司	乙级	[津]城规编第（082019）号	天津市河西区福建路17号
23	天津华厦建筑设计有限公司	乙级	[津]城规编第（092020）号	天津市南开区华苑产业园区榕苑路16号
24	天津市津南区规划设计所	乙级	[津]城规编第（092021）号	天津市津南区咸水沽镇津歧公路

续表

序号	单位名称	资质等级	证书编号	单位地址
25	天津天一景观规划设计有限公司	乙级	[津] 城规编第（092022）号	天津大学天大六村职工食堂二层
26	天津市公路工程设计研究院	暂乙级	[津] 城规编第（112023）号	天津市河东区东兴路 218 号
27	天津市广园城镇规划建筑设计所	丙级	[津] 城规编第（083001）号	天津市宝坻区城关镇东街 6 号
28	天津市大港建筑设计院	丙级	[津] 城规编第（083002）号	天津市大港区育秀街 149 号
29	天津市宁河县城乡规划设计研究所	丙级	[津] 城规编第（083003）号	天津市宁河县芦台镇光明路 72 号
30	天津市金厦规划建筑有限公司	丙级	[津] 城规编第（083004）号	天津市河西区平山道 16 号增 6 号
31	天津中建建筑设计研究院有限公司	丙级	[津] 城规编第（083005）号	天津市塘沽区杭州道 72 号
32	天津大成国际工程有限公司	丙级	[津] 城规编第（083006）号	天津市开发区第六大街 151 号
33	中交第一航务工程勘察设计院有限公司	丙级	[津] 城规编第（083008）号	天津市河西区大沽南路 1472 号
34	天津市纳川建筑设计有限公司	丙级	[津] 城规编第（083009）号	天津市开发区明园路 2 号阳光花园 B–18 号
35	天津中港建筑设计有限公司	丙级	[津] 城规编第（083010）号	天津市开发区恂园西里 18–1
36	天津市中天建筑设计院	丙级	[津] 城规编第（083011）号	天津市南开区白堤路 27 号
37	天津市新世纪建筑设计有限公司	丙级	[津] 城规编第（083013）号	天津市和平区卫津路 127 号财富大厦 A–12F
38	天津市武清区规划建筑设计所	丙级	[津] 城规编第（083015）号	天津市武清区泉发路 12 号
39	天津市美兴建筑设计事务所	丙级	[津] 城规编第（083016）号	天津市河西区友谊路 50 号友谊大厦 C–2–7
40	天津市交通建筑设计院	丙级	[津] 城规编第（093017）号	天津市河西区友谊路 13 号
41	伟信（天津）工程咨询有限公司	外商投资企业城市规划服务资格	[建] 城规外（091183）	天津市南开区卫津南路 76 号 14 层
42	天津市颐和城市建筑设计有限公司	暂丙级	[津] 城规编第（103018）号	天津市复康路 11 号增 1 号
43	天津市正石建筑设计有限公司	暂丙级	[津] 城规编第（103019）号	天津市南开区复康路 3 号中天大厦 10 楼 1006 室
44	天津华方建筑设计有限公司	暂丙级	[津] 城规编第（103020）号	天津市南开区卫津南路 109 号
45	天津冶金规划设计院	暂丙级	[津] 城规编第（103021）号	天津市河西区三义庄安德里 42 号
46	天津市天元建筑设计有限公司	暂丙级	[津] 城规编第（113022）号	天津市南开区士英路云际道翠湾花园 C–1–3

天津市测绘资质单位名录

序号	单位名称	单位等级	资质证号
1	中铁隧道勘测设计院有限公司	甲级	甲测资字 12002001
2	铁道第三勘察设计院集团有限公司	甲级	甲测资字 12002002
3	天津水运工程勘察设计院	甲级	甲测资字 12002003
4	天津港湾水运工程有限公司	甲级	甲测资字 12002004
5	天津市地质工程勘察院	甲级	甲测资字 12002005
6	天津市勘察院	甲级	甲测资字 12002006
7	天津海事局海测大队	甲级	甲测资字 12002007
8	天津市市政工程设计研究院	甲级	甲测资字 12002008
9	中交天津港航勘察设计研究院有限公司	甲级	甲测资字 12002009
10	天津市测绘院	甲级	甲测资字 12002010
11	天津金宇信息技术有限公司	甲级	甲测资字 12002011
12	天津市水利勘测设计院	甲级	甲测资字 12002012
13	中国地震局第一监测中心	甲级	甲测资字 12002013
14	中交第一航务工程勘察设计院有限公司	甲级	甲测资字 12002014
15	中水北方勘测设计研究有限责任公司	甲级	甲测资字 12002015
16	天津市国土资源测绘和房屋测量中心	甲级	甲测资字 12002016
17	天津市西青区测绘中心	乙级	乙测资字 12000001
18	天津开发区测量队	乙级	乙测资字 12000002
19	天津开发区建设工程监理公司	乙级	乙测资字 12000003
20	中国石油集团渤海钻探工程有限公司第一录井分公司	乙级	乙测资字 12000006
21	中交一航局第四工程有限公司	乙级	乙测资字 12000007
22	天津华铁工程咨询有限公司	乙级	乙测资字 12000009
23	天津市亿佳测绘工程技术服务中心	乙级	乙测资字 12000010
24	天津市宽达市政工程测绘有限公司	乙级	乙测资字 12000012
25	天津市遥感中心	乙级	乙测资字 12000013
26	天津市晶鑫地图编制中心	乙级	乙测资字 12000014
27	天津市蓟县测绘队	乙级	乙测资字 12000015
28	天津市塘沽区测绘所	乙级	乙测资字 12000016
29	渤海石油航务建筑工程有限责任公司	乙级	乙测资字 12000018
30	天津市中环导航技术有限公司	乙级	乙测资字 12000019
31	天津市环境地质研究所	乙级	乙测资字 12000020
32	天津市中土建筑工程技术发展有限公司	乙级	乙测资字 12000021

续表

序号	单位名称	单位等级	资质证号
33	天津市陆海测绘有限公司	乙级	乙测资字 12000022
34	天津市银帆公路测绘工程技术有限公司	乙级	乙测资字 12000025
35	天津华北工程勘察设计有限公司	乙级	乙测资字 12000028
36	天津市建筑科学研究院有限公司	乙级	乙测资字 12000031
37	天津市星际空间地理信息工程有限公司	乙级	乙测资字 12000075
38	天津铁三院实业有限公司	乙级	乙测资字 12000083
39	天津市武清区规划建筑设计所	乙级	乙测资字 12000087
40	天津市大港区规划土地测量队	乙级	乙测资字 12000091
41	天津市地球物理勘探中心	乙级	乙测资字 12000092
42	天津中科遥感信息技术有限公司	乙级	乙测资字 12000095
43	天津市建筑设计院岩土工程中心测绘所	乙级	乙测资字 12000096
44	中冶天工（天津）工程检测有限公司	乙级	乙测资字 12000108
45	国家海洋技术中心	丙级	丙测资字 12000008
46	天津市水文水资源勘测管理中心	丙级	丙测资字 12000017
47	津南区规划土地工程测绘队	丙级	丙测资字 12000026
48	天津渤化海晶建设发展有限公司	丙级	丙测资字 12000027
49	天津津滨铁道设计咨询有限公司	丙级	丙测资字 12000029
50	天津市建业测绘有限责任事务所	丙级	丙测资字 12000033
51	天津市顺昊伟业测量有限公司	丙级	丙测资字 12000034
52	天津信泰建筑测绘服务有限责任公司	丙级	丙测资字 12000035
53	天津长芦汉沽盐场有限责任公司	丙级	丙测资字 12000038
54	天津城建学院天成工程建设咨询监理公司	丙级	丙测资字 12000040
55	天津市安基工程监测技术有限公司	丙级	丙测资字 12000041
56	天津塘沽纵横测绘有限责任公司	丙级	丙测资字 12000044
57	天津市东丽区测绘队	丙级	丙测资字 12000045
58	天津市静海县测绘队	丙级	丙测资字 12000046
59	天津电力设计院勘测事务所	丙级	丙测资字 12000047
60	天津市航道工程处	丙级	丙测资字 12000048
61	天津市房屋鉴定勘测设计院	丙级	丙测资字 12000049
62	天津市舜天水利工程技术咨询服务有限公司	丙级	丙测资字 12000050
63	天津市锦润信息科技有限公司	丙级	丙测资字 12000053
64	天津市希晨测绘有限公司	丙级	丙测资字 12000056
65	天津市宁河县测绘队	丙级	丙测资字 12000057
66	天津市津鉴检测技术发展有限公司	丙级	丙测资字 12000058
67	天津市华森给排水研究设计院有限公司	丙级	丙测资字 12000059
68	中国石油集团工程技术研究院	丙级	丙测资字 12000060
69	天津市汉沽区地籍管理中心	丙级	丙测资字 12000061

续表

序号	单位名称	单位等级	资质证号
70	天津市辰源测绘中心	丙级	丙测资字 12000062
71	天津市武清区测绘队	丙级	丙测资字 12000063
72	天津海滨测绘有限公司	丙级	丙测资字 12000064
73	天津市静水测绘有限公司	丙级	丙测资字 12000065
74	天津市华昊测绘有限公司	丙级	丙测资字 12000066
75	天津诚荣工程技术有限公司	丙级	丙测资字 12000068
76	天津合美测绘工程技术有限公司	丙级	丙测资字 12000070
77	天津泽盛市政工程测绘有限公司	丙级	丙测资字 12000072
78	天津市卓实测绘有限公司	丙级	丙测资字 12000074
79	天津万宁基础工程有限公司	丙级	丙测资字 12000076
80	天津融汇测绘科技有限公司	丙级	丙测资字 12000077
81	天津新政宏昊数字信息技术有限公司	丙级	丙测资字 12000078
82	天津安盛工程建设监理有限公司	丙级	丙测资字 12000081
83	天津电力建设公司	丙级	丙测资字 12000084
84	天津市津典工程勘测有限公司	丙级	丙测资字 12000085
85	天津金拓测绘中心	丙级	丙测资字 12000086
86	天津市中新生态城天测测绘有限公司	丙级	丙测资字 12000088
87	天津大港油田天源工程咨询所	丙级	丙测资字 12000089
88	天津博维永诚科技有限公司	丙级	丙测资字 12000090
89	天津市天勘勘测有限公司	丙级	丙测资字 12000093
90	天津市水利科学研究院	丙级	丙测资字 12000099
91	天津正亚工程勘察有限公司	丙级	丙测资字 12000109
92	天津市地下空间规划管理信息中心	丙级	丙测资字 12000110
93	天津市北斗星测绘有限公司	丙级	丙测资字 1200080
94	东丽区房地产管理局测量队	丁级	丁测资字 12000024
95	天津市津勘科技有限公司	丁级	丁测资字 12000067
96	天津市宁河县鑫发房地产测绘队	丁级	丁测资字 12000069
97	天津市绘通达测绘有限公司	丁级	丁测资字 12000082
98	天津市静海县规划建筑设计所	丁级	丁测资字 12000094
99	天津市大地汇通工程勘察测绘有限公司	丁级	丁测资字 12000097
100	天津市蓟县地质测量队	丁级	丁测资字 12000100

索 引

使用说明：本索引采取主题索引的形式，对本年鉴中除文献、概况、特载及附录以外部分进行索引。主题词后的数字表示该主题所在的页码，页码后面的 a 或 b 分别表示一页中的左栏或右栏。

S

T

W

X

Y

Z

天津规划之窗

2012

天津市城市规划设计研究院
Tianjin Urban Planning & Design Institute

天津市城市规划设计研究院、天津市土地规划研究院（简称天津规划院）成立于1989，是具有国家城市规划、土地规划、建筑设计、工程咨询甲级资质和市政公用工程、旅游规划、风景园林工程设计专项乙级资质，以及规划环评甲级资质的综合性规划设计研究院，2000年通过ISO9000质量认证。

天津规划院现有在职人员530人。其中，建院以来，共培养出享受国务院特贴专家12名、天津市政府授衔专家7名、高级专业技术人才160名；博士、硕士学历149人。2010年，经国家人社部博士后工作委员会批准，建立博士后工作站，2011年与同济大学合作建立人才培养基地。

天津规划院主要业务范围包括：城乡规划、城市设计、村镇规划、道路交通规划、市政工程规划、土地规划、城市园林规划、规划环境评价、环境景观设计、建筑设计、道路交通与市政工程设计、规划招投标及成果设计包装、多媒体制作等10多个专业，并提供规划技术咨询、规划设计信息处理、工程技术开发等多项辅助性专业服务。

20多年来，天津规划院秉承“用技术引领行业、用质量赢得用户”的理念，以“服务人民、奉献社会”为宗旨，团结协作，追求卓越，先后高水平完成了天津市历次总体规划、滨海新区总体规划、分区规划、国土规划、土地利用规划、基本农田保护规划、综合交通规划、近期建设规划等天津市重点规划编制任务，并承接了大量的外埠项目，业务已遍及全国25个省市、自治区。我院获得国家级银质奖3项、建设部优秀规划（勘察）设计奖47奖、詹天佑规划设计大奖6项、市级优秀规划（勘察）设计奖144项、市级工程设计咨询奖10项、全国人居环境综合大奖2奖，先后20多次获得全国城市规划先进单位、全国文明单位等省部级以上荣誉。

近年来，天津规划院积极开展对外技术合作与交流，先后与美国规划师协会、泛亚易道、英国伟信、美国WRT、加拿大宝佳、西班牙里卡多博菲、日本川口卫等学术团体和设计公司开展了多领域合作，并先后派出几十批、数十位专业人员到美国伯克利大学、英国卡迪夫大学等国际知名学府进行考察交流，积极探索新时期城市建设与经济社会、环境保护协调发展的新途径，努力用高水平的规划成果服务城市建设，实现社会效益和经济效益“双丰收”。

天津子牙循环经济产业区总体规划

天津市海河教育园区规划

地址：天津市河西区黄埔南路81号
邮编：300201
电话：022-28012320
邮箱：tjghy@tjcityplan.com
联系人：金伟 13902027135

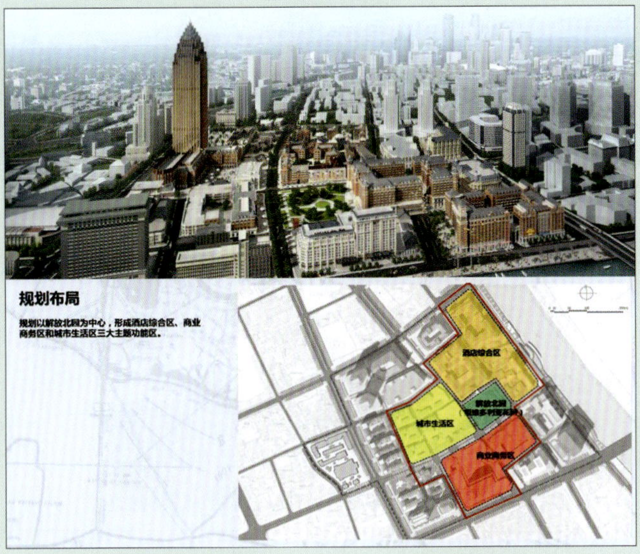

天津泰安道地区详细规划

天津滨江道商业步行街综合整治规划

中新天津生态城控制性详细规划

天津滨海旅游区总体规划

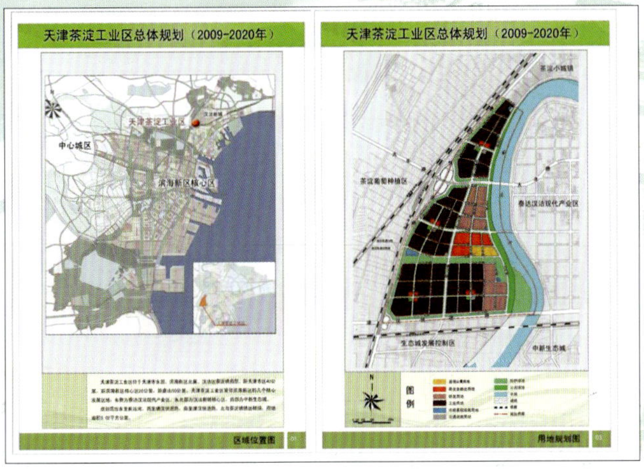

天津茶淀工业区总体规划

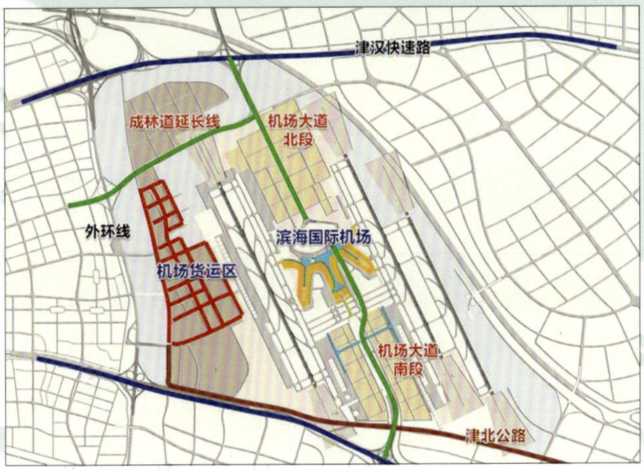

天津滨海国际机场综合交通枢纽集疏运规划

天津市建筑设计院
Tianjin Architecture Design Institute

天津市建筑设计院（简称建院），隶属天津市规划局，创立于1952年，近60年辉煌历程，现已发展成为天津地区最大的综合建筑设计院。2011年是“十二五”规划开局之年，也是建院做大做强设计主业、大力发展工程咨询业、优化提升多经产业，实施“三业并举”整体发展战略的第一年。

企业资质

建院具有国家住房和城乡建设部颁发的建筑工程设计、城乡规划编制、风景园林专项工程设计、房屋建筑工程监理、工程招标代理、工程造价咨询等多项甲级资质；施工图设计文件一类审查机构资质；国家发改委颁发的工程咨询甲级资质；乙级人防工程设计资质；国际建筑工程咨询协会（菲迪克）会员单位。

企业规模

建院现有职工1230人，全国工程设计大师3人、国务院批准享受政府特殊津贴专家11人、国家人事部批准有突出贡献的中青年专家2人、天津市中青年授衔专家4人；正高级建筑（工程）师52人、高级以上建筑（工程）师396人。拥有国家设计大师、国务院批准享受政府特殊津贴专家、国家人事部批准有突出贡献的中青年专家、天津市中青年授衔专家等一大批技术专家。设有建筑、规划、结构、给排水、暖通空调、电器照明、自动控制、广播通讯、经济技术分析、岩土工程、城镇规划及居住区、景观与环境设计和室内装修设计等专业。承接国内外各类工程的资讯、设计和监理等业务。已相继在海南、上海、广州、厦门、重庆等地设立分院。

天滨商务中心

天津市建筑设计院绿色机电楼

北京影院

企业荣誉

建院荣获"'十一五'期间工程勘察设计行业实施信息化建设先进单位"、"全国CAD应用工程示范企业"、全国和天津市"守合同、重信用企业"、"天津市质量效益型先进企业"、"国家高新技术企业"、"天津市用户满意企业"、"天津市突出贡献设计院"、"天津市五一劳动奖状"。并荣获"全国五一劳动奖状"，是天津市建筑行业唯一获此殊荣的单位。

发展目标

2012年建院提出了"保总量、增实力、上水平"的总体指导思想和"确保全年总产值不低于2011年水平"的经济工作目标。进一步推进体制机制创新，巩固延伸创新成果，大力实施"一体化"经营战略，着力提升原创设计能力和整体技术实力，完善制度建设，提高管理效能，全面增强企业综合实力和市场竞争力，使全院各项工作再上新水平。完成设计主业产值收入5亿元，工程咨询业与多种经营产业收入5.5亿元，确保实现全年总产值收入10.4亿元的目标。

经济效益

企业综合实力与核心竞争力不断增强，人才队伍建设取得明显成效，职工收入和福利待遇稳步增长，全年总产值达到10.48亿元，比去年提高了23%，其中，设计产值收入6.02亿元。多种经营产值4.46亿元，比去年提高了近50%，经济产值再创历史新高，经济效益和社会效益都取得了新突破。

主要成果

2011年建院获国家和市部级优秀设计奖48项，并分别荣获天津市科技进步一等奖，天津市科技企业创新工程二等奖和全国绿色建筑创新三等奖。成功举办全国医疗建筑设计高峰论坛、天津市首届规划师沙龙、天津市建筑师沙龙、"理想与现实——天津院里的年轻人展览暨论坛"等学术交流活动，各大新闻媒体竞相报道。作为民用建筑设计单位唯一代表，建院在全国勘察设计行业首届管理创新大会上做典型交流，在业内引起强烈反响。2011年10月16日，天津日报以《凝固音符讲述智慧的故事——天津市建筑设计院创新发展调查》为题专题报道。

质量体系

建院1996年获得ISO9001国际质量体系认证，2010年3月取得2008版IDS9001标准认证证书。

价值观

以先进的技术引领市场，以创新的理念塑造精品，以科学的管理提高效益，以优质的服务奉献社会。

中国航天科工集团第三研究院668工程

万顺空港五星级酒店

邯郸市行政便民服务大厦

天津数字大厦

君隆广场

万丽天津酒店

TADI
TIANJIN ARCHITECTURE DESIGN INSTITUTE

地址：河西区气象台路95号
电话：022-23543122

天津市测绘院
Tianjin Institute of Surveying and Mapping

天津市测绘院隶属于天津市规划局，是专业从事基础测绘、工程测绘和地理信息服务的差额事业单位，持国家甲级测绘资质，并取得质量体系ISO9001—2008国际标准认证。多年来，天津市测绘院按照“以人为本、科技兴院”的发展理念和“科技兴院、管理立院、人才强院、文化塑院”的发展战略，以改革创新和科技进步为动力，坚持“科学管理、精心测绘、技术创新、满意服务”的质量方针，为政府部门和广大用户提供了高质量、高水平的测绘成果，圆满完成了国家、天津市政府和市规划局下达的各项城乡规划和国土管理的基础测绘和工程测绘任务。其中，“引滦入津工程测量”、“天津市地铁一号线工程”、“新农村建设基础测绘”、“天津市地面沉降动态监测”、“土地调查省级汇总”、“GPS卫星综合服务系统研究”等上百个重点项目获省部级以上优秀成果奖。

新建办公大楼效果

2011年是“十二五”开局之年，是测绘事业转型发展的关键一年。天津市测绘院认真贯彻落实市委九届十一次、十二次全会精神，在市委规划建设交通工委和市规划局的正确领导下，围绕“构建数字中国、监测地理国情、发展壮大产业、建设测绘强国”总体战略和“将我院建成环境优美、职工和谐、技术领先、效益显著，具有信息化测绘体系和信息化管理体系的测绘地理信息强院”的奋斗目标，着力提升测绘工作理念，着力加强工作创新，着力提高工作水平，在全院职工的共同努力下，圆满完成了年初的主要目标和任务，各项工作取得新进展，全年总收入首次突破4亿元大关，新增生产技术装备固定资产1052万元，职工工资性收入比去年增长30.8%。

东丽区土地整理中心地理信息系统

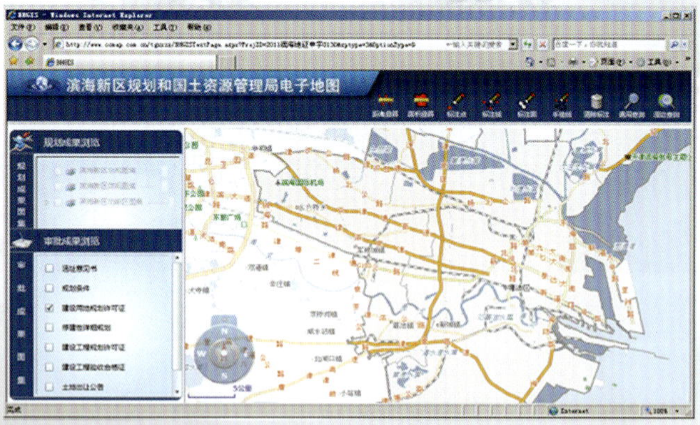

滨海新区规划和国土资源局电子地图网

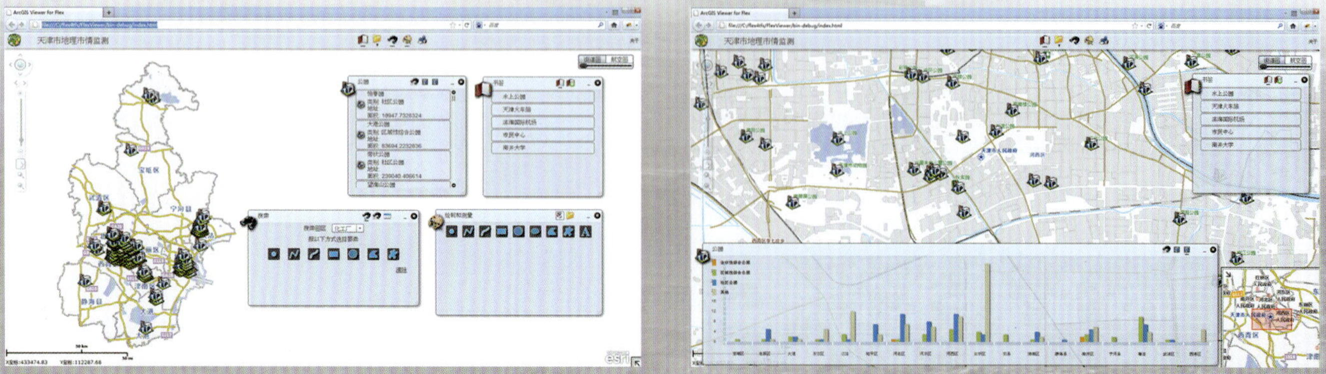

天津市地理市情监测系统

天地图·天津

地址：西青区李七庄津津道
电话：022-23954019

Aggtegate Geographil Mformation Build Beautiful Homeland Together

汇集地理信息　共建美好家园

天津市勘察院
Tianjin Institute of Investigation

李文春院长在天津市勘察院
三维数字城市建设与成果发布会上致辞

天津市勘察院创立于1979年，隶属于天津市规划局，以岩土工程勘察、工程测量、建筑与岩土工程设计和桩基施工、工程测试为主的专业化综合性生产科研单位，是全国大型综合勘察单位之一。

具有工程勘察国家级综合甲级资质、岩土工程国家一级承包资质、桩基测试国家甲级资质、工程测量国家甲级资质、建筑设计国家甲级资质、工程监理国家乙级资质和深基坑支护设计专项资质。2009年顺利通过质量、环境和职业健康安全管理三体系认证。

目前，拥有6大专业，14个专业生产公司，现有职工 811人，专业技术人员占52%。其中，国家勘察大师1人，国务院特贴专家2人，高级工程师以上123人，拥有各类注册资质85人。

近年来，先后荣获“全国工程勘察先进单位”、“全国城市勘测先进单位”、建设系统“综合实力百强”单位、“全国勘察设计行业诚信单位”、“全国建设系统企业文化建设先进单位”、“全国建设系统思想政治工作先进单位”等国家级荣誉称号；天津市“重合同，守信誉”单位、天津市“八五”、“九五”、“十五”立功先进单位、“天津市五一劳动奖状”先进单位等市级荣誉称号。

2011年，产值再创历史新高达到11亿元，实现收入8.74亿元，被评为天津市精神文明先进单位。基于激光雷达测量技术的“天津市中心城区三维数字城市建设”获得全国优秀测绘项目金奖第一名；“三维数字城市构建关键技术研究及特大城市信息化应用”课题达到国际领先水平，荣获天津市科技进步一等奖；陈塘庄热点厂三期工程勘察获国家级优秀工程银质奖；武清区新城地形图测绘及数据库建设获得全国优秀测绘项目铜奖；还有20个项目获得市级以上优秀工程奖。在全国核心刊物上发表技术论文8篇。

陈塘庄热电厂三期岩土工程勘察荣获国家级银质奖

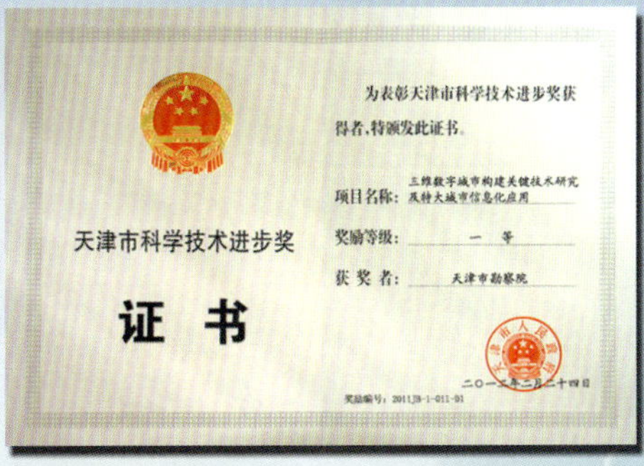

天勘生态农业园是集水产养殖、绿色农产品生产、农业观光休闲、会议接待等功能于一体的现代农业生态园区，目前以“公司+农户+专业合作社”模式运行发展。2011年10月，试营业以来，先后承担“市规划局处以上干部培训”、“市规划局系统办公室主任培训会”等局系统中等规模培训、会议接待工作。

地址：南开区红旗南路428号

电话：022-236759557

天津市规划局和平区规划分局

Tianjin Urban Planning Bureau Heping District Branch

为建设单位集中服务

和平区规划分局合影

参加区政府唱红歌活动

2011年是实施“十二五”规划的开局年，和平区规划分局对照年初制定的工作计划，圆满完成各项任务，在规划编制、规划管理和服务以及规划监督等方面都取得新成绩，为和平区城市建设和经济发展做出重要贡献。2011年和平区工程建设全面提速，分局办理各类行政许可、审批事项262件。采取各科室联动，专人负责，跟踪服务的方式全力推进南市地区的整体开发建设，泰安道历史文化街区保护性开发，金融城地区开发建设，金湾广场二期、南市五块地、大沽路地区、五大道民园地区等重点项目，一批新的经济增长点正在形成，同时做好区重点文化、教育、卫生项目的审批和实施，如：二十一中学、天津广播数字大厦、昆明路小学、南市三公建、市民服务中心等项目。分局被授予2011年度和平区先进党组织、2006-2010年天津市规划建设交通系统普法依法治理工作先进单位、和平区2006-2010年普法依法治理工作先进集体、2011年度优秀文明窗口等荣誉。

地址：和平区岳阳道88号
邮编：300051
电话：23308191

天津市规划局河西区规划分局
Tianjin Urban Planning Bureau Hexi District Branch

创先争优

调结构 惠民生 上水平

河西区规划分局在编制重大全局性规划及修建性详细规划中，充分征求政府、人大、政协及相关管理部门意见，尽最大可能满足各方面的要求，帮助发改委、建委、市容园林、教育、卫生、配套、民政等各部门把好关，由于我们采取了尊重他人，主动服务的实际行动，赢得了区领导和区属各兄弟部门的理解、尊重和认可，形成了一种良性的协调互动环境，提升了规划管理工作的话语权。

地址：河西区利民道29号
电话：022-28287068

随着行政中心、接待中心的落成，该地区将成为我市中心城区的最大亮点。解放南路作为中心城区南部的重要通道，随着陈唐庄热电厂的搬迁，配合文化中心周边地区的拆迁安置，该地区的改造和建设也已经提上日程。按照市政府工作部署，河西区规划分局积极协调河西区政府配合市规划局、市建交委、市国土房管局、市城投集团等相关单位，组织开展了文化中心周边地区和解放南路周边地区规划设计，确定了一轴两片六区六带的规划定位。

天津市规划局河东区规划分局

Tianjin Urban Planning Bureau Hedong District Branch

市规划局局长尹海林带队到分局现场服务

市规划局和区政府领导到分局调研

分局领导带队到项目现场服务

深入开展职业道德教育实践活动

在市规划局领导下，河东区规划分局认真学习贯彻党的十七届五中、六中全会和市委九届九次、十次、十一次、十二次全会精神，全面落实胡锦涛总书记到天津考察时的重要讲话，按照全局工作总体目标，认真开展“调结构、增活力、上水平”活动，以“全力推动河东经济社会发展迈出更快步伐、达到更高水平、跃上更大台阶，奋力开创科学发展、富民强区、全面提升的新局面”为目标，深入推进学习型党组织建设，全力支持服务重点工程项目，主动服务市政基础设施建设、民心工程和政府投资项目建设，用心完善规划管理体系，努力提高规划管理水平，为河东区经济建设做出新贡献。2011年，河东区规划分局被区文明委评为文明单位。

地址：河东区十三经路2号增2号
邮编：300171
电话：022-24020224
传真：022-24020211

天津市规划局南开区规划分局
Tianjin Urban Planning Bureau Nankai District Branch

2011年，在市规划局党组的正确领导下，南开规划分局领导“一班人”带领干部职工围绕市委市政府提出的“解、促、上”的工作要求和南开区委区政府的工作目标，紧扣“规划引导发展、规划服务发展、规划保障发展”这一中心，大力强化机关建设和规划服务意识，分局整体建设水平又上了一个新的台阶。重建设，以创建学习、和谐型机关为抓手，全面推动整体建设水平向更高层次迈进。为推动分局整体建设不断向更高层次发展，坚持把创建学习、和谐型机关放在首位，不断强化全体干部职工的思想观念更新，干事力量凝聚，办公氛围和谐，使得分局机关建设得到了新的发展。重研究，以创新理念、服务意识为中心，强有力协调推动规划事业向更高水平发展。坚持服务区域经济发展、服务区域城市建设、服务重大（点）建设项目、服务人民群众的宗旨，积极研究经济社会发展中的新情况，探索城市建设的新方法、解决实施规划的新问题，切实提高服务意识和服务水平，积极发挥桥梁纽带和参谋助手作用。规划分局先后获得市级卫生达标单位、南开区“服务经济、优化环境”先进单位，5人被评为市局和区级各类先进个人。

地址：南开区广开四马路229号
联系电话：85682003

用心服务　情系发展

南开区四大机关听取城市设汇报

市规划局海林局长到南开服务

分局长继顺听取重点项目设计汇报

天津市规划局红桥区规划分局

Tianjin Urban Planning Bureau Hongqiao District Branch

红桥区规划分局全体干部合影

2011年红桥区规划分局在市规划局和红桥区委、区政府的正确领导下，按照市委、市政府提出的"调结构、增活力、上水平"的总目标和要求，对区重点项目加快规划审批，使建设项目早开工、早建设，为促进红桥区经济社会又好又快发展提供有力的规划保障。分局荣获"2011年天津市文明机关单位"、2011年天津市"五一"劳动奖状。

地址：红桥区西青道125号
电话：022-27729991

红桥区开发公司对分局服务表示感谢

分局领导带队现场研究区重点项目和苑新项目方案

分局副局长沈英华为建设单位现场发证

分局副局长王勇为陆家嘴房地产公司现场服务

天津市规划局东丽区规划分局
Tianjin Urban Planning Bureau Dongli District Branch

2011年，东丽区规划分局在市规划局和东丽区委、区政府的正确领导下，坚持以科学发展观指导规划管理工作，认真落实各项规划编制审批工作，积极开展“调结构、增活力、上水平”活动，采取切实措施，推动重点项目建设。先后完成了东丽区中心城区总体城市设计、东丽区空间管制规划、东丽区综合交通规划、东丽湖地区规划提升方案以及控制性详细规划深化调整方案。开展了军粮城工业园区、东丽开发区、金钟创意产业园规划提升方案的编制工作，以及北部新区空间战略发展研究工作。办结各类业务案件782件，开展了40余次现场办公、服务活动，解决实际问题160余项。为区域经济社会发展提供了强有力的规划服务保障。

地址：东丽区跃进路40号
电话：022-84375679

图为天津市东丽城市基础设施投资有限公司向东丽区规划分局赠送锦旗

图为东丽区规划分局聘请执法监督员仪式

图为东丽区规划分局深入金桥街开展现场服务

图为东丽区规划分局开展局长服务日活动

天津市规划局津南区规划分局
Tianjin Urban Planning Bureau Jinnan District Branch

2011年，在市规划局和区委区政府的正确领导下，津南区规划分局以科学发展观为指导，以“调结构、增活力、上水平”为主线，按照年初制定的“围绕一个中心，提供三项保障，采取五条措施”的工作思路和目标充分发挥职能作用，努力为津南区城乡一体化进程走在全市前列提供坚强有力的规划服务和保障。

在规划编制方面坚持高水平，深化全区总体规划，编制完成教育布局和楼宇经济等专项规划，组织开展“一控规两导则”编制，完成北石林、中滨城、生物谷等重点项目的规划策划，为促进全区经济结构转型和改善民生起到了重要的规划支撑作用。

在规划服务和管理方面坚持高质量，服务重点项目，规范工作程序，提高审批效率，做好政务公开，加大证后管理力度，依法维护城乡规划工作的严肃性和权威性。

在干部队伍建设方面坚持高标准，做好思想建设、组织建设、作风建设、制度建设和反腐倡廉建设，进一步提高干部职工业务素质和职业道德水平，促进服务水平和服务形象提升，树立干事创业、清正廉洁的良好形象。

电话：022-88510002
地址：津南区咸水沽镇津歧路19号

市规划局和津南区领导出席规划管理所挂牌仪式

津南区四套班子领导听取全面规划工作汇报

集体学习“十二五”规划

示范镇还迁区建设现场服务

向建设单位宣讲规划审批业务流程

纪念建党周年90大合唱

天津市宝坻区规划局
Baodi District Planning Bureau of Tianjin City

区主要领导听取规划汇报

五区县城建档案机构建设工作会议在宝坻规划局召开

局领导与机关干部共庆新春佳节

规划服务进园区

宝坻区规划局是区政府城乡规划行政主管部门，自2007年12月28日成立至今，设有6个职能科室、1个下属事业单位和3个内设机构。2011年，宝坻区规划局认真贯彻落实科学发展观，加强规划编制，严格规划管理，强化监督检查，提升服务水平，开创了城乡规划工作新局面。编制完成《宝坻区城乡总体规划》修改实施评估报告和强制性内容修改论证报告、《宝坻区空间管制区划》方案、《宝坻区规划设计导则》、2个新城的一控规两导则、2个中心镇的控制性详细规划、3个镇的总体规划以及1个示范小城镇控制性详细规划。核发《选址意见书》57件、《建设用地规划许可证》123件、《建设工程规划许可证》213件、《乡村建设规划许可证》605件、《市政工程规划许可证》41件，查处违法案件6件，为“实现富民强区，构建和谐宝坻” 提供了有力规划保障，做出了积极贡献。

地址：宝坻区东街6号
电话：022-29232166

市规划局海林局长一行到宝坻调研服务

天津市宁河县规划局
Ninghe County Planning Bureau of Tianjin City

宁河县规划局成立于2008年1月。规划局内设6个职能科室，即综合办公室（城建档案管理科）、规划管理科（市政基础设施管理科）、建设管理科（村镇规划管理科）、建设用地科（测绘管理科）、执法监察科（政策法规科、信访办公室）、地名管理科（宁河县地名管理委员会办公室）；有两个下属单位，即金利工程服务中心、规划设计所。

建局以来，规划局以科学发展观为指导，突出宁河特色，着眼长远发展，追求一流标准，积极协调推动，组织完成一批重点规划编制，为加快大项目、好项目建设，在时间和空间上作了充分的规划准备，为促进我县经济和社会事业又好又快发展，提供了重要的规划保障。

2011年，围绕“强基础，提素质；抓规范，优服务”的工作思路，充分发挥职能作用，围绕中心，服务大局，在规划编制、规划管理及项目审批等工作中尽心竭力，开拓创新，取得良好成效。全年获赠锦旗12面，在宁河县软环境建设活动中被评为“三优窗口”单位，在2011年度乡镇局夺杯竞赛中，获重点工作贡献奖第三名及惠民工程民生杯第三名。

机关大楼外景

“七一”活动

地址：宁河县芦台镇光明路72号
电话：022-69591555

研究规划

天津市蓟县规划局

Jixian County Planning Bureau of Tianjin City

蓟县规划局庆祝建党九十周年大会

市规划局局长尹海林(左)蓟县县委书记张杰（右）为蓟县地下空间规划管理信息中心揭牌

市规划局局长尹海林一行调研服务

党员宣誓

蓟县规划局是县政府城乡规划行政主管部门，内设9个职能科室，2个局属事业单位，负责辖区内规划建设管理工作。2011年，按照市政府、市规划局“关于制定年度城乡规划编制计划”要求和县委、县政府确定的“高水平规划、高强度投入、高品质建设”总体目标。2011年度县规划局完成审定修建性详细规划方案19件，总平面设计方案15件，建设工程设计方案47件，核发《建设用地规划许可证》38件，《建设工程规划许可证》124件，《乡村建设规划许可证》12件，《建设项目选址意见书》111件。核发《市政工程选址意见书》12件，《市政工程建设用地规划许可证》4件，《市政工程建设工程规划许可证》6件，提出津蓟线电气化改造工程、蓟县市政基础设施规划意见的请示10件。查处违法案件5件。办理地名命更名22件，获得 “全国地名公共服务示范县”称号。全面提高规划水平和管理素质，在推动蓟县科学发展、和谐发展、率先发展进程中，发挥规划的龙头作用。

地址：蓟县县城迎宾路18号

电话：022-29146846

州河湾居住区效果图

天津市城市建设档案馆

Tianjin Urban Construction Archives

2011年，是天津市城建档案馆成立三十周年的纪念之年。历经三十年的建设发展，天津市城建档案馆在各级领导的关心支持下，在天津市规划局的正确领导下，走过了初创、起步发展、全面上水平的光辉历程。

经过三十年的努力，全市城建档案管理体系基本形成；城建档案的法规体系基本建立；城建档案集中统一、分级保管的原则得以落实；城建档案的开发利用取得成效；规范化、现代化建设迈上新台阶；馆房现代化承载能力逐步提高；人才队伍结构日趋完善。城建档案资源在城市规划、建设和管理工作中发挥了固有的、独特的、不可替代的作用。

2011年12月10日，市城建档案馆建馆三十周年纪念大会，市规划局局长尹海林（中）讲话，住建部办公厅副主任张志新（左）、市档案局局长荣华致贺词。

市城建档案馆建馆三十周年纪念大会领导合影

天津市城建档案馆党支部书记、馆长 章培新

2011年10月28日，天津市区县城建档案机构建设工作会议在宝坻区规划局召开。

作为国家一级城建档案馆，三十年来，天津市城建档案馆多次荣获全国城建档案工作先进集体、天津市档案工作先进集体等数十项荣誉称号。2011年，又荣获“全国城乡建设档案工作做出突出贡献的单位”、“天津市规划交通建设系统‘法治城建’创建工作先进单位”、“为民服务创先争优窗口示范单位”等称号。

成绩只能代表历史，未来还需要我们去创造。我们相信，随着天津城市建设的快速发展，全市城建档案事业会得到更大提升，天津市城建档案馆将继续秉承“传承城市建设历史，服务社会千秋万代”理念，充分发挥城建档案工作的价值,为城市建设和经济发展做出更大贡献。

地址：南开区长实道5号
电话：022-23591919

天津市规划展览馆

Tianjin Urban Planning Exhibition Hall

天津市规划展览馆（以下简称规划馆）历经三年的探索实践、三年的奋发进取、三年的创新发展，三年来始终按照打基础、上水平、求突破的总体思路，坚持高起点、高效率、高品质，通过不断创新管理体制、创新展示手段、提升服务品质，真正将规划展示与专业性、知识性、现势性、互动性、学术性有机统一起来，并使其窗口

2012年01月23日 规划馆三周年馆庆暨2012年新春联欢晚会

2011年6月28日 规划馆选送歌舞节目参演规划系统庆祝建党90周年大会

2011年4月7日 天津–墨尔本 现代城市规划理念与实践论坛

地位不断提升、辐射作用日益显现、教育功能深入人心。开馆以来，规划馆累计接待参观群众260万余人次，讲解3万余场，其中接待中央领导和有部委618场12358人次。

按照二个创一流的目标要求，规划馆不断强化服务品质、加强服务意识，发扬敢于拼搏、自主创新的工作精神，坚持定期更新维护展示内容及产品、及时更新讲解内容的工作机制，做到了用一流的参观环境、一流的展示手段、一流的服务品质吗，快速、及时、准确地向社会各界传播天津城乡规划发展动态及城市未来发展脉络，赢得了社会各界和广大公众的高度认可和一致好评：2011年，规划馆被市委城乡规划建设交通工委授予“先进基层党组织”、“为民服务创先争优活动示范窗口”和局党组授予“最佳党性实践活动党支部”的荣誉称号。

地址：河北区博爱道30号
电话：022-24455970

2011年 规划系统“规划杯”交通专题辩论赛

2011年10月8日中国城市规划协会展示专业委员会二届一次年会